Lampert

LANGENSCHEIDTS
PRAKTISCHE LEHRBÜCHER

LANGENSCHEIDTS
PRAKTISCHES LEHRBUCH
SPANISCH

Von

JOSÉ MARÍA DOMÍNGUEZ

und

DR. HERMANN WILLERS

Neubearbeitung 1974

LANGENSCHEIDT

BERLIN · MÜNCHEN · WIEN · ZÜRICH

Ein Schlüssel zu den Übungen dieses Lehrbuches ist gesondert lieferbar.

Auflage: 5. 4. 3. | Letzte Zahlen
Jahr: 1978 77 | maßgeblich

© 1974 by Langenscheidt KG, Berlin und München
Druck: Druckhaus Langenscheidt, Berlin-Schöneberg
Printed in Germany / ISBN 3-468-26341-4

Vorwort

Langjährige Erfahrungen im Rahmen des Erwachsenenunterrichts haben uns bei der vorliegenden Neufassung des „Praktischen Lehrbuches Spanisch" geleitet. Sie stellt ein auf den Erkenntnissen der modernen Sprachbetrachtung aufgebautes, wissenschaftlich fundiertes Werk zur gründlichen Erlernung der spanischen Sprache dar und will die Ansprüche derjenigen Kreise befriedigen, die sich, über das Ziel einer bloßen Verständigungsmöglichkeit hinausgehend, eingehender mit dem Studium der Fremdsprache befassen möchten. Mit dieser Zielsetzung wendet das Werk sich auch an die Studierenden der Hochschulen in den deutschsprachigen Gebieten sowie an die Hörer der Volkshochschulen. Darüber hinaus kann es als Lehrbuch im wahlfreien spanischen Unterricht an Oberschulen des deutschen Sprachgebietes Verwendung finden. Auch wird es für sprachlich geschulte Benutzer zum Selbstunterricht geeignet sein.

Den Lektionen sind ausführliche Bemerkungen über die *Geschichte*, die *Aussprache* und die *Schreibung* der spanischen Sprache vorangestellt. Den nach praktischen Gesichtspunkten ausgewählten *Lesestücken*, die den Lernenden mit den mannigfachen Ausdrucksformen des heutigen spanischen Lebens vertraut machen und ihn gleichzeitig in die spanische Umgangssprache einführen sollen, folgen *Erläuterungen* stilistischer und grammatischer Art.

Die *Grammatik* selbst ist folgerichtig aus den Lesestücken entwickelt, wobei besonderer Wert auf klare und übersichtliche Darstellung und größtmögliche Vollständigkeit (vor allem auch im syntaktischen Teil des Buches) gelegt wurde.
An die grammatischen Ausführungen schließen sich *Übungen* an, die den Lernenden befähigen sollen, das richtige Sprachgefühl zu erwerben und sich korrekt auszudrücken.

In den *Anhang* wurden aufgenommen: Konjugationsmuster der spanischen regelmäßigen und unregelmäßigen Verben, ein Kapitel über die Rektion der spanischen Verben, Zusammenstellungen der wichtigsten spanischen Präpositionen und Konjunktionen, Musterbriefe, Bemerkungen zum Amerikanischen Spanisch, ein spanisch-deutsches Wörterverzeichnis sowie ein ausführliches Sachregister, das das schnelle Auffinden jeder grammatischen Einzelheit ermöglicht.

VERFASSER UND VERLAG

Zusätzlich zu diesem Lehrbuch ist ein Satz von sieben Schallplatten (17 cm ∅ und 33 Umdrehungen/min) erhältlich, auf denen gebildete spanische Sprecher die den Lektionen 1—33 vorangestellten Texte vorsprechen. Für die Literaturtexte der Lektionen 34—38 wurde keine Schallplatte hergestellt.

Die Lernenden hören somit die fremde Sprache; Wörter und Sätze haften dadurch besser in ihrem Gedächtnis. Durch das akustisch Gebotene eignen sie sich in kurzer Zeit eine fehlerfreie Aussprache an.

Ausführlich wird diese durch unsere gesondert erschienene „Ausspracheplatte Spanisch" vermittelt; der der Platte beigegebene Text mit eingehenden Erläuterungen wird hierbei eine gute Hilfe sein.

Abkürzungen

a/c.	algo, alguna cosa *etwas*
adv.	Adverb
alg.	alguien, alguno *jemand*
e-n	einen
et., etw.	etwas
f	weiblich
F	familiär
fig.	figürlich, bildlich
f/pl.	weibliche Mehrzahl
j-m	jemandem
j-n	jemanden
lat.	lateinisch
m	männlich
m/pl.	männliche Mehrzahl
od.	oder
<	entstanden oder zusammengesetzt aus
>	verwandelt in, verschmolzen zu

Inhaltsverzeichnis

A	**Geschichte der spanischen Sprache**	13
B	**Aussprache des Spanischen**	15
B 1.1.	Die Vokale	15
B 1.2.	Die Diphthonge	15
B 1.3.	Die Konsonanten	15
C	**Erläuterungen zur Lautschrift**	17
C 1.1.	Vokale	17
C 1.2.	Konsonanten	18
D	**Schreibung des Spanischen**	19
D 1.1.	Betonung	19
D 1.2.	Groß- und Kleinschreibung	19
D 1.3.	Silbentrennung	19
D 1.4.	Zeichensetzung	20
E	**Die grammatischen Fachausdrücke und ihre Verdeutschung**	21
1.1.	**La familia de Paco**	23
1.2.	Text in Lautschrift	24
1.3.	Erläuterungen	25
1.4.	Der Artikel	25
1.4.1.	Der bestimmte Artikel	25
1.4.2.	Der unbestimmte Artikel	26
1.5.	Bemerkungen zur Aussprache	26
1.6.	Bemerkungen zur Rechtschreibung	27
1.7.	Übungen	27
2.1.	**El casado, casa quiere**	28
2.2.	Text in Lautschrift	30
2.3.	Erläuterungen	30
2.4.	Das Substantiv	30
2.4.1.	Geschlecht	30
2.4.2.	Mehrzahlbildung	31
2.5.	Bemerkungen zur Aussprache	32
2.6.	Bemerkungen zur Rechtschreibung	32
2.7.	Übungen	33
2.8.	Fraseología	33
3.1.	**Todo está tan caro...**	34
3.2.	Text in Lautschrift	36
3.3.	Erläuterungen	36
3.4.	Das Verb	37
3.4.1.	Präsens von ser und estar	37
3.4.2.	Unterschied von ser und estar	37

3.5. Bemerkungen zur Aussprache 38
3.6. Bemerkungen zur Rechtschreibung 38
3.7. Übungen 38
3.8. Fraseología 39
3.9. Refrán 39

4.1. **En el colegio** 40
4.2. Text in Lautschrift 42
4.3. Erläuterungen 42
4.4. Die Konjugation des Verbs 43
4.4.1. Präsens von tener und haber 43
4.4.2. Präsens und Partizip des Perfekts der regelmäßigen Verben 43
4.5. Bemerkungen zur Aussprache 44
4.6. Bemerkungen zur Rechtschreibung 45
4.7. Übungen 45
4.8. Refranes 46

5.1. **A mal tiempo, buena cara** 46
5.2. Text in Lautschrift 48
5.3. Erläuterungen 49
5.4. Das Adjektiv 49
5.4.1. Bildung der weiblichen Form 49
5.4.2. Mehrzahlbildung 50
5.4.3. Übereinstimmung mit dem Substantiv 50
5.4.4. Verkürzte Formen 50
5.5. Bemerkungen zur Aussprache 51
5.6. Bemerkungen zur Rechtschreibung 51
5.7. Übungen 51
5.8. Fraseología 52
5.9. Refranes 52

6.1. **Camino del trabajo** 53
6.2. Erläuterungen 55
6.3. Die Deklination des Substantivs 55
6.4. Übungen 56
6.5. Fraseología 57
6.6. Refranes 57

7.1. **A sus pies** 57
7.2. Erläuterungen 59
7.3. Das Substantiv: Besonderheiten der Mehrzahlbildung 59
7.4. Übungen 61
7.5. Fraseología 62

8.1. **De compras** 62
8.2. Erläuterungen 64
8.3. Die Grundzahlen 65
8.4. Übungen 66
8.5. Refranes 67

9.1. **¡Buen provecho!** 67
9.2. Erläuterungen 69
9.3.1. Die Ordnungszahlen 69
9.3.2. Die Wortstellung (I) 70
9.4. Übungen 70
9.5. Fraseología 70

10.1.	**Entre amigas**	71
10.2.	Erläuterungen	73
10.3.1.	Die unbetonten persönlichen Fürwörter	73
10.3.2.	Die Wortstellung (II)	74
10.4.	Übungen	75
10.5.	Fraseología	75
10.6.	Refrán	75
11.1.	**En la consulta**	76
11.2.	Erläuterungen	78
11.3.1.	Die betonten persönlichen Fürwörter	78
11.3.2.	Die Wortstellung (III)	79
11.4.	Übungen	79
11.5.	Fraseología	80
11.6.	Refranes	80
12.1.	**Excursión a la montaña**	80
12.2.	Erläuterungen	82
12.3.1.	Die rückbezüglichen Fürwörter	82
12.3.2.	Präsens der rückbezüglichen Verben	83
12.4.	Übungen	83
12.5.	Fraseología	84
12.6.	Refranes	84
13.1.	**Luna de miel a orillas del mar**	85
13.2.	Erläuterungen	87
13.3.	Die bezüglichen Fürwörter	87
13.4.	Übungen	89
13.5.	Fraseología	89
13.6.	Refranes	90
14.1.	**Triunfar en la vida**	90
14.2.	Erläuterungen	92
14.3.	Die besitzanzeigenden Fürwörter	92
14.4.	Übungen	94
14.5.	Fraseología	94
14.6.	Refranes	94
15.1.	**Peregrinación, ida y vuelta**	95
15.2.	Erläuterungen	97
15.3.	Präsens der Klassenverben	97
15.4.	Übungen	99
15.5.	Fraseología	100
15.6.	Refranes	100
16.1.	**Un menú barato**	100
16.2.	Erläuterungen	102
16.3.1.	Imperfekt der regelmäßigen Verben	103
16.3.2.	Die Fragefürwörter	103
16.4.	Übungen	104
16.5.	Fraseología	105
16.6.	Refranes	105
17.1.	**Turistas de invierno**	105
17.2.	Erläuterungen	107
17.3.	Historisches Perfekt der regelmäßigen Verben	107
17.4.	Übungen	108

9

17.5.	Fraseología	109
17.6.	Refranes	109
18.1.	**La aventura de leer**	110
18.2.	Erläuterungen	112
18.3.	Hinweisende Fürwörter	112
18.4.	Übungen	113
18.5.	Fraseología	113
18.6.	Refranes	113
19.1.	**Granada**	114
19.2.	Erläuterungen	116
19.3.	Die Steigerung der Adjektive	116
19.4.	Übungen	118
19.5.	Fraseología	118
19.6.	Refranes	119
20.1.	**¡Vuelva usted mañana!**	119
20.2.	Erläuterungen	121
20.3.	Das Adverb	121
20.3.1.	Bildung des Adverbs	121
20.3.2.	Steigerung	122
20.3.3.	Gebrauch	122
20.4.	Übungen	123
20.5.	Fraseología	124
20.6.	Refranes	124
21.1.	**Aniversario tempestuoso**	125
21.2.	Erläuterungen	127
21.3.	1. Futur der regelmäßigen Verben	127
21.4.	Übungen	128
21.5.	Fraseología	129
21.6.	Refranes	129
22.1.	**A la vejez, viruelas**	129
22.2.	Erläuterungen	131
22.3.	1. Konditional der regelmäßigen Verben	132
22.4.	Übungen	132
22.5.	Fraseología	133
22.6.	Refranes	133
23.1.	**Sueños espeluznantes**	134
23.2.	Erläuterungen	135
23.3.	Das Gerundium	136
23.4.	Übungen	137
23.5.	Fraseología	138
23.6.	Refranes	138
24.1.	**Solemnidades y fiestas en España**	138
24.2.	Erläuterungen	140
24.3.	Das Partizip	141
24.4.	Übungen	141
24.5.	Fraseología	142
24.6.	Refranes	143
25.1.	**Salvados por un pelo**	143
25.2.	Erläuterungen	145
25.3.	Perfekt und Plusquamperfekt	145

25.4.	Übungen	146
25.5.	Fraseología	147
25.6.	Refranes	147
26.1.	**En torno al vino**	148
26.2.	Erläuterungen	150
26.3.	2. Futur und 2. Konditional	150
26.4.	Übungen	151
26.5.	Fraseología	152
26.6.	Refranes	152
27.1.	**Méjico lindo**	152
27.2.	Erläuterungen	155
27.3.	Das Passiv	155
27.4.	Übungen	157
27.5.	Fraseología	158
27.6.	Refranes	158
28.1.	**Una mujer española**	158
28.2.	Erläuterungen	161
28.3.	Zusammengesetzte Formen der unbetonten persönlichen Fürwörter	161
28.4.	Übungen	162
28.5.	Fraseología	163
28.6.	Refrán	163
29.1.	**Adiós al campo**	164
29.2.	Erläuterungen	166
29.3.	Gebrauch des bestimmten Artikels	166
29.4.	Übungen	168
29.5.	Fraseología	168
29.6.	Refranes	169
30.1.	**El domingo, descanso**	169
30.2.	Die Stellung des Adjektivs	171
30.3.	Übungen	172
30.4.	Fraseología	173
30.5.	Refranes	174
31.1.	**Veladas telefamiliares**	174
31.2.	Die unbestimmten Fürwörter	176
31.3.	Übungen	178
31.4.	Fraseología	179
31.5.	Refranes	179
32.1.	**Un almuerzo trascendental**	180
32.2.1.	Präsens Konjunktiv von ser und estar, tener und haber	182
32.2.2.	Präsens Konjunktiv der regelmäßigen Verben	182
32.3.	Übungen	183
32.4.	Fraseología	184
32.5.	Refranes	184
33.1.	**Continente en erupción**	185
33.2.	Die Imperativformen der regelmäßigen Verben	187
33.3.	Übungen	188
33.4.	Refranes	189
34.1.	**Problemas** (Rafael Sánchez Ferlosio)	189
34.2.1.	Imperfekt Konjunktiv von ser und estar, tener und haber	191
34.2.2.	Imperfekt Konjunktiv der regelmäßigen Verben	192

34.3.   Übungen 192

35.1.   **Buscando tomates** (Camilo José Cela) 194
35.2.   Erläuterungen 195
35.3.   Gebrauch des Konjunktivs................................. 196
35.4.   Übungen 198
35.5.   Refrán 199

36.1.   **Cena de Navidad** (Ana María Matute) 199
36.2.   Bedeutungswandel durch Silbenanhängung 201
36.3.   Übungen 202
36.4.   Refrán 203

37.1.   **Sobre el arte** (José Ortega y Gasset) 203
37.2.   Erläuterungen 205
37.3.   Gebrauch des Infinitivs (I) 205
37.4.   Übungen 206
37.5.   Refranes... 207

38.1.   **En el reino de Macondo** (Gabriel García Márquez) 207
38.2.   Gebrauch des Infinitivs (II) 209
38.2.1. Der Infinitiv mit de 209
38.2.2. Der Infinitiv mit a 210
38.2.3. Der Infinitiv mit anderen Präpositionen...................... 210
38.2.4. Der adverbiale Infinitiv.................................... 211
38.3.   Übungen 211
38.4.   Refranes... 212

Anhang

K   **Konjugationsmuster der regelmäßigen und unregelmäßigen Verben** .. 213
K 1.1.   Anweisung für die Bildung der Zeiten 213
K 1.2.   Regelmäßige Verben 214
K 1.3.   Unregelmäßige Verben 215

L   **Rektion der Verben**..................................... 221
L 1.1.   mit dem Genitiv 221
L 1.2.   mit dem Dativ 223
L 1.3.   mit dem Akkusativ 223

M   **Präpositionen** 224

N   **Konjunktionen** 231

P   **Briefmuster** 232
P 1.1.   Privatbriefe 232
P 1.2.   Handelsbriefe 233

R   **Amerikanisches Spanisch** 234
R 1.1.   Die Aussprache 235
R 1.2.   Die Rechtschreibung 235
R 1.3.   Syntaktische Eigentümlichkeiten 236
R 1.4.   Wortschatz 236

Spanisch-Deutsches Wörterverzeichnis 237

Sachregister 268

Geschichte der spanischen Sprache A

Die ältesten geschichtlich bekannten Bewohner der Pyrenäenhalbinsel waren die *Iberer*, die im Süden seßhaft waren und sich seit dem 9. Jahrhundert v. Chr. mit den über die Pyrenäen einwandernden *Kelten* vermischten. Die so entstandene Mischbevölkerung bezeichnet man als Keltiberer. Durch die reichen Bodenschätze der Halbinsel angelockt, siedelten sich um 1100 v. Chr. *Phöniker* an der Südwestküste an. Es folgten *Griechen* und *Karthager*, die nach blutigen Kämpfen in den Punischen Kriegen den *Römern* weichen mußten, die nun in langsamem Vordringen die ganze Halbinsel besetzten. Nur im äußersten Norden, in den schwer zugänglichen Teilen der Westpyrenäen und im Kantabrischen Gebirge vermochten sie nicht festen Fuß zu fassen. Hier hat sich bis in unsere Tage hinein ein eigenes, ursprüngliches Volkstum behauptet, dessen sprachliche Zugehörigkeit zur iberischen Urbevölkerung zweifelhaft ist. Jedenfalls sprechen die etwa 500 000 Basken Spaniens die einzige noch lebende nicht indogermanische Sprache Westeuropas.

In den übrigen Teilen der nunmehr römischen Provinz Hispania bildete sich, wie in allen von den Römern besetzten Ländern, eine von römischen Soldaten und Ansiedlern gesprochene Volkssprache heraus, das sog. Vulgärlatein. Als zu Anfang des 5. Jahrhunderts die *Westgoten* die Herrschaft über die Halbinsel antraten, nahmen sie mit römischer Sitte und Bildung auch deren Sprache an und fügten ihr lediglich einige Bezeichnungen — namentlich für Dinge aus dem Kriegs- und Rechtswesen — aus ihrer Sprache bei.

Von bedeutenderem Einfluß auf die Sprache war der Einfall der aus Nordafrika kommenden *Mauren*, die sich mit dem Sieg bei Jerez de la Frontera zu Herren des Landes machten (711 n. Chr.). Ihr Idiom bereicherte den Wortschatz besonders durch Ausdrücke des Handels, der Industrie und der Bodenkultur.

Während des achthundertjährigen Befreiungskampfes von der Maurenherrschaft (Reconquista) entstanden eine Reihe selbständiger christlicher Königreiche auf der iberischen Halbinsel. Erst durch die Vermählung Ferdinands von Aragonien mit Isabella von Kastilien (1469) wurden diese beiden bedeutendsten Königreiche zum Königreich Spanien vereinigt, womit gleichzeitig der Grundstein zur spanischen Weltmacht gelegt wurde.

Dieses Ereignis ist auch für die Geschichte der spanischen Sprache wichtig, denn allmählich entwickelte sich nun die Mundart Kastiliens, castellano genannt, zur Schriftsprache, der gegenüber die Mundarten der anderen Provinzen — das Asturianische, Leonesische, Aragonesische und Andalusische — stark an Bedeutung verloren. Von nicht zu unterschätzendem Einfluß auf diese Entwicklung war auch die Dichtkunst, die auf kastilischem Boden ihre höchste Blüte erlebte und durch ihre Sprach- und Formvollendung für die gesamte Literatur des Landes vorbildlich und maßgebend wurde.

Spanisch wird heute von über 206 Millionen Menschen gesprochen: auf dem größten Teil der Pyrenäenhalbinsel, auf den Kanarischen Inseln, in Südamerika (mit Ausnahme von Brasilien), Mittelamerika und Mexiko sowie auf den Philippinen.

Aussprache des Spanischen   B

Die Aussprachebezeichnung ist in der Lautschrift der Association Phonétique Internationale wiedergegeben.

Die Vokale   B 1.1.

Die spanischen Vokale werden weder extrem offen noch extrem geschlossen, weder sehr lang noch sehr kurz gesprochen. Sie sind von mittlerer Dauer, also **halblang** zu sprechen. Unbetonte Vokale haben dieselbe Klangfarbe wie die betonten, nur ist die Tonstärke geringer; das e in tonlosen Endsilben darf also nicht dumpf gesprochen werden wie das deutsche e in „bitte, badet".

Die Diphthonge   B 1.2.

Bei den Diphthongen **ai, ay, au, ei, ey, eu, oi, oy** und **ou** behält jeder Vokal seinen vollen Lautwert. Sie werden wie zwei getrennte Vokale, jedoch dabei verschliffen, nicht abgehackt gesprochen. Das i bzw. y und das u bilden den unbetonten Teil des Diphthongs; der Ton liegt auf den Vokalen a, e und o (*fallender Diphthong*): **b**aile [ˈbaĭle] *Tanz*, **h**ay [aĭ] *es gibt*, **c**ausa [ˈkaŭsa] *Ursache*, **p**eine [ˈpɛĭne] *Kamm*, **l**ey [lɛĭ] *Gesetz*, **d**euda [ˈdɛŭđa] *Schuld*, **b**oina [ˈbɔĭna] *Baskenmütze*, **s**oy [sɔĭ] *ich bin*, Port Bou [bɔŭ] (*Ort in Katalonien*).
Bei den Diphthongen **ia, ie, io, ua, ue, uo, iu** und **ui** wird der zweite Teil des Diphthongs betont, während i und u unbetont bleiben (*steigender Diphthong*): **p**iar [piˈar] *piepen*, **p**ieza [ˈpĭeθa] *Stück*, **p**iojo [ˈpĭoxo] *Laus*, **c**uadro [ˈkŭađro] *Bild*, **c**uenca, [ˈkŭeŋka] *Becken*, **c**uota [ˈkŭota] *Quote*, **m**iura [ˈmĭura] *Kampfstier*, **c**uita [ˈkŭita] *Sorge*.

Die Konsonanten   B 1.3.

b wird im absoluten Anlaut sowie nach m wie deutsches b in „Baum" gesprochen: **b**ueno [ˈbŭeno] *gut*, **b**lanco [ˈblaŋko] *weiß*, también [tamˈbĭen] *auch*.
Zwischen Vokalen sowie vor und nach Konsonanten (außer m) wird b als stimmhafter, mit beiden Lippen gebildeter (bilabialer) Reibelaut gesprochen: escri**b**ir [eskriˈƀir] *schreiben*, a**b**uelo [aˈƀŭelo] *Großvater*, cu**b**rir [kuˈƀrir] *bedecken*, ár**b**ol [ˈarƀɔl] *Baum*.

c wird im absoluten Anlaut vor den dunklen Vokalen **a, o, u** sowie vor **Konsonanten** wie deutsches **k** in „Käfig" (jedoch ohne Behauchung!) gesprochen: casa [ˈkasa] *Haus,* cola [ˈkola] *Schwanz,* cuña [ˈkuɲa] *Keil,* clavo [ˈklaβo] *Nagel,* cruz [kruθ] *Kreuz.* Vor den hellen Vokalen **e** und **i** dagegen wird c als stimmloser Lispellaut etwa wie englisches stimmloses th in „thing" gesprochen: centro [ˈθentro] *Mitte,* cinco [ˈθiŋko] *fünf.*

ch wird wie **tsch** in „Pritsche" gesprochen: chico [ˈtʃiko] *Junge,* mucho [ˈmutʃo] *viel.*

d wird im absoluten Anlaut sowie nach l und n wie deutsches **d** in „Dorf" gesprochen: dólar [ˈdolar] *Dollar,* droga [ˈdroɡa] *Droge,* caldera [kalˈdera] *Kessel,* cuando [ˈkŭando] *als.* In allen übrigen Fällen — besonders zwischen Vokalen — wird d als stimmhafter Reibelaut ähnlich dem englischen stimmhaften th in „other" gesprochen: nada [ˈnaða] *nichts,* padre [ˈpaðre] *Vater.* Im Wortauslaut wird d nur schwach artikuliert, oder es verstummt ganz: Madrid [maˈðri⁽ᵈ⁾], amabilidad [amaβiliˈða⁽ᵈ⁾] *Liebenswürdigkeit.*

g wird im absoluten Anlaut vor den dunklen Vokalen **a, o, u,** vor **Konsonanten** sowie nach **n** wie deutsches **g** in „Gast" (jedoch ohne Behauchung!) gesprochen: ganancia [gaˈnanθĭa] *Gewinn,* golpe [ˈɡɔlpe] *Schlag,* gusto [ˈɡusto] *Geschmack,* gloria [ˈɡlorĭa] *Ruhm,* grado [ˈɡraðo] *Grad,* tengo [ˈteŋɡo] *ich habe.* Zwischen Vokalen sowie vor **Konsonanten** wird g als stimmhafter Reibelaut wie das deutsche g in „Regel" gesprochen: agua [ˈaɡŭa] *Wasser,* regalo [rrɛˈɡalo] *Geschenk,* signo [ˈsiɡno] *Zeichen,* alegre [aˈleɡre] *fröhlich.* Vor den hellen Vokalen **e** und **i** wird g wie **ch** in „Dach" gesprochen: gente [ˈxente] *Leute,* giro [ˈxiro] *Kreislauf.*

h ist immer **stumm.**

j wird wie g vor den hellen Vokalen **e** und **i** gesprochen, also wie **ch** in „Dach": jabón [xaˈbɔn] *Seife,* jefe [ˈxefe] *Chef,* jinete [xiˈnete] *Reiter,* joven [ˈxoβen] *jung,* junta [ˈxunta] *Versammlung.*

ll stellt eine Verschmelzung von **l** + **j** zu einem Einheitslaut dar, ähnlich der deutschen Endung -lie in „Familie": calle [ˈkaʎe] *Straße,* Mallorca [maˈʎɔrka], Sevilla [seˈbiʎa].

n wird meist wie deutsches **n** gesprochen (nadie [ˈnaðĭe] *niemand,* mano [ˈmano] *Hand*), vor den Lippenlauten b, p, f, v dagegen wie **m**: un balón [um baˈlɔn] *ein Ball,* un pie [um pĭe] *ein Fuß,* enfermo [emˈfɛrmo] *krank,* tranvía [tramˈbia] *Straßenbahn.*

ñ wird wie die französische Konsonantenverbindung **gn** in „Champagner" gesprochen: España [esˈpaɲa], niño [ˈniɲo] *Kind.*

qu kommt nur vor den hellen Vokalen **e** und **i** vor und wird wie deutsches **k** in „Keim" (jedoch ohne Behauchung!) gesprochen: quedar [keˈðar] *bleiben,* quinta [ˈkinta] *Landhaus.*

r ist im absoluten Anlaut sowie nach l, n und s ein **stark gerolltes Zungen-spitzen-r** (rascar [rrasˈkar] *kratzen,* alrededor [alrrɛðeˈðɔr] *ringsherum,* honra ['ɔnrra] *Ehre*, israelí [izrrae'li] *Israeli*); ebenso **rr** (perro ['pɛrro] *Hund*). In allen übrigen Fällen ist r ein **einmalig gerolltes Zungenspitzen-r**: señor [se'ɲɔr] *Herr*, tres [tres] *drei*, cuatro ['kŭatro] *vier*.

s wird in der Regel, vor allem zwischen Vokalen, **scharf** (stimmlos) wie in „Messer" gesprochen: casa ['kasa] *Haus*, sol [sɔl] *Sonne*, así [a'si] *so*. Vor den stimmhaften Konsonanten b, d, g, l, m, n, r und v dagegen wird s **weich** (stimmhaft): Lisboa [liz'boa] *Lissabon*, desde ['dezđe] *seit*, mismo ['mizmo] *selbst*.

v wird im absoluten Anlaut wie deutsches **b** in „Baum" gesprochen: vino ['bino] *Wein*, voz [bɔθ] *Stimme*. Zwischen Vokalen sowie nach Konsonanten wird v als stimmhafter, mit beiden Lippen gebildeter (bilabialer) Reibelaut gesprochen: grave ['grabe] *schwer*, calva ['kalba] *Glatze*, Cervantes [θɛr-'bantes].

x wird vor Vokalen meist wie **gs** gesprochen (éxito ['ɛɡsito] *Ausgang*, examen [ɛɡ'samen] *Prüfung*), vor Konsonanten meist als **stimmloses s**: exclamar [eskla'mar] *ausrufen*, extremo [es'tremo] *äußerst*.

y wird am Wortende wie **i** gesprochen (hay [aĭ] *es gibt*, rey [rrɛĭ] *König*), in allen übrigen Fällen als Konsonant wie **j**: ayer [a'jɛr] *gestern*, yugo ['jugo] *Joch*.

z wird vor stimmhaften Konsonanten als stimmhafter Lispellaut ähnlich dem englischen stimmhaften th in „other" gesprochen: juzgado [xuð'gaᵈo] *Gerichtshof*. In allen anderen Fällen wird z wie c vor den hellen Vokalen e und i gesprochen, also als stimmloser Lispellaut wie englisches th in „thing": Zaragoza [θara'goθa], vez [beθ] *Mal*, Velázquez [be'laθkeθ].

Erläuterungen zur Lautschrift   C

Der Akzent (') wird bei zwei- und mehrsilbigen Wörtern vor die betonte Silbe gesetzt. Einsilbige Wörter erhalten keinen Akzent.

Vokale   **C 1.1.**

[a] kurzes helles a wie in Abend: mano ['mano] *Hand*
[ɛ] kurzes offenes e wie in ändern: llover [ʎo'bɛr] *regnen*
[e] kurzes halboffenes e wie in essen: meseta [me'seta] *Hochfläche*
[i] reines geschlossenes i wie in hier: mina ['mina] *Bergwerk*
[ĭ] unbetonter Teil des Doppellauts [aĭ] wie in Saite: baile ['baĭle] *Tanz*
     unbetonter Teil des Doppellauts [ɛĭ] wie in hebräisch: peine ['pɛĭne] *Kamm*
     unbetonter Teil des Doppellauts [ɔĭ] wie in heute: boina ['bɔĭna] *Baskenmütze*
[ɔ] kurzes offenes o wie in Wolle: ojo ['ɔxo] *Auge*

[o] kurzes halboffenes o wie in N**o**rden: **o**ficina [ofi'θina] *Büro*
[u] reines geschlossenes u wie in H**u**hn: pl**u**ma ['pluma] *Feder*
[ŭ] unbetonter Teil des Doppellauts [ɛŭ] wie in Jubil**äu**m: d**eu**da ['dɛŭđa] *Schuld*

Konsonanten **C 1.2.**

[b] deutsches b wie in **B**ad: **b**ola ['bola] *Kugel*
[ƀ] stimmhafter, mit beiden Lippen gebildeter Reibelaut: escri**b**ir [eskri'ƀir] *schreiben*
[d] deutsches d wie in **d**ann: **d**onde ['dɔnde] *wo*
[đ] stimmhafter Reibelaut, ähnlich dem englischen stimmhaften th in o**th**er: na**d**a ['nađa] *nichts*
[^{đ}] hochgestellt: derselbe Laut, jedoch sehr schwach: uste**d** [us'te^{đ}] *Sie*
[$^{(đ)}$] hochgestellt: derselbe Laut, jedoch in der Umgangssprache verstummt: ciuda**d** [θĭu'đa$^{(đ)}$] *Stadt*
[f] deutsches f wie in **F**all: **f**avor [fa'ƀɔr] *Gunst*
[g] deutsches g wie in **G**olf: **g**usto ['gusto] *Geschmack*
[g̡] stimmhafter Reibelaut wie in Pe**g**el: a**g**ua ['ag̡ŭa] *Wasser*
[x] wie ch in Da**ch**: **g**erente [xe'rente] *Geschäftsführer*; **j**efe ['xefe] *Chef*
[j] deutsches j wie in **j**eder: **y**ema ['jema] *Eigelb*
[k] deutsches k wie in **k**alt: **c**asa ['kasa] *Haus*
[l] deutsches l wie in **L**ampe: **l**eche ['letʃe] *Milch*
[ʎ] mouilliertes l ähnlich wie in Fami**lie**: capi**ll**a [ka'piʎa] *Kapelle*
[m] deutsches m wie in **M**agen: **m**iel [mĭɛl] *Honig*
[n] deutsches n wie in **n**ie: **n**aranja [na'raŋxa] *Apfelsine*
[ɲ] wie gn in Champa**gn**er: Espa**ñ**a [es'paɲa] *Spanien*
[ŋ] wie deutsches n vor g oder k in Me**n**ge oder A**n**ker: te**n**go ['teŋgo] *ich habe*
[p] deutsches p wie in **Pupp**e: **p**astas ['pastas] *Gebäck*
[r] Zungen-r: seño**r** [se'ɲɔr] *Herr*
[rr] stark gerolltes Zungen-r: espá**rr**agos [es'parrag̡os] *Spargel*
[s] scharfes s wie in Me**ss**er: ca**s**a ['kasa] *Haus*
[z] weiches s wie in **S**onne: mi**s**mo ['mizmo] *selbst*
[t] deutsches t wie in **T**or: na**t**a ['nata] *Sahne*
[θ] stimmloser Lispellaut wie th in englisch **th**ing: **c**inco ['θiŋko] *fünf*; **z**apato [θa'pato] *Schuh*
[ð] stimmhafter Lispellaut wie th in englisch **th**ere: ju**z**gado [xuð'g̡a^{đ}o] *Gerichtshof*
[tʃ] t mit deutschem sch wie in Prit**sch**e: mu**ch**o ['mutʃo] *viel*

Schreibung des Spanischen   D

Betonung   D 1.1.

1. Mehrsilbige Wörter, die auf einen **Vokal, n** oder **s** enden, werden auf der **vorletzten** Silbe betont (porque *weil*, joven *jung*, Carmen, naciones *Völker*, Carlos).
2. Mehrsilbige Wörter, die auf einen **Konsonanten** (außer n und s) oder auf **y** enden, werden auf der **letzten** Silbe betont (español *spanisch*, ciudad *Stadt*, señor *Herr*, estoy *ich bin*).
3. Ausnahmen von diesen beiden Regeln (somit auch alle auf der **drittletzten** Silbe betonten Wörter) werden durch einen **Akzent** (´) gekennzeichnet (está *er ist*, nación *Volk*, francés *französisch*, Velázquez, fábrica *Fabrik*, época *Zeit*, Málaga, Córdoba, Lérida).
4. Eine Anzahl einsilbiger Wörter wird mit Akzent geschrieben, um sie von gleichlautenden Wörtern mit anderer Bedeutung zu unterscheiden (tú *du* — tu *dein*, él *er* — el *der*, sí *ja* — si *wenn*).
5. Fragewörter werden mit Akzent geschrieben (¿cómo? *wie?*, ¿cuándo? *wann?*, ¿dónde? *wo?* ¿quién? *wer?*).

Groß- und Kleinschreibung   D 1.2.

Grundsätzlich werden im Spanischen alle Wörter mit **kleinen** Anfangsbuchstaben geschrieben. Mit **großen** Anfangsbuchstaben werden geschrieben:
Das erste Wort eines Satzes, Eigennamen sowie die ihnen vorangestellten Titel (José, Don Alfonso, el Emperador Guillermo Segundo *Kaiser Wilhelm II.*, Asia *Asien*, Bélgica *Belgien*), Bezeichnungen von Behörden, öffentlichen Gebäuden, Plätzen usw. (Biblioteca Nacional *Staatsbibliothek*, la Bolsa *die Börse*, la Puerta del Sol, Calle de Atocha, las Naciones Unidas *die Vereinten Nationen*), Bezeichnungen für Gott und verwandte Begriffe (Dios *Gott*, la Virgen *die Jungfrau Maria*, la Providencia *die Vorsehung*) sowie Haupt- und Eigenschaftswörter in Überschriften und Buchtiteln (Diccionario Manual de la Lengua Española).

Silbentrennung   D 1.3.

Für die Silbentrennung gelten im Spanischen folgende Regeln:

1. **Ein einfacher Konsonant** zwischen zwei Vokalen gehört zur folgenden Silbe (di-ne-ro, Gra-na-da).

2. **Zwei Konsonanten** werden getrennt (miér-co-les, dis-cur-so). Ist der zweite Konsonant jedoch ein l oder r, so gehören beide zur folgenden Silbe (re-gla, nie-bla; po-bre, ca-bra). Auch ch, ll und rr gehören zur folgenden Silbe (te-cho, ca-lle, pe-rro).
3. Bei **drei Konsonanten** gehören die beiden letzten (meist l oder r) zur folgenden Silbe (ejem-plo, siem-pre). Ist der zweite Konsonant jedoch ein s, so wird hinter dem s getrennt (cons-tan-te, ins-ti-tu-to).
4. Bei **vier Konsonanten** — der zweite ist meist ein s — wird in der Mitte getrennt (ins-tru-men-to).
5. **Diphthonge** (Doppellaute) und **Triphthonge** (Dreilaute) dürfen nicht getrennt werden (bien, buey); getrennt dagegen werden Vokale, die verschiedenen Silben angehören (frí-o, acre-e-dor).
6. **Zusammengesetzte Wörter** — auch mit Vorsilben gebildete — werden entsprechend ihrer Herkunft getrennt (des-ali-ño, dis-cul-pa, re-fle-ja-ban).

Zeichensetzung   **D 1.4.**

Das **Komma** *steht* im Spanischen häufig nach adverbiellen Ausdrücken, die einen Satz einleiten (sin embargo, todos los esfuerzos eran inútiles *alle Bemühungen jedoch waren vergeblich*). Dagegen *fehlt* es — im Gegensatz zum Deutschen — vor que *daß*, si *ob* und vor Relativsätzen, die zum Verständnis des Hauptsatzes unentbehrlich sind (esperamos que nos conteste pronto *wir hoffen, daß er uns bald antwortet*; no sabemos si os gustará *wir wissen nicht, ob es euch gefallen wird*; dudo que lo haga *ich bezweifele, daß er es tut*).
Voranstehende Nebensätze werden durch ein Komma getrennt: si tengo tiempo, lo haré *wenn ich Zeit habe, mache ich es*, aber: lo haré si tengo tiempo *ich mache es, wenn ich Zeit habe*.
Frage- und Ausrufesätze werden mit den umgekehrten Satzzeichen eingeleitet, die dort stehen, wo Frage bzw. Ausruf beginnen. (Dispense usted, ¿está en casa el señor Pérez? *Entschuldigen Sie, ist Herr Pérez zu Hause?*; ¡Qué lástima! *Wie schade!*)

Adjektiv = Eigenschaftswort: das braune Kleid
adjektivisch = als Eigenschaftswort gebraucht
Adverb = Umstandswort: er singt laut
Akkusativ = 4. Fall, Wenfall: Er pflückt den Apfel für seinen Bruder
Aktiv = Tätigkeitsform: Der Mann schlägt den Hund
Artikel = Geschlechtswort: der, die, das, ein, eine, ein
Attribut = Beifügung, Eigenschaft: Der alte Mann hat es nicht leicht
attributiv = beifügend
Dativ = 3. Fall, Wemfall: Die Frau kommt aus dem Garten
Deklination = Beugung des Hauptwortes: Nominativ — der Vater,
    Genitiv — des Vaters, Dativ — dem Vater, Akkusativ — den Vater
Demonstrativpronomen = hinweisendes Fürwort: dieser, jener
Diphthong = Doppellaut: ei in mein
Femininum = weibliches Geschlecht
Futur = Zukunft(sform): Ich werde fragen
Genitiv = 2. Fall, Wesfall: Sie beraubten mich meines Geldes
Genus = Geschlecht: Maskulinum, Femininum, Neutrum
Gerundium = gebeugte Grundform des Zeitwortes
Imperativ = Befehlsform: geh(e)!
Imperfekt = Vergangenheit(sform): ich ging
Indikativ = Wirklichkeitsform: Er geht nicht sofort
Infinitiv = Nennform, Grundform: backen, biegen
Interrogativpronomen = Fragefürwort: wer, wessen, wem, wen
intransitiv(es Verb) = ohne Ergänzung im Akkusativ, nichtzielend: Der
    Hund bellt
Inversion = Umstellung: Oft muß man sich selber helfen
Komparativ = Höherstufe (1. Steigerungsstufe): schöner, größer
Konditional = Bedingungsform: Wenn schönes Wetter wäre, würden wir
    ausgehen
Konjugation = Beugung des Zeitwortes: Infinitiv — gehen, Präsens — ich
    gehe
Konjunktion = Bindewort: Der Mann ist unglücklich, weil er nicht arbei-
    ten kann
Konjunktiv = Möglichkeitsform: Frau Schmidt dachte, ihr Mann sei im
    Büro
Konsonant = Mitlaut: b, d, s

Maskulinum = männliches Geschlecht
Modalverb = Zeitwort, das die Art und Weise des Geschehens bezeichnet: er will kommen, sie kann schlafen
Modus = Aussageweise
Neutrum = sächliches Geschlecht
Nomen = Hauptwort: der Tisch
Nominativ: 1. Fall: Der Mann kauft ein Buch
Objekt = Satzergänzung: Der Mann schlägt den Hund
Partizip = Mittelwort: gebacken
Passiv = Leideform: Der Hund wird von dem Mann geschlagen
Perfekt = Vollendete Gegenwart: ich bin weggegangen
Personalpronomen = persönliches Fürwort: er, sie, wir
Plural = Mehrzahl: Kirschen
Plusquamperfekt = Vorvergangenheit: Ich hatte das Buch gelesen
Positiv = Grundstufe: schön, schöner ...
Possessivpronomen = besitzanzeigendes Fürwort: der, die, das meinige, mein, dein, euer
Prädikat = Satzaussage: Die Frau bäckt einen Kuchen
prädikativ = aussagend
Prädikatsnomen = Hauptwort als Teil der Satzaussage: Er ist Schüler
Präfix = Vorsilbe: abfahren, ankommen, Vorzimmer
Präposition = Verhältniswort: auf, gegen, mit
präpositional = mit einem Verhältniswort gebildet
Präsens = Gegenwart: ich gehe
Pronomen = Fürwort: er, sie, es
reflexiv = rückbezüglich: er wäscht sich
Reflexivpronomen = rückbezügliches Fürwort
Rektion = Bestimmung des Falles, in dem ein abhängiges Wort steht: er liest einen Roman („lesen" mit dem 4. Fall)
Relativpronomen = bezügliches Fürwort: Wo ist das Buch, das ich gekauft habe?
Singular = Einzahl: Tisch
Subjekt = Satzgegenstand: Das Kind spielt mit der Katze
Substantiv = Hauptwort: der Tisch
substantivisch = als Hauptwort gebraucht
Suffix = Nachsilbe, Ableitungssilbe: Achtung, Schönheit
Superlativ = Höchststufe bei der Steigerung des Adjektivs oder höchste Steigerungsstufe: am schönsten
transitiv(es Verb) = mit Ergänzung im Akkusativ, zielend: Ich begrüße einen Freund
Verb(um) = Zeitwort: gehen, kommen
Verbalsubstantiv = hauptwörtlich gebrauchte Nennform: das Lesen, das Schreiben
Vokal = Selbstlaut: a, e, i, o, u

Lección primera

La familia de Paco   1.1.

Mi nombre es Francisco Yáñez Allende, pero todo el mundo me
llama Paco. El nombre de pila es el de mi bisabuelo materno. Yáñez
es el apellido paterno, y Allende, el de la madre. Mis padres no son
muy jóvenes, pero tampoco son viejos. De los tres hijos, yo soy el
único que vive en el hogar familiar. Los dos hermanos mayores están
casados, y los dos tienen ya descendencia. Julio, el mayor de todos,
es papá de una preciosa niña, un bebé todavía, pues acaba de nacer.
Su esposa, mi cuñada Lucía, es hija de un abogado de Valladolid.
La hermana, Pilar, es ya casi madre de familia numerosa, pues tiene
tres criaturas, dos niños gemelos y una nena. Su marido es médico.
Cuando se celebra una fiesta de familia, se juntan en casa de mis padres cuatro nietos. La abuela goza lo indecible con las dos parejas.
La nuera, Lucía, y el yerno, José Ignacio, armonizan muy bien con
los suegros. Yo aprecio mucho a los cuñados y sobrinos, sobre todo
al marido de Pilar. Yo soy el único soltero, pero ya tengo novia; es
una muchacha llamada Conchita, y pensamos contraer matrimonio
el año próximo. Los papás de Conchita viven en Zaragoza. Tío Miguel es mi padrino. La madrina no es su mujer, tía Montse, sino una
parienta lejana de mamá, viuda de un militar que murió en la guerra
del 36 (treinta y seis).

la familia die Familie
de von
Paco Koseform für **Francisco**
mi mein
el nombre der Name
es er (sie, es) ist
Francisco Franz
pero aber, jedoch
todo ganz; jeder; alles
el mundo die Welt
todo el mundo alle, jeder
me mir, mich
llama er (sie, es) nennt, ruft
la pila das (Tauf-)Becken

el nombre de pila der Vorname
de mi meines (Genitiv)
el bisabuelo der Urgroßvater
materno, -a mütterlicherseits
el apellido der Familienname
paterno, -a väterlicherseits
y und
la madre die Mutter
mis meine (Plural)
el padre der Vater; der
Pater

los padres die Eltern
no nicht; nein
son sie sind   *están*
muy sehr
jóvenes (Plural von **joven**)
jung
tampoco auch nicht
viejos (Plural von **viejo**)
alt
tres drei
el hijo der Sohn
los tres hijos die drei Kinder
yo ich
soy ich bin

23

único, -a einzig
el único der einzige
que welcher, welche, welches; der, die, das; daß; als, wie
vive er (sie, es) lebt, wohnt
en in, an, auf
el hogar der Herd; das Heim
familiar Familien...; vertraut, bekannt, familiär
en el hogar familiar im Elternhaus
dos zwei
el hermano der Bruder
los dos hermanos die beiden Geschwister
mayores (Plural von mayor) älteren
están sie sind
casados (Plural von casado) verheiratet
tienen sie haben
ya schon
la descendencia die Nachkommenschaft
Julio Julius
el mayor der älteste
todos alle (Plural)
el papá der Papa
precioso, -a prächtig, reizend
la niña das Mädchen
el bebé das Baby
todavía noch
pues denn; also
acaba de + Infinitiv er (sie, es) ist (od. hat) soeben, gerade erst ...
nacer geboren werden; entstehen
su sein(e), ihr(e)
la esposa die (Ehe-)Frau
la cuñada die Schwägerin
Lucía Luzia
la hija die Tochter
el abogado der Rechtsanwalt
la hermana die Schwester
casi fast, beinahe

numeroso, -a zahlreich; kinderreich
tiene er (sie, es) hat
la criatura das Kind
tres criaturas drei Kinder
el niño das Kind
gemelos (Plural von gemelo) Zwillings ...
los niños gemelos die Zwillinge
la nena das kleine Mädchen
el marido der (Ehe-)Mann
el médico der Arzt
cuando wenn; als
se celebra er (sie, es) findet statt, wird gefeiert, wird (ab)gehalten
la fiesta das Fest, die Feier; der Feiertag
la fiesta de familia das Familienfest
se juntan sie treffen sich
la casa das Haus; die Wohnung
de mis padres meiner Eltern
cuatro vier
los nietos die Enkelkinder
la abuela die Großmutter
goza ... con er (sie, es) freut sich an
lo indecible (hier als Adverb) unsagbar
la pareja das Paar
las dos parejas die beiden Paare
la nuera die Schwiegertochter
el yerno der Schwiegersohn
José Joseph
Ignacio Ignaz
armonizan sie harmonieren
bien gut, wohl; richtig
armonizan muy bien sie verstehen sich sehr gut
con mit
los suegros die Schwiegereltern
aprecio ich schätze
mucho sehr, viel (Adverb)

a in, an; steht vor den Namen von Lebewesen im Akkusativ
el cuñado der Schwager
los cuñados Schwager und Schwägerin
el sobrino der Neffe
los sobrinos die Geschwisterkinder, Neffen und Nichten
sobre über; auf
sobre todo vor allem, besonders
al (< a + el) in (od. an) den (die, das); steht vor den Namen von Lebewesen im Akkusativ
el soltero der Junggeselle
tengo ich habe
la novia die Braut
la muchacha das Mädchen
llamado, -a genannt; mit Namen
pensamos wir haben vor, wir wollen
contraer schließen (Vertrag, Ehe)
el matrimonio die Ehe
el año das Jahr
próximo, -a nächste(r, -s)
los papás die Eltern
viven sie leben
Zaragoza f Saragossa
el tío der Onkel; der Kerl
Miguel Michael
el padrino der Taufpate
la madrina die Taufpatin
la mujer die Frau
la tía die Tante
sino sondern
la parienta die Verwandte
lejano, -a entfernt, fern
la mamá die Mama
la viuda die Witwe
el militar der Soldat
murió er (sie, es) starb
la guerra der Krieg
del (< de + el) des (Genitiv)
del 36 (treinta y seis) (des Jahres) 1936

---

lɛg'θɪ̆ɔn pri'mera
la fa'milĭa đe 'pako   **1.2.**

mi‿'nɔmbre‿es fran'θisko 'jaɲeθ a'ʎende, 'pero 'tođo‿el‿'mundo me‿'ʎama 'pako. el‿'nɔmbre‿đe 'pila es‿el de‿mi‿bisa'bŭelo ma'tɛrno. 'jaɲeθ es‿ el‿ape'ʎiđo pa'tɛrno, i a'ʎende, el de‿la‿'mađre. mis‿'pađres no‿sɔn

24

mŭi‿'xoβenes, 'pero tam'poko sɔm‿'bĭɛxos. de los tres‿'ixos, jo‿sɔĭ
el‿'uniko ke‿'biβe en‿el‿o'ɣar fami'lĭar. loz‿ɗɔs‿ɛr'manos ma'jɔres es'tan
ka'saᵈos, i loz‿ɗɔs 'tĭenen ja‿ɗesθen'denθĭa. 'xulĭo, el ma'jɔr de 'toɗos,
es pa'pa‿ɗe 'una pre'θĭosa 'niɲa, um‿be'βe toɗa'βia, pŭes a'kaβa‿ɗe‿na-
'θɛr. su‿es'posa, mi ku'naɗa lu'θia, es‿'ixa‿ɗe un aβo'ɣaᵈo‿ɗe‿baʎaɗo-
'li⁽ᵈ⁾. la‿ɛr'mana, pi'lar, es ja 'kasi 'maɗre‿ɗe‿fa'milĭa nume'rosa, pŭes
'tĭene tres kria'turas, dɔz‿'niɲos xe'melos i 'una 'nena. su‿ma'riɗo es 'me-
ɗiko. 'kŭando se‿θe'leβra 'una 'fĭesta‿ɗe‿fa'milĭa, se‿'xuntan eŋ 'kasa‿ɗe
mis 'paɗres 'kŭatro‿'nĭetos. la‿a'βŭela‿'ɣɔθa lo‿inde'θiβle kɔn laz‿ɗɔs
pa'rɛxas. la 'nŭera, lu'θia, i el 'jɛrno, xo'se iɣ'naθĭo, armo'niθan mŭi‿bĭen
kɔn los 'sŭeɣros. jo a'preθĭo 'mutʃo a los ku'naᵈos i so'βrinos, 'sobre‿'toɗo
al ma'riɗo‿ɗe pi'lar. jo‿sɔĭ el‿'uniko sɔl'tero, 'pero ja‿'teŋgo 'noβĭa;
es‿'una mu'tʃatʃa ʎa'maɗa kɔn'tʃita, i pen'samos kontra'ɛr matri'monĭo
el‿'aɲo‿'prɔgsimo. los pa'pas de kɔn'tʃita‿'biβen en θara'ɣoθa. 'tio
mi'ɡɛl es mi pa'ɗrino. la ma'ɗrina no es su mu'xɛr, 'tia 'mɔntse, 'sino 'una
pa'rĭenta lɛ'xana‿ɗe ma'ma, 'bĭuɗa‿ɗe un mili'tar ke mu'rĭɔ en la‿'ɡɛrra‿ɗel
'trɛinta i sɛis.

Erläuterungen   1.3.

1. **mayor:** unregelmäßige Steigerungsform von *grande* in der Bedeutung
größer, bedeutender, älter (s. Lektion 19, S. 117).

2. **muy bien — yo aprecio mucho:** s e h r wird bei Adjektiven und Adverbien
mit m u y wiedergegeben, bei Verben mit m u c h o (muy hermoso *sehr
schön,* muy tarde *sehr spät* — trabajamos mucho *wir arbeiten sehr*).

3. **murió:** dritte Person Singular des historischen Perfekts von morir (Verwandlung des Stamm-o in u!).

4. **la guerra del 36:** Gemeint ist der spanische Bürgerkrieg 1936—1939.

Grammatik

Der Artikel (Geschlechtswort)   1.4.
Der bestimmte Artikel   1.4.1.

männlich (*m*)	
Singular	*Plural*
el libro *das Buch*	**los** libros

weiblich (*f*)	
la casa *das Haus*	**las** casas

sächlich (*n*)	
lo hermoso	*das Schöne*
a lo lejos	*in der Ferne*
lo mío	*das Meinige*
lo primero	*das erste*

Bemerkungen:

Die spanische Sprache verwendet drei bestimmte Artikel: Der **männliche** bestimmte Artikel lautet im Singular **el**, im Plural **los**, der **weibliche** bestimmte Artikel im Singular **la**, im Plural **las**. Der **sächliche** Artikel **lo** wird nie vor Hauptwörtern, sondern nur vor substantivisch gebrauchten Adjektiven, Adverbien, Fürwörtern und Zahlwörtern gebraucht.

Der unbestimmte Artikel 1.4.2.

männlich			
Singular		*Plural*	
un libro	*ein Buch*	**unos** libros	*einige Bücher*

weiblich			
una casa	*ein Haus*	**unas** casas	*einige Häuser*

Bemerkungen:

Der unbestimmte Artikel lautet im Singular vor **männlichen** Hauptwörtern **un**, vor **weiblichen** Hauptwörtern **una**. Die Pluralformen **unos** bzw. **unas** bezeichnen eine unbestimmte, nicht sehr große Anzahl (unos libros *einige Bücher*, unas casas *einige Häuser*). Vor Zahlwörtern haben sie die Bedeutung von „ungefähr" (unos cinco libros *ungefähr fünf Bücher*).

Bemerkungen zur Aussprache 1.5.

Die Aussprache des Spanischen macht dem Anfänger gewöhnlich keine besonderen Schwierigkeiten. Sie ist — etwa im Gegensatz zur englischen Aussprache — besonders regelmäßig, und hat man die Regeln einmal begriffen, so ist jedes Wort leicht richtig auszusprechen.

Wir haben in diesem Lehrbuch die „Internationale Lautschrift" verwendet. Eine Erklärung der einzelnen Lautzeichen mit Beispielen finden Sie auf den Seiten 17 bis 18. In diesem Abschnitt werden wir Ihnen in den ersten Lektionen zusätzlich die wichtigsten Ausspracheregeln erläutern.

Anders als im Deutschen werden vor allem die Konsonanten **c** und **g** ausgesprochen. Ähnlich wie im Französischen muß man hier unterscheiden, ob sie vor den dunklen Vokalen **a, o, u** oder vor den hellen Vokalen **e** und **i** stehen: Die Aussprache richtet sich also ausschließlich nach dem folgenden Vokal. Im einzelnen sieht dies dann so aus:

c wird vor den dunklen Vokalen **a, o, u** (sowie vor Konsonanten) wie deutsches **k**

in „Kasse" (jedoch ohne Hauchlaut!) gesprochen: carta ['karta] *Brief,* conde ['kɔnde] *Graf,* culpa ['kulpa] *Schuld.* Vor den hellen Vokalen **e** und **i** dagegen wird c als stimmloser Lispellaut etwa wie englisches stimmloses th in „thing" gesprochen, d. h. die Zungenspitze liegt unter den oberen Schneidezähnen und die Luft wird kräftig durchgeblasen, stärker als beim englischen th: cena ['θena] *Abendessen,* cifra ['θifra] *Ziffer.*

g wird vor den dunklen Vokalen **a, o, u** (sowie vor Konsonanten und nach n) wie deutsches g in „Gast" (jedoch ohne Hauchlaut!) gesprochen: gana ['gana] *Verlangen,* golpe ['gɔlpe] *Schlag,* gusto ['gusto] *Geschmack.* Zwischen Vokalen (sowie vor Konsonanten) wird g als stimmhafter Reibelaut wie das deutsche g in „Regel" gesprochen: agua ['agŭa] *Wasser,* regalo [rrɛ'galo] *Geschenk.* Vor den hellen Vokalen **e** und **i** dagegen wird g wie ch in „Dach" gesprochen, d. h. ganz hinten im Mund, nicht vorn wie in „Sicherheit": género ['xenero] *Gattung,* gira ['xira] *Ausflug, Tournee.*

Bemerkungen zur Rechtschreibung 1.6.

Der deutsche *ch*-Laut in „Dach" wird im Spanischen geschrieben

als **g** vor e und i: gente ['xente] *Leute,* gitano [xi'tano] *Zigeuner* (Ausnahmen: jefe ['xefe] *Chef,* traje ['traxe] *Anzug,* viaje [bi'axe] *Reise,* jirafa [xi'rafa] *Giraffe,* jinete [xi'nete] *Reiter* u. a.)

als **j** vor a, o, u: jamón [xa'mɔn] *Schinken,* joya ['xoja] *Juwel,* junta ['xunta] *Versammlung*

Übungen 1.7.

1. *Setzen Sie den bestimmten Artikel vor die folgenden Substantive:* madre, primo, padres, acontecimiento, tío, guerra, madrina, suegra, papá, suegros, nuera, marido, hermano, nietos, tía, hijo.

2. *Setzen Sie den unbestimmten Artikel vor die folgenden Substantive:* hijo, parienta, años, abogado, preciosa niña, bebé, muchachas, niños, militar.

3. *Setzen Sie die folgenden Wörter mit dem bestimmten Artikel in den Plural:* nombre, bisabuelo, hijo, familia, médico, criatura, nieto, hermana, cuñada, hermano, viuda, yerno, niña, hija, apellido.

4. *Lesen Sie laut:* Valladolid, Zaragoza, guerra, José Ignacio, Lucía, armonizar, lejano, pareja, niños gemelos, parienta lejana.

el primo der Vetter	**la suegra** die Schwieger-	**las muchachas** die Mäd-
el acontecimiento das Er-	mutter	chen
eignis	**los años** die Jahre	**armonizar** harmonieren

27

Lección segunda

El casado, casa quiere   **2.1.**

Isabel y Ramón son novios desde hace varios años. Como otras muchas parejas enamoradas, tienen que alargar el noviazgo y aplazar la boda hasta hallar vivienda. Porque los pisos son muy raros, y muy caros para recién casados.

Un amigo de Ramón, arquitecto, les indica unas señas interesantes. Se trata de un edificio todavía en obras, que se levanta a las afueras de la ciudad, pero que está muy bien comunicado con el centro. Isabel y Ramón visitan ilusionados el bloque de viviendas, y la situación les parece magnífica: calles amplias, mucho césped, un parque cercano, mucha tranquilidad, aire puro y ausencia total de ruidos; no es posible pedir más.

Casi todos los pisos están ya vendidos; ellos desean alquilar, no comprar, y el dueño les dice que sólo hay una vivienda libre en el tercer piso. Isabel y Ramón visitan la futura vivienda. Suben por la escalera, que está a medio terminar, pues el ascensor no funciona todavía. La planta es funcional, con un largo pasillo, algo estrecho y oscuro, pero una sala de estar enorme. Isabel contempla embelesada la chimenea, un ventanal casi a lo largo de la fachada, por el que entra un torrente de luz; abre el balcón, grande como una azotea, que da a un lindo jardín. Isabel toma medidas, imagina el color de las cortinas, los muebles y alfombras, las lámparas, los cuadros... Piensan pintar el techo y empapelar las paredes.

La sala de estar comunica con la cocina, y entre ambas piezas queda un pequeño recinto destinado a comedor. La futura ama de casa está algo perpleja, porque la cocina es muy pequeña. En cambio, el baño es amplio, y el dormitorio es de superficie aceptable. En general, el piso les agrada y deciden alquilarlo.

---

el casado der Ehemann
quiere er (sie, es) will gern, wünscht
Isabel Isabella
Ramón Raimund
los novios das Brautpaar, das junge Paar
desde seit, von ... an; von (... aus)
desde hace ... años seit ... Jahren
varios, -as mehrere
como wie; als; sobald; wenn; da, weil

otro, -a ein anderer, eine andere (im Spanischen *kein* unbestimmter Artikel!); noch eine(r)
mucho, -a viel (Adjektiv)
enamorado, -a verliebt
la pareja enamorada das Liebespaar
tienen que sie müssen
alargar verlängern, ausdehnen
el noviazgo die Brautzeit
aplazar aufschieben
la boda die Hochzeit

hasta bis; sogar
hallar finden
la vivienda die Wohnung
porque weil, da
el piso die Wohnung; das Stockwerk, die Etage
raro, -a selten, knapp
caro, -a teuer
para für; um zu; nach
recién frisch..., neu...
los recién casados die Neuvermählten
el amigo der Freund
el arquitecto der Architekt

les ihnen
indica er (sie, es) gibt an, nennt
las señas die Adresse
interesante interessant
se trata de es handelt sich um
el edificio der Bau, das Gebäude
la obra das Werk; die Arbeit
en obras im Bau
se levanta er (sie, es) wird gebaut (wörtlich: baut sich)
las afueras die Umgebung
la ciudad die Stadt
las afueras de la ciudad der Stadtrand
está er (sie, es) ist
bien comunicado mit guten Verkehrsverbindungen
el centro das Zentrum, die (Stadt-)Mitte
visitan sie besichtigen
ilusionado, -a hoffnungsvoll
el bloque der Block
el bloque de viviendas der Wohnblock
la situación die Lage
parece er (sie, es) scheint
magnífico, -a großartig
la calle die Straße
amplio, -a weit, geräumig; breit
el césped der Rasen
el parque der Park
cercano, -a nahe, in der Nähe liegend
la tranquilidad die Ruhe
el aire die Luft
puro, -a rein
la ausencia das Fehlen
total völlig, ganz; alles in allem
el ruido der Lärm; das Geräusch
posible möglich
pedir verlangen; bitten
más mehr; am meisten
todos los pisos alle Wohnungen
vendido, -a verkauft
ellos sie (Plural)
desean sie wünschen, wollen

alquilar mieten
comprar kaufen
el dueño der Eigentümer, der (Haus-)Wirt
dice er (sie, es) sagt
sólo nur
hay es gibt
libre frei
tercer(o) dritte(r)
futuro, -a künftig
suben sie gehen hinauf
por durch, über; wegen, um zu
la escalera die Treppe
medio, -a (ein) halb (im Spanischen *kein* unbestimmter Artikel!)
terminar beenden, fertigstellen
a medio terminar halbfertig
el ascensor der Fahrstuhl
funciona er (sie, es) geht, ist in Betrieb
la planta der Grundriß; die Pflanze; das Stockwerk
funcional rationell, wirtschaftlich; funktionell
largo, -a lang
el pasillo der Flur
algo etwas
estrecho, -a schmal, eng; knapp, beschränkt
oscuro, -a dunkel
la sala der Saal; der Raum
la sala de estar das Wohnzimmer
enorme enorm, sehr groß
contempla er (sie, es) betrachtet
embelesado, -a entzückt
la chimenea der Kamin; der Schornstein
el ventanal das große Fenster
a lo largo der Länge nach; längs, entlang
la fachada die Fassade
el que welche(r, -s)
entra er (sie, es) kommt herein
el torrente der Strom, der Schwall; der (Sturz-)Bach; das Wildwasser
la luz das Licht
abre er (sie, es) öffnet

el balcón der Balkon
grande groß
la azotea die Terrasse
da a ... er (sie, es) geht auf ... hinaus
lindo, -a hübsch
el jardín der Garten
toma er (sie, es) nimmt
la medida das Maß
imagina er (sie, es) denkt aus
el color die Farbe
la cortina der Vorhang
los muebles die Möbel
la alfombra der Teppich
la lámpara die Lampe
el cuadro das Bild
piensan sie haben vor, sie wollen
pintar malen; anstreichen; schildern
el techo die Zimmerdecke
empapelar tapezieren
la pared die Wand
comunica er (sie, es) steht in Verbindung
la cocina die Küche
entre zwischen
ambos, -as beide
la pieza der Raum, das Zimmer; das Stück
queda er (sie, es) bleibt übrig
pequeño, -a klein
el recinto der Raum
destinado a bestimmt für
el comedor das Eßzimmer
el ama (f) de casa die Hausfrau
perplejo, -a verwirrt, bestürzt
el cambio der Tausch; der Wechsel
en cambio dagegen
el baño das Bad, das Badezimmer
el dormitorio das Schlafzimmer
la superficie die Oberfläche, die Fläche
aceptable annehmbar
general allgemein; Haupt...
en general im allgemeinen
agrada er (sie, es) gefällt, sagt zu
deciden sie entschließen sich

isa'bɛl i ra'mɔn sɔn 'nobïos 'dezđe‿'aθe‿'barïos‿'aɲos. 'komo 'otras 'mutʃas pa'rɛxas‿enamo'raᵈas, 'tïenen ke‿alar'gar el no'bïađgo i apla'θar la‿'bođa 'asta‿a'ʎar bi'bïenda. 'pɔrke los 'pisos sɔn mŭi 'raros, i mŭi 'karos 'para‿rrɛ'θïen‿ka'saᵈos. un‿a'migo‿đe ra'mɔn, arki'tɛkto, les‿in'dika 'unas 'seɲas‿intere'santes. se‿'trata‿đe‿un‿eđi'fiθïo tođa'bia en‿'obras, ke se le'banta a‿las‿a'fŭeras de la‿θïu'đa⁽ᵈ⁾, 'pero ke‿es'ta mŭi‿bïen komuni'kaᵈo kɔn el 'θentro. isa'bɛl i ra'mɔn bi'sitan ilusïo'naᵈos el 'bloke‿ đe‿bi'bïendas, i la sitŭa'θïɔn les pa'reθe mag'nifika: 'kaʎes‿'amplïas, 'mutʃo 'θespe⁽ᵈ⁾, um 'parke θɛr'kano, 'mutʃa traŋkili'đa⁽ᵈ⁾, 'aïre 'puro i aŭ- 'senθïa to'tal de 'rrŭiđos; no‿es po'sïble pe'đir mas. 'kasi 'tođos los 'pisos es'tan ja‿ben'diᵈos; 'eʎos de'sean alki'lar, no kɔm'prar, i el 'dŭeɲo les 'diθe ke 'solo aĭ una‿bi'bïenda 'libre en‿el tɛr'θɛr 'piso. isa'bɛl i ra'mɔn bi'sitan la fu'tura‿bi'bïenda. 'suben pɔr la‿eska'lera, ke‿es'ta a‿'međïo tɛrmi'nar, pŭes el‿asθen'sɔr no fun'θïɔna tođa'bia. la 'planta es funθïo'nal, kɔn‿un 'largo pa'siʎo, 'algo es'tretʃo i ɔs'kuro, 'pero 'una 'sala‿đe‿es'tar e'nɔrme. isa'bɛl kɔn'tɛmpla embele'saᵈa la tʃime'nea, um benta'nal 'kasi a lo 'largo‿ đe‿la‿fa'tʃađa, pɔr‿el ke 'entra un tɔ'rrente‿đe luθ; 'abre el bal'kɔn, 'grande 'komo 'una aθo'tea, ke‿đa a‿un 'lindo xar'đin. isa'bɛl 'toma me'điđas, ima'xina el ko'lɔr de las kɔr'tinas, los 'mŭebles i al'fɔmbras, las 'lamparas, los 'kŭađros. 'pïensan pin'tar el 'tetʃo i empape'lar las pa'ređes. la 'sala‿đe‿es'tar komu'nika kɔn la ko'θina, i 'entre 'ambas 'pïeθas 'keđa um pe'keɲo‿rre'θinto đesti'naᵈo a kome'đɔr. la fu'tura 'ama‿đe‿'kasa es'ta 'algo pɛr'plɛxa, 'pɔrke la ko'θina es mŭi pe'keɲa. eŋ 'kambïo, el 'baɲo es‿ 'amplïo, i el dɔrmi'torïo es de supɛr'fiθïe aθɛp'table. eŋ xene'ral, el 'piso les‿a'građa i‿đe'θïđen alki'larlo.

Erläuterungen 2.3.

1. **tercer:** Wie in Lektion 5, S. 50, näher ausgeführt wird, werden u. a. die Ordnungszahlen **primero** *erster* und **tercero** *dritter* vor männlichen Substantiven zu **primer** und **tercer** verkürzt.

2. **alquilarlo:** Die unbetonten persönlichen Fürwörter werden an den Infinitiv angehängt (s. Fußnote Lektion 10, S. 74).

Grammatik

Das Substantiv (Hauptwort) 2.4.
1. Geschlecht 2.4.1.

Bei **lebenden** Wesen bestimmt das natürliche Geschlecht das grammatische, d. h. männliche Lebewesen haben männliches, weibliche Lebewesen weibliches Geschlecht: el muchacho *der Junge*, la muchacha *das Mädchen*.

Bei **Sachnamen** läßt sich das Geschlecht der Substantive im allgemeinen an der Endung erkennen.

Männlich sind fast alle Substantive auf **-o, -ón, -l** und **-r:**

    el asiento   *der Sitz, der Stuhl*
    el cora**zón**   *das Herz*
    el papel   *das Papier*
    el calor   *die Wärme*

Ausnahmen: la mano *die Hand,* la armazón *das Gerüst,* la razón *die Vernunft,* la flor *die Blume,* la labor *die Arbeit*

Weiblich sind fast alle Substantive auf **-a, -ad, -ión** und **-z:**

    la lengua   *die Zunge; die Sprache*
    la bond**ad**   *die Güte*
    la na**ción**   *die Nation, das Volk*
    la paz   *der Friede*

Ausnahmen: el día *der Tag,* el tranvía *die Straßenbahn,* el planeta *der Planet,* el mapa *die Landkarte,* el clima *das Klima,* el drama *das Drama,* el idioma *die Sprache,* el sistema *das System,* el tema *das Thema* sowie andere, auf -ma endende Wörter griechischen Ursprungs; ferner: el avión *das Flugzeug,* el arroz *der Reis*

Männlich oder weiblich — je nach ihrer Herkunft — sind die Substantive auf **-e:**

    el puente *die Brücke* ($<$ lat. pons/pontem *m*)
    la costumbre *die Gewohnheit* ($<$ lat. consuetudo/consuetudinem *f*)

Weibliche Hauptwörter, die mit **betontem a** oder **ha** beginnen, nehmen in der Einzahl den Artikel **el*** an (ohne hierdurch ihr grammatisches Geschlecht zu ändern!). In der Mehrzahl tritt wieder **las** ein:

    el agua fría   *das kalte Wasser*
    las aguas frías   *die kalten Gewässer*
    el haba gruesa   *die Saubohne*
    las habas gruesas   *die Saubohnen*

2. **Mehrzahlbildung**   **2.4.2.**

a) Substantive, die auf **unbetonten Vokal** enden, bilden die Mehrzahl durch Anhängen von **s:**

    el amigo   *der Freund*   — los amigos
    la cumbre   *der Gipfel*   — las cumbres

b) Substantive, die auf **Konsonanten** oder **y** enden, bilden die Mehrzahl durch Anhängen von **es**. Auslautendes *z* wird hierbei in *c* verwandelt:

    el papel   *das Papier*   — los papeles

---

* $<$ lat. *illa,* worauf sowohl *el* wie auch *la* zurückgehen.

la orden	*der Befehl*	— las órdenes
la nación	*die Nation*	— las naciones
el interés	*das Interesse*	— los intereses
el rey	*der König*	— los reyes
la nuez	*die Nuß*	— las nueces

c) Substantive, die auf **betontes a** oder **e** enden, bilden die Mehrzahl durch Anhängen von **s**, die auf **betontes i** oder **u** enden dagegen durch Anhängen von **es**:

el sofá	*das Sofa*	— los sofás
el café	*der Kaffee*	— los cafés
el rubí	*der Rubin*	— los rubíes
el bambú	*das Bambusrohr*	— los bambúes

d) Substantive, die auf **unbetontes es, is** oder **us** enden, bleiben in der Mehrzahl **unverändert**:

el lunes	*der Montag*	— los lunes
la crisis	*die Krise*	— las crisis
el ómnibus	*der Omnibus*	— los ómnibus

Bemerkungen zur Aussprache   2.5.

Besondere Aufmerksamkeit erfordert die Aussprache der Konsonanten **b** und **v**, die denselben Laut bezeichnen: Die Aussprache ist entweder Verschlußlaut oder bilabialer Reibelaut.

b wird im absoluten Anlaut sowie nach m wie deutsches b in „Baum" gesprochen: bueno [ˈbŭeno] *gut*, blanco [ˈblaŋko] *weiß*, también [tamˈbĭen] *auch*. Zwischen Vokalen sowie vor und nach Konsonanten (außer m) wird b als stimmhafter Reibelaut zwischen den Lippen, also ohne Mitwirkung der oberen Zähne, gesprochen: escribir [eskriˈbir] *schreiben*, abuelo [aˈbŭelo] *Großvater*, cubrir [kuˈbrir] *bedecken*, árbol [ˈarbɔl] *Baum*.

Ganz ähnlich liegen die Verhältnisse bei **v**, das im absoluten Anlaut wie deutsches **b** in „Baum" gesprochen wird: vino [ˈbino] *Wein*, voz [bɔθ] *Stimme*, vuelo [ˈbŭelo] *Flug*. Zwischen Vokalen sowie nach Konsonanten wird v jedoch als zwischen den Lippen geriebener stimmhafter Reibelaut gesprochen: grave [ˈgrabe] *schwer*, revista [rrɛˈbista] *Zeitschrift*, calva [ˈkalba] *Glatze*, Cervantes [θɛrˈbantes].

Bemerkungen zur Rechtschreibung   2.6.

Der englische *th*-Laut wird im Spanischen geschrieben:

c vor e und i: celo [ˈθelo] *Eifer*, cita [ˈθita] *Verabredung*

z vor a, o, u: zapato [θaˈpato] *Schuh*, zorro [ˈθɔrrɔ] *Fuchs*, zurrar [θuˈrrar] *gerben*

am Ende des Wortes: diez [ˈdĭeθ] *zehn*, nuez [ˈnŭeθ] *Walnuß*, paz [paθ] *Friede*

vor stimmhaften Konsonanten (Aussprache stimmhaft!) juzgar [xuðˈgar] *urteilen*

Übungen 2.7.

1. *Lesen Sie laut:* noviazgo, ciudad, actividad, magnífico, tranquilidad, ruido, césped, estrecho, ancho, luz, pared, pieza, baño, dueño.

2. *Bilden Sie die weiblichen Formen von:* novio, amigo, suegro, yerno, hijo, hombre, viudo, ambos, padre, niño, hermano.

3. *Bilden Sie die Pluralformen von:* piso, pared, salón, luz, césped, color, ciudad, hogar, jardín, situación, ascensor, habitación, la futura ama de casa.

4. *Übersetzen Sie:* der Kaffee, die Teppiche, die Lampen, das Eßzimmer, die Zimmer, die Terrasse, der Garten, die Wohnungen, das Zentrum, der Stadtrand, der Wohnblock, die Wände, die Zimmerdecken, der Tausch, die Fassade.

la actividad die Tätigkeit
ancho, -a breit, weit
el novio der Bräutigam

el suegro der Schwiegervater
el hombre der Mensch, der Mann

el viudo der Witwer
el salón der Salon
la habitación die Wohnung; das Zimmer

Fraseología 2.8.

Echar (tirar) la casa por la ventana.
Estar como en su casa.
Poner casa en la capital.
Casa de campo, casa de maternidad, casa solariega, casa de huéspedes.

la fraseología die Phraseologie
echar werfen; zu sich nehmen, (e-n Schluck) tun
tirar (hinaus)werfen; wegwerfen; ziehen
la ventana das Fenster
echar (od. **tirar**) **la casa por la ventana** das Geld mit vollen Händen hinauswerfen
estar sein; stehen, passen (von Kleidung)

estar como en su casa sich ganz zwanglos bewegen
poner setzen, stellen, legen
poner casa eine Wohnung einrichten; ein Haus beziehen
la capital die Hauptstadt
el campo das Land; das Feld
la casa de campo das Landhaus
la maternidad die Mutterschaft

la casa de maternidad die Entbindungsanstalt
solariego, -a altadlig; Stamm...
la casa solariega der Stammsitz
el huésped der Gast
la casa de huéspedes die (Familien-)Pension

Lección tercera

Todo está tan caro... 3.1.

Isabel y Ramón están casados y viven en el piso alquilado, en la periferia urbana.

—Estamos ya casi en invierno, y todavía no han terminado de montar la calefacción — se queja Isabel.

—Paciencia, cariño — trata de consolarla Ramón —, estamos aún a tiempo; además, el invierno no es demasiado frío: dos o tres semanas un poco desapacibles, a lo sumo. Lo que creo es que no estás muy satisfecha con la vivienda...

—Estás equivocado, querido. El piso, en sí, es muy mono, y ya está casi completamente amueblado. Pero es que una se cansa de reclamar: el ascensor está fuera de servicio cada dos por tres, la puerta del sótano está casi siempre estropeada, el desván está lleno de trastos y basura, en fin, que es una calamidad.

—Creo que no es para tanto, Isabel.

—Claro, es que tú no lo notas, porque estás fuera toda la jornada; en cambio, yo estoy todo el santo día en casa, y paso semanas sin ir al centro de la ciudad.

—Si te parece, mañana me acompañas. Podemos comer juntos...

—¡Y comprar un montón de cosas que faltan para el piso! — acepta Isabel.

—¿Qué es lo que falta todavía? ¿Qué echas de menos? — pregunta Ramón algo extrañado.

—Bueno, estoy cansada ya de repetirlo: una alfombra para el comedor, dos apliques para el pasillo a los dos lados del espejo, una estera para el baño, una percha, un paragüero, una persiana...

—Mira, querida, me parece que mañana no tengo tiempo; hay mucho trabajo en la oficina. Además, estamos a mediados de mes, ¿sabes?, y falta por pagar el alquiler, el recibo de la luz...

—Sí, comprendo. Lo de siempre, que estamos sin blanca. Y, para colmo, olvidas un par de cosas, amigo: los plazos de la lavadora y del televisor. ¡Todo está tan caro...!

—Gracias, Isabel — dice Ramón, y besa a su media naranja —, eres el ama de casa más inteligente que se puede imaginar. Y, además, la más guapa.

ta n so	**la periferia** die Peripherie;	**el invierno** der Winter
alquilado gemietet	der Stadtrand	**han terminado** sie haben
	urbano, -a städtisch, Stadt...	beendet

montar montieren; auf-
stellen; bauen; steigen
han terminado de montar
sie haben fertigmontiert
la calefacción die Heizung
se queja er (sie, es) beklagt
sich
la paciencia die Geduld
(el) cariño (der) Liebling
trata de er (sie, es) versucht zu
consolar trösten
aún, aun noch; auch
el tiempo die Zeit; das
Wetter
a tiempo rechtzeitig
además auch, außerdem
demasiado (all)zu, zu sehr
frío, -a kalt
la semana die Woche
poco, -a wenig
un poco ein wenig, etwas
desapacible unbehaglich
a lo sumo höchstens
lo que was
creo ich glaube
satisfecho -a zufrieden;
satt
estar equivocado sich irren
(el) querido, (la) querida
(der) Liebling
en sí an sich
mono, -a hübsch, nett
completamente vollständig
amueblado, -a möbliert,
eingerichtet
es que es ist doch so, daß...
uno, una man
se cansa de er (sie, es) hat
es satt zu
reclamar sich beschweren
fuera außen; draußen
fuera de außer; außerhalb
el servicio der Dienst; die
Dienstleistung; der Ser-
vice
fuera de servicio außer Betrieb
cada jede(r, -s)
cada dos por tres alle Augenblicke, dauernd
la puerta die Tür; das Tor
el sótano der Keller
la puerta del sótano die
Kellertür
siempre immer
estropeado, -a kaputt
el desván der (Dach-)Bo-
den
lleno, -a voll
los trastos das Gerümpel

la basura der Müll
el fin das Ende
en fin endlich, schließlich;
kurz und gut
la calamidad die Katastrophe
tanto so viel; so sehr, ebenso
no es para tanto so
schlimm ist es nicht
claro klar, natürlich
tú du
lo (Pronomen) es
notas du bemerkst
la jornada der (Arbeits-)
Tag
toda la jornada den ganzen
Tag
santo, -a heilig
el día der Tag
todo el santo día den lieben
langen Tag
estar en casa zu Hause sein
paso ich verbringe
sin ohne
ir gehen
el centro de la ciudad das
Stadtzentrum
si wenn; ob
te dir, dich
si te parece wenn es dir
recht ist, wenn du meinst
mañana morgen
acompañas du begleitest
podemos wir können
comer essen
juntos, -as zusammen
el montón der Haufen, die
Menge
la cosa das Ding, die Sa-
che; die Angelegenheit
un montón de cosas eine
Unmenge von Dingen
faltan sie fehlen
acepta er (sie, es) nimmt
an, stimmt zu
qué Frage: was?; Ausruf:
was für ein!
echas de menos du ver-
mißt
pregunta er (sie, es) fragt
extrañado, -a erstaunt
bueno, -a gut
cansado, -a müde
estar cansado, -a de es satt
haben zu; nicht mehr
mögen
repetir wiederholen
el aplique die Wandleuchte
el lado die Seite
el espejo der Spiegel

la estera die Matte; der
Fußabstreifer
la percha der Garderoben-
halter
el paragüero der Schirm-
ständer
la persiana die Jalousie,
der Rolladen
mira sieh mal
me parece que ... mir
scheint, daß ..., ich meine, daß ...
no tengo tiempo ich habe
keine Zeit
el trabajo die Arbeit
la oficina das Büro
mediado, -a halb
el mes der Monat
a mediados de mes Mitte
des Monats
¿sabes? weißt du?
falta por es ist nötig
pagar bezahlen; vergelten
el alquiler die Miete
el recibo der Empfang, der
Erhalt
el recibo de la luz die Lichtrechnung
sí ja
comprendo ich verstehe
lo de siempre immer das-
selbe, immer die alte Ge-
schichte
la blanca alte spanische
Münze; fig. das Geld
estar sin blanca blank, ab-
gebrannt sein
el colmo das Übermaß; der
Gipfel
para colmo zu alledem
olvidas du vergißt
un par de einige
el plazo die Rate
la lavadora die Waschma-
schine
el televisor das Fernseh-
gerät
gracias danke
besa er (sie, es) küßt
a su seine (Akkusativ)
la naranja die Apfelsine
la media naranja die bessere
Hälfte (= Ehefrau)
inteligente intelligent, klug
el ama de casa más inte-
ligente die klügste Haus-
frau
se puede man kann
imaginar sich vorstellen
guapo, -a hübsch
la más guapa die hübscheste

isa'bɛl i ra'mɔn es'tan ka'saᵈos i ‿'biben en‿el 'piso alki'laᵈo, en la peri'ferïa ur'bana. es'tamos ja 'kasi en im'bïɛrno, i toɖa'bia no an tɛrmi'naᵈo‿ɖe‿ mɔn'tar la kalefak'θïɔn, se 'kɛxa isa'bɛl. pa'θïenθïa, ka'riɲo, 'trata‿ɖe kɔnso'larla ra'mɔn, es'tamos a'un a 'tïempo; aɖe'mas, el im'bïɛrno no es dema'sïaᵈo 'frio: dɔs‿o tres se'manas um 'poko ɖesapa'θibles, a lo 'sumo. lo‿ke‿'kreo es ke no es'tas mŭi satis'fetʃa kɔn la‿bi'bïenda. es'tas ekibo'kaᵈo, ke'riɖo. el 'piso, en si, es mŭi 'mono, i ja es'ta 'kasi kɔmpleta'mente amŭe-'blaᵈo. 'pero es ke 'una se 'kansa‿ɖe rrɛkla'mar: el asθen'sɔr es'ta 'fŭera‿ɖe‿ sɛr'biθïo 'kaɖa‿ɖɔs pɔr tres, la 'pŭerta‿ɖel‿'sotano es'ta 'kasi 'sïempre estrope'aᵈa, el dez'ban es'ta 'ʎeno‿ɖe 'trastos y‿ba'sura, em'fin, ke es‿'una kalami'ɖa⁽ᵈ⁾. 'kreo ke no es 'para 'tanto, isa'bɛl. 'klaro, es ke tu no lo 'notas, 'pɔrke es'tas 'fŭera 'toɖa la xɔr'naɖa; eŋ 'kambïo, jo es'tɔ̆ĭ 'toɖo el 'santo‿'ɖia eŋ 'kasa, i 'paso se'manas sin‿ir al 'θentro‿ɖe la θïu'ɖa⁽ᵈ⁾. si te pa're θe, ma'ɲana me akɔm'paɲas. po'ɖemos ko'mɛr 'xuntos. i kɔm'prar um mɔn'tɔn de 'kɔsas ke 'faltan 'para el 'piso, a'θɛpta isa'bɛl. ke es lo ke 'falta toɖa'bia. ke 'etʃas de 'menos, pre'gunta ra'mɔn 'algo estra'ɲaᵈo. 'bŭeno, es'tɔ̆ĭ kan'saᵈa ja‿ɖe‿repe'tirlo: 'una al'fɔmbra 'para el kome'ɖɔr, dɔs‿a'plikes 'para el pa'siʎo a‿loz‿ɖɔz‿'laɖos del es'pɛxo, 'una es'tera 'para el 'baɲo, 'una 'pɛrtʃa, um para'gŭero, 'una pɛr'sïana. 'mira, ke'riɖa, me pa're θe ke ma'ɲana no 'teŋgo 'tïempo; a'ĭ 'mutʃo tra'baxo en la ofi'θina. aɖe'mas a‿me-'ɖïaɖos de mes, 'sabes, i 'falta pɔr pa'gar el alki'lɛr, el rrɛ'θibo ɖe la luθ. si, kɔm'prendo. lo‿ɖe‿'sïempre, ke es'tamos sin 'blaŋka. i, 'para 'kɔlmo, ɔl'biɖas um‿par de 'kɔsas, a'migo: los 'plaθos de la laba'ɖora i‿ɖel tele-bi'sɔr. 'toɖo es'ta taŋ 'karo. 'graθïas, isa'bɛl, 'diθe ra'mɔn, i‿'besa a su 'meɖïa na'raŋxa, 'eres el 'ama‿ɖe‿'kasa mas inteli'xente ke se 'pŭeɖe imaxi-'nar, i, aɖe'mas, la mas 'gŭapa.

Erläuterungen   **3.3.**

1. **consolarla, repetirlo:** Die unbetonten persönlichen Fürwörter werden an den Infinitiv angehängt (s. Fußnote Lektion 10, S. 74).

2. **el ama de casa más inteligente, la más guapa:** Der höhere bzw. der höchste Grad einer Eigenschaft wird durch Vorsetzen von **más** bzw. **el (la) más** vor die Grundstufe des Adjektivs gebildet (s. Lektion 19, S. 116).

Grammatik

Das Verb (Zeitwort)   **3.4.**

Präsens (presente) von ser und estar   *sein*   **3.4.1.**

(yo) soy	*ich bin*	(yo) estoy
(tú) eres	*du bist*	(tú) estás
(él) es	*er ist*	(él) está
(ella) es	*sie ist*	(ella) está
usted es	*Sie sind*	usted está
(nosotros, -as) somos	*wir sind*	(nosotros, -as) estamos
(vosotros, -as) sois	*ihr seid*	(vosotros, -as) estáis
(ellos) son	*sie sind (m)*	(ellos) están
(ellas) son	*sie sind (f)*	(ellas) están
ustedes son	*Sie sind*	ustedes están

Bemerkungen:

1. Die eingeklammerten persönlichen Fürwörter (yo, tú, él usw.) werden nur gesetzt, wenn sie betont sind: ella es portuguesa, él es español sie *ist Portugiesin,* er *ist Spanier.*

2. Das Fürwort der Anrede **usted** [us'te⁽ᵈ⁾] an eine Person, **ustedes** [us'teđes] an mehrere Personen ist, wie die häufig gebrauchten Abkürzungen V., Vd. bzw. Vs., Vds. zeigen, aus Vuestra Merced *Euer Gnaden* entstanden. So erklärt es sich, daß das mit usted bzw. ustedes verbundene Zeitwort in der dritten Person Singular bzw. dritten Person Plural gebraucht wird: ¿Es usted español? *Sind Sie Spanier?* ¿Están ustedes contentos? *Sind Sie zufrieden?*

Unterschied von ser und estar   **3.4.2.**

Das deutsche Zeitwort „sein" hat im Spanischen je nach seiner Bedeutung zwei verschiedene Entsprechungen: **ser** und **estar.**

Ser wird gebraucht:

a) zur Bezeichnung einer dem Subjekt innewohnenden Eigenschaft: la miel es dulce *der Honig ist süß;*

b) zur Bezeichnung dauernder Eigenschaften wie Beruf, Religion, Staatsangehörigkeit: mi padre es médico *mein Vater ist Arzt,* los habitantes del país son católicos *die Einwohner des Landes sind katholisch,* somos alemanes *wir sind Deutsche;*

c) zur Bezeichnung des Besitzes, der Herkunft und des Materials: ¿De quién es este libro? *Wem gehört dieses Buch?,* los turistas son de Hamburgo *die Touristen sind aus Hamburg,* la taza es de loza *die Tasse ist aus Steingut;*

d) bei Zeitbestimmungen: son las dos *es ist zwei Uhr,* es de día *es ist Tag,* es tarde *es ist spät,* es de noche *es ist Nacht;*

e) bei den Adjektiven rico *reich,* pobre *arm* und feliz *glücklich:* mi hermano es rico, pero no es feliz *mein Bruder ist reich, aber er ist nicht glücklich;*

f) zur Bildung des Passivs (s. S. 155): la disputa fue arreglada *der Streit wurde beigelegt.*

Estar wird gebraucht:

a) zur Bezeichnung eines örtlichen, vorübergehenden Seins: muchos turistas están en nuestro pàís *viele Touristen sind in unserem Land, sie halten sich vorübergehend hier auf;* ¿Dónde está el patrón? *Wo ist der Chef?;*

b) zur Bezeichnung eines augenblicklichen, vorübergehenden (auch gesundheitlichen) Zustandes: hoy estamos cansados *heute sind wir müde,* mi hermano está bien *meinem Bruder geht es gut,* no estoy contento con este resultado *mit diesem Ergebnis bin ich nicht zufrieden.*

Bemerkungen zur Aussprache **3.5.**

Die Konsonantenverbindung **ch** stellt den vierten Buchstaben des spanischen Alphabets dar und hat deshalb im Wörterbuch ihren Platz zwischen den Buchstaben c und d. Ihre Aussprache kommt einem deutschen tsch in ,,Pritsche'' nahe, doch hüte man sich, das t zu kräftig zu sprechen. Es handelt sich vielmehr um einen Einheitslaut, der am vorderen Gaumen, an den die Zunge sich anpreßt, gesprochen wird: muchacha [mu'tʃatʃa] *Mädchen,* cheque ['tʃeke] *Scheck,* chuleta [tʃu'leta] *Kotelett.*

Auch **ll** ist ein besonderer Buchstabe innerhalb des spanischen Alphabets und hat seinen Platz im Wörterbuch zwischen den Buchstaben l und m. Seine Aussprache kommt derjenigen der deutschen Endung -lie in ,,Familie'' nahe. Genaugenommen handelt es sich jedoch um eine enge Verschmelzung von l und j zu einem Einheitslaut: llave ['ʎabe] *Schlüssel,* maravilla [mara'biʎa] *Wunder,* sello ['seʎo] *Siegel.*

Als besonderer Buchstabe im spanischen Alphabet gilt auch **ñ**, das den Buchstaben n folgt. Seine Aussprache gleicht nahezu derjenigen der französischen Konsonantenverbindung gn in ,,Champagner'': niño ['niɲo] *Kind,* muñeca [mu'ɲeka] *Handgelenk, Puppe,* peña ['peɲa] *Fels.*

Bemerkungen zur Rechtschreibung **3.6.**

Der deutsche *g*-Laut wird im Spanischen geschrieben:

g vor a, o, u und Konsonanten: gasto ['gasto] *Ausgabe,* gobierno [go'bิɛrno] *Regierung,* gusano [gu'sano] *Wurm,* grupo ['grupo] *Gruppe*

gu vor e und i: guerra ['gɛrra] *Krieg,* guinda ['ginda] *Sauerkirsche.* Soll das u jedoch mitgesprochen werden, so erhält es ein Trema (span. la crema): vergüenza [bɛr'güɛnθa] *Scham,* lingüística [liŋ'güistika] *Sprachwissenschaft*

Übungen **3.7.**

1. *Ergänzen Sie die folgenden Sätze mit den entsprechenden Formen von ser bzw. estar:*

El padre de Luisa (*ser*) ingeniero.
Mi amigo Jaime (*estar*) en el extranjero.
El pasillo (*ser*) oscuro y (*estar*) mal ventilado.
La vivienda (*ser*) amplia y (*estar*) bien situada.
El pobre hombre (*ser*) ciego de nacimiento.
Mi cuñado (*estar*) ciego de ira.
El salón (*ser*) oscuro porque las ventanas dan a un patio trasero.
El dormitorio (*estar*) oscuro, porque las ventanas (*estar*) cerradas.
(*Estar*) a veinte de mayo.
(*Ser*) las nueve de la mañana.
Mi prima Lola (*ser*) de Cáceres.
Mi novia (*estar*) de viaje por Chile, de donde (*ser*) sus padres.

2. *Übersetzen Sie**: Isabel und Ramón wohnen in einer Wohnung am Stadtrand. Die Wohnung ist sehr hübsch. Isabel ist jedoch mit der Wohnung
nicht sehr zufrieden. Der Fahrstuhl ist alle Augenblicke außer Betrieb, der
Dachboden ist voller Gerümpel und Müll. Ramón ist den ganzen Tag
draußen, er merkt es nicht. Es fehlen noch ein Teppich für das Eßzimmer,
zwei Wandleuchten für den Flur an (den) beiden Seiten des Spiegels und eine
Matte für das Badezimmer. Aber Isabel und Ramón sind blank. Sie müssen
(es ist nötig... zu bezahlen) die Miete, die Lichtrechnung und die Raten der
Waschmaschine und des Fernsehgerätes bezahlen. Es ist [eben] alles so teuer.

Luisa Luise
el ingeniero der Ingenieur
Jaime Jakob
el extranjero das Ausland;
   der Ausländer
mal schlecht
ventilado, -a gelüftet
situado, -a gelegen, liegend
pobre arm
ciego, -a blind
el nacimiento die Geburt

la ira der Zorn
dan a ... sie gehen auf ...
   hinaus
el patio der Hof
trasero, -a Hinter...
cerrado, -a geschlossen;
   abgeschlossen
veinte zwanzig
el mayo der Mai
a veinte de mayo am 20.
   Mai

nueve neun
la mañana der Morgen
de la mañana morgens
la prima die Kusine
el viaje die Reise
estar de viaje auf Reisen
   sein
donde wo
de donde woher
sus ihre (Plural)

Fraseología 3.8.

En el manicomio, ni son todos los que están, ni están todos los que son.
Cada cual en su casa, y Dios en la de todos.
¡Ya sabe Vd. (usted) dónde está su casa!

el manicomio die Irrenanstalt
ni... ni... weder... noch...
los que diejenigen, die

cada cual ein jeder
Dios *m* Gott
sabe er (sie, es) weiß
Vd. = **usted** Sie (Anrede)

¡ya sabe Vd.! Sie wissen
   schon!
dónde (in Frage u. Ausruf) wo

Refrán 3.9.

Casa con dos puertas mala es de guardar.

el refrán das Sprichwort   **malo, -a** schlecht   **guardar** bewachen

---

* In *eckige* Klammern gesetzte deutsche Wörter sind nicht zu übersetzen. Übersetzungs-
hilfen stehen in *runden* Klammern.

Lección cuarta

En el colegio 4.1.

Querido Pepe: En la última carta preguntas qué tal estoy en el nuevo colegio. A continuación, te explico un poco la vida que llevo en él y cómo se distribuye la jornada. Tenemos un horario bastante rígido, pero uno se acostumbra a todo con el tiempo; los primeros días son fatales, sobre todo si, como yo, se tiene por costumbre vivir a sus anchas.

A las siete en punto de la madrugada, tocan para levantarse. A lo mejor te parece mentira, pero yo salto en seguida de la cama y soy de los primeros en acudir a los lavabos. Me ducho a diario con agua fría, me limpio los dientes y me peino, y a las siete y media ya he concluido el aseo. A esta hora tenemos diez minutos de gimnasia, y a continuación, desayunamos. Después, preparamos las lecciones de la jornada.

A las nueve menos cuarto, nos dirigimos a las aulas, y tras unos minutos de preparación, dan comienzo las clases que duran hasta el mediodía. Entre clase y clase, hay descansos de un cuarto de hora, y a media mañana, un recreo de tres cuartos de hora. El recreo más largo es el de después de comer, que dura una hora entera; durante él, jugamos a la pelota, al baloncesto o al fútbol, si hace buen tiempo; si no, nos entretenemos en el salón de juegos, leemos o charlamos.

De dos a seis, tenemos otra vez clases, excepto los jueves, que es día de asueto. Este día es fenómeno, te aseguro. Vamos al campo de deportes, y allí pasa la tarde sin darse uno cuenta. Ya sabes lo aficionado que soy a los deportes, y aquí tengo la oportunidad de satisfacer mis deseos; estudiar no es lo mismo, ya sabes, no necesito insistir, pues me conoces de sobra.

Los domingos podemos recibir visitas y hasta salir con ellas a comer, si las notas han sido buenas; de lo contrario, tampoco nos dejan asistir a la función de cine. Bueno, cree que no es tan fiero el león como lo pintan; si me acompañas el próximo curso, vas a ver que no exagero en que aquí no se pasa del todo mal.

---

el colegio die Schule; hier: das Internat
querido, -a lieb
último, -a letzte(r, -s)
la carta der Brief; die Speisekarte
preguntar fragen

qué tal estoy wie es mir geht
nuevo, -a neu
la continuación die Fortsetzung
a continuación dann, darauf; anschließend

explicar erklären, darlegen, erläutern
la vida das Leben; der Lebensunterhalt
llevar führen; bei sich haben
en él (= en el colegio) darin

cómo (in Frage und Ausruf) wie
se sich; man
distribuye (von **distribuir**) er (sie, es) teilt ein
el horario der Stundenplan, die (Essens-)Zeit
bastante ziemlich
rígido, -a starr; hier: umfangreich
acostumbrar a gewöhnen an
primero, -a erste(r, -s)
fatal verhängnisvoll; hier: fürchterlich
la costumbre die Gewohnheit; die Sitte, der Brauch
tener por costumbre gewohnt sein, zu
vivir leben
vivir a sus anchas ein ungebundenes Leben führen, frei schalten und walten können
siete sieben
el punto der Punkt
a las siete en punto Punkt 7 Uhr
la madrugada der frühe Morgen
tocar läuten
levantarse (< **levantar** + **se**) aufstehen; sich erheben
mejor besser
a lo mejor womöglich, vielleicht
la mentira die Lüge
te parece mentira du wirst es kaum glauben
saltar springen
en seguida sofort
la cama das Bett
acudir sich einfinden
el lavabo der Waschraum; der Waschtisch
duchar duschen
a diario täglich
el agua f das Wasser
limpiar reinigen, putzen
el diente der Zahn
peinar kämmen
a las siete y media um halb acht
concluir beenden; schließen; zu Ende gehen
el aseo die Sauberkeit; hier: die Morgentoilette
esta (f) diese
la hora die Stunde, die (Uhr-)Zeit, der Zeitpunkt
diez zehn
el minuto die Minute

la gimnasia die Gymnastik
desayunar frühstücken
después nachher, dann, darauf
preparar vorbereiten; zubereiten
la lección die (Unterrichts-)Stunde
menos weniger; am wenigsten; außer
el cuarto das Viertel; das Zimmer
a las nueve menos cuarto um Viertel vor neun
nos uns
nos dirigimos (von **dirigirse**) wir begeben uns
el aula f das Klassenzimmer
tras nach
la preparación die Vorbereitung; die Zubereitung
el comienzo der Beginn
dan (von **dar**) **comienzo** sie beginnen
la clase der Unterricht, die Unterrichtsstunde; die Klasse, die soziale Schicht
durar dauern
el mediodía der Mittag, zwölf Uhr
el descanso die Pause; die Erholung; die Ruhe
el cuarto de hora die Viertelstunde
a media mañana nach dem halben Vormittag
el recreo die Pause
el recreo más largo die längste Pause
después de (comer) nach (dem Essen)
entero, -a ganz, voll(ständig)
durante während
jugar spielen
la pelota der Ball
jugar a la pelota Ball spielen
el baloncesto der Korbball
el fútbol der Fußball
hacer machen, tun; (ver-an)lassen
buen(o) gut
hace buen tiempo es ist gutes Wetter
nos entretenemos (von **entretenerse**) wir vertreiben uns die Zeit
el juego das Spiel
el salón de juegos das Spielzimmer

leer lesen
charlar plaudern, schwatzen
de ... a ... von ... bis ...
seis sechs
la vez das Mal
otra vez noch einmal, nochmals; ein andermal
excepto ausgenommen, außer
el jueves der Donnerstag
los jueves donnerstags
el asueto der Ruhetag
el día de asueto der schulfreie Tag
este (m) dieser
este día an diesem Tag
fenómeno großartig, prima
asegurar versichern
vamos (von **ir**) wir gehen
el deporte der Sport
el campo de deportes der Sportplatz
allí da, dort
pasar vergehen; sich ereignen, passieren; überschreiten; (Zeit) verbringen
la tarde der Nachmittag
la cuenta das Rechnen; die Rechenschaft; die Rechnung
darse cuenta bemerken
sin darse uno cuenta ohne daß man es merkt
saber wissen; können
ya sabes du weißt ja
lo ... que soy was für ein ... ich bin
el aficionado der (Kunst-)Freund, der Liebhaber
el aficionado a los deportes der Sportfreund
aquí hier
la oportunidad die Gelegenheit
satisfacer zufriedenstellen, befriedigen
el deseo der Wunsch
estudiar lernen; studieren
lo mismo dasselbe
necesitar brauchen, müssen
insistir (etwas) betonen
conocer kennen, kennenlernen
la sobra das Übermaß, der Überfluß
de sobra nur zu gut
el domingo der Sonntag
recibir bekommen, empfangen

la **visita** der Besuch, der Besucher
salir (hin)ausgehen; ausfallen, geraten; herauskommen
con ellas mit ihnen
la **nota** die Zensur; die Aufzeichnung
sido gewesen
de lo contrario andernfalls, sonst

dejar (zu)lassen, erlauben; (los)lassen
asistir a besuchen, teilnehmen an
la **función** die Vorstellung; das Amt, die Tätigkeit
el **cine** das Kino
cree (von **creer**) glaube!
fiero, -a wild
el **león** der Löwe

el **curso** der Lehrgang, der Kurs(us)
vas (von **ir**) du gehst
ver sehen
vas a ver du wirst sehen
exagerar übertreiben
no pasar mal es aushalten können
del todo durchaus; in jeder Hinsicht; ganz

lɛgˈθĭɔn ˈkŭarta
en el koˈlɛxĭo
4.2.

keˈriđo ˈpepe: en la ˈultima ˈkarta preˈguntas ke tal esˈtɔĭ en el ˈnŭebo koˈlɛxĭo. a kɔntinŭaˈθĭɔn, te esˈpliko um‿ˈpoko la‿ˈbiđa ke ˈʎebo en‿el i ˈkomo se‿đistriˈbuje la‿xɔrˈnađa. teˈnemos un‿oˈrarĭo‿basˈtante ˈrrixiđo, ˈpero ˈuno se akɔsˈtumbra a ˈtođo kɔn‿el ˈtĭempo; los priˈmeros ˈdias sɔn faˈtales, ˈsobre ˈtođo si, ˈkomo jɔ,se ˈtĭene pɔr kɔsˈtumbre biˈbir a sus‿ˈantʃas. a las ˈsĭete em‿ˈpunto‿đe la mađruˈgađa, ˈtokan ˈpara leƀanˈtarse. a lo mɛˈxɔr te paˈreθe menˈtira, ˈpero jɔ ˈsalto en‿seˈgiđa đe la ˈkama i sɔĭ‿đe los priˈmeros en‿akuˈđir a los laˈƀabos. me‿ˈđutʃo a‿ˈđĭarĭo kɔn‿ˈagŭa ˈfria, me‿ˈlimpĭo loz‿ˈđĭentes i me‿ˈpɛĭno, i a las ˈsĭete‿i‿ˈmeđĭa ja e‿kɔn-ˈklŭiᵈo el‿a'seo. a‿ˈesta‿ˈora teˈnemos dĭez‿miˈnutos de ximˈnasĭa, i a kɔntinŭaˈθĭɔn, desajuˈnamos. desˈpŭes, prepaˈramos las lɛgˈθĭɔnes de la xɔrˈnađa. a las ˈnŭebe ˈmenos ˈkŭarto, nos diriˈximos a las‿ˈaŭlas, i tras‿ˈunos miˈnutos de preparaˈθĭɔn, dan koˈmĭenθo las ˈklases ke‿ˈđuran ˈasta el međĭoˈđia. ˈentre ˈklase i ˈklase, aĭ đesˈkansos de uŋ ˈkŭarto‿đe ˈora, i a ˈmeđĭa maˈɲana, un rreˈkreo đe tres ˈkŭartos de ˈora. el rreˈkreo mas ˈlargo es‿el de đesˈpŭes de koˈmɛr, ke‿ˈđura ˈuna ˈora enˈtera; duˈrante el, xuˈgamos a la peˈlota, al balɔnˈθesto o al ˈfutbɔl, si ˈaθe bŭen ˈtĭempo; si no, nos‿entreteˈnemos en‿el saˈlɔn de ˈxŭegos, leˈemos o tʃarˈlamos. de‿đɔs‿a‿sɛĭs, teˈnemos ˈotra‿beθ ˈklases, esˈθɛpto los ˈxŭebes, ke es ˈdia‿đe aˈsŭeto. ˈeste‿ˈdia es feˈnɔmeno, te aseˈguro. ˈbamos al ˈkampo‿đe‿ đeˈpɔrtes, i aˈʎi ˈpasa la ˈtarđe sin ˈdarse ˈuno ˈkŭenta. ja ˈsabes lo‿afiθĭoˈnaᵈo ke sɔĭ a los deˈpɔrtes, i aˈki ˈteŋgo la opɔrtuniˈđa⁽ᵈ⁾ đe satisfaˈθɛr mis deˈseos; ɛstuˈđĭar no es lo ˈmizmo, ja ˈsabes, no neθeˈsito insisˈtir, pŭes me koˈnoθes de ˈsobra. los doˈmiŋgos poˈđemos rreθiˈbir biˈsitas i ˈasta saˈlir kɔn ˈeʎas a koˈmɛr, si las ˈnotas an ˈsiđo ˈbŭenas; de lo kɔnˈtrarĭo, tamˈpoko nos ˈdɛxan asisˈtir a la funˈθĭɔn de ˈθine. ˈbŭeno, ˈkree ke no es tan ˈfĭero el leˈɔn ˈkomo lo ˈpintan; si me‿akɔmˈpaɲas el ˈprɔgsimo ˈkurso, bas‿a‿ƀɛr ke no ɛgsaˈxero eŋ ke aˈki no se ˈpasa đel ˈtođo mal.

Erläuterungen
4.3.

1. uno se acostumbra: Das deutsche „man" wird im allgemeinen durch das rückbezügliche Fürwort **se** ausgedrückt. Wenn das Zeitwort jedoch schon an und für sich rückbezüglich ist, wird se durch **uno** ersetzt (s. Lektion 12, S. 82).

2. **diez minutos de gimnasia**: Zwei Substantive werden durch die Präposition **de** miteinander verbunden: una taza de café *eine Tasse Kaffee*; la ciudad de Sevilla *die Stadt Sevilla*; la provincia de Lérida *die Provinz Lérida*.

3. **a las nueve menos cuarto**: Näheres über Uhrzeitangaben s. Lektion 8, S. 66.

Grammatik

Die Konjugation des Verbs   **4.4.**

Präsens von tener und haber *haben*   **4.4.1.**

selbständiges Zeitwort		ich habe	Hilfszeitwort	he
	tengo	ich habe		he
	tienes	du hast		has
	tiene	er, sie hat		ha
	tenemos	wir haben		hemos
	tenéis	ihr habt		habéis
	tienen	sie haben		han

Bemerkungen:

Als selbständiges Zeitwort für „haben" (= besitzen) verwendet das Spanische ausschließlich **tener.** Demgegenüber wird **haber*** nur als Hilfszeitwort gebraucht und dient in Verbindung mit einem stets unverändert bleibenden Partizip zur Bildung der zusammengesetzten Zeiten des Aktivs sämtlicher Zeitwörter: he comprado la casa *ich habe das Haus gekauft,* hemos llegado a Barcelona *wir sind in Barcelona angekommen.*

Näheres über das Partizip und die Bildung der zusammengesetzten Zeiten s. S. 141 und 146.

Präsens und Partizip des Perfekts der regelmäßigen Verben   **4.4.2.**
auf -ar, -er, -ir

-ar	-er	-ir
comprar	vender	recibir
kaufen	*verkaufen*	*erhalten*
compro	vendo	recibo
ich kaufe	*ich verkaufe*	*ich erhalte*
compras	vendes	recibes
compra	vende	recibe
compramos	vendemos	recibimos
compráis	vendéis	recibís
compran	venden	reciben
comprado	vendido	recibido
gekauft	*verkauft*	*erhalten*

---

* Eine Nebenform von haber ist **hay** in der Bedeutung „*es gibt*".

Bemerkungen:

1. Entsprechend der Endung ihres Infinitivs unterscheidet das Spanische drei Konjugationen:

    die **a**-Klasse: comprar (erste Konjugation)
    die **e**-Klasse: vender (zweite Konjugation)
    die **i**-Klasse: recibir (dritte Konjugation)

2. Die Konjugation der Verben erfolgt — wie im Lateinischen — durch Anhängen bestimmter Endungen (in der Tabelle durch Fettdruck gekennzeichnet) an den Stamm des jeweiligen Verbs. Die persönlichen Fürwörter können hierbei — wie bereits auf S. 37 erwähnt — im allgemeinen weggelassen werden, da aus der Endung des Verbs die Person ersichtlich ist. Man kann deshalb sagen: habla español *er spricht Spanisch* und él habla español nur dann, wenn ein besonderer Nachdruck auf das Fürwort él *er* (im Gegensatz zu ella *sie*) gelegt wird: él habla español, ella habla alemán **er** *spricht Spanisch*, **sie** *spricht Deutsch*.

3. Der konsonantische Stammauslaut unterliegt je nach der auf ihn folgenden Endung bestimmten orthographischen Veränderungen.

Bei den **Verben der a-Klasse** handelt es sich um folgende:

a) stammauslautendes **c** wird, um den Gaumenlaut zu erhalten, vor e zu **qu**: busco *ich suche*, ¡bus**que** Vd.! *suchen Sie!*; saca *er holt heraus*, ¡sa**que** Vd.! *holen Sie heraus!*;

b) stammauslautendes **g** wird aus dem gleichen Grunde vor e zu **gu**: pago *ich zahle*, ¡pa**gue** Vd.! *zahlen Sie!*; entrega *er liefert ab*, ¡entre**gue** Vd.! *liefern Sie ab!*;

c) stammauslautendes **gu** wird vor e zu **gü** (u mit Trema lautend): averiguo *ich untersuche*, ¡averi**güe** Vd.! *untersuchen Sie!*;

d) stammauslautendes **z** wird vor e zu **c**: alcanzo *ich erreiche*, ¡alcan**ce** Vd.! *erreichen Sie!*

Bei den **Verben der e- und i-Klasse** treten folgende orthographische Veränderungen ein:

a) stammauslautendes **c** wird zur Erhaltung des stimmlosen Lispellautes vor a und o zu **z**: vencer *siegen*, ven**zo** *ich siege*; zurcir *flicken*, zur**zo** *ich flicke*;

b) stammauslautendes **g** wird zur Erhaltung des stimmlosen Reibelautes vor a und o zu **j**: acoger *aufnehmen*, aco**jo** *ich nehme auf*; dirigir *lenken*, diri**jo** *ich lenke*;

c) stammauslautendes **gu** wird vor a und o zu **g**: distinguir *unterscheiden*, distin**go** *ich unterscheide*;

d) stammauslautendes **qu** wird vor a und o zu **c**: delinquir *straffällig werden*, delin**co** *ich werde straffällig.*

Bemerkungen zur Aussprache   **4.5.**

Bei der Aussprache des s ist darauf zu achten, daß es im Anlaut, zwischen Vokalen und vor stimmlosen Konsonanten stimmlos, d. h. scharf wie in „Straße" gesprochen wird: sitio ['sitĭo] *Lage*, caso ['kaso] *Fall*, sistema [sis'tema] *System*. Vor stimmhaften Konsonanten dagegen wird s stimmhaft, d. h. weich wie in „Weise" gesprochen: Lisboa [liz'boa] *Lissabon*, desdén [dez'đen] *Geringschätzung*, desgracia [dez'graθĭa] *Unglück*, isla ['izla] *Insel*, mismo ['mizmo] *selbst*, desnivel [dezni'bɛl] *Höhenunterschied*, israelí [izrrae'li] *Israeli*, desván [dez'ban] *Dachboden*.

Doppeltes s kennt das Spanische nicht.

Der deutsche *k*-Laut wird im Spanischen geschrieben:

c vor a, o, u, vor Konsonanten und am Wortende: cartera [kar'tera] *Brieftasche*, opaco [o'pako] *undurchsichtig*, cuña ['kuɲa] *Keil*, cliente ['klïente] *Kunde*, frac [frak] *Frack*

qu vor e und i: querella [ke'reʎa] *Klage*, quitasol [kita'sɔl] *Sonnenschirm*

k kommt nur in Fremdwörtern vor: kerosén [kero'sen] *Kerosin*, kilogramo [kilo-'gramo] *Kilogramm*, kilómetro [ki'lometro] *Kilometer*, kilovatio [kilo'batïo] *Kilowatt* u. a.

Übungen   **4.7.**

1. *Ergänzen Sie die folgenden Sätze mit den entsprechenden Verbformen:*
No (*tener*) tiempo para ir al cine, te lo (*asegurar*).
(*Parecer*) mentira, pero (*ser*) verdad.
A ese señor del abrigo marrón no lo (*conocer*).
En el colegio, la jornada se (*distribuir*) muy minuciosamente.
Paulina (*buscar*) el bolso para pagar, pero no (*tener*) dinero; afortunadamente, una amiga (*pagar*) por ella.

2. *Übersetzen Sie:*
Conozco a un médico muy famoso que no ejerce desde hace tiempo.
Entro en el despacho y miro dónde está mi cartera.
Durante las vacaciones, me diriges la correspondencia a mis señas de la Costa Brava.
Miguel Serrano vive en Caracas desde hace cinco años.

3. *Konjugieren Sie die unterstrichenen Verben im Präsens Indikativ.*

4. *Übersetzen Sie:* Mit der Zeit gewöhnt man sich an alles. Punkt sieben Uhr springen wir aus dem Bett. Wir duschen uns mit kaltem Wasser, putzen uns die Zähne und kämmen uns. Um halb acht haben wir die Morgentoilette beendet. Es folgen (siguen) zehn Minuten Gymnastik, und dann frühstücken wir. Um Viertel vor neun begeben wir uns in die Klassenzimmer. Nach einigen Minuten (von) Vorbereitung beginnen die Unterrichtsstunden, die bis zwölf Uhr dauern. Dann essen wir. Die Pause dauert eine ganze Stunde. Nach dem Essen (nach essen) spielen wir Fußball oder Korbball. Von zwei bis sechs haben wir nochmals Unterricht (Unterrichtsstunden), ausgenommen donnerstags. [Der] Donnerstag ist schulfreier Tag. An diesem Tag gehen wir auf den (al) Sportplatz, und der Nachmittag vergeht dort, ohne daß man es merkt. Sonntags können wir Besucher empfangen, wenn die Noten gut gewesen sind. Wenn sie nicht gut gewesen sind, können wir nicht Besucher empfangen und (ni) mit ihnen ausgehen.

ir al cine ins Kino gehen
la verdad die Wahrheit
ese dieser
el señor der Herr
el abrigo der Mantel
marrón braun
del abrigo marrón im braunen Mantel
minuciosamente sehr genau
Paulina Pauline
buscar suchen
el bolso die Handtasche

el dinero das Geld
afortunadamente glücklicherweise
la amiga die Freundin
ella sie
conozco (von conocer) ich kenne
famoso, -a berühmt
ejercer tätig sein, praktizieren
desde hace tiempo seit langem

el despacho das Büro, das Arbeitszimmer
mirar (hin)sehen; ansehen
la cartera die Aktentasche
las vacaciones die Ferien, der Urlaub
dirigir richten, adressieren
la correspondencia die (Brief-)Post; die Korrespondenz, der Briefwechsel; die Entsprechung
cinco fünf

Refranes   **4.8.**

A quien madruga, Dios le ayuda.
No por mucho madrugar amanece más temprano.

madrugar früh aufstehen
le ihm, ihn, ihr
ayudar helfen

amanecer Tag werden
amanece es wird hell

temprano, -a früh(zeitig)
más temprano früher, eher

Lección quinta

A mal tiempo, buena cara   **5.1.**

Los habitantes de las grandes ciudades, apenas se dan cuenta de la marcha natural del año si no es para planear alguna excursión o la época de las vacaciones. Sin embargo, nada más connatural al hombre que el tiempo, tanto cronológico como atmosférico. El tiempo y el clima constituyen la materia más fecunda de conversación, y cuando dos personas no tienen nada que decirse, el embarazoso silencio se rompe con una expresión como:
—Hace un tiempo excelente, para la época en que nos hallamos.
—Pues sí, hace un sol espléndido, pero ya refresca un poco.
O bien:
—Tenemos un tiempo horrible; no puede uno asomar la nariz a la calle sin pescar un constipado.
—Sí, ya está uno cansado de abrigarse. ¡Con lo bien que se va a pelo y sin paraguas!
—¡Y este viento huracanado, resulta ya insoportable!
—Tiene razón más que sobrada. Pero, ya sabe: febrerillo loco...
Efectivamente, apenas se ha subido la cuesta de enero, el invierno da los últimos coletazos. Viene después marzo, pero la primavera se hace esperar en gran parte de España. Marzo ventoso y abril lluvioso, dice el refrán. Y tiene razón; el mes primaveral por excelencia es mayo.

Pero dura poco la tibia y poética estación, pues el calor es generalmente estival al empezar el mes de junio. Viene luego julio, con fiebre de viajes y de veraneo, y un dulce sopor invade el país entero hasta pasada la mitad de agosto, con su punto álgido en los días de la canícula; bueno, el sol es canicular durante todo el estío, y quema los campos con sus rayos implacables.

Las brisas de septiembre hacen despertar una vida nueva, se animan las ciudades, hasta entonces desiertas, y el júbilo de las vendimias hace soñar ya con tardes apacibles en el otoño entrante, que se caldea un poco todavía, pasado octubre, en el célebre "veranillo de San Martín".

Noviembre es un mes algo tétrico, de nieblas espesas y lluvias frecuentes, presagiador del largo invierno, con sus apacibles veladas al amor de la lumbre, amaneceres cristalinos con encajes de escarcha, y un aire transparente con leves ilusiones de nieves lejanas. A pesar del frío y de las heladas, la temporada invernal tiene, como las demás, sus peculiares encantos.

---

la cara das Gesicht, die Miene
el habitante der Einwohner
apenas kaum
se dan (von **darse**) **cuenta** sie bemerken
la marcha der Gang, der Verlauf, der Ablauf
natural natürlich
planear planen
alguno, -a (irgend)eine(r); manche(r)
la excursión der Ausflug
la época die Zeit; der Zeitpunkt
sin embargo jedoch, indessen; trotzdem
nada nichts
connatural naturgemäß
nada más connatural nichts ist naturgemäßer
tanto ... como ... sowohl ... als auch ...
cronológico, -a chronologisch (**tiempo** = Zeit)
atmosférico, -a atmosphärisch (**tiempo** = Wetter)
el clima das Klima
constituyen (von **constituir**) sie bilden, sie sind, sie stellen dar
la materia der Stoff, das Thema
fecundo, -a fruchtbar, ergiebig

la materia más fecunda das ergiebigste Thema
la conversación das Gespräch, die Unterhaltung
la persona die Person
decirse (< **decir** + **se**) sagen, reden
embarazoso, -a lästig, peinlich
el silencio das Schweigen; die Stille
se rompe (von **romperse**) es bricht, es wird gebrochen
la expresión der Ausdruck, die Redensart, die Redewendung
excelente ausgezeichnet, großartig, herrlich
nos hallamos (von **hallarse**) wir befinden uns
pues sí freilich, natürlich
el sol die Sonne
hace sol die Sonne scheint
espléndido, -a prächtig, herrlich
refrescar kühl werden
o oder
o bien oder auch, oder vielleicht
horrible schrecklich, scheußlich
no puede (von **poder**) uno man kann nicht

asomar zeigen, hinausstecken; zum Vorschein kommen
la nariz die Nase
pescar fischen; erwischen, holen
el constipado der Schnupfen
abrigarse (< **abrigar** + **se**) sich warm anziehen
con lo bien wie gern
se va (von **ir**) man geht
el pelo das Haar
a pelo ohne Kopfbedeckung
el paraguas der Regenschirm
el viento der Wind
huracanado, -a orkanartig
resultar sich erweisen als; sein
insoportable unerträglich
la razón die Vernunft; der Grund, die Ursache
tener razón recht haben
sobrado, -a überreichlich, mehr als reichlich
tiene razón más que sobrada Sie haben mehr als recht
febrerillo loco ... etwa: „April macht, was er will"
efectivamente wirklich, tatsächlich
la cuesta der Berg; die Steigung

subir la cuesta die Steigung hinaufgehen
el enero der Januar
da (von dar) los últimos coletazos er feiert noch einmal richtig, er haut noch einmal richtig auf die Pauke
viene (von venir) er (sie, es) kommt
el marzo der März
la primavera der Frühling
esperar (er)warten, (er-) hoffen
se hace esperar er läßt auf sich warten
la parte der Teil; die Seite
España f Spanien
ventoso, -a windig
el abril der April
lluvioso, -a regnerisch
el mes primaveral der Frühlingsmonat
por excelencia schlechthin, im wahrsten Sinne des Wortes, eigentlich
el mayo der Mai
durar poco kurz dauern
tibio, -a lau
poético, -a poetisch
la estación die (Jahres-) Zeit, die Saison
el calor die Wärme, die Hitze
generalmente im allgemeinen, meistens
estival sommerlich; Sommer...
empezar beginnen
al empezar beim Beginnen
el junio, el mes de junio der Juni, der Monat Juni
luego nachher, dann
el julio der Juli

la fiebre das Fieber
la fiebre de viajes das Reisefieber
el veraneo die Sommerfrische; der Urlaub
dulce süß; sanft
el sopor die Benommenheit
invadir befallen; überfallen
el país das Land
hasta pasado, -a bis vergangen (ist)
la mitad die Hälfte
el agosto der August
el punto álgido der Höhepunkt
la canícula die Hundstage
los días de la canícula die Zeit der Hundstage
canicular hundstagsmäßig, hochsommerlich
el estío der Sommer
quemar verbrennen, versengen
el rayo der Strahl; der Blitz
implacable unerbittlich
la brisa der Nordostwind; die Brise
el se(p)tiembre der September
despertar erwachen; wekken
se animan (von animarse) sie werden lebendig, sie beleben sich
entonces dann; damals
hasta entonces bis dahin
el júbilo der Jubel
la vendimia die Weinlese
soñar con träumen von
apacible milde, ruhig
el otoño der Herbst
entrante kommend
se caldea (von caldear-

se) er erwärmt sich, er wird heiß
el octubre der Oktober
célebre berühmt
el veranillo der Nachsommer
Martín Martin
el veranillo de San Martín der Altweibersommer
el noviembre der November
tétrico, -a trübselig, finster, düster
la niebla der Nebel
espeso, -a dicht, dick
la lluvia der Regen
frecuente häufig
el presagiador der Vorbote
la velada der (gemütliche) Abend
al amor de la lumbre am Feuer, am Kamin
el amanecer der Tagesanbruch, der Morgen
cristalino, -a kristallklar
el encaje die Einlegearbeit
la escarcha der (Rauh-) Reif
transparente durchsichtig
leve leicht
la ilusión die (Vor-)Freude
la nieve der Schnee
a pesar de trotz
el frío die Kälte
la helada der Frost
la temporada die Jahreszeit; die Saison; die Spielzeit; der Zeitraum
invernal winterlich
los/las demás die anderen, die übrigen
peculiar eigen(tümlich), besonder; charakteristisch
el encanto der Zauber, der Reiz

lɛg'θĭɔn 'kinta
a mal 'tĭempo, 'bŭena 'kara   5.2.

los‿abi'tantes de las 'grandes θĭu'da^des, a'penas se‿đan 'kŭenta đe la 'martʃa natu'ral del‿'aɲo si no es 'para plane'ar al'guna eskur'sĭɔn o la 'epoka‿đe‿las baka'θĭɔnes. sin‿em'bargo, 'nađa mas kɔnnatu'ral al‿'ɔmbre ke el 'tĭempo, 'tanto krono'lɔxiko 'komo ađmos'feriko. el 'tĭempo i el 'klima kɔnsti'tujen la ma'terĭa mas fe'kunda‿đe kɔmbɛrsa'θĭɔn, i 'kŭando đos pɛr'sonas no 'tĭenen 'nađa ke‿đe'θirse, el embara'θoso si'lenθĭo se 'rrɔmpe kɔn 'una espre'sĭɔn 'komo: 'aθe un 'tĭempo esθe'lente, 'para la 'epoka eɲ‿ke nos a'ʎamos. pŭes si, 'aθe un sɔl esp'lendiđo, 'pero ja rrɛ'freska

48

um‿'poko. o‿bĭen: te'nemos un 'tĭempo ɔ'rriḅle; no 'pŭeđe 'uno aso'mar la na'riθ a la 'kaʎe sin pes'kar un kɔnsti'paᵈo. si, ja es'ta 'uno kan'saᵈo‿đe abri-'garse. kɔn lo‿bĭen ke se‿ḅa a 'pelo i sin pa'ragŭas. i 'este‿'bĭento uraka'naᵈo, rrɛ'sulta ja insopɔr'table. 'tĭene rra'θɔn mas ke so'braᵈa. 'pero, ja 'sabe: feḅre'riʎo 'loko. efɛktiḅa'mente, a'penas se‿a‿su'biᵈo la 'kŭesta đel e'nero, el im'bĭɛrno đa los‿'ultimos kole'taθos. 'bĭene đes'pŭes 'marθo, 'pero la prima'ḅera se‿'aθe espe'rar en gran 'parte‿đe es'paɲa. 'marθo‿ben'toso i a'bril ʎu'bĭoso, 'diθe el rrɛ'fran. i 'tĭene rra'θɔn; el mes primaḅe'ral pɔr‿esθe'lenθĭa es 'majo. 'pero 'đura 'poko la 'tibĭa i po'etika esta'θĭɔn, pŭes el ka'lɔr es xeneral'mente esti'bal al empe'θar el mes de 'xunĭo. 'bĭene 'lŭego 'xulĭo, kɔn 'fĭebre‿đe‿ḅi'axes i‿đe‿ḅe'rano, i un 'dulθe so'pɔr im'bađe el pa'is en'tero 'asta pa'saᵈa la mi'ta⁽ᵈ⁾ de a'gɔsto, kɔn su 'punto 'alxiđo kɔn loz 'dias de la ka'nikula; 'bŭeno, el sɔl es kaniku'lar du'rante 'tođo el es'tio, i 'kema los 'kampos kɔn sus 'rrajos impla'kaḅles. las 'brisas de se'tĭembre 'aθen despɛr'tar 'una‿'biđa 'nŭeba, se a'niman las θĭu'đaᵈes, 'asta en'tɔnθes de'sĭɛrtas, i el 'xubilo‿đe laz ben'dimĭas 'aθe so'ɲar ja kɔn 'tarđes apa'θibles en‿el‿o'tɔɲo en'trante, ke se kal'đea um‿'poko tođa'bia, pa'saᵈo ɔk'tuḅre, en‿el 'θelebre‿ḅera'niʎo‿đe san mar'tin. no'bĭembre es‿um‿mes 'algo 'tetriko, de 'nĭeblas‿es'pesas i 'ʎubĭas fre'kŭentes, presaxĭa'đɔr del 'largo im'bĭɛrno, kɔn sus apa'θibles be'lađas al a'mɔr de la 'lumbre, amane'θeres krista'linos kɔn eɲ'kaxes de es'kartʃa, i‿un‿'aĭre transpa'rente kɔn 'lebes ilu'sĭɔnes de 'nĭebes lɛ'xanas. a pa'sar del 'frio i‿đe las‿e'lađas, la tempo'rađa imbɛr'nal 'tĭene, 'komo las de'mas, sus peku'lĭares eɲ'kantos.

1. **al empezar el mes de junio:** Der Infinitiv bewahrt in solchen Fällen seine verbale Kraft; wörtlich: *beim Beginnen der Monat Juni.* Näheres über den adverbialen Infinitiv s. Lektion 38, S. 211.

2. **hasta pasada la mitad de agosto:** Näheres über Partizipialkonstruktionen, bei denen das Partizip verändert wird, s. Lektion 24, S. 141.

Grammatik

Das Adjektiv (Eigenschaftswort) 5.4.

1. Bildung der weiblichen Form 5.4.1.

Entsprechend ihrer lateinischen Herkunft unterscheidet man im Spanischen *vokalisch* oder *konsonantisch* auslautende Adjektive.

Von den **vokalisch** auslautenden Adjektiven verwandeln die auf **-o** enden-den den Endvokal in **-a:** hermoso *schön* — hermosa. Die auf **-e** oder **-a** auslautenden Adjektive bleiben unverändert: libre *frei*, punible *strafbar*, belga *belgisch*, persa *persisch*.

Von den **konsonantisch** auslautenden Adjektiven wird eine weibliche Form nicht gebildet: un cuento fácil *eine leichte Erzählung*, una cuenta difícil *eine schwierige Rechnung*; un muchacho hábil *ein geschickter Junge*, una muchacha hábil *ein geschicktes Mädchen*. Eine Ausnahme bilden die auf **-án, -ón** und **-or** auslautenden Adjektive*: holgazán *faul, träge* — holgazana, burlón *spaßhaft* — burlona, trabajador *arbeitsam* — trabajadora sowie die konsonantisch auslautenden Nationalitätsadjektive: alemán *deutsch* — alemana, español *spanisch* — española, francés *französisch* — francesa, mallorquín *mallorkinisch* — mallorquina.

2. Mehrzahlbildung   5.4.2.

Die Adjektive bilden die Mehrzahl wie die Substantive, d. h. durch Anhängen von **-s** bzw. **-es**:

barato	*billig*	— baratos
amable	*liebenswürdig*	— amables
difícil	*schwierig*	— difíciles
feliz	*glücklich*	— felices
francés	*französisch*	— franceses

3. Übereinstimmung mit dem Substantiv   5.4.3.

Das Adjektiv richtet sich in Geschlecht und Zahl nach dem Substantiv, auf das es sich bezieht. Dies gilt sowohl für die attributive Stellung des Adjektivs (a) wie auch für die prädikative Stellung (b):

a) el cuarto limpio**   *das saubere Zimmer*
   los cuartos limpios
   la cocina limpia   *die saubere Küche*
   las cocinas limpias

b) el cuarto es limpio   *das Zimmer ist sauber*
   los cuartos son limpios
   la cocina es limpia   *die Küche ist sauber*
   las cocinas son limpias

Gehört e i n Adjektiv zu m e h r e r e n Substantiven verschiedenen Geschlechts, so steht es im Plural der männlichen Form: compro un libro y una estilográfica muy baratos *ich kaufe ein billiges Buch und einen billigen Füller*.

4. Verkürzte Formen   5.4.4.

Vor männlichen Substantiven im S i n g u l a r werden die Adjektive **bueno** *gut* und **malo** *schlecht*, die unbestimmten Fürwörter **alguno** *irgendeiner* und

---

* Diese Regel gilt nicht für die unregelmäßigen Komparativformen mejor *besser*, peor *schlechter*, mayor *größer, älter*, menor *kleiner, jünger*, superior *höher*, inferior *niedriger* (s. S. 117).
** Näheres über die Stellung des Adjektivs s. Lektion 30, S. 171.

ninguno *keiner* sowie die Zahlwörter **primero** *erster,* **tercero** *dritter* und **postrero** *letzter* zu buen, mal, algún, ningún, primer, tercer und postrer verkürzt: un buen amigo *ein guter Freund,* un mal carácter *ein schlechter Charakter,* algún señor *irgendein Herr,* ningún éxito *kein Erfolg,* el primer, tercer, postrer capítulo del libro *das erste, dritte, letzte Kapitel des Buches.*

Im Plural sowie in prädikativer Stellung stehen die vollen Formen: buenos amigos, algunos señores, los postreros capítulos, el amigo es bueno.

Grande *groß* wird vor einem männlichen oder weiblichen Substantiv im Singular in der Regel (besonders in übertragener Bedeutung) zu gran verkürzt: un gran investigador *ein großer Forscher,* una gran casa de comercio *eine bedeutende Firma.*

Im Plural sowie in prädikativer Stellung stehen die vollen Formen: grandes casas, la casa es grande.

Santo *heilig* wird vor männlichen Eigennamen zu San verkürzt: San Francisco *der heilige Franziskus,* San Pedro *der heilige Petrus.*

Ausnahmen (wegen der anlautenden Silben Do- bzw. To-): Santo Domingo *der heilige Dominikus,* Santo Tomás *der heilige Thomas,* Santo Toribio *der heilige Toribius.*

Bemerkungen zur Aussprache **5.5.**

Bei der Beschreibung der Aussprache der einzelnen Laute sind wir vom einzelnen Wort ausgegangen. Da wir unsere Gedanken jedoch in der Regel in ganzen Sätzen zum Ausdruck bringen, sind die für das einzelne Wort geltenden Ausspracheregeln in gleicher Weise auf den ganzen Satz anwendbar. Wenn z. B. *n* innerhalb eines einzelnen Wortes vor den Lippenlauten b, p, f und v wie m gesprochen wird (tranvía = [tramˈbia]), so gilt diese Regel auch für die Aussprache des *n* innerhalb eines Wortgefüges: un buen amigo [umbŭɛnaˈmiɡo], en Valencia [embaˈlenθïa].

Weitere Beispiele für **Satzphonetik:** gusto [ˈɡusto] — esto no es de mi gusto [ˈestono ˈezđemiˈɡusto] *das ist nicht nach meinem Geschmack;* días libres [ˈdias ˈlibres] *freie Tage* — buenos días [ˈbŭenozˈđias] *guten Tag;* don [dɔn] — don Pedro [dɔmˈpeđro], don Juan [dɔŋˈxŭan]; Velázquez [beˈlaθkeθ] — un cuadro de Velázquez [uŋˈkŭađrođebeˈlaθkeθ] *ein Gemälde von Velázquez.*

Bemerkungen zur Rechtschreibung **5.6.**

Stehen die Diphthonge *ia, ie, io* am Anfang eines Wortes, so wird *i* durch *y* ersetzt: ya [ja] *schon,* yegua [ˈjeɡŭa] *Stute,* yo [jo] *ich.*

Steht der Diphthong *ue* am Anfang eines Wortes, so tritt h davor: hueso [ˈŭeso] *Knochen,* huevo [ˈŭebo] *Ei.*

Übungen 5.7.

1. *Bilden Sie die weiblichen Formen von:* venezolano, francés, marroquí, agradable, andaluz, hombre inteligente, padre trabajador, estudiante belga, niño llorón, amigo, padrino.

2. *Bilden Sie die Pluralformen von:* primer día, feliz cumpleaños, algún libro, un profesor inglés, el gran almacén, mi amigo es simpático, no tengo ningún libro, la luz de la ciudad, la estación más agradable, el tren de Barcelona, la tarde apacible, un mes algo tétrico, día canicular.

3. *Übersetzen Sie:* Das Wetter und das Klima stellen ein ergiebiges Gesprächsthema dar. Wenn zwei Personen sich nichts zu sagen haben, wird das Schweigen gebrochen mit einer Redewendung wie: „Es ist herrliches Wetter" oder „Wir haben (ein) scheußliches Wetter; man kann die Nase nicht auf die Straße hinausstrecken, ohne sich einen Schnupfen zu holen". Der Winter hat seine besonderen Reize. Der eigentliche Frühlingsmonat ist [der] Mai. Im (en) Juni ist die Wärme im allgemeinen sommerlich. Dann kommt [der] Juli, [der] Reisemonat. In der Zeit der Hundstage versengt die Sonne mit ihren unerbittlichen Strahlen die Felder. Im (en) September lassen die frischen (fresco) Brisen ein neues Leben erwachen. Die bis dahin verlassenen Städte beleben sich. Der Herbst erwärmt sich im (en) Oktober nochmals (de nuevo) in dem berühmten Altweibersommer.

venezolano venezolanisch	**belga** belgisch	**el almacén** das Lager; die Großhandlung (im Plural: Warenhaus)
francés französisch	**llorón** weinerlich	
marroquí marokkanisch	**feliz** glücklich	**ninguno, -a** kein; niemand
agradable angenehm	**el cumpleaños** der Geburtstag	**la estación más agradable** die angenehmste Jahreszeit
andaluz andalusisch	**el libro** das Buch	
trabajador arbeitsam, fleißig	**el profesor** der Lehrer	**el tren** der Zug
el estudiante der Student; der Schüler	**inglés** englisch	

Fraseología   **5.8.**

Llegaron los ladrones e hicieron su agosto.
Tu ayuda me llega como agua de mayo.
Es una muchacha de 15 (quince) abriles.

llegaron (von **llegar**) sie kamen an	**hacer su agosto** sein Schäfchen ins trockene bringen	**como agua de mayo** hochwillkommen
el ladrón der Dieb, der Räuber	**tu** dein(e)	**quince** fünfzehn
hicieron (von **hacer**) sie machten	**la ayuda** die Hilfe	**de 15 abriles** von 15 Lenzen
	llegar (an)kommen, eintreffen	

Refranes   **5.9.**

En abril, aguas mil.
Hasta el cuarenta de mayo no has de quitarte el sayo.
Si el verano es invierno y el invierno verano, mal año.

mil tausend	**cuarenta** vierzig	**quitarte** (< quitar + te) ausziehen
aguas mil sehr unbeständige Witterung, viel Regen (wörtlich: tausend Wasser)	**el cuarenta de mayo** der 40. Mai	**el sayo** der Kittel
	no haber de nicht dürfen	**el verano** der Sommer

Lección sexta

Camino del trabajo 6.1.

Entre mi casa y la librería donde trabajo, hay poca distancia: no vale la pena tomar el tranvía; aparte de que el caminar es un excelente ejercicio, y uno debe mantenerse en forma. A pesar de que cada día recorro el mismo trecho, el paseo de casa a la librería y del trabajo al hogar jamás resulta aburrido. Lo primero que hago al salir de casa es comprar un periódico en el quiosco de la esquina. La vendedora es una vieja simpática, que siempre está de buen humor. Aparte de periódicos y revistas, vende también chucherías para niños, sellos, chicle y caramelos, tarjetas postales y tabaco rubio.

A medio camino, hay un bar en el que tomo de prisa y corriendo una taza de café, sobre todo cuando se me han pegado las sábanas y no tengo tiempo para desayunar en casa. El establecimiento está casi vacío, la mujer de la limpieza coloca las sillas en orden y limpia las mesas después de haber barrido el suelo, el camarero bosteza mientras sirve y cobra detrás de la barra.

Cruzo la calle en el semáforo de la Plaza del Mercado, paso por delante de una iglesia en la que se celebra la misa, y cada mañana acude a la misma hora una muchacha, a la que saludo ya con cierta familiaridad; ella, con mantilla y devocionario, me devuelve el saludo algo apurada y desaparece en seguida en la oscuridad del templo.

Cerca de la librería ya, a la altura del Banco del Sur, me espera Santi, un compañero de trabajo que observa día tras día mi encuentro con la desconocida; me guiña con un deje de maliciosa complicidad y me dirige la infalible pregunta:

—¿Qué? ¿Hay progresos?

—Todavía no están maduras...

—Entre nosotros: eres lo que se dice un inepto; ¿por qué no le traes mañana unas flores?

—Tú siempre con bromas, Santi. Sabes de sobra que no me interesa para nada esa chica; no me importa lo más mínimo.

Al entrar en la librería, Santi me ha dado una palmada en el hombro. Y durante el día entero he pensado que, a lo mejor, mi buen amigo tiene razón. ¿Por qué, si no, hago ese innecesario recorrido para estar puntualmente ante la iglesia cuando llega la desconocida? Y ella... acude también a la cita como un clavo. ¡Mañana, voy a ensayar con un ramo de flores!

el camino der Weg
camino de auf dem Wege zu, nach
la librería die Buchhandlung
trabajar arbeiten
la distancia die Entfernung
valer wert sein; gelten
la pena die Mühe; der Kummer; der Gram
vale la pena es lohnt sich
tomar nehmen
el tranvía die Straßenbahn
aparte de que abgesehen davon, daß
caminar gehen; wandern
el ejercicio die Übung
deber sollen, müssen; (zu) verdanken (haben)
mantenerse sich halten
la forma die Form
en forma fit
a pesar de que obwohl, obgleich
recorrer (Weg) zurücklegen; durchwandern
mismo, -a gleich; selbst
el trecho die Strecke
el paseo der Spaziergang
jamás nie(mals)
aburrido, -a langweilig
hago (von hacer) ich mache
el periódico die Zeitung
el quiosco der Kiosk
la esquina die Ecke
la vendedora die Verkäuferin
la vieja die Alte
simpático, -a sympathisch, freundlich
el humor die Stimmung, die Laune
estar de buen humor guter Laune sein
aparte de außer
la revista die Zeitschrift
vender verkaufen
también auch, ebenfalls
la chuchería die Näschereien
el sello die Briefmarke
el chicle der Kaugummi
el caramelo der Bonbon
la tarjeta die Karte
postal postalisch; Post...
la tarjeta postal die Postkarte
el tabaco der Tabak
rubio, -a hell
a medio camino auf halbem Wege
el bar die Imbißstube

la prisa die Eile
corriendo (von correr) laufend; schnell
de prisa y corriendo in Windeseile
la taza die Tasse
el café der Kaffee; das Café
una taza de café eine Tasse Kaffee
pegarse festkleben
la sábana das Bettuch
se me han pegado las sábanas ich habe verschlafen
el establecimiento das Unternehmen, das Geschäft
vacío, -a leer
la limpieza die Sauberkeit, das Putzen
la mujer de la limpieza die Putzfrau
colocar setzen, stellen, legen
la silla der Stuhl
el orden die Ordnung
colocar en orden geordnet hinstellen
la mesa der Tisch
barrer kehren, fegen
el suelo der (Fuß-)Boden
el camarero der Kellner
bostezar gähnen
mientras während
sirve (von servir) er (sie, es) (be)dient, serviert
cobrar kassieren
detrás de hinter
la barra die Theke
cruzar überqueren
el semáforo die Verkehrsampel
la plaza der Platz; der Markt(platz)
el mercado der Markt
la Plaza del Mercado der Marktplatz
pasar por delante de vorbeikommen an
la iglesia die Kirche
la que welche
la misa die Messe
saludar (be)grüßen
cierto, -a gewiß
la familiaridad die Vertrautheit
la mantilla die Mantille
el devocionario das Gebetbuch
devuelve (von devolver) er (sie, es) erwidert
el saludo der Gruß; die Begrüßung

apurado, -a gehemmt, verlegen
desaparecer verschwinden
la oscuridad die Dunkelheit
el templo der Tempel, die Kirche
cerca de bei, nahe an
la altura die Höhe; der Gipfel
el banco die Bank
el sur der Süden
el compañero der Gefährte; der Kamerad
el compañero de trabajo der Arbeitskollege
observar beobachten, bemerken
día tras día Tag für Tag
el encuentro die Begegnung; das Treffen
la desconocida die Unbekannte
guiñar (zu)blinzeln
el deje der Anflug, die Spur
malicioso, -a boshaft; verschmitzt
la complicidad die Mitwisserschaft
infalible todsicher, unvermeidlich
la pregunta die Frage
el progreso der Fortschritt
maduro, -a reif
entre nosotros unter uns
se dice (von decir) man nennt
el inepto der Trottel, der Depp
¿por qué? warum?
traer (her)bringen, (mit-)bringen
la flor die Blume; die Floskel, das Kompliment
la broma der Scherz, der Spaß
interesar interessieren
para nada überhaupt nicht
la chica das Mädchen
no me importa lo más mínimo es geht mich nicht das Geringste an
dado (von dar) gegeben
hoy heute
la palmada der Schlag
el hombro die Schulter; der Rücken
pensar denken; vorhaben
si no sonst
innecesario, -a unnötig
el recorrido die (Weg-)Strecke; hier: der Umweg

puntualmente pünktlich	**como un clavo** pünktlich	**voy a ensayar** ich will versuchen
ante vor	wie immer	
la cita die Verabredung	**voy** (von **ir**) ich gehe	**el ramo** der Zweig
el clavo der Nagel	**ensayar** versuchen	**el ramo de flores** der Blumenstrauß

Erläuterungen 6.2.

1. **después de haber barrido el suelo:** Häufig tritt der Infinitiv an die Stelle eines Nebensatzes. Näheres s. Lektion 38, S. 211.

2. **todavía no están maduras:** Die weibliche Form der Mehrzahl des Adjektivs „maduro" bezieht sich auf „las uvas de la zorra" (= *die (sauren) Trauben des Fuchses*).

3. **al entrar en la librería:** Auch in diesem Fall handelt es sich um einen Temporalsatz der Gleichzeitigkeit, der durch eine adverbiale Infinitivkonstruktion (s. Lektion 38, S. 211) ausgedrückt wird.

Grammatik

Die Deklination des Substantivs 6.3.

Im Gegensatz zum Deutschen, das eine Beugung des Hauptwortes in den vier Fällen kennt, ist dem Spanischen der Begriff „Deklination" wesensfremd. **Nominativ** und **Akkusativ** sind der Form nach gleich. Der **Genitiv** wird durch Vorsetzen der Präposition **de** *von*, der **Dativ** durch Vorsetzen der Präposition **a** *zu* gebildet, was im Singular der männlichen Form zu den Verschmelzungen **del** (< de + el) und **al** (< a + el) führt.*

Singular		Plural	
männlich			
el libro	*das Buch*	**los** libros	*die Bücher*
del libro		**de los** libros	
al libro		**a los** libros	
el libro		**los** libros	
weiblich			
la revista	*die Zeitschrift*	**las** revistas	*die Zeitschriften*
de la revista		**de las** revistas	
a la revista		**a las** revistas	
la revista		**las** revistas	

Während bei Sachbegriffen Nominativ und Akkusativ der Form nach gleich sind, wird im **Akkusativ** vor die Namen von **Lebewesen**, sofern diese genauer

---

* Beim unbestimmten Artikel treten Verschmelzungen mit den Präpositionen de bzw. a nicht auf: de un libro, a una revista.

bestimmt sind, die Präposition **a** gesetzt*: he visto a Juan (al jefe de la casa, al perro de nuestro vecino) *ich habe Juan (den Chef der Firma, den Hund unseres Nachbarn) gesehen.*
Vor unbestimmt bezeichneten Lebewesen (in Verbindung mit dem unbestimmten Artikel oder Zahlbegriffen) sowie nach tener kommt der präpositionale (durch Vorsetzen von a gebildete) Akkusativ nicht zur Anwendung: buscamos una taquimeca *wir suchen eine Stenotypistin*; tiene dos (varios, muchos) hijos *er hat zwei (mehrere, viele) Kinder*; tengo un amigo *ich habe einen Freund.*

Übungen   **6.4.**

1. *Ergänzen Sie die folgenden Sätze:*
El director busca ... secretaria.
Busco ... secretaria del director.
El libro está ... la mesa.
Esta escultura ... mármol es obra ... un artista famoso.
Mi amigo es ... Buenos Aires.
Santi va ... la librería ... su amigo.
La muchacha acude ... la cita.
¡Tú siempre ... bromas!

2. *Konjugieren Sie die folgenden Verben im Präsens Indikativ:* buscar, acudir, desaparecer, interesar, barrer el suelo, tomar el tranvía, acudir a la cita, vender también chucherías, esperar cada día, ensayar con flores.

3. *Übersetzen Sie:* Pepe arbeitet in einer Buchhandlung. Jeden Tag legt er die gleiche Strecke zwischen dem Haus und der Buchhandlung zurück; der Spaziergang ist niemals langweilig. Am Kiosk kauft er eine Zeitung. Die Verkäuferin ist eine freundliche Alte, die immer guter Laune ist. Außer Zeitungen und Zeitschriften verkauft sie auch Näschereien für Kinder, Kaugummi und Bonbons, hellen Tabak und Postkarten. Auf halbem Wege ist eine Imbißstube, in der Pepe in aller Eile (a toda prisa) eine Tasse Kaffee nimmt, besonders wenn er nicht Zeit hat, zu Hause zu frühstücken. Jeden Morgen, zur gleichen Stunde, grüßt er mit gewisser Vertrautheit eine Unbekannte, die den Gruß erwidert und dann in der Dunkelheit einer Kirche verschwindet. Morgen wird er ihr ein paar Blumen mitbringen (va a traerle).

el director der Direktor	**la escultura** die Skulptur,	**el artista** der Künstler
la secretaria die Sekretärin	die Plastik	**va** (von **ir**) er (sie, es) geht
	el mármol der Marmor	

---

* Dies gilt auch für die Fürwörter alguien *jemand*, nadie *niemand*, ninguno *keiner*, cualquiera *irgendeiner*, otro *ein anderer*, ¿quién? *wer?* (¿A quién ha visto Vd.? No he visto a nadie. *Wen haben Sie gesehen? Ich habe niemand gesehen.*)

Fraseología 6.5.

Mi padre no está hoy para bromas.
Te he dicho eso en broma.
Hay cosas que no se pueden tomar a broma.
Lo que digo, lo digo en serio; a mí no me gusta andar con bromas.

estar para bromas zum
Scherzen aufgelegt sein
dicho (von **decir**) gesagt
eso das, dies(es)
en broma im Spaß
se pueden (von **poder**) man

kann (wörtlich: sie kön-
nen sich)
tomar a broma nicht ernst
nehmen
digo (von **decir**) ich sage
serio, -a ernst

en serio im Ernst
a mí mir (betont)
gustar gefallen, behagen
andar con bromas scherzen

Refranes 6.6.

Quien siembra vientos, recoge tempestades.
Amor con amor se paga.

quien wer
siembra (von **sembrar**) er
(sie, es) sät

recoger ernten; (ein)sam-
meln

la tempestad der Sturm
el amor die Liebe

Lección séptima

A sus pies 7.1.

Las fórmulas de cortesía han variado con los tiempos; en la actualidad,
puede comprobarse una verdadera democratización a este respecto.
Antaño, se usaban fórmulas grandilocuentes, como: "Es un placer
para mí tener el gusto de saludarle". Hoy, se dice simplemente:
"Mucho gusto" o bien: "Encantado". Y la respuesta del interlocutor
no es menos concisa: "El gusto es mío". Esto, en las presentaciones.
Las despedidas eran todavía más pomposas: "Póngame a los pies de
su distinguida esposa", decían nuestros barrocos abuelos. Los nietos
somos más prosaicos: "Saludos a su señora", decimos hoy a título
de ejemplo.
Las fórmulas habladas tienen su correspondencia en las escritas.
Antes, no había carta sin un colofón al estilo de "Su atento y seguro
servidor que estrecha su mano", con variantes según los gustos y la
situación con respecto a la persona a quien iba dirigida la epístola.
Y si la carta se cursaba a algún pez gordo del que se esperaba algún
favor, nunca sobraba el broche de oro: "Dios guarde a Vd. muchos
años". Esta frase final es todavía de rigor en la correspondencia oficial
de España. Las cartas no tan oficiales se concluyen con un simple

"Suyo afmo." (suyo afectísimo), y no es raro reducirlo incluso a un "Suyo" mondo y lirondo.

En la conversación ordinaria, el "usted" ha quedado como único representante de las fórmulas antaño usadas. Lo mismo vale para un ministro que para un obispo, para un taxista que para la vecina de enfrente. "Su excelencia", "Su eminencia" y otras flores por el estilo han pasado a la historia. Y hoy, los príncipes de la Iglesia y los jerarcas del Estado prefieren ser tratados de "Señor cardenal" o "Señor ministro", como un señor cualquiera; al fin y al cabo, no hay título más "señor" que éste... "Es todo un señor", decimos de una persona como título por antonomasia. Y basta, porque sin él no valen para nada los demás títulos.

el pie der Fuß
a sus pies zu Ihren Füßen
la fórmula die Formel
la cortesía die Höflichkeit
variar sich ändern, sich wandeln
con los tiempos mit der Zeit
la actualidad die Gegenwart; die Aktualität
comprobar feststellen
puede (von poder) comprobarse man kann feststellen
verdadero, -a wahr(haftig), wirklich
la democratización die Demokratisierung
el respecto die Hinsicht, die Beziehung
antaño einst, ehemals
se usaban (von usarse) sie wurden gebraucht
grandilocuente hochtrabend
el placer das Vergnügen, die Freude
para mí für mich
el gusto der Geschmack, das Vergnügen
tener el gusto de saludarle das Vergnügen haben, Sie zu begrüßen
hoy heute
simplemente einfach, bloß
mucho gusto sehr erfreut, freut mich
encantado, -a es freut mich sehr, sehr angenehm
la respuesta die Antwort
el interlocutor der Gesprächspartner

conciso, -a kurz, knapp
mío, -a mein(ig)
esto (n) dies(es)
la presentación die Vorstellung
la despedida der Abschied, die Verabschiedung
eran (von ser) sie waren
pomposo, -a hochtrabend, geschwollen
póngame (< ponga [von poner] + me) legen Sie mich
distinguido, -a vornehm, distinguiert, verehrt
su distinguida esposa Ihre verehrte Frau Gemahlin
decían (von decir) sie sagten
nuestro, -a unser
barroco, -a überspannt, verschroben; barock
los abuelos die Großeltern; die Vorfahren
el nieto der Enkel
prosaico, -a prosaisch
la señora die Frau, die Dame
su señora Ihre Gattin
decir sagen
el título der Titel, die Überschrift
a título de als
el ejemplo das Beispiel
a título de ejemplo zum Beispiel
hablado, -a gesprochen
escrito, -a geschrieben
antes früher; vorher
había (zu hay) es gab
el colofón der Schlußvermerk; der Briefschluß

el estilo der Stil, die Art
al estilo de im Stil von, wie
atento, -a aufmerksam, ergeben
seguro, -a sicher; gewiß; zuverlässig
el servidor der Diener
estrechar drücken
la mano die Hand
su atento y seguro servidor que estrecha su mano „mit vorzüglicher Hochachtung"
la variante die Variante
según nach, gemäß
con respecto a bezüglich, hinsichtlich
iba (von ir) dirigido, -a er (sie, es) war gerichtet
la epístola der Brief
cursaba (von cursar) er (sie, es) (ver)schickte
el pez der Fisch
gordo, -a dick
el pez gordo fig. das hohe Tier
esperaba (von esperar) er (sie, es) (er)hoffte, (er-) wartete
el favor die Gunst, die Gefälligkeit
nunca nie(mals)
sobraba (von sobrar) er (sie, es) war überflüssig; hier: fehlte
el broche der Haken, die Brosche
el oro das Gold
el broche de oro die Krönung
guarde (Präsens Konjunk-

58

tiv von **guardar**) er (sie, es) möge schützen
la frase der Satz; der Ausspruch
final abschließend, Schluß...
el rigor die Strenge, die Härte
ser de rigor unerläßlich sein, vorgeschrieben sein
oficial amtlich, offiziell
se concluyen (von **concluirse**) sie enden
simple einfach, schlicht
suyo, -a sein, ihr, Ihr
afectísimo, -a sehr ergeben
suyo, -a afectísimo, -a „hochachtungsvoll"
incluso sogar
reducir vermindern, verringern
mondo, -a sauber, rein
mondo y lirondo ungeschminkt, schlicht

ordinario, -a üblich, alltäglich
quedar (übrig)bleiben
el representante der Vertreter
usado, -a üblich
el ministro der Minister
el obispo der Bischof
el taxista der Taxifahrer
la vecina die Nachbarin
enfrente gegenüber
Su excelencia (*f*) Euer Exzellenz
Su eminencia (*f*) Euer Eminenz
por el estilo ähnlich, dergleichen
la historia die Geschichte
pasar a la historia in die Geschichte eingehen
el príncipe der Fürst, der Prinz
el príncipe de la Iglesia der Kirchenfürst

el jerarca der hohe Würdenträger
el Estado der Staat
preferen (von **preferir**) sie wollen lieber
tratar de nennen, anreden mit; versuchen zu; über etwas sprechen
ser tratado, -a de angeredet werden mit
el cardenal der Kardinal
cualquiera irgend jemand, irgendwer
el cabo das Ende
al fin y al cabo letzten Endes
éste (*m*) dieser
por antonomasia schlechthin
bastar genügen
sin él ohne ihn
no valer para nada nichts wert sein

Erläuterungen 7.2.

1. **se usaban fórmulas:** Das Passiv wird meistens durch die reflexive Form des Zeitwortes wiedergegeben (s. Lektion 27, S. 156).

2. **tener el gusto de saludarle:** Die unbetonten persönlichen Fürwörter werden an den Infinitiv angehängt (s. Lektion 10, S. 74).

3. **el gusto es mío:** mío ist die unverbundene (substantivische) Form des besitzanzeigenden Fürwortes (s. Lektion 14, S. 93).

Grammatik

Das Substantiv: Besonderheiten der Mehrzahlbildung 7.3.

1. Zusammengesetzte Substantive, deren Bestandteile so eng miteinander verschmolzen sind, daß sie im Bewußtsein des Sprechenden als ein Wort gelten, erhalten im Plural die Endung -s bzw. -es:

la bocacalle	*die Straßeneinmündung*	— las bocacalles
el ferrocarril	*die Eisenbahn*	— los ferrocarriles
la antesala	*das Vorzimmer*	— las antesalas
el altavoz	*der Lautsprecher*	— los altavoces

2. Zusammengesetzte Substantive, deren erster Bestandteil eine Verbform (2. Person Singular des Imperativs), deren zweiter ein Substantiv im Plural ist, bleiben unverändert:

el limpiabotas	(< limpia botas *reinige Schuhe*)
	— los limpiabotas *Schuhputzer*
el paraguas	(< para aguas *wehre ab Wässer*)
	— los paraguas *Regenschirm*
el parabrisas	(< para brisas *wehre ab Winde*)
	— los parabrisas *Windschutzscheibe*
el paracaídas	(< para caídas *wehre ab Fälle*)
	— los paracaídas *Fallschirm*
el parachoques	(< para choques *wehre ab Stöße*)
	— los parachoques *Stoßstange*
el pararrayos	(< para rayos *wehre ab Blitze*)
	— los pararrayos *Blitzableiter*
el portaviones	(< porta aviones *trage Flugzeuge*)
	— los portaviones *Flugzeugträger*
el portaminas	(< porta minas *trage Minen*)
	— los portaminas *Drehbleistift*
el portamonedas	(< porta monedas *trage Münzen*)
	— los portamonedas *Geldbörse*
el portaplumas	(< porta plumas *trage Federn)*
	— los portaplumas *Federhalter*
el sacacorchos	(< saca corchos *zieh heraus Korken*)
	— los sacacorchos *Korkenzieher*
el abrecartas	(< abre cartas *öffne Briefe*)
	— los abrecartas *Brieföffner*
el abrelatas	(< abre latas *öffne Büchsen*)
	— los abrelatas *Büchsenöffner*
el guardacoches	(< guarda coches *bewache Wagen*)
	— los guardacoches *Parkwächter*
el guardamuebles	(< guarda muebles *bewahre Möbel*)
	— los guardamuebles *Möbellager*

3. Nur in der Pluralform werden u. a. gebraucht:

las afueras, los alrededores	*die Umgebung*
las gafas	*die Brille*
las tijeras	*die Schere*
las tenazas	*die Zange*
los modales	*das Benehmen*
las tinieblas	*die Finsternis*
los esponsales	*die Verlobung*

4. Bei Verwandtschaftsnamen schließt die Pluralform männliche und weibliche Familienmitglieder ein:

| el padre | *der Vater* | — los padres | *die Eltern* |
| el hijo | *der Sohn* | — los hijos | *die Kinder* |

60

el hermano	*der Bruder*	— los hermanos	*die Geschwister*
el tío	*der Onkel*	— los tíos	*Onkel und Tante*
el abuelo	*der Großvater*	— los abuelos	*die Großeltern*

5. Im Plural eine zusätzliche, neue Bedeutung haben u. a.:

el anteojo	*das Fernrohr*	— los anteojos	*das Opernglas;*
			der Feldstecher;
			die Brille
el gemelo	*der Zwilling*	— los gemelos	*die Zwillinge;*
			die Manschetten-
			knöpfe;
			der Feldstecher;
			das Opernglas
la letra	*der Buchstabe*	— las letras	*die Buchstaben;*
			die Geisteswissen-
			schaften
la voz	*die Stimme*	— las voces	*die Stimmen;*
			das Geschrei
el celo	*der Eifer*	— los celos	*die Eifersucht*

Übungen 7.4.

1. *Bilden Sie die Pluralformen von*: arte, tren de cercanías, dios, virtud, parasol, lunes, tranvía, autobús, gentilhombre, ferrocarril, falda, horror, honor, nariz, régimen, árbol florido, carácter difícil, contraventana, sacapuntas, cumpleaños, lente, jueves, mes.

2. *Geben Sie den Bedeutungsunterschied an*:

el agua	— las aguas
la mercancía	— el mercancías
la lente	— los lentes
el hombre	— los hombres
la carta	— las cartas
la esposa	— las esposas

3. *Übersetzen Sie*: Die Höflichkeitsformeln haben [sich] mit der Zeit gewandelt. Einst wurden hochtrabende Formeln gebraucht, bei (en) den Begrüßungen (el saludo), den Vorstellungen und den Verabschiedungen. Unsere Vorfahren sagten: ,,Legen Sie mich Ihrer verehrten Gattin zu Füßen." Wir sind prosaischer: ,,Grüße an Ihre Frau." Die gesprochenen Formeln haben ihre Entsprechung in den geschriebenen. Früher gab es keinen Brief ohne einen Briefschluß wie ,,Ihr aufmerksamer und zuverlässiger Diener, der Ihre Hand drückt". Heute schließen (sich) die Briefe mit einem schlichten ,,hochachtungsvoll". In der alltäglichen Unterhaltung ist (el) ,,usted" als

einziger Vertreter der früher gebrauchten Formeln geblieben. Es gilt für einen Minister wie für einen Bischof, für einen Taxifahrer wie für die Nachbarin von gegenüber. „Euer Exzellenz" und „Euer Eminenz" sind in die Geschichte eingegangen. Heute werden (son) die Kirchenfürsten und die hohen Würdenträger des Staates mit „Herr Kardinal" und „Herr Minister" angeredet.

el arte die Kunst
las cercanías die Umgebung
el tren de cercanías der Nahverkehrszug
el dios der (heidnische) Gott
la virtud die Fähigkeit, die Tugend
el parasol der Sonnenschirm
el lunes der Montag
el autobús der Autobus

el gentilhombre der Edelmann
el ferrocarril die Eisenbahn
la falda der Frauenrock
el horror der Schrecken
el honor die Ehre
el régimen das Regime; die Lebensweise; die Diät
el árbol der Baum
florido, -a blühend
el carácter der Charakter
difícil schwierig

la contraventana der Fensterladen
el sacapuntas der Bleistiftspitzer
la lente die Linse (Optik)
las aguas die Gewässer
la mercancía die Ware
el mercancías der Güterzug
los lentes die Brille
las cartas die Spielkarten
las esposas die Handschellen

Fraseología 7.5.

Ha llegado entre dos luces.
Ha sido despedido por un lío de faldas.
Casi siempre vuelve a casa a altas horas de la noche.
Esa muchacha le gusta horrores a Paco.
¿Quién hace los honores de la casa?

entre dos luces in der Dämmerung
despedir entlassen
ha sido despedido er ist entlassen worden
el lío de faldas die Weibergeschichte
vuelve (von **volver**) **a casa**

er (sie, es) kommt nach Hause
alto, -a spät; hoch; groß
la noche die Nacht
a altas horas de la noche spät in der Nacht
esa muchacha dieses Mädchen

gustar horrores großartig gefallen; mächtig imponieren
¿quién? wer?
hacer los honores de la casa die Gäste begrüßen, die Honneurs machen

Lección octava

De compras 8.1.

A María Luisa, le encanta ir de compras. A Javier, su marido, no tanto. Pero una vez en la semana, el sábado, la acompaña si el trabajo se lo permite. En realidad, lo hace también para frenar un poco el entusiasmo adquisitivo de su media naranja. María Luisa, por su parte, no deja de llamar la atención de Javier sobre lo caro que está todo:
—Así ves dónde queda el dinero. Fíjate en ese abrigo. No hace toda-

vía un mes, costaba 4.250 pesetas; ahora, pasa de las 5.000. Y así todo — le dice ante un escaparate.

Javier se muestra indulgente: — Bueno, mujer, pero hoy no queremos comprar el abrigo. ¿No vamos a la plaza?

—Pues en el mercado, pasa otro tanto. La vida está imposible. Los precios suben como la espuma. Sobre todo, la carne y el pescado están por las nubes.

Se acercan a una pescadería.

—Por favor, ¿a cómo está la merluza?

—A 230 pesetas, señora.

—¿El kilo?

—Pues claro, señora, no va a ser la arroba.

En el puesto de la carne, ocurre otro tanto.

—Es imposible controlar ya los precios. Mira, Javier, la carne de la izquierda. Parece buena, ¿no?

Al carnicero: — Dígame, ¿es ternera?

—Sí, señora, de primera calidad.

—¿A cómo está hoy?

—Más barata que ayer. El kilo a 240.

—¡Por Dios! Y dice usted que está barata: es un robo.

—Ayer, pasaba de 250, señora...

El ajetreo de la plaza era tal que Javier propuso a María Luisa salir a la calle, tomar un café y respirar aire fresco.

—Es horrible esta aglomeración — dijo Javier —; parece imposible que haya gente a las que les guste pasar horas enteras de puesto en puesto y de tienda en tienda ... ¡Y ese olor indefinible acaba por marear a uno!

—Pues, ya ves, amigo; alguien tiene que hacerlo. Y si se quiere llegar con el presupuesto al fin de mes, no hay más remedio que comparar precios y regatear. Y, aun así, a una se le va el dinero cada vez más de prisa, y la cesta de compras vuelve cada vez más vacía de la plaza.

la compra der (Ein-)Kauf
María Maria
encantar entzücken
ir de compras einkaufen gehen
le encanta ir de compras sie geht gern einkaufen
Javier Xaver
una vez einmal
el sábado der Sonnabend, der Samstag

se lo es ihm, es ihr
permitir erlauben, gestatten
la realidad die Wirklichkeit
en realidad in Wirklichkeit, eigentlich
frenar bremsen; zurückhalten
el entusiasmo die Begeisterung
adquisitivo, -a Kauf...

el entusiasmo adquisitivo die Kauflust
por su parte seinerseits, ihrerseits
no dejar de nicht versäumen zu
la atención die Aufmerksamkeit; die Gefälligkeit
llamar la atención de J. sobre ... X. auf ... aufmerksam machen

así so
ves (von ver) du siehst
fíjate (von fijarse) en gib acht auf, achte auf
hace un mes es ist einen Monat her, vor einem Monat
costaba (von costar) er (sie, es) kostete
la peseta die Pesete
ahora jetzt
pasar de hinausgehen über; überschreiten
el escaparate das Schaufenster
se muestra (von mostrarse) er (sie, es) zeigt sich, ist
indulgente nachsichtig, milde
querer (gern) wollen, wünschen; lieben
en el mercado auf dem Markt
otro tanto ebensoviel, noch einmal soviel, dasselbe
imposible unmöglich
el precio der Preis
subir steigen; hinaufheben
la espuma der Schaum
la carne das Fleisch
el pescado der Fisch
la nube die Wolke
estar por las nubes unerschwinglich sein
acercarse sich nähern, herankommen
la pescadería das Fischgeschäft
por favor bitte
¿a cómo está ...? wie teuer ist ...?
la merluza der Seehecht
el kilo das Kilo
pues claro aber natürlich
va (von ir) a ser es wird sein

la arroba die Arroba (11,5 kg)
el puesto der (Verkaufs-) Stand; der Platz, die Stelle
el puesto de la carne der Fleischstand
ocurrir geschehen
controlar kontrollieren, überprüfen
la izquierda die linke Hand, die linke Seite
parecer scheinen, aussehen
el carnicero der Fleischer
dígame (< diga [von decir] + me) sagen Sie mir
la ternera das Kalbfleisch
la calidad die Qualität, die Güte
de primera calidad erstklassig
barato, -a billig, preiswert
ayer gestern
¡por Dios! um Gottes willen!
el robo der Raub; der Diebstahl
ser un robo glatter Diebstahl sein
pasaba (von pasar) de 250 es war mehr als 250
el ajetreo die Mühe, die Plackerei
era (von ser) er (sie, es) war; ich war
tal derartig; solche(r, -s)
propuso (von proponer) er (sie, es) schlug vor
salir a la calle auf die Straße treten
respirar einatmen
fresco, -a frisch
la aglomeración das Gedränge, die Menschenmenge

dijo (von decir) er (sie, es) sagte
que haya (von haber) daß es gebe (gibt)
la gente die Leute
guste (von gustar) daß es gefalle
a las que les guste denen es gefällt
de ... en ... von ... zu ...
la tienda der Laden, das Geschäft
el olor der Geruch
indefinible unbestimmbar, undefinierbar
acabar por + Infinitiv schließlich (etwas tun)
marear krank machen; auf die Nerven gehen
alguien (irgend) jemand
tener que müssen
llegar a reichen (bis); erreichen
el presupuesto der Haushalt, das Budget
el fin de mes das Monatsende
el remedio das (Heil-)Mittel, die Abhilfe
no hay más remedio que es bleibt nichts anderes übrig, als
comparar vergleichen
regatear feilschen
aun así auch so noch
se le va (von irse) el dinero das Geld fliegt nur so
cada vez jedesmal
más de prisa schneller
la cesta der Korb
la cesta de compras der Einkaufskorb
vuelve (von volver) er (sie, es) kommt zurück
más vacío, -a leerer

Erläuterungen 8.2.

1. **le encanta, la acompaña:** Über die Stellung der unbetonten persönlichen Fürwörter s. Lektion 10, S. 74.

2. **se lo permite:** Der Dativ **le(s)** wird vor allen mit l beginnenden Fürwörtern durch **se** ersetzt, das nicht mit dem Reflexivpronomen identisch ist (s. Lektion 28, S. 161).

Grammatik

Die Grundzahlen
8.3.

0 cero	17 diecisiete	100 cien(to)
1 uno, -a	18 dieciocho	101 ciento uno
2 dos	19 diecinueve	200 doscientos, -as
3 tres	20 veinte	300 trescientos, -as
4 cuatro	21 veintiuno	400 cuatrocientos, -as
5 cinco	22 veintidós	500 quinientos, -as
6 seis	23 veintitrés	600 seiscientos, -as
7 siete	29 veintinueve	700 setecientos, -as
8 ocho	30 treinta	800 ochocientos, -as
9 nueve	31 treinta y uno	900 novecientos, -as
10 diez	32 treinta y dos	1 000 mil
11 once	40 cuarenta	1 050 mil cincuenta
12 doce	50 cincuenta	2 000 dos mil
13 trece	60 sesenta	100 000 cien mil
14 catorce	70 setenta	500 000 quinientos, -as mil
15 quince	80 ochenta	1 000 000 un millón (de)
16 dieciséis	90 noventa	2 000 000 dos millones (de)

Bemerkungen:

1. Verkürzt werden **uno** und die hiermit gebildeten Zahlen (21, 31, 41 usw.), wenn sie unmittelbar vor einem männlichen Substantiv stehen: un peso *ein Peso*, veintiún pesos *21 Pesos*, treinta y un pesos *31 Pesos*.

2. Verkürzt wird **ciento** zu **cien,** wenn ein Substantiv oder eine größere Zahl (mil, millones) folgt: cien marcos *100 Mark*, cien mil marcos *100000 Mark*, cien millones *100 Millionen*.

3. Nach dem Geschlecht des folgenden Substantivs richten sich **uno, una** sowie die hiermit gebildeten Zahlen (21, 31, 41 usw.) und die Hunderter ab **doscientos, -as:** un libro *ein Buch*, una revista *eine Zeitschrift*; veintiún libros *21 Bücher*, treinta y una revistas *31 Zeitschriften*; seiscientos libros *600 Bücher*, setecientas revistas *700 Zeitschriften*.

4. **Mil** bleibt unverändert.

5. **Un millón** ist — im Gegensatz zu den Zahlwörtern ciento und mil, die stets ohne den unbestimmten Artikel gebraucht werden — Substantiv. Mit dem folgenden Substantiv wird es daher durch **de** verbunden: tres millones de habitantes *drei Millionen Einwohner* (dagegen: cien habitantes, mil habitantes).

6. Die Konjunktion **y** steht nur zwischen Zehnern und Einern: cincuenta y uno, sesenta y dos (dagegen: ciento uno, ciento dos).

7. Zur Angabe des **Datums** wird nur beim Monatsersten die Ordnungszahl gebraucht:

el primero de octubre de mil novecientos setenta y dos *am 1. Oktober 1972*.

Vom zweiten Tag ab werden dagegen ausschließlich die Grundzahlen verwendet:

el dos de mayo de mil novecientos catorce *am 2. Mai 1914*.

Man beachte, daß sowohl vor dem Monatsnamen wie auch vor der Jahreszahl die Präposition **de** stehen muß.

„Im Jahre" wird mit **en el año** oder (häufiger) nur mit **en** übersetzt:
en (el año) mil novecientos cuarenta y ocho *im Jahre 1948*.

8. **Zeitangaben** werden wie folgt wiedergegeben:

es la una *es ist ein Uhr*
son las dos *es ist zwei Uhr*
son las dos y diez *es ist 10 Minuten nach 2*
son las dos y cuarto *es ist Viertel nach 2*
son las dos y veinte *es ist 20 Minuten nach 2*
son las dos y media *es ist halb 3*
son las tres menos veinte *es ist 20 Minuten vor 3*
son las tres menos cuarto *es ist Viertel vor 3*
son las tres menos diez *es ist 10 Minuten vor 3*
son las tres en punto *es ist Punkt 3 Uhr*

Demnach wird bis einschließlich halb hinzugezählt (**y**), nach halb dagegen von der folgenden Stunde abgezogen (**menos**).

Übungen 8.4.

1. *Lesen Sie laut:*
Rubén Darío, el gran poeta nicaragüense, nació en 1867 y falleció en 1916.
El Greco, célebre pintor greco-español, nació en la isla de Creta el año 1541, vivió en Toledo desde 1576, donde murió en 1614.
El 9 de julio de 1816 fue declarada la independencia de las Provincias Unidas del Río de la Plata (Argentina).
La población de Méjico es de unos 50.000.000 de habitantes.

2. *Lesen Sie folgende Zahlen:* 16, 18, 19, 21, 25, 28, 29, 30, 34, 40, 52, 55, 58, 61, 66, 67, 72, 74, 78, 83, 92, 101, 108, 127, 133, 145, 151, 157, 263, 271, 379, 482, 512, 532, 555, 593, 602, 643, 709, 762, 773, 867, 876, 904, 978, 1001, 1224, 1968, 2031, 7742, 100000, 243645, 955399, 200000, 3576792.

¿Cuándo? am 5. Mai 1972, am 3. Juni 1912, am 11. August 1918, am 1. September 1939, am 30. November 1941.

¿Qué hora es? 4^{10}, 4^{50}, 1^{20}, 13^{00}, 5^{15}, 5^{25}, 6^{30}, 7^{55}, 8^{45}, 22^{35}, 22^{45}, 23^{03}, 21^{12}, 23^{30}, 20^{15}.

el poeta der Dichter
nicaragüense nicaraguanisch
nació (von **nacer**) er (sie, es) wurde geboren
falleció (von **fallecer**) er (sie, es) starb
el pintor der Maler
greco, -a griechisch
español, -a spanisch
la isla die Insel

en la isla de Creta auf (der Insel) Kreta
vivió (von **vivir**) er (sie, es) lebte
murió (von **morir**) er (sie, es) starb
fue (von **ser**) **declarado, -a** er (sie, es) wurde erklärt
la independencia die Unabhängigkeit
la provincia die Provinz

unido, -a vereinigt
el río der Fluß
el Río de la Plata der Rio de la Plata
Argentina *f* Argentinien
la población die Bevölkerung; die Stadt
Méjico *m* Mexiko
ser de betragen, ausmachen
unos, -as etwa, ungefähr
¿cuándo? wann?

Refranes

A caballo regalado, no le mires el diente.
Más vale pájaro en mano que ciento volando.

el caballo das Pferd **regalado, -a** geschenkt	**no mires** (von **mirar**) sieh nicht hin	**el pájaro** der Vogel **volando** (von **volar**) fliegend

Lección novena

¡Buen provecho!   9.1.

Las comidas varían de país a país, no sólo en cuanto a la preparación, sino también a los horarios. Ambas cosas deben tenerse en cuenta, por ejemplo durante las vacaciones en un país extraño. La primera del día es el desayuno, que en los países meridionales suele ser bastante parco: café con leche o té con unas galletas, o el típico chocolate con churros, que en España es hoy menos corriente que antaño. Sin embargo, poco a poco se impone el "desayuno con tenedor", es decir, más abundante, para estar en condiciones de resistir la larga mañana sin desfallecer o sin necesidad de bocadillo.

La comida más abundante es la de mediodía, llamada almuerzo en muchas regiones. La precede el aperitivo, sobre todo los días festivos, consistente en un vermut, cerveza o un chato, con tapas diversas y muy sabrosas. Naturalmente, cada región ofrece especialidades culinarias a cual más exquisitas. Por lo general, el primer plato suele ser o bien sopa, o bien entremeses variados. Sigue el plato fuerte, de pescado o carne, y luego el postre, formado generalmente por fruta del tiempo. Después se toma café con una copita de coñac o licor. Se sobrentiende que durante las comidas se bebe uno de los buenos vinos que se cosechan en España; un vino tinto del país, además de ser excelente, resulta muy barato.

Entre la comida y la cena, suele haber un pequeño refrigerio llamado merienda, que hoy no pasa de ser un piscolabis, a menos que se considere como merienda-cena, a base de fiambre, por lo regular no muy tarde.

Porque existe la mala costumbre de cenar muy tarde en comparación con los horarios de las comidas que rigen en el norte de Europa. No es raro cenar después de las 22 horas, y si se tiene en cuenta que, a veces, la cena es casi tan abundante como el almuerzo, es fácil comprender la incomprensión de muchos turistas por las costumbres reinantes en España sobre este particular. Hay que advertir que hoy — con sentimiento de muchos españoles — las costumbres se adaptan al estilo europeo, y, por desgracia, no sólo en cuanto a las horas; también se impone la moda de comer a base de lata ... y no sólo en las cafeterías al estilo americano.

el provecho der Vorteil; der Nutzen
¡buen provecho! guten Appetit!
la comida das Essen; die Mahlzeit; das Mittagessen
varían (von **variar**) sie sind verschieden
no sólo ..., sino también ... nicht nur ..., sondern auch ...
en cuanto a was ... betrifft
tener en cuenta berücksichtigen, in Betracht ziehen
por ejemplo zum Beispiel
extraño, -a fremd
el desayuno das Frühstück
meridional südlich
suele (von **soler**) **ser** er (sie, es) ist üblicherweise, pflegt zu sein
parco, -a mäßig; karg
la leche die Milch
el té der Tee
la galleta der Keks; das Kleingebäck
típico, -a typisch
el chocolate die Schokolade
el churro der Ölkringel (Gebäck)
corriente üblich
poco a poco allmählich, nach und nach
imponerse sich durchsetzen
el tenedor die Gabel
es decir das heißt
abundante reichlich, reichhaltig
la condición der Zustand, die Verfassung; die Veranlagung, die Natur, die Art
estar en condiciones de imstande (od. fähig) sein zu
resistir aushalten, ertragen
desfallecer nachlassen; ermatten
la necesidad die Notwendigkeit, das Bedürfnis

el bocadillo der Imbiß, das zweite Frühstück
el almuerzo das (Gabel-) Frühstück; das Mittagessen, das Diner
la región die Gegend, die Landschaft; das Gebiet
preceder vorhergehen
el aperitivo der Aperitif; die kleine pikante Vorspeise
festivo, -a festlich, Fest...
el día festivo der Festtag, der Feiertag
consistente en bestehend aus
el vermut der Wermut (-wein)
la cerveza das Bier
el chato das Weinglas; hier: das Gläschen Wein
las tapas die pikanten Vorspeisen; die Appetithappen
diverso, -a verschieden
sabroso, -a schmackhaft
naturalmente natürlich
ofrecer (an)bieten
la especialidad die Spezialität, das Fach(gebiet)
culinario, -a kulinarisch, Koch...
a cual más um die Wette
exquisito, -a vortrefflich, köstlich, erlesen
por lo general im allgemeinen
el plato der Teller; das Gericht, der Gang
o bien ... o bien ... entweder ... oder ...
la sopa die Suppe
los entremeses die Vorspeise(n)
variado, -a verschieden (-artig)
sigue (von **seguir**) er (sie, es) folgt
fuerte stark
el plato fuerte das Hauptgericht
el postre der Nachtisch
formar bilden; darstellen

la fruta die Frucht; das Obst
la fruta del tiempo das frische Obst
la copita das Gläschen
el coñac der Kognak
el licor der Likör
se sobrentiende (von **sobrentenderse**) es versteht sich von selbst
beber trinken
el vino der Wein
cosechar ernten
tinto, -a gefärbt
el vino tinto der Rotwein
del país einheimisch (wörtlich: des Landes)
además de außer
resultar barato billig sein
la cena das Abendessen
suele (von **soler**) **haber** es pflegt zu geben
el refrigerio die Erfrischung, der Imbiß
la merienda die Vesper (Nachmittagsimbiß)
no pasar de ser ... nichts weiter sein als ..., nur ... sein
el piscolabis der Imbiß, der Happen
a menos que (mit Konjunktiv) falls nicht
se considere (von **considerar**) **como** man betrachte(t) als
la base die Grundlage
a base de hergestellt mit, bestehend aus
el fiambre der Aufschnitt
regular regelmäßig; gewöhnlich; regelrecht
por lo regular gewöhnlich, üblicherweise
tarde spät
existir dasein, bestehen, vorhanden sein
cenar zu Abend essen
la comparación der Vergleich
en comparación con im Vergleich zu
rigen (von **regir**) sie gelten

68

el **norte** der Norden
Europa f Europa
a **veces** zuweilen
fácil leicht
comprender verstehen, begreifen
la **incomprensión** die Verständnislosigkeit
el/la turista der Tourist, die Touristin
reinante herrschend

el **particular** die Angelegenheit, das Thema, die Frage
sobre este particular in diesem Punkt
hay que man muß
advertir bemerken, feststellen; aufmerksam machen auf
el **sentimiento** das Bedauern

el **español** der Spanier
adaptarse sich anpassen
europeo, -a europäisch
la **desgracia** das Unglück
por desgracia leider
la **moda** die Mode
la **lata** die Konservendose
la **cafetería** die Kaffeestube; die Imbißstube
americano, -a amerikanisch

Erläuterungen 9.2.

1. **pescado:** Fisch: *gefangen oder zubereitet* — **pez** *m* Fisch: *im Wasser lebend.*
2. **buenos vinos que se cosechan en España:** Näheres s. Lektion 21, S. 127.

Grammatik 9.3.

Die Ordnungszahlen 9.3.1.

1. primero, -a
2. segundo, -a
3. tercero, -a
4. cuarto, -a
5. quinto, -a

6. sexto, -a
7. sé(p)timo, -a
8. octavo, -a
9. no(ve)no, -a
10. décimo, -a

Bemerkungen:

1. Die Ordnungszahlen werden im allgemeinen **nur bis zur Zahl 10** gebraucht. Bei höheren Zahlen werden sie durch die entsprechenden Grundzahlen ersetzt: lección veinte *Lektion 20.*

2. Die Ordnungszahlen stimmen in Geschlecht und Zahl mit dem Substantiv, auf das sie sich beziehen, überein: capítulo cuarto *4. Kapitel,* lección quinta *5. Lektion.*

3. Wie bereits in Lektion 5.4.4. (S. 50) ausgeführt wurde, werden die Ordnungszahlen **primero** und **tercero** vor männlichen Substantiven im Singular zu p r i m e r und t e r c e r verkürzt: el primer acto *der erste Aufzug,* el tercer capítulo *das dritte Kapitel.*

4. Zur Unterscheidung von **Regenten gleichen Namens** werden von 1 bis 10 die Ordnungszahlen (ohne Artikel!), ab 11 dagegen die Grundzahlen gebraucht: Carlos Quinto *Karl V.,* Alfonso Trece *Alfons XIII.*

5. Zur Angabe des **Datums** wird, wie bereits in Lektion 8.3. (S. 65) erwähnt wurde, nur beim Monatsersten die Ordnungszahl verwendet; vom zweiten Tag ab stehen die Grundzahlen: el primero de enero *der erste Januar* — aber: el dos de julio *der zweite Juli.*

6. Die Ordnungszahlen werden auch zur Wiedergabe der deutschen **Zahladverbien** erstens, zweitens, drittens usw. gebraucht:

primero, en primer lugar   *erstens*
segundo, en segundo lugar   *zweitens*
tercero, en tercer lugar   *drittens* usw.

Die Wortstellung (I) 9.3.2.

Die übliche Stellung des spanischen Aussagesatzes ist:

Subjekt	—	Prädikat	—	Objekt(e)
La señora	—	vende	—	su casa
Die Dame	—	*verkauft*	—	*ihr Haus*

Diese Wortfolge wird auch dann eingehalten, wenn der Satz durch eine Umstandsbestimmung eingeleitet wird bzw. wenn dem Hauptsatz ein Nebensatz vorangeht: hoy la señora vende su casa *heute verkauft die Dame ihr Haus*; por la mañana los turistas se marchan temprano *morgens brechen die Touristen frühzeitig auf*; cuando entra, el director saluda a los forasteros *wenn er eintritt, begrüßt der Direktor die Gäste*. Man beachte, daß das Deutsche in diesen Fällen die Inversion (d. h. die Stellung des Subjekts hinter dem Prädikat) verlangt.

Bei den zusammengesetzten Zeiten ist darauf zu achten, daß Hilfsverb und Partizip — ebenfalls im Gegensatz zum Deutschen — im Spanischen nicht getrennt werden dürfen: (no) ha vendido su casa *sie hat ihr Haus (nicht) verkauft*. Hilfsverb und Partizip bilden demnach im Spanischen eine untrennbare Einheit.

Übungen 9.4.

1. *Lesen Sie laut:*

El Papa Juan XXIII es uno de los pontífices más populares de la historia.
Alfonso XIII abandonó España en 1931.
El siglo XVIII es llamado "Siglo de la Ilustración".
El Emperador Carlos V reinó en España como Carlos I.
Durante el siglo XIX se independizaron las colonias españolas de América.

2. *Übersetzen Sie:* Die achte Lektion. Das dritte Kapitel. Das erste Kapitel. Karl II. Karl IX. Alfons XII. Ludwig XIV. (Luis). Napoleon I. (Napoleón). (Der) Papst Johannes XXIII. (Der) Papst Pius XII. (Pío).

Am 1. Mai 1971, am 10. Juli 1868, am 31. Januar 1922.

el Papa der Papst	**abandonó** (von **abandonar**)	**reinó** (von **reinar**) er (sie,
Juan Johannes	er (sie, es) verließ	es) regierte
el pontífice der (Erz-)Bischof; der Pontifex (hier: der Papst)	**el siglo** das Jahrhundert	**se independizaron** (von in-
	la ilustración die Aufklärung	**dependizarse**) sie befreiten
		sich
Alfonso Alfons	**el emperador** der Kaiser	**la colonia** die Kolonie
	Carlos Karl	**América** *f* Amerika

Fraseología 9.5.

Tu abuelo es más bueno que el pan.
No entiendo lo que dices, porque te comes la mitad de las palabras.
Lo mejor es siempre llamar al pan, pan y al vino, vino.

el abuelo der Großvater
más bueno, -a besser
el pan das Brot
entiendo (von **entender**) ich
  verstehe
dices (von **decir**) du sagst

comerse verschlucken; auf-
  essen
la palabra das Wort
ser lo mejor das beste sein
llamar rufen, nennen; anrufen

**llamar al pan, pan y al
vino, vino** das Brot „Brot"
und den Wein „Wein"
nennen (d. h. die Dinge
beim rechten Namen nen-
nen)

Lección décima

Entre amigas   10.1.

A Julita le gusta vestir a la moda, aunque sin seguirla en todos sus pormenores, porque para ello le haría falta disponer de tiempo y de medios económicos que no posee. Lo que sí tiene, es gusto para saber apreciar lo que en cada temporada merece ser tomado en serio y lo que sólo es un capricho de quienes tratan de imponerle sus gustos al público.

Julita puede elegir de cada moda lo que mejor le viene, porque su figura se lo permite. Las amigas la envidian, porque lo mismo le sienta una minifalda que un traje de chaqueta y pantalón, igual le está un vestido de talle ceñido que un abrigo holgado, y su porte es igualmente elegante con zapatos de tacón alto que con sandalias deportivas. Y todo, sin necesidad de meterse en gastos disparatados, pues los vestidos se los hace ella misma.

—Tú te arreglas con cualquier trapo — le dice su amiga Charo —. En cambio, mírame a mí, qué facha: ni con un abrigo de visón puedo medirme contigo; estoy hecha una bola.

—No te pongas melodramática, Charito; a mí me favorece la línea, pero dentro de un año, a lo mejor, ya no está de moda mi tipo, y al lado tuyo parezco un espárrago...

—¿Has visto a Rosita? Se compró un sombrero para la boda de su hermano, que le sienta como un tiro. ¡Y a propósito de la boda! La novia parecía un esperpento; en cambio, Juanito estaba de novio como para comérselo. El frac le caía de maravilla.

—Pues, ya ves, a mí me han dicho que la novia estaba muy guapa. Creo que llevaba un velo de tul de no sé cuántos metros. Y un ramo de orquídeas monísimo.

—Bueno, cuestión de gustos. Ya sabes lo del refrán...

—Supongo, Charo, que la boda no te hizo mucha gracia, porque a Juanito no lo has olvidado del todo; ¿o me equivoco?

—¡Qué cosas tienes, Julita! Pues no me vienes ahora con historias más que pasadas. Hace siglos que ni pensaba en él.

—Perdona, Charo, no tenía intención de ofenderte.

Las dos amigas no saben qué decirse, porque el horno no está para bollos, y se despiden besándose ruidosamente en ambas mejillas.

Julita Julia
vestir sich kleiden; anhaben, tragen
a la moda nach der Mode
aunque obwohl, wenn auch
seguir folgen; fortfahren; weitergehen
el pormenor die Einzelheit
ello es
para ello dazu
la falta das Fehlen, der Mangel
le haría (von **hacer**) **falta** es würde ihr nötig sein, sie würde müssen
disponer de verfügen über
los medios die (Geld-)Mittel
económico, -a wirtschaftlich, finanziell
poseer besitzen
tener gusto para Geschmack haben für
apreciar schätzen; beurteilen
saber apreciar beurteilen können
merecer verdienen; lohnen
tomar en serio ernst nehmen
ser tomado en serio ernst genommen werden
el capricho der Einfall, die Laune
de quienes von denen, die
imponer aufdrängen
el público das Publikum, die Leute
imponerle los gustos al público den Leuten ihren Geschmack aufdrängen
elegir aussuchen, (aus-)wählen
mejor le viene (von **venir**) ihr steht am besten
la figura die Figur
envidiar beneiden
lo mismo ... que ebenso wie
sienta (von **sentar**) er (sie, es) steht, paßt, sitzt (von Kleidung)

la minifalda der Minirock
el traje der Anzug
la chaqueta die (Kostüm-)Jacke
el pantalón die Hose
el traje de chaqueta y pantalón der Hosenanzug
igual gleich; hier: ebenso
el vestido das Kleid
el talle die Taille
ceñido, -a enganliegend, knapp
holgado, -a weit
el porte die Haltung
igualmente ebenfalls, gleichfalls
elegante elegant, geschmackvoll
el zapato der Schuh
el tacón der (Schuh-)Absatz
los zapatos de tacón alto Schuhe mit hohem Absatz
la sandalia die Sandale
deportivo, -a sportlich; Sport...
meterse en sich stürzen in; sich einmischen in
los gastos die (Un-)Kosten
disparatado, -a unsinnig, ungeheuer, irrsinnig
arreglarse sich zu helfen wissen, zurechtkommen mit
cualquier(a) irgendein(e); jede(r, -s)
el trapo der Lumpen, der Lappen
mírame (von **mirar**) **a mí** sieh mich an
la facha F das Aussehen
ni auch nicht; oder (auch nur), oder gar
el visón der Nerz
el abrigo de visón der Nerzmantel
puedo (von **poder**) ich kann
medir messen
contigo mit dir
hecho, -a (von **hacer**) gemacht, getan; geworden

estar hecho, -a aussehen wie
la bola die Kugel
no te pongas (von **ponerse**) ... werde nicht ...
melodramático, -a melodramatisch
Charito Koseform von Charo (= Rosario)
favorecer vorteilhaft kleiden; gut stehen
la línea die Linie
dentro de in, innerhalb
de moda modern
el tipo der Typ; die Art
tuyo, -a dein(e)
al lado tuyo neben dir
parezco (von **parecer**) ich sehe aus wie
el espárrago der Spargel; hier: die Bohnenstange
visto (von **ver**) gesehen
Rosita Rosel, Rosie
compró (von **comprar**) er (sie, es) kaufte
el sombrero der Hut
el tiro der Wurf, der Schuß
le sienta (von **sentar**) **como un tiro** er (sie, es) steht ihr überhaupt nicht
el propósito das Vorhaben, der Zweck
a propósito (de) übrigens, zum Thema
parecía (von **parecer**) er (sie, es) sah aus wie
el esperpento die Vogelscheuche
Juanito Hänschen
estaba (von **estar**) **de novio** er sah als Bräutigam ... aus
para comérselo zum Anbeißen (wörtlich: um ihn aufzuessen)
el frac der Frack
caía (von **caer**) er (sie, es) paßte, saß (von Kleidung)
la maravilla das Wunder
de maravilla wunderbar
pues, ya ves also, sieh mal
estaba (von **estar**) er (sie, es) war

creer glauben, annehmen
llevaba (von llevar) er (sie, es) trug
el velo der Schleier
el tul der Tüll
sé (von saber) ich weiß; ich kann
cuánto -a wieviel
el metro das Meter
la orquídea die Orchidee
monísimo, -a wunderhübsch, entzückend
la cuestión die Frage
cuestión de gustos die Geschmackssache
supongo (von suponer) ich vermute

hizo (von hacer) er (sie, es) machte
hizo gracia er (sie, es) gefiel
olvidar vergessen
del todo ganz; völlig
equivocarse sich irren
¡qué cosas tienes! was du nur hast!
vienes (von venir) du kommst
hace siglos es ist eine Ewigkeit (wörtlich: Jahrhunderte) her, vor Jahrhunderten
pensaba (von pensar) ich dachte

perdona (von perdonar) verzeih
tenía (von tener) ich hatte
la intención die Absicht
ofender beleidigen, kränken
el horno der (Back-)Ofen
el bollo das Milchbrötchen
el horno no está para bollos jetzt ist da nichts zu machen
se despiden (von despedirse) sie verabschieden sich
besándose (von besarse) sich küssend, indem sie sich küssen
ruidosamente geräuschvoll
la mejilla die Wange

Erläuterungen 10.2.

1. **lo que sí tiene:** Die Bejahungspartikel **sí** dient der Hervorhebung des vorhergehenden lo que: **was** *sie bestimmt hat.* Liegt der Ton dagegen auf dem folgenden Ausdruck, so gelangt die Konjunktion **si** (ohne Akzent!) zur Anwendung: si lo dice él *er sagt es aber doch.*

2. **mírame a mí:** Angehängte unbetonte Form und nachgestellte betonte Form (s. Lektion 11, S. 78) des persönlichen Fürwortes beim Imperativ.

3. **a mí me favorece:** Vorangestellte betonte und unbetonte Formen des persönlichen Fürwortes im Aussagesatz.

Grammatik 10.3.

Die unbetonten persönlichen Fürwörter 10.3.1.

Dativ		Akkusativ	
Singular	Plural	Singular	Plural
me *mir*	nos *uns*	me *mich*	nos *uns*
te *dir*	os *euch*	te *dich*	os *euch*
le *ihm*	les *ihnen*	le, lo *ihn*	los *sie*
le *ihr*	les *ihnen*	la *sie*	las *sie*
le *Ihnen*	les *Ihnen*	le *Sie*	les *Sie*
		lo *es*	—
se *sich*	se *sich*	se *sich*	se *sich*

73

Bemerkungen:

1. Der Akkusativ des männlichen Fürworts der 3. Person Singular weist zwei Formen auf: **le** bezieht sich auf **Personen**, **lo** dagegen auf **Sachen**. Es muß also heißen ¿Dónde está tu hermano? No **le** veo. *Wo ist dein Bruder? Ich sehe ihn nicht.* Aber: ¿Dónde está el bolígrafo? No **lo** veo. *Wo ist der Kugelschreiber? Ich sehe ihn nicht.**

2. Die unbetonten Formen der persönlichen Fürwörter werden im Dativ und Akkusativ gebraucht, wenn kein besonderer Nachdruck auf ihnen liegt und sie nicht mit einer Präposition verbunden sind. Sie treten nur in Verbindung mit einem Verb auf und werden deshalb auch verbundene persönliche Fürwörter genannt.

Sie stehen in der Regel** unmittelbar vor dem Verb, in zusammengesetzten Zeiten vor dem Hilfsverb:

Dativ: **le** escribimos una carta *wir schreiben ihm (ihr) einen Brief*
             le hemos escrito una carta *wir haben ihm (ihr) einen Brief geschrieben*
Akkusativ: **la** vemos hoy *wir sehen sie heute*
             la hemos visto hoy *wir haben sie heute gesehen*

Soll das unbetonte persönliche Fürwort besonders hervorgehoben werden, so wird die entsprechende betonte Form hinzugefügt: ¿**Le** gusta esta pintura? A mí no me gusta. *Gefällt Ihnen dieses Gemälde? Mir gefällt es nicht.* Ayer nos han engañado a nosotros. *Gestern hat man uns betrogen.*

Die Wortstellung (II)   **10.3.2.**

Von der regelmäßigen Wortstellung war bereits in Lektion 9.3.2. (S. 70) die Rede. Daneben haben sich nun im Spanischen große Freiheiten in der Wortstellung erhalten. So werden häufig andere Satzteile als das Subjekt, wenn sie besonders betont sind, an den Satzanfang gestellt. Beginnt der Satz mit dem **Objekt**, so wird dieses vor dem Prädikat durch das entsprechende persönliche Fürwort wieder aufgenommen, wobei das Subjekt meist an den Schluß des Satzes tritt: A Juan **le** gusta mucho el cuarto *Juan gefällt das Zimmer sehr* (wörtlich: *Juan, ihm gefällt ...*); su carta no **la** hemos recibido hoy *Ihren Brief haben wir heute nicht erhalten* (wörtlich: *Ihren Brief, ihn haben wir ...*).

Nicht selten tritt auch das **Prädikat** an den Anfang des Satzes, vor allem dann, wenn die Vorstellung der Handlung oder des Vorganges im Bewußtsein des Sprechenden besonders stark hervortritt. Die Fürwörter, vor allem **se** *sich*, werden in diesen Fällen an das Verb angehängt: ábre**se** la puerta *es öffnet sich die Tür*, entran Juan y José *es treten ein Juan und José*.

Das Fürwort der Anrede **usted** (Vd.) bzw. **ustedes** (Vds.) wird, wenn es am Anfang eines Satzes steht, meist **nachgestellt**: debe Vd. apresurarse *Sie müssen sich beeilen.*

---

* Im südamerikanischen Sprachgebrauch sowie neuerdings auch in einigen Gegenden Spaniens wird lo auch auf Personen bezüglich gebraucht: no lo veo *ich sehe ihn, es nicht.*
** Angehängt werden sie an den Infinitiv (esperamos verlos [= a los amigos] *wir hoffen, sie* [= die Freunde] *zu sehen*), an das Gerundium (s. S. 136) sowie an den bejahten Imperativ (s. S. 187).

Übungen

1. *Ergänzen Sie die folgenden Sätze:*
Mi padre ... ha ausentado por unos días.
Este libro es mío; si quieres, ... presto.
A Julita, ... está muy bien la falda; en cambio, a Charo ... queda estrecha.
— ¿Has visto a Manolo? — Sí, ... vi ayer en el café, pero no ... saludamos.
A Rosita no ... he visto desde hace tiempo.
Mi hermano ... ha escrito una carta; (yo) todavía no ... he contestado.
(Yo) no puedo acompañar... [a Vd.], porque ... duele la cabeza.
Si vienes a Barcelona, no dejes de visitar...; a mi esposa y a mí, ... agradaría volver a ver...

2. *Übersetzen Sie:* Julia kleidet sich gern nach der Mode. Sie weiß, was in jeder Saison ernst genommen zu werden verdient. Sie kann wählen, was ihr am besten steht, da ihre Figur ihr dies (se lo) gestattet. Die Freundinnen beneiden sie, weil ein Minirock ihr ebenso steht wie ein Hosenanzug. Sie stürzt sich nicht in irrsinnige Unkosten, da sie sich die Kleider selbst macht. Ihre Freundin Rosita kaufte sich für die Hochzeit ihres Bruders einen Hut, der ihr überhaupt nicht steht. Übrigens die Hochzeit: Die Braut sah sehr hübsch aus. Sie trug einen Schleier aus Tüll von vielen Metern und einen entzückenden Strauß Orchideen.

ausentarse sich entfernen, verreisen
quieres (von **querer**) du willst
prestar leihen; gewähren; leisten
quedar estrecho, -a (zu) eng sein, (zu) eng werden
vi (von **ver**) ich sah

saludamos (von **saludar**) wir begrüßten
contestar (be)antworten
acompañar begleiten
duele (von **doler**) er (sie, es) tut weh
la cabeza der Kopf
no dejes (von **dejar**) **de** versäume nicht, zu

visitar besuchen, besichtigen
agradaría (von **agradar**) es würde gefallen, behagen, angenehm sein
volver umkehren; zurückkommen
volver a ver wiedersehen

Fraseología

— ¿Es usted don Jaime Oriol?
— ¡El mismo que viste y calza!

el mismo derselbe
viste (von **vestir**) er (sie, es) kleidet sich

calzar Schuhe anziehen, anhaben, tragen
el mismo que viste y calza

ich bin es und kein anderer, ebender bin ich

Refrán

Aunque la mona se vista de seda, mona se queda.

la mona die Äffin
se vista (von **vestirse**) sie kleidet sich

la seda die Seide
quedarse bleiben
aunque la mona se vista de

seda, mona se queda Kleider allein tun es nicht

Lección once

En la consulta 11.1.

—Buenas tardes, señor doctor.

—Muy buenas, don Julián. ¿Qué le trae a la consulta?

—Pues ya ve, que estoy hecho polvo, más muerto que vivo.

—De seguro que exagera, como de costumbre. Vamos a ver. ¿Qué le pasa?

—Tengo dolor de cabeza, estoy acatarrado, la nariz parece un grifo, no hago más que toser, en fin, que no me queda órgano sano...

El doctor Carrillo toma la muñeca del atribulado paciente, le manda sacar la lengua, le examina la garganta.

—Un poco de temperatura, 38 grados, y las amígdalas un poco irritadas. Me da la sensación de que se prepara una gripe, el diagnóstico parece claro.

—Sí, eso creo yo también, el clásico "trancazo"; cada primavera me pasa lo mismo.

—Bueno, pues ya sabe: a usted, lo que más le conviene es meterse en la cama por unos días.

—Imposible, señor doctor. ¿No puede recetarme algo? Mañana tengo que hacer un viaje urgente, inaplazable.

—¿Un viaje dice usted? ¿Con esa fiebre?

—Ha dicho usted que sólo es un poco de temperatura ...

—Efectivamente, pero tiene que tener en cuenta que la gripe se halla en el estadio de incubación. El único método para reponerse cuanto antes es guardar cama y sudar. Nada de medicinas; ya sabe que yo soy poco amigo de píldoras. Lo único que le voy a recetar son unas gotas para el constipado y, si acaso, un jarabe para la garganta. Aquí tiene usted la receta; pase por la farmacia de la esquina, y a casa por el camino más corto. Su mujer sabe perfectamente cuál es la dieta que más le conviene en estas ocasiones.

—¿Dieta, dice usted, señor doctor? La verdad, en cuanto a apetito, no puedo quejarme. Y no quiero debilitarme demasiado, pues lo mejor para estar en forma es alimentarse bien.

—Don Julián, no hay remedio mejor que sudar y ayunar. Y nada de tabaco ni de alcohol, ¿me ha oído usted? Dentro de una semana está usted como nuevo.

El enfermo siente un escalofrío al oír el programa terapéutico.

—Señor doctor, no sé, pero, la verdad, me siento ya muchísimo mejor. Ya no me duele la cabeza ... ¿O es aprensión?

El doctor Carrillo, sonriente, le da unas palmadas:

—¡Qué va a ser aprensión! ¿No ha oído hablar usted del método de tratamiento por el choque terapéutico?

la consulta die Beratung; die (Arzt-)Praxis
buenas tardes guten Tag, guten Abend
el doctor der Doktor
muy buenas (zu ergänzen: tardes) guten Tag
Julián Julian
ve (von **ver**) Sie sehen, er (sie, es) sieht
el polvo der Staub
estar hecho polvo total fertig sein
muerto, -a tot
vivo, -a lebendig; lebhaft
de seguro sicher(lich)
de costumbre gewöhnlich
vamos (von **ir**) **a ver** (wir wollen) mal sehen
¿qué le pasa? was fehlt Ihnen?
el dolor der Schmerz
tener dolor de cabeza Kopfschmerzen haben
acatarrado, -a erkältet
el grifo der (Wasser-)Hahn
toser husten
no hago (von **hacer**) **más que toser** ich huste andauernd
el órgano das Organ
sano, -a gesund
la muñeca das Handgelenk
atribulado, -a angstvoll; betrübt
el paciente der Patient
mandar befehlen, (etwas tun) lassen; (zu)schicken
sacar herausstrecken; herausholen; (ab)nehmen; (Photo) aufnehmen
la lengua die Zunge; die Sprache
examinar prüfen, untersuchen
la garganta die Kehle; der Hals
la temperatura die Temperatur
el grado der Grad
la amígdala die (Rachen-) Mandel
irritado, -a gereizt; hier: entzündet

da (von **dar**) er (sie, es) gibt
la sensación der (Sinnes-) Eindruck; das Gefühl, die Empfindung
prepararse sich vorbereiten, sich anbahnen
la gripe die Grippe
el diagnóstico die Diagnose, der Befund
clásico, -a klassisch
el trancazo die Grippe
conviene (von **convenir**) es gehört sich, zu; es ist ratsam, zu
más le conviene am besten ist (es) für Sie
meterse en la cama sich zu Bett legen
recetar verschreiben
hacer un viaje verreisen, eine Reise machen
urgente dringend
inaplazable unaufschiebbar
hallarse sich befinden, sein
el estadio das Stadium
la incubación die Inkubationszeit
el método die Methode
reponerse sich (wieder) erholen
cuanto antes baldmöglichst
guardar cama das Bett hüten
sudar schwitzen
la medicina die Medizin; die Arznei
nada de medicinas keine Arzneien
ser poco amigo de kein Freund sein von
la píldora die Pille
la gota der Tropfen
el acaso der Zufall
si acaso für alle Fälle
el jarabe der Sirup
el jarabe para la garganta der Hustensaft
la receta das Rezept
pase (von **pasar**) **por ...** gehen Sie bei ... vorbei
la farmacia die Apotheke; die Pharmazie

a casa nach Hause
corto, -a kurz; scheu, schüchtern
por el camino más corto auf dem kürzesten Weg
saber perfectamente ganz genau wissen
cuál welche(r, -s)
la dieta die Diät, die Krankenkost
la ocasión die Gelegenheit, der Umstand
en estas ocasiones unter diesen Umständen
la verdad ... eigentlich ...
quejarse sich beklagen
quiero (von **querer**) ich will, ich mag
debilitarse schwach werden, ermatten
estar en forma in Form sein
alimentarse sich ernähren
ayunar fasten
oído (von **oír**) gehört, verstanden
el enfermo der Kranke
siente (von **sentir**) er (sie, es) fühlt, spürt
el escalofrío der Schauder
oír hören
el programa das Programm, der Plan; der Spielplan
terapéutico, -a therapeutisch, Heil...
me siento (von **sentirse**) ich fühle mich
muchísimo mejor sehr viel besser
la aprensión die Besorgnis, die Angstvorstellung; hier: die Einbildung
sonriente lächelnd
¡qué va! (von **ir**) was denn!, Unsinn!
¡qué va a ser ...! was heißt denn ...!
hablar sprechen, reden
el tratamiento die Behandlung
el choque der Schock

1. **buenas tardes:** Diese Begrüßungsformel wird schon von Mittag an gebraucht, bis zum Einbruch der Dunkelheit. Vom Einbruch der Dunkelheit an lautet die Grußform **¡ Buenas noches!** Einen besonderen Ausdruck für „Guten Morgen" kennt das Spanische nicht. **¡ Buenos días!** steht für „Guten Morgen" und „Guten Tag".

2. **don Julián:** Vor dem männlichen Vornamen steht **don**, vor dem weiblichen **doña** (< lat. dominus bzw. domina).

3. **trancazo:** wörtlich: *Schlag mit dem Knüppel* (la tranca *der Knüppel*), in der Umgangssprache auch in der Bedeutung von *Grippe* gebraucht.

Grammatik **11.3.**

Die betonten persönlichen Fürwörter **11.3.1.**

Nominativ	Genitiv	Dativ Akkusativ
Singular		
yo *ich*	**de mí** *meiner*	**a mí** *mir, mich*
tú *du*	**de ti** *deiner*	**a ti** *dir, dich*
él *er*	**de él** *seiner*	**a él** *ihm, ihn*
ella *sie*	**de ella** *ihrer*	**a ella** *ihr, sie*
ello *es*	**de ello** *davon*	**a ello** *dazu*
	de sí *seiner*	**a sí** *sich*
Plural		
nosotros, -as *wir*	**de nosotros, -as** *unser*	**a nosotros, -as** *uns*
vosotros, -as *ihr*	**de vosotros, -as** *euer*	**a vosotros, -as** *euch*
ellos, -as *sie*	**de ellos, -as** *ihrer*	**a ellos, -as** *ihnen, sie*

Bemerkungen:

Die betonten Formen der persönlichen Fürwörter werden nur gebraucht:

a) wenn sie als Nominative besonders **hervorgehoben** oder voneinander **unterschieden** werden sollen: él es español, ella es alemana **er** *ist Spanier,* **sie** *ist Deutsche* (s. Lektion 3.4.1., S. 37);

b) **alleinstehend** als Antwort auf die Frage nach dem Subjekt einer Tätigkeit: ¿Quién ha hecho esto? Yo. *Wer hat dies getan? Ich.*

c) in Verbindung mit **Präpositionen** (en *in,* para *für,* por *durch,* contra *gegen,* sin *ohne* u. a.): para él *für ihn,* sin mí *ohne mich.*

Die Präposition con *mit* geht mit den Fürwörtern mí und ti die Verbindungen conmigo *mit mir* und contigo *mit dir* ein, zu denen noch die rückbezügliche Form consigo *mit sich* tritt. Die übrigen Formen lauten regelmäßig: con él, con ella, con nosotros usw.

Die Wortstellung (III)   **11.3.2.**

Die Umkehrung der gewöhnlichen Wortfolge (Inversion) tritt ein in Wunsch- und Aufforderungssätzen sowie bei einem in die direkte Rede eingeschobenen Verb des Sagens:

> ¡Viva el rey! *Es lebe der König!*
> ¡Venga el médico! *Der Arzt soll kommen!*
> No sé, dijo Juan. „*Ich weiß nicht*", *sagte Juan.*

Im **Fragesatz** tritt gewöhnlich das Subjekt hinter das Prädikat (und meist auch hinter seine Ergänzungen): ¿Está en casa el señor Silva? *Ist Herr Silva zu Hause?* ¿Cuándo comienza la lección? *Wann beginnt die Stunde?*

Es kann aber auch die Wortstellung des Aussagesatzes beibehalten werden: ¿Juan trabaja hoy? *Juan arbeitet heute?* ¿Tu hermano ha escrito? *Dein Bruder hat geschrieben?*

Die Verneinungspartikel **no** *nicht* steht immer **vor** dem Verb, in zusammengesetzten Zeiten vor dem Hilfsverb: no vendo la casa *ich verkaufe das Haus nicht*, no he vendido la casa *ich habe das Haus nicht verkauft*.

Übungen   **11.4.**

1. *Ergänzen Sie die folgenden Sätze:*
A ... me gusta mucho el cine. ¿... gusta a ti también?
..., los mejicanos, estamos orgullosos de nuestra historia.
A tu prima no ... he visto desde hace tiempo.
¿Quién te ha dicho a ... que no estoy en casa?
Di... quién ... acompaña esta noche al baile.

2. *Übersetzen Sie:* Don Julián hat Kopfschmerzen, er ist erkältet, er hustet, er ist mehr tot als lebendig. Er geht zur Praxis des Doktors Carrillo, der ihn die Zunge herausstrecken läßt und (ihm) den Hals untersucht. Der Befund ist klar: eine Grippe bahnt sich an. Der Patient hat etwas Temperatur, 38 Grad, und die Mandeln sind ein wenig entzündet. Es ist ratsam, sich für ein paar Tage zu Bett zu legen. Das einzige, was der Arzt ihm verschreibt, sind (einige) Tropfen gegen (para) die Erkältung und (ein) Hustensaft. Es gibt kein besseres Mittel als schwitzen und fasten. (Die) Diät ist unter diesen Umständen für ihn am besten. Der Kranke spürt einen Schauder, als er den Plan hört (beim Hören den Plan). Er fühlt sich schon sehr viel besser. Der Kopf schmerzt ihm nicht mehr, oder ist es [nur] Einbildung?

el mejicano der Mexikaner   **di** (von **decir**) sage
orgulloso, -a stolz   **el baile** das Tanzen, der Tanz; der Ball

Fraseología

A mí, eso me importa un bledo.
Lo que dices, ni me va ni me viene.

el bledo nichts
me importa un bledo das ist
mir schnuppe

ni me va (von **ir**) **ni me
viene** (von **venir**) das in-

teressiert mich überhaupt
nicht, ist mir Wurscht

Refranes

Al enemigo que huye, puente de plata.
A lo hecho, pecho.

el enemigo der Feind
huye (von **huir**) er (sie, es)
flieht

el puente die Brücke
la plata das Silber
el pecho der Mut; die Brust

a lo hecho, pecho geschehen ist geschehen, daran
ist nichts mehr zu ändern

Lección doce

Excursión a la montaña

José Miguel y Goyo son dos enamorados de las montañas; no practi-
can el deporte del montañismo, pues carecen de un entrenamiento a fondo para exponerse a los peligros que supone el escalar grandes cumbres,
sobre todo si se trata de picos muy escarpados. Sus aficiones son
mucho más modestas: simplemente, aprovechan los fines de semana, y
sobre todo las vacaciones, para gozar el aire puro y la soledad de las
alturas.

Uno de los paisajes que visitan con más frecuencia es el valle del
Saja, un torrente bravío que se despeña desde las cimas de la cordillera
y se abre camino hacia el mar por entre barrancos cortados a pico,
que a las veces se abren formando un valle delicioso. Y aquí los tenemos, en una calurosa tarde de julio. Los dos muchachos, embelesados
ante las maravillas que se abren a su mirada, caminan silenciosos con
la mochila al hombro, sin atreverse a profanar el silencio absoluto que
lo envuelve todo. De pronto, a la vuelta de una roca que parece obstruir el angosto sendero, se quedan atónitos. Desde la cima de una
roqueda, cae majestuosa una cascada; las aguas cristalinas de un
manantial se precipitan al fondo de un abismo, llenando el encajonado
valle de un frescor y de un murmullo reconfortantes.

—Lástima no poder darnos una ducha — exclama Goyo.

—Se me ha ocurrido la misma idea; sin embargo, las piedras están
muy resbaladizas. Pero un buen baño sí que nos podemos dar en el
río — propone José Miguel.

Ni cortos ni perezosos, se dirigen a un remanso que forma el río montaraz y se dan un buen chapuzón.

—¡Está helada el agua!

—Sí, a uno se le corta la respiración. Pero es fantástico, ¿no te parece, Goyo?

—¡Estupendo! ¡Y no te digo el apetito que se nos va a abrir!

—¿Te acuerdas de la fuente que nos señaló el pastor en la última excursión? — pregunta José Miguel secándose en la orilla.

—Sí, donde se nos echó encima la tormenta...

—Pues si te parece, nos dirigimos allá para merendar, y luego seguimos la marcha, que nos queda un buen trecho hasta llegar al refugio antes de que se haga tarde.

---

la montaña das Gebirge; der Berg
el enamorado der Freund, der Bewunderer
practicar ausüben, (be-)treiben
el montañismo das Bergsteigen, der Bergsport
carecer de nicht haben
el entrenamiento das Training, die Übung
el fondo der Grund; die Tiefe; der Hintergrund
a fondo gründlich
exponerse sich aussetzen
el peligro die Gefahr
suponer voraussetzen, bedeuten
escalar erklettern, hesteigen
la cumbre der Gipfel
tratarse de sich handeln um
el pico die Spitze, der Berggipfel
escarpado, -a abschüssig, steil, schroff
la afición die Liebhaberei, das Hobby
modesto, -a bescheiden
aprovechar benutzen; ausnutzen
el fin de semana das Wochenende
gozar genießen; sich erfreuen
la soledad die Einsamkeit
el paisaje die Landschaft
la frecuencia die Häufigkeit
con más frecuencia sehr oft
el valle das Tal
bravío, -a wild

despeñarse hinabstürzen
la cima der Gipfel
la cordillera der Gebirgszug
abrirse camino sich einen Weg bahnen
hacia nach, zu ... hin; gegen
el mar das Meer
por entre durch
el barranco die Schlucht
cortar (zer)schneiden; (ab-)schneiden, (durch)schneiden; unterbrechen
cortado a pico wild zerklüftet
a las veces zuweilen
abrirse sich öffnen
formando (von **formar**) bildend
delicioso, -a lieblich; köstlich; herrlich
los tenemos hier: wir sehen sie
caluroso, -a heiß
el muchacho der Bursche; der junge Mann
la mirada der Blick
silencioso, -a still, schweigend
la mochila der Rucksack
atreverse (es) wagen; sich erdreisten
profanar entweihen
absoluto, -a absolut, völlig
envuelve (von **envolver**) er (sie, es) hüllt ein, umgibt
pronto, -a schnell
de pronto plötzlich, auf einmal
la vuelta die Wendung;

die Kehre; die Rückkehr; die Rückfahrt
a la vuelta de an der Rückseite, hinter
la roca der Fels
obstruir versperren, blokkieren
angosto, -a eng
el sendero der Pfad
atónito, -a verblüfft
quedarse atónito, -a verblüfft stehenbleiben
la roqueda die Felsgruppe
caer (herunter)fallen, herabstürzen
majestuoso, -a majestätisch; herrlich
la cascada der Wasserfall
el manantial die Quelle
precipitarse sich (hinab-)stürzen
el abismo der Abgrund
llenando (von **llenar**) (er-)füllend
encajonado, -a eng
el frescor die Kühle, die Frische
el murmullo das Rauschen
reconfortante belebend, erquickend
la lástima das Bedauern
lástima schade
poder können
dar geben
la ducha die Dusche
darse una ducha sich duschen, sich abbrausen
exclamar (aus)rufen
ocurrirse einfallen
la idea die Idee, der Gedanke

la piedra der Stein
resbaladizo, -a rutschig, glitschig
darse un baño ein Bad nehmen
proponer vorschlagen
perezoso, -a faul, träge; schwerfällig
ni cortos ni perezosos kurz entschlossen
dirigirse a sich begeben nach, sich wenden an
el remanso die ruhige Stelle (im Fluß)
montaraz wild
el chapuzón das Untertauchen
se dan (von darse) un chapuzón sie gehen baden
helado, -a eiskalt, eisig
cortarse stocken; wegbleiben

la respiración das Atmen, die Atmung
se le corta la respiración der Atem bleibt ihm weg
fantástico, -a phantastisch
estupendo, -a erstaunlich; großartig
el apetito der Appetit
abrir (er)öffnen
abrir el apetito den Appetit anregen
el apetito que se nos va (von irse) a abrir der Appetit, den wir bekommen werden
te acuerdas (von acordarse) du erinnerst dich
la fuente die Quelle; der (Spring-)Brunnen
señaló (von señalar) er (sie, es) zeigte
el pastor der Hirt

secándose (von secarse) sich abtrocknend
la orilla das Ufer, der Strand
encima oben; obendrein
se nos echó (von echarse) encima es brach über uns herein
la tormenta das Unwetter, das Gewitter
allá dort(hin)
merendar vespern
seguir la marcha weiterwandern
el refugio die Zuflucht; die Schutzhütte, der Berggasthof
antes de que ehe, bevor
se haga (von hacerse) tarde es wird (wörtlich: werde) spät

Erläuterungen 12.2.

1. **los dos muchachos caminan silenciosos:** Über den Gebrauch des prädikativen Adjektivs statt des Adverbs s. Lektion 20, S. 122.

2. **un buen baño sí que nos podemos dar:** Wegen der Bejahungspartikel sí s. Erläuterung 1 zu Lektion 10, S. 73.

3. **antes de que se haga tarde:** Über den Gebrauch des Konjunktivs nach gewissen Konjunktionen s. Lektion 35, S. 197.

Grammatik 12.3.

Die rückbezüglichen Fürwörter 12.3.1.

1. Als rückbezügliche Fürwörter werden die unbetonten Formen der persönlichen Fürwörter **me, te, se, nos, os, se** (s. Lektion 10.3.1., S. 73) verwendet.

2. Das deutsche „**man**" wird durch das rückbezügliche Fürwort **se** ausgedrückt, zu dem — je nach dem Subjekt des Satzes — die 3. Person Singular oder die 3. Person Plural des Zeitwortes tritt:

se alquila esta casa *man vermietet dieses Haus* (wörtlich:
dieses Haus vermietet sich)

se exportan frutas y vinos *man führt Obst und Weine aus* (wörtlich:
Obst und Weine führen sich aus)

82

Solche reflexiven Wendungen dienen sehr häufig zur **Umschreibung des Passivs** (s. Lektion 27, S. 156): aquí se habla español *hier wird Spanisch gesprochen*; el resto se vende a precio reducido *der Restbestand wird zu herabgesetzten Preisen verkauft*.

3. Wenn das Zeitwort schon an und für sich rückbezüglich ist, wird **se** durch **uno** ersetzt:

uno se extraña (statt: se se extraña) *man wundert sich.*

4. Das deutsche „man" wird häufig auch durch die 3. Person Mehrzahl des betreffenden Zeitwortes ausgedrückt: dicen *man sagt* (= *sie, die Leute, sagen*); nos escriben *man schreibt uns.*

Präsens der rückbezüglichen Verben 12.3.2.

levantarse	
me levanto *ich erhebe mich*	**nos** levantamos
te levantas	**os** levantáis
se levanta	**se** levantan

Bemerkungen:

1. Die rückbezüglichen Fürwörter stehen in der Regel **vor** der konjugierten Verbform (nos lavamos *wir waschen uns*), werden jedoch an den Infinitiv (lavarse *sich waschen*), an das Gerundium (s. S. 136) sowie an den bejahten Imperativ (s. S. 187) angehängt.

2. Die zusammengesetzten Zeiten der reflexiven Verben werden im Spanischen stets mit **haber** gebildet: (no) nos hemos levantado *wir haben uns (nicht) erhoben.*

3. Einige Verben werden im Spanischen reflexiv gebraucht, im Deutschen dagegen nicht: acostarse *zu Bett gehen*, atreverse *wagen*, burlarse de *spotten über*, callarse *schweigen*, enfadarse con *böse werden auf*, irse, marcharse *weggehen*, levantarse *aufstehen*, pasearse *spazierengehen*, quedarse *bleiben* u. a.

4. Nicht reflexiv werden im Spanischen gebraucht: cambiar *sich ändern*, fingir *sich stellen, als ob ...*, procurar *sich bemühen*, simular *sich verstellen* u. a.

Übungen 12.4.

1. *Geben Sie den Bedeutungsunterschied an:*

divertir — divertirse
dormir — dormirse
comer — comerse
llamar — llamarse
aburrir — aburrirse de

2. *Übersetzen Sie:*

Julita y Charo hablan de modas; Charo y Rosita no se hablan.
Mi amigo no se acuerda de tu dirección.

Me levanto pronto y me ducho con agua fría.
En este invierno se lleva la falda larga.
El pobre Serafín se ha dado a la bebida.

3. *Übersetzen Sie:* Wir sind Freunde der Berge und benutzen die Wochenenden, um die reine Luft und die Einsamkeit der Gipfel zu genießen. Wir wandern schweigend mit dem Rucksack auf dem Rücken und wagen es nicht, die absolute Stille, die alles (es) umgibt, zu entweihen. Plötzlich bleiben wir verblüfft stehen. Von der Höhe einer Felsgruppe stürzt majestätisch ein Wasserfall herab. Wir können uns nicht abbrausen, weil die Steine sehr glitschig sind. Wir begeben uns zu einer ruhigen Stelle des Flusses und nehmen dort ein Bad. Das Wasser ist eiskalt, der Atem bleibt uns weg. Unser Appetit ist erstaunlich. Um zu vespern, begeben wir uns zu einer Quelle, die uns der Hirt auf (en) dem letzten Ausflug zeigte. Dann wandern wir weiter und erreichen die Schutzhütte, bevor es dunkel wird (werde).

divertir ablenken, unterhalten, zerstreuen	**aburrirse de** etwas satt bekommen	**la bebida** das Getränk; das Trinken; die Trunksucht
divertirse sich amüsieren	**no hablarse** nicht mehr miteinander sprechen	**se ha dado** (von **darse**) **a la bebida** er (sie, es) hat sich dem Trunk ergeben
dormir schlafen	**se acuerda** (von **acordarse**) er (sie, es) erinnert sich	
dormirse einschlafen		
llamarse heißen	**la dirección** die Anschrift, die Adresse	
aburrir langweilen; belästigen		

Fraseología   **12.5.**

Hace ya tiempo que no se te ve el pelo.
Si te parece, nos vamos por ahí a echar una cana al aire.

hace ya tiempo es ist schon lange her	**ahí** da, dort(hin)	einen vergnügten Tag machen, auf die Pauke hauen
no se te ve (von **ver**) **el pelo** man sieht dich nicht mehr	**por ahí** dort(herum)	
	la cana das weiße Haar	
	echar una cana al aire sich	

Refranes   **12.6.**

Si tienes prisa vístete despacio.
No se ganó Zamora en una hora.
El buen paño en el arca se vende.
Dime con quién andas y te diré quién eres.

tener prisa es eilig haben	**no se ganó Zamora en una hora** Zamora wurde nicht in einer Stunde erobert; etwa: so schnell schießen die Preußen nicht	**el arca** (*f*) der Kasten; die (Geld-)Truhe
vístete (von **vestirse**) zieh dich an		**dime** (von **decir**) sag mir
despacio langsam		**andar** gehen
se ganó (von **ganarse**) er (sie, es) eroberte	**el paño** das Tuch, der Stoff	**diré** (von **decir**) ich werde sagen

Lección trece

Gonzalo y Paquita acaban de casarse y se hallan en viaje de novios. Son dos individualistas para los que el turismo moderno apenas presenta alicientes, debido al espíritu gregario que reina en casi todos los centros de veraneo. Su meta fue una de las idílicas rías gallegas, no lejos de Pontevedra. Tras un viaje algo fatigoso, llegaron a La Toja, un balneario famoso, algo mundano, frecuentado sobre todo por españoles de categoría indefinible, como pudieron comprobar al ver los elegantes coches aparcados ante el Gran Hotel: casi todos de Madrid, la mayoría coches oficiales. Como excepción, alguna que otra matrícula extranjera.

—Esto no es para nosotros — dijo Paquita.

—Tienes razón, cariño — repuso Gonzalo —; sin embargo, el lugar es maravilloso, y las instalaciones deportivas no dejan nada que desear: golf, tenis, esquí acuático ..., y no digamos los clubs elegantes.

—Demasiado elegantes, ¿no te parece? Yo prefiero un lugar más tranquilo, donde poder estarnos a solas.

—Ruidoso no parece esto; pero me da la sensación de que se trata de un público que no nos va, no sé explicar por qué.

—Más al sur, creo que hay kilómetros y kilómetros de playas apenas frecuentadas. Y una habitación, aunque sea modesta, no será difícil de encontrar — insinuó Paquita.

— Apenas casados, y ya llevas la voz cantante... — accedió Gonzalo. Dieron la vuelta y recorrieron la carretera que une La Toja con tierra firme. La ría se adentraba entre verdes colinas, formando como un lago apacible bordeado por playas vírgenes, desiertas, de arenas finas y blancas. Al fondo, la silueta azul del Océano Atlántico, cortada por un islote. Llegaron a un pequeño pueblo de pescadores, con redes tendidas a secar, barcos amarrados en el malecón, mujeres descalzas con cestas de pescado fresco sobre la cabeza y hombres de tez curtida en una taberna, en espera de la noche para hacerse a la mar.

—¡Esto es lo que había soñado, Gonzalo! Mira, ahí hay una casa de huéspedes, al extremo de la plaza. Parece una pensión digna de confianza...

Y en ella se hospedaron. En una confortable habitación, cuyo balcón daba al puerto, al fondo del cual se extendía una playa sin fin a lo largo de la costa.

—¡Ni un turista, a Dios gracias! — exclamó Gonzalo.

—Como para quedarse aquí para siempre — añadió Paquita.

—Mira, allí se pueden alquilar botes para remar, y hasta podemos dedicarnos a la pesca si queremos...

—¡Yo, lo que deseo es tumbarme en la playa, tomar el sol, broncearme y soñar...! — repuso Paquita — En la marisquería podemos comer mariscos y pescado sin necesidad de pescarlos...

—¡A tus órdenes, mi mujercita!— aceptó Gonzalo, desarmado.

—¡Que para eso estamos en la luna de miel, no lo olvides, cariño!— concluyó Paquita con sonrisa picarona.

la **luna** der Mond
la **miel** der Honig
la **luna de miel** die Flitterwochen
la **orilla del mar** das Meeresufer
a **orillas de** ... am ... (gelegen)
casarse heiraten
acabar de casarse gerade geheiratet haben
el **viaje de novios** die Hochzeitsreise
el **individualista** der Individualist
el **turismo** der Fremdenverkehr
moderno, -a modern
presentar (an)bieten; vorstellen; aufweisen
el **aliciente** der (An-)Reiz
debido a wegen; infolge
el **espíritu** der Geist
gregario, -a gewöhnlich; Massen...
el **espíritu gregario** der Herdentrieb
reinar regieren; herrschen
la **meta** das Ziel
idílico, -a idyllisch
la **ría** die (fjordähnliche) Trichtermündung der Flüsse in Galicien
gallego, -a galicisch
lejos weit (entfernt)
fatigoso mühsam, beschwerlich; ermüdend
el **balneario** das Bad, der Kurort
mundano, -a weltlich; mondän
frecuentado, -a (gut) besucht, aufgesucht
la **categoría** die Kategorie, die Art, die Klasse

pudieron (von **poder**) sie konnten
el **coche** der Wagen; das Auto
aparcado, -a geparkt
el **hotel** das Hotel
el **Gran Hotel** das Grandhotel
la **mayoría** die Mehrheit; die Mehrzahl
el **coche oficial** der Dienstwagen
la **excepción** die Ausnahme
alguno, -a que otro, -a einige, ein paar; der (die) eine oder andere
la **matrícula** das polizeiliche Kennzeichen
extranjero, -a ausländisch
repuso (von **reponer**) er (sie, es) erwiderte
el **lugar** der Ort; der Platz, die Stelle
maravilloso, -a wunderbar
la **instalación** die Einrichtung; die Anlage
desear wünschen
no dejar nada que desear nichts zu wünschen übriglassen
el **golf** das Golf(spiel)
el **tenis** das Tennis(spiel)
el **esquí** der Schi(sport)
acuático, -a Wasser...
el **esquí acuático** der Wasserschi, das Wasserschilaufen
digamos (von **decir**) sprechen wir (von)
el **club** der Klub
prefiero (von **preferir**) ich habe lieber, ich ziehe vor
tranquilo, -a ruhig
solo, -a allein; einzig
a **solas** ganz allein

ruidoso, -a laut, lärmend; geräuschvoll
no nos va (von **ir**) er (sie, es) paßt nicht zu uns
el **kilómetro** der Kilometer
la **playa** der Strand
será (von **ser**) er (sie, es) wird sein
encontrar finden
insinuó (von **insinuar**) er (sie, es) deutete an
la **voz** die Stimme
cantante singend
llevar la voz cantante den Ton angeben, die erste Geige spielen
accedió (von **acceder**) er (sie, es) stimmte zu, gab nach
dieron (von **dar**) sie gaben
dieron la vuelta sie wendeten, drehten um
recorrieron (von **recorrer**) sie fuhren
la **carretera** die Landstraße
unir (ver)einigen; verbinden
la **tierra** die Erde; das Land; die Heimat
firme fest
la **tierra firme** das Festland
se adentraba (von **adentrarse**) er (sie, es) ging hinein, drang ein
verde grün
la **colina** der Hügel
el **lago** der See
bordeado, -a por umgeben, umsäumt von
virgen jungfräulich; unerforscht; unberührt
desierto, -a leer; unbewohnt
la **arena** der Sand

86

fino, -a fein
blanco, -a weiß
la silueta die Silhouette
azul blau
el Océano Atlántico der Atlantische Ozean
el islote die (Felsen-)Insel
el pueblo das Dorf, die Ortschaft; das Volk
el pescador der Fischer
el pueblo de pescadores das Fischerdorf
la red das Netz
tender (aus)spannen; ausbreiten; auslegen
secar trocknen
el barco das Schiff
amarrar vertäuen
el malecón der Kai; die Pier
descalzo, -a barfüßig, barfuß
la tez die Hautfarbe, der Teint
curtido, -a gebräunt; gegerbt
la taberna die Schenke
la espera das Warten; die Erwartung
en espera de la noche während sie auf die Nacht warten
hacerse a la mar auf das Meer hinausfahren, in See stechen
había (von haber) soñado ich hatte geträumt
el extremo das Ende
la pensión die Pension
digno, -a würdig
la confianza das Vertrauen
digno, -a de confianza vertrauenswürdig
se hospedaron (von hospedarse) sie logierten, wohnten
confortable bequem, gemütlich; behaglich
daba (von dar) a ... er (sie, es) ging auf ... hinaus
el puerto der Hafen
se extendía (von extenderse) er (sie, es) erstreckte sich
sin fin endlos, unendlich
la costa die Küste
¡a Dios gracias! Gott sei Dank!
exclamó (von exclamar) er (sie, es) rief aus
añadió (von añadir) er (sie, es) fügte hinzu
el bote das Boot
remar rudern
el bote para remar das Ruderboot
dedicarse a sich widmen; betreiben
la pesca der Fischfang, die Fischerei
tumbarse sich hinlegen
tomar el sol sich sonnen
broncearse braun werden
la marisquería das Fischrestaurant
el marisco das (eßbare) Schalentier, die Muschel
la orden der Befehl, die Anordnung
¡a tus órdenes! zu deinen Diensten!
la mujercita die kleine Frau, das Frauchen
aceptó (von aceptar) er (sie, es) stimmte zu
desarmado, -a entwaffnet
no olvides (von olvidar) vergiß nicht
concluyó (von concluir) er (sie, es) beendete, schloß
la sonrisa das Lächeln
picarón, -ona spitzbübisch

Erläuterungen 13.2.

1. **Pontevedra:** Hauptstadt der gleichnamigen Provinz in Galicien, an der Mündung des Lerez in die Meeresbucht Ría de Pontevedra.

2. **a tus órdenes:** Das Substantiv **orden** ist zweigeschlechtig: **männlich** in den Bedeutungen *Ordnung, Regel, Rang, Reihenfolge*, **weiblich** in den Bedeutungen *Befehl, Auftrag, Bestellung, Order, Auszeichnung, Mönchsorden.*

Zweigeschlechtig sind auch el capital *das Kapital*, la capital *die Hauptstadt*, el cometa *der Komet*, la cometa *der Papierdrache*, el cura *der Geistliche*, la cura *die Kur*, el vista *der Zollbeamte*, la vista *der Anblick, die Aussicht* u. a.

Grammatik

Die bezüglichen Fürwörter 13.3.

1. Das am meisten gebrauchte bezügliche Fürwort ist **que**. Es ist unveränderlich, bezieht sich auf männliche und weibliche Personen wie auf Sachen, steht im Singular und im Plural, auch nach kurzen Präpositionen:

el señor (la señora) que ha llegado *der Herr (die Dame), der (die)*
angekommen ist
los señores (las señoras) que he visto *die Herren (die Damen), die*
ich gesehen habe
el libro (la revista) que nos gusta *das Buch (die Zeitschrift), das*
(die) uns gefällt
los libros (las revistas) que hemos leído *die Bücher (die Zeitschrif-*
ten), die wir gelesen haben
el proyecto a que renuncio *das Vorhaben, auf das ich verzichte*
los proyectos de que desistimos *die Vorhaben, von denen wir*
Abstand nehmen
la casa en que vivo *das Haus, in dem ich wohne*

2. Das bezügliche Fürwort **quien** (*Plural* quienes) bezieht sich nur auf Personen (meist nach Präpositionen): el artista a quien hemos hablado *der Künstler, mit dem wir gesprochen haben*; los extranjeros de quienes habla son españoles *die Ausländer, von denen er spricht, sind Spanier.*

Häufig (vor allem in Sprichwörtern) steht quien in der Bedeutung „wer": quien no ha visto Sevilla no ha visto maravilla *wer Sevilla nicht gesehen hat, hat kein Wunder gesehen.*

3. Die bezüglichen Fürwörter **el (la) cual, los (las) cuales** und **el (la) que, los (las) que** beziehen sich auf Personen wie auf Sachen und richten sich in Geschlecht und Zahl nach ihrem Beziehungswort. Sie stehen vor allem nach den längeren Präpositionen:

este es un asunto sobre el cual (sobre el que) hemos discutido mucho
dies ist ein Thema, über das wir viel diskutiert haben
los abogados para los cuales (para los que) he trabajado mucho
die Anwälte, für die ich viel gearbeitet habe
la iglesia, alrededor de la cual (de la que) se extiende un parque
die Kirche, um die herum sich ein Park erstreckt

Da diese Fürwörter in ihren Formen Geschlecht und Zahl unterscheiden, dienen sie auch dazu, Mißverständnisse zu vermeiden:

la hermana de **mi amigo que** llega hoy
die Schwester meines Freundes, der heute ankommt
la hermana de mi amigo **la cual (la que)** llega hoy
die Schwester meines Freundes, die heute ankommt

4. Das einen Besitz anzeigende bezügliche Fürwort **cuyo, -a** (*Plural* cuyos, -as) *dessen, deren* richtet sich in Geschlecht und Zahl nach dem darauf folgenden Substantiv: el comerciante cuyos clientes viven en España *der Kaufmann, dessen Kunden in Spanien wohnen*; el médico en cuya casa vivo *der Arzt, in dessen Haus ich wohne.*

5. Das sich auf den Inhalt des vorhergehenden Satzes beziehende **lo que (lo cual)** *was* kommt nur im Singular vor: eso es lo que yo decía *das ist es,*

was ich sagte; es siempre indiscreta, lo que no me gusta *sie ist immer vorlaut, was mir nicht gefällt.*

Alles, was wird mit **todo lo que, todo cuanto** oder einfach **cuanto** wiedergegeben: regala todo lo que (todo cuanto, cuanto) posee *er verschenkt alles, was er besitzt*; tenemos (todo) cuanto necesitamos *wir haben alles, was wir brauchen.*

Übungen   13.4.

1. *Ergänzen Sie die folgenden Sätze:*

Además de los autores ... nombres hemos citado, y de los ... tratamos más adelante, hay otros muchos ... han escrito sobre España.

Mi primo, ... está en Méjico, me escribió una carta en la ... me anuncia su próxima llegada, ... será el mes ... viene.

Actualmente tengo mucho trabajo, por lo ... no puedo planear las vacaciones.

Salamanca, ... universidad es una de las más ilustres de Europa, se levanta a orillas del Tormes.

He oído que has aprobado el examen, de lo ... me alegro infinito.

2. *Übersetzen Sie:* Gonzalo ist Individualist, für den der moderne Fremdenverkehr kaum Reize bietet. Sein Ziel ist eines der idyllischen galicischen Fischerdörfer, nicht weit von Pontevedra entfernt. Es ist ein ruhiger Ort ohne elegante Wagen und Klubs. Er wohnt in einer vertrauenswürdigen Pension. Sein Zimmer, dessen Balkon auf den Hafen hinausgeht, ist sehr gemütlich. Im Fischrestaurant kann er Fisch und Muscheln essen.

Paquita indessen zieht La Toja vor, einen mondänen Kurort, dessen sportliche Einrichtungen nichts zu wünschen übriglassen. La Toja wird (es) vor allem von Spaniern aus Madrid aufgesucht, deren elegante Wagen vor dem Grandhotel geparkt sind (están). Zuweilen sieht man (se ve) auch ein ausländisches Kennzeichen. Was Paquita wünscht, ist, sich an (en) den Strand zu legen, sich zu sonnen, braun zu werden und zu träumen.

el autor der Schriftsteller, der Autor	**anunciar** ankündigen	**aprobar** bestehen; absolvieren
citar erwähnen, anführen	**la llegada** die Ankunft	**el examen** die Prüfung
adelante vor(wärts)	**actualmente** gegenwärtig	**alegrarse de** sich freuen über
más adelante weiter unten; später	**la universidad** die Universität	**infinito** (hier Adverb) unendlich; äußerst
escribió (von **escribir**) er (sie, es) schrieb	**ilustre** berühmt **la más ilustre** die berühmteste	

Fraseología   13.5.

Los españoles somos puntillosos, picajosos y quisquillosos *hasta la exageración*, tenemos la sensibilidad *a flor de piel* y un alto concepto de nosotros mismos, y *por un quítame allá esas pajas* nos *peleamos con el lucero del alba.*

puntilloso, -a überempfindlich
picajoso, -a reizbar; empfindlich
quisquilloso, -a empfindlich; kleinlich
la exageración die Übertreibung
la sensibilidad die Empfindlichkeit; die Empfindsamkeit

la piel die Haut
a flor de piel oberflächlich, äußerlich
el concepto der Begriff; die Vorstellung
quitar (weg)nehmen; entfernen
la paja das Stroh; der Strohhalm
por un quítame allá esas

pajas wegen einer Geringfügigkeit
pelearse sich (herum)schlagen
el lucero der Stern
el alba (*f*) die Morgendämmerung
el lucero del alba der Morgenstern; hier: mit jedem

Refranes

13.6.

Quien hace la ley hace la trampa.
Ojos que no ven, corazón que no siente.
A quien se hace de miel, se lo comen las moscas.

la ley das Gesetz
la trampa die Falle
el ojo das Auge

ven (von **ver**) sie sehen
el corazón das Herz

hacerse de miel zu freundlich sein
la mosca die Fliege

Lección catorce

Triunfar en la vida

14.1.

Se habían citado en un restaurante. Querían cenar juntos tras haber presenciado el partido, en el que, como de costumbre, había destacado Quinín, delantero centro del club visitante, el primer goleador de la temporada en los partidos de liga. La peña estaba formada por un grupo de admiradores de Quinín, todos ellos antiguos compañeros suyos de colegio.

—Se le da mejor el balón que los libros — dijo uno de los asistentes, mientras hacían tiempo hasta la llegada del futbolista.

—Pues sí, ésa es la verdad; pero lo importante es saber explotar las facultades que uno tiene. Tú eras un empollón, y has triunfado en la carrera de medicina; él era un aficionado a los deportes, y ha logrado salir adelante en la vida. En cambio, más de uno y más de dos, se han quedado en nada — replicó un compañero.

En este momento, hizo su entrada el personaje esperado, y todos le dispensaron un apoteósico recibimiento: aplausos, apretones de manos, abrazos...

—¿Te acuerdas de cuando jugábamos en el mismo equipo? Yo era portero, y te tenía un miedo bárbaro, porque tus disparos eran ya temibles — le preguntó Jaime Ortiz.

—¡Pues claro que me acuerdo! Yo, en cambio, te temía cuando llegaba la fecha de los exámenes, porque siempre me ponías en ridículo ante mis padres. Tú eras para ellos el modelo del buen chico, del estudiante aplicado; yo era, al lado tuyo, un calavera...

Una salva de carcajadas acogió la respuesta de Quinín. Tras unas palabras de saludo pronunciadas por Miguel Ordóñez, el organizador de este encuentro, Joaquín Gil, para los amigos e hinchas Quinín, agradeció emocionado el homenaje de sus antiguos compañeros de colegio.

—Casi me da vergüenza dirigiros la palabra, porque mi fuerte no es echar discursos, sino bregar en el césped. Aparte de que formáis un auditorio capaz de imponer respeto: médicos, abogados, ingenieros, escritores..., en fin, que todos habéis logrado ser alguien en la vida.

—¡Por favor, Quinín, no nos tomes el pelo...! ¡El único que de veras ha logrado triunfar, eres tú!— le interrumpió Miguel Ordóñez, y con él todos.

—Muchas gracias, por vuestra amabilidad. Sin embargo, los triunfos míos no se pueden comparar con los vuestros, no sé cómo explicarme...

—¡Tampoco se pueden comparar tus primas con nuestros ridículos sueldos!

Todos celebraron esta salida de Jaime, a quien Quinín dio un cordial abrazo.

triunfar triumphieren; siegen
habían (von **haber**) sie hatten
citarse sich verabreden
el restaurante das Restaurant
querían (von **querer**) sie wollten
presenciar beiwohnen, dabeisein, miterleben
el partido das Spiel
destacar sich abheben; sich auszeichnen
el delantero der Stürmer (Fußball)
el delantero centro der Mittelstürmer
visitante besuchend, Gast...
el goleador der Torschütze
la liga der Bund; die Liga
la peña der Freundeskreis; die Stammtischrunde
estaba formado er (sie, es) wurde gebildet
el grupo die Gruppe
el admirador der Bewunderer, der Verehrer

antiguo, -a alt; ehemalig; langjährig
el compañero de colegio der Schulfreund
se le da (von **darse**) **mejor** ihm liegt mehr
el balón der Ball
el asistente der Anwesende
hacían (von **hacer**) **tiempo** sie vertrieben sich die Zeit
el futbolista der Fußballspieler
importante wichtig
explotar (aus)nutzen; bewirtschaften
la facultad die Fähigkeit
eras (von **ser**) du warst
el empollón der Büffler, der Streber
la carrera die Laufbahn, die Karriere
lograr erreichen; durchsetzen
salir adelante vorwärtskommen
más de uno y más de dos so mancher

quedarse en nada nichts werden aus
replicó (von **replicar**) er (sie, es) erwiderte
el momento der Augenblick; der Zeitpunkt, der Moment
la entrada der Eintritt, das Eintreten
hizo (von **hacer**) **su entrada** er (sie, es) erschien, trat ein
el personaje die Persönlichkeit; die Person
dispensaron (von **dispensar**) sie gewährten, ließen zuteil werden, bereiteten
apoteósico, -a glänzend, grandios
el recibimiento der Empfang
el aplauso der Beifall
el apretón der Druck
el apretón de manos der Händedruck, das Händeschütteln
el abrazo die Umarmung
jugábamos (von **jugar**) wir spielten

el equipo die Mannschaft
el portero der Torwart
el miedo die Furcht
bárbaro, -a enorm, toll,
   großartig
te tenía (von tener) un
   miedo bárbaro ich hatte
   furchtbare Angst vor dir
el disparo der Schuß
temible furchtbar
preguntó (von preguntar)
   er (sie, es) fragte
me acuerdo (von acordarse)
   ich erinnere mich
temía (von temer) ich
   fürchtete
llegaba (von llegar) er (sie,
   es) kam
la fecha das Datum; der
   Termin, der Tag
ridículo, -a lächerlich
me ponías (von poner) en
   ridículo du blamiertest
   mich, machtest mich lächerlich
el modelo das Modell, das
   Muster; das Vorbild
el chico der Junge
aplicado, -a fleißig
el calavera der Leichtfuß,
   der Windhund

la salva die Salve
la carcajada das Gelächter
acogió (von acoger) er (sie,
   es) nahm auf, empfing
las palabras de saludo die
   Begrüßungsworte
pronunciar (aus)sprechen
el organizador der Organi-
   sator, der Veranstalter
Joaquín Joachim
Gil Ägidius
el hincha der (Fußball-)
   Fan
agradeció (von agradecer)
   er (sie, es) dankte (für)
emocionado, -a bewegt, gerührt
el homenaje die Huldigung,
   die Ehrung
la vergüenza die Scham
me da (von dar) vergüenza
   ich schäme mich
el fuerte die starke Seite,
   die Stärke
el discurso die Rede
echar discursos Reden halten
bregar kämpfen; sich ab-
   rackern
el auditorio die Zuhörer
   (-schaft)

capaz fähig, imstande
el respeto die Achtung, der
   Respekt
el escritor der Schriftsteller
no nos tomes (von tomar)
   el pelo mach dich nicht
   über uns lustig, nimm uns
   nicht auf den Arm
las veras die Wahrheit
de veras im Ernst, wirklich
interrumpió (von interrumpir) er (sie, es) unterbrach
la amabilidad die Liebenswürdigkeit, die Freundlichkeit
el triunfo der Triumph; der
   Sieg
explicarse sich äußern,
   sich ausdrücken
la prima die Prämie
el sueldo das Gehalt
celebraron (von celebrar)
   sie lobten
la salida der Ausgang; der
   Einfall, das Argument
dio (von dar) er (sie, es) gab
cordial herzlich
dio un cordial abrazo er
   (sie, es) umarmte herzlich

Erläuterungen 14.2.

el equipo: Die Fußballmannschaft setzt sich aus folgenden Spielern zusammen: el portero *der Torwart*, el defensa izquierda *der linke Verteidiger*, el
defensa derecha *der rechte Verteidiger*, el medio izquierda *der linke Läufer*,
el medio centro *der Mittelläufer*, el medio derecha *der rechte Läufer*, el
extremo izquierda *der linke Außenstürmer*, el interior izquierda *der linke
Innenstürmer*, el delantero centro *der Mittelstürmer*, el interior derecha *der
rechte Innenstürmer*, el extremo derecha *der rechte Außenstürmer*.

Grammatik

Die besitzanzeigenden Fürwörter 14.3.

a) Die verbundenen (adjektivischen) Formen

Singular	Plural
mi *mein*	mis *meine*
tu *dein*	tus *deine*
su *sein, ihr, Ihr*	sus *seine, ihre, Ihre*
nuestro, -a *unser*	nuestros, -as *unsere*
vuestro, -a *euer*	vuestros, -as *eure*
su *ihr, Ihr*	sus *ihre, Ihre*

Bemerkungen:

1. Die verbundenen Formen des besitzanzeigenden Fürwortes stehen unmittelbar vor dem Hauptwort und richten sich nach dessen Zahl, in den Formen nuestro und vuestro auch nach dessen Geschlecht:

mi libro *mein Buch* — mis libros *meine Bücher*
tu maleta *dein Koffer* — tus maletas *deine Koffer*
nuestro zapato *unser Schuh* — nuestros zapatos *unsere Schuhe*
vuestra casa *euer Haus* — vuestras casas *eure Häuser*

2. Das besitzanzeigende Fürwort der 3. Person **su** kann sich auf einen oder mehrere Besitzer sowohl der dritten (sein, ihr) wie auch der angeredeten Person (Ihr) beziehen. Su guante kann demnach heißen: sein Handschuh, ihr Handschuh und Ihr Handschuh. Geht aus dem Zusammenhang nicht klar hervor, wer der Besitzer ist, so tritt anstelle des besitzanzeigenden Fürwortes der bestimmte Artikel vor das Hauptwort, dem der Genitiv des entsprechenden persönlichen Fürwortes in der betonten Form folgt:

el guante de él   *sein Handschuh*
el guante de ella   *ihr Handschuh*
el guante de Vd.   *Ihr Handschuh*
el guante de ellos   *ihr Handschuh*
el guante de ellas   *ihr Handschuh*
el guante de Vds.   *Ihr Handschuh*

Mit Bezug auf die angeredete Person (Ihr) ist auch die Verbindung su ... de Vd. (Vds.) gestattet: su casa de Vd. (Vds.) *Ihr Haus*.

b) Die unverbundenen (substantivischen) Formen

Singular	Plural
mío, -a *mein, meinig*	**míos, -as** *meine, meinige*
tuyo, -a *dein, deinig*	**tuyos, -as** *deine, deinige*
suyo, -a *sein, seinig, ihr, ihrig, Ihr, Ihrig*	**suyos, -as** *seine, seinige, ihre, ihrige, Ihre, Ihrige*
nuestro, -a *unser, unsrig*	**nuestros, -as** *unsere, unsrige*
vuestro, -a *euer, eurig*	**vuestros, -as** *eure, eurige*
suyo, -a *ihr, ihrig, Ihr, Ihrig*	**suyos, -as** *ihre, ihrige, Ihre, Ihrige*

Bemerkungen:

1. Die unverbundenen Formen des besitzanzeigenden Fürwortes stehen:

a) **ohne** Hauptwort *mit* dem bestimmten Artikel, wenn ein vorher erwähntes Hauptwort zu ergänzen ist (nuestro perro y el tuyo *unser Hund und deiner*), *ohne* bestimmten Artikel als Prädikat (estos perros son nuestros *diese Hunde gehören uns*);

b) **mit** Hauptwort (als dessen Attribut): un amigo nuestro *ein Freund von uns*, einer unserer Freunde. Wird ein solcher Ausdruck prädikativ gebraucht, so entfällt der Artikel: es muy amigo mío *er ist ein sehr guter Freund von mir*, es amigo nuestro *er ist ein Freund von uns*.

Sehr gebräuchlich ist diese Ausdrucksweise in der formellen Anrede: muy señor mío (nuestro) *sehr geehrter Herr*, muy señores míos (nuestros) *sehr geehrte Herren*.

2. Wenn aus dem Zusammenhang nicht hervorgeht, auf welchen Besitzer sich **suyo** bezieht, so tritt auch in diesem Fall an die Stelle des besitzanzeigenden Für-

wortes der bestimmte Artikel mit dem Genitiv des persönlichen Fürwortes in der betonten Form:

statt mi guante y el suyo:

mi guante y el de él *mein Handschuh und der seinige*
mi guante y el de ella *mein Handschuh und der ihrige* usw.

Übungen 14.4.

1. *Verwenden Sie in folgenden Sätzen die besitzanzeigenden Fürwörter:*
El padre de Luis es abogado.
Julio busca el libro de Vd.
Este libro me pertenece a mí.
Estas cartas son de Pepita.
Yo hago lo ..., Vd. hace lo ..., cada uno debe hacer lo ...
Mi esposa y ... hermana están de vacaciones.

2. *Übersetzen Sie:* Ehemalige Schulfreunde hatten sich in einem Restaurant verabredet. Sie hatten das Spiel miterlebt, in dem Quinín, Mittelstürmer und erster Torschütze des Klubs, [sich] wie üblich ausgezeichnet hatte. Alle Anwesenden bereiteten ihm einen glänzenden Empfang. Nach einigen von Miguel Ordóñez gesprochenen Begrüßungsworten dankte Quinín für die Ehrung seiner ehemaligen Schulfreunde. „Fast schäme ich mich", sagte er (dijo), „das Wort an euch zu richten, denn meine Stärke ist es nicht, Reden zu halten. Außerdem seid ihr Ärzte, Anwälte, Ingenieure und Schriftsteller. Meine Triumphe können sich nicht mit den eurigen vergleichen. Ich weiß nicht, wie [ich] mich ausdrücken [soll] ..." „Deine Prämien können sich auch nicht mit unseren Gehältern vergleichen", erwiderte Jaime Ortiz, ehemaliger Torwart des Klubs. Alle lobten diesen Einfall Jaimes, den Quinín herzlich umarmte.

Luis Ludwig, Alois
pertenecer gehören

cada uno ein jeder, jeder einzelne

estar de vacaciones in Ferien sein

Fraseología 14.5.

¡Dios mío! ¡Pero si ya te lo he dicho mil veces, hija mía!
Ese tipo no está contento hasta que logra salir con la suya.

mil veces tausendmal
contento, -a zufrieden
salir con la suya seinen Kopf durchsetzen

Refranes 14.6.

Lo mío es mío, porque así lo manda Dios; y lo tuyo, de los dos.
Cuando las barbas de tu vecino veas cortar, echa las tuyas a remojar.

de los dos gehört uns beiden
las barbas der Bart
el vecino der Nachbar

veas (von **ver**) du siehst
(wörtlich: du sehest)
remojar einweichen
echa (von **echar**) las tuyas

a remojar beginne, deinen Bart einzuweichen

Lección quince

Peregrinación, ida y vuelta 15.1.

Don Pascual y su esposa doña Juanita decidieron convertir en realidad uno de los sueños acariciados a lo largo de su vida: visitar Roma. Eligieron el mes de octubre, y aprovecharon un programa especial de "Viajes Globo, S. A.". El precio, todo incluido, no resultaba muy elevado; además, no tenían necesidad de reservar hoteles ni organizar las rutas. La compañía se encargaba de todo: desde el papeleo oficial hasta las propinas para botones y camareros en los hoteles.

—Creo que no exigen pasaporte ni visado, sólo el documento nacional de identidad. ¿Lo tienes en regla?— preguntó don Pascual.

—Yo, de esas cosas no me ocupo, ya lo sabes — replicó doña Juanita.

—Pero, mujer, ¿piensas que por tu cara bonita te van a dejar pasar la frontera?

—¿No ha dicho el organizador que la agencia se encarga de todo?

—Sí, pero de tu identificación personal no puede encargarse nadie más que tú, Juanita. ¿O prefieres que te hagan volver por no tener los papeles en regla?

—Al que te van a poner de patitas ante la frontera es a ti, Pascual, si te empeñas en pasar de contrabando todas esas botellas — insinuó maliciosamente doña Juanita.

—¿Quién te ha dicho que no voy a declarar como Dios manda? Claro que se puede pasar alguna de estraperlo. El engañar a la aduana no es ningún pecado.

—Yo prefiero la vía legal; el andarse con trampas no conduce a nada; al contrario, conduce a tener que cantar ante los agentes y hacer el ridículo.

Don Pascual no dio su brazo a torcer. En su equipaje se encontraban las botellas, y al descubrirlas su esposa en el hotel de Roma, se armó una bronca regular.

—¡Parece mentira! ¡Y a esto lo llamas tú peregrinación! Antes de la audiencia del Papa, tienes que confesarte!

—¿Peregrinación, dices? Pues por eso he traído las botellas...

Doña Juanita se quedó de una pieza.

—¡Claro, mujer! Mira, a la vuelta, después de visitar Venecia y Milán, pasamos por Lourdes, y allí quiero llenarlas de agua en la fuente milagrosa...

—¡Ahora sí que tienes que confesarte! ¡Habráse visto! ¡Una verdadera blasfemia, Pascual!

—¡Salud!— le dijo su marido brindando con una copita y ofreciéndole otra a su media naranja.

—¡Salud! — replicó doña Juanita — ¡Pero conste que es una auténtica bellaquería! ¡Y que debes arrepentirte de ello!

la peregrinación die Wallfahrt, die Pilgerfahrt
la ida der Hinweg, die Hinfahrt
la ida y vuelta die Hin- und Rückreise
decidieron (von **decidir**) sie beschlossen
convertir umwandeln, verwandeln
convertir en realidad verwirklichen
el sueño der Traum
acariciar hegen
acariciado a lo largo langgehegt
Roma f Rom
eligieron (von **elegir**) sie wählten
aprovecharon (von **aprovechar**) sie benutzten, nutzten aus
especial besonder, speziell; Sonder...
el globo die Kugel, der Ball; der Globus
S. A. = **la Sociedad Anónima** die Aktiengesellschaft
la sociedad die Gesellschaft; das Ensemble
anónimo, -a namenlos, ungenannt, anonym
Viajes Globo, S. A. Globus-Reisen AG
incluir einschließen; beilegen, beifügen
resultaba (von **resultar**) er (sie, es) war, stellte sich heraus als ...
elevado, -a hoch
tenían (von **tener**) **necesidad** sie hatten es nötig
reservar reservieren; vorausbestellen; festlegen
organizar organisieren; planen; veranstalten
la ruta der (Reise-)Weg, die Route
la compañía die Gesellschaft; die Begleitung
se encargaba (von **encargarse**) er (sie, es) übernahm

encargarse de todo alles machen, alles übernehmen
el papeleo der Papierkram
la propina das Trinkgeld
el botones der Page, der Boy
exigir fordern, verlangen
el pasaporte der (Reise-)Paß
el visado das Visum
el documento die Urkunde, das Dokument
nacional inländisch, einheimisch; national
la identidad die Identität, die Übereinstimmung; die Personalien
el documento nacional de identidad der Personalausweis, die Kennkarte
la regla die Regel; die Ordnung
en regla in Ordnung
ocuparse de sich beschäftigen mit
bonito, -a hübsch, nett
te van (von **ir**) **a dejar pasar** sie werden dich überschreiten lassen
la frontera die Grenze
la agencia die Agentur; das Büro
la identificación die Identifizierung
personal persönlich
nadie niemand
nadie más sonst niemand
preferir lieber haben, lieber wollen; vorziehen, bevorzugen
que te hagan (von **hacer**) **volver** daß man dich zurückschickt
el papel das Papier
los papeles die (Ausweis-)Papiere
al que te van (von **ir**) **a poner de patitas** dich werden sie zurückschicken
empeñarse en darauf bestehen, zu
el contrabando der Schmuggel

pasar de contrabando durchschmuggeln
la botella die Flasche
maliciosamente boshaft
declarar erklären; angeben, deklarieren; verzollen
voy (von **ir**) **a declarar** ich will angeben
como Dios manda wie es sich gehört
pasar alguna etwas mitnehmen
el estraperlo der Schwarzhandel
de estraperlo hintenherum, schwarz
engañar betrügen; täuschen
la aduana der Zoll, die Zollabfertigungsstelle
el pecado die Sünde
la vía der Weg
legal gesetzlich; legal
andarse con trampas durchschummeln
conducir leiten, führen; fahren
no conducir a nada zu nichts führen
al contrario vielmehr, im Gegenteil
cantar gestehen; singen; krähen
el agente der Beamte
hacer el ridículo sich lächerlich machen, sich blamieren
el brazo der Arm
torcer drehen; verrenken; abbiegen
no dio (von **dar**) **su brazo a torcer** er gab nicht nach
el equipaje das (Reise-)Gepäck
se encontraban (von **encontrarse**) sie waren, sie befanden sich
descubrir entdecken, finden
se armó (von **armarse**) es setzte ab, es gab
la bronca der Krach
¡parece mentira! unglaublich!

96

antes de vor
la audiencia die Audienz, der Empfang
confesarse die Beichte ablegen, beichten
pues por eso gerade deswegen
se quedó (von quedarse) de una pieza er (sie, es) erstarrte, verlor die Sprache
Venecia *f* Venedig
Milán *m* Mailand

pasar por reisen über, fahren durch; vorbeikommen an
llenar füllen
milagroso, -a wunderbar; wundertätig
¡habráse (von haber) visto! hat man so etwas schon gesehen!
la blasfemia die Gotteslästerung
la salud die Gesundheit

¡salud! prosit!
brindando (von **brindar**) zuprostend
ofreciéndole (von ofrecer) ihr anbietend
conste (von **constar**) **que es** sei festgestellt, daß
auténtico, -a echt
la bellaquería die Schurkerei, die Gemeinheit
arrepentirse de etwas bereuen

Erläuterungen 15.2.

1. **don Pascual — doña Juanita:** Vor männlichen Vornamen steht **don,** vor weiblichen **doña** (s. Erläuterung 2 zu Lektion 11, S. 78).

2. **Lourdes** [lurd]: Stadt in Südfrankreich, einer der bekanntesten Wallfahrtsorte mit wundertätiger Quelle.

Grammatik

Präsens der Klassenverben 15.3.

1. Bei vielen Verben der **a- und e-Klasse** wird in den stammbetonten Formen der Stammvokal **e in ie**
o in ue verwandelt:

pensar *denken*	e > ie	perder *verlieren*	
pienso		pierdo	
piensas		pierdes	
piensa		pierde	
pensamos		perdemos	
pensáis		perdéis	
piensan		pierden	
probar *beweisen*	o > ue	volver *zurückkehren*	
pruebo		vuelvo	
pruebas		vuelves	
prueba		vuelve	
probamos		volvemos	
probáis		volvéis	
prueban		vuelven	

2. Bei einer Reihe von Verben der **i-Klasse** wird in den stammbetonten Formen der Stammvokal **e in ie**
o in ue verwandelt:

e > ie	o > ue
sentir *fühlen*	dormir *schlafen*
siento	duermo
sientes	duermes
siente	duerme
sentimos	dormimos
sentís	dormís
sienten	duermen

3. Bei einer Reihe von Verben der **i-Klasse** wird in den stammbetonten Formen der Stammvokal **e in i** verwandelt:

e > i
pedir *verlangen*
pido
pides
pide
pedimos
pedís
piden

4. Eine Reihe von Verben auf -acer, -ecer, -ocer und -ucir verwandeln vor a und o **c in zc**:

nacer *geboren werden*	ofrecer *anbieten*	conocer *kennen*	conducir *führen*
nazco	ofrezco	conozco	conduzco
naces	ofreces	conoces	conduces
nace	ofrece	conoce	conduce
nacemos	ofrecemos	conocemos	conducimos
nacéis	ofrecéis	conocéis	conducís
nacen	ofrecen	conocen	conducen

5. Die Verben auf -uir schieben vor den mit a, e, o beginnenden Endungen ein **y** ein:

construir *bauen*
construyo
construyes
construye
construimos
construís
construyen

Bemerkungen:

1. Bei vielen Verben der **ersten** (a-Klasse) und **zweiten** Konjugation (e-Klasse) wird — den Lautgesetzen der spanischen Sprache entsprechend — in den stamm-

betonten Formen des Präsens der Stammvokal **e in ie, o in ue** verwandelt. Die stammbetonten Formen sind der gesamte Singular und die dritte Person Plural des Präsens (Indikativ und Konjunktiv) sowie die zweite Person Singular des Imperativs. Alle übrigen Formen sind endungsbetont und weisen daher diese als Diphthongierung bezeichnete Erscheinung nicht auf.

2. Bei einer Reihe von Verben der **dritten** Konjugation (**i-Klasse**) wird in den stammbetonten Formen des Präsens der Stammvokal **e in ie, o in ue** verwandelt.

3. Bei einer anderen Gruppe von Verben der **dritten** Konjugation wird in den stammbetonten Formen des Präsens der Stammvokal **e in i** verwandelt.

4. Verben, die auf **-ecer** und **-ucir** enden, verwandeln in der ersten Person Singular **c in zc.** Das gleiche gilt für einige der auf **-acer** und **-ocer** endenden Verben.

5. Verben, die auf **-uir** enden, schieben in denjenigen Formen des Präsens, deren Endung nicht mit einem betonten i beginnt, hinter dem u ein **y** ein.

Übungen   15.4.

1. *Konjugieren Sie im Präsens Indikativ:* aprovechar la ocasión, exigir lo suyo, tener la documentación en regla, volver a casa, confesarse, ofrecer el asiento, arrepentirse de lo hecho, pensar, dormir bien.

2. *Ergänzen Sie die folgenden Sätze:*
¡Prohibido asomar... a la ventanilla!
Ve... a la tienda y tráe... un kilo de naranjas; no ... olvides.
Mi padre ... ha comprado una bicicleta con motivo de ... cumpleaños; cumplo 15.
... he dicho que no gritéis tanto.
Hemos visitado Sevilla, ... ha gustado muchísimo.

3. *Übersetzen Sie:* Don Pascual und seine Frau beschließen, einen der langgehegten Träume ihres Lebens zu verwirklichen, nämlich (es decir) Rom zu besuchen. Sie benutzen die Gelegenheit, die ein Reisebüro (la agencia de viajes) im Monat Oktober bietet. Der Preis ist nicht hoch. Auch haben sie es nicht nötig, Hotels vorauszubestellen und die Reisewege festzulegen (fijar). Die Gesellschaft übernimmt alles: von den Papieren bis zu den Trinkgeldern für Boys und Kellner in den Hotels. Sie brauchen weder einen Paß noch ein Visum. Erforderlich (necesario) ist nur der Personalausweis. Im Gepäck don Pascuals befinden sich Flaschen, die er in der Zollabfertigungsstelle nicht angibt. Den Zoll betrügen, denkt er, ist keine Sünde. Seine Frau zieht jedoch den legalen Weg vor. Es gibt deshalb (por eso) einen Krach im Hotel in (de) Rom.

la documentación die (Ausweis-)Papiere
volver a casa heimkehren; nach Hause kommen
el asiento der Sitz; der Sitzplatz
lo hecho die Tat, das Geschehene
prohibir verbieten

asomarse sich hinauslehnen; sich zeigen
la ventanilla das Fenster; der Schalter
ve (von **ir**) geh!
trae (von **traer**) bringe!
la bicicleta das Fahrrad
el motivo das Motiv;

der (Beweg-)Grund; der Anlaß
con motivo de anläßlich; wegen
cumplir vollenden
gritéis (von **gritar**) ihr schreit, ihr sollt schreien
gustar muchísimo sehr gut gefallen

99

Fraseología **15.5.**

Prometer el oro y el moro.
Si se le ofrece algo de Madrid, no tiene más que decírmelo.
Algunos se las arreglan para ponerse siempre al sol que más calienta.

prometer versprechen
el moro der Maure
prometer el oro y el moro
goldene Berge verspre-
chen

se le ofrece er hat Aussicht
auf; es bietet sich ihm
no ... más que nur
arreglárselas etw. einzurichten wissen; mit etw.

fertig werden; sich zu
helfen wissen
ponerse sich setzen; anziehen
calentar (er)wärmen

Refranes **15.6.**

Agua pasada no mueve molino.
Cuando el río suena, agua lleva.
Piensa el ladrón que todos son de su condición.

mover bewegen, antreiben
el molino die Mühle
agua pasada no mueve

molino was gewesen, ist
gewesen
sonar (er)klingen; (er)tönen

ser de su condición von der
gleichen Art sein

Lección dieciséis

Un menú barato **16.1.**

Dicen que el hambre aguza el ingenio, y el dicho no carece de razón,
como puede verse en la siguiente historia.

Un soldado venía de servir al Rey en tierras africanas. Ya le faltaba
poco para llegar al pueblo, pero el largo camino le había mermado la
bolsa y tenía un hambre canina.

Llegó a una venta que se hallaba en un cruce de caminos, y su apetito
se hizo incontenible al ver cómo la gente comía y bebía a la sombra
de unas acacias que daban frescor y acogimiento al patio del mesón.
El buen soldado se armó de valor, e hizo su entrada con toda la fanfarronería que le permitían su agotamiento y debilidad casi absolutos.
Tomó asiento entre arrieros y vendedores ambulantes, y empezó a
contar a voz en grito sus hazañas y vivencias en tierras de África.
Pronto se acercó la ventera, y entonces, como quien no quiere la
cosa, se refirió el soldado a un menú tan barato, tan barato, que resultaba casi gratis, porque consistía en piedras.

—¡¿En piedras?! — interrogó, curiosa e interesada, la ventera.

—Sí, señora, en piedras mondas y lirondas, de ésas que usted puede
recoger a espuertas en el río.

La ventera le hizo pasar a la cocina, y ya creía hacer el negocio de su vida al ver cómo el soldado accedía a su invitación de preparar tan barata comida.

—Vete al río y trae unas piedras no muy grandes, algo así como huevos de paloma — ordenó el soldado al mozo de la cocina.

—¿Han de ser redondas?

—Da igual, y el color no importa tampoco.

Mientras esperaban las piedras, el soldado pidió una gran sartén, aceite, unas lonchas de jamón, huevos, amén de otras menudencias, como ajos, cebollas, sal y pimiento, tomates y calabacines.

Llegaron las piedras, que mandó el soldado lavar con gran cuidado. Las colocó en la sartén, las mezcló con los demás ingredientes y dejó todo cocer a fuego lento.

Al cabo de algún tiempo, ante la expectación de la ventera, se sentó el soldado a una larga mesa, pidió pan y vino, y comenzó a degustar el plato que había aderezado.

Comía y bebía con apetito y satisfacción, y la ventera miraba y olía desconcertada, y no podía sino conceder que el menú había salido riquísimo; lo que la dejaba perpleja era que el soldado se limitaba a chupar las piedras, sin hincar el diente. Al fin, el soldado se sintió satisfecho, y apartó la sartén, en la que sólo quedaban las piedras, tan limpias como las habían traído del río.

—¿Y las piedras? — interrogó, airada, la ventera.

—Señora, las piedras han servido para dar gusto a lo demás; puede tirarlas, porque ya han perdido toda la sustancia...

el menú das Menü
dicen (von decir) man sagt (wörtlich: sie sagen)
el hambre *(f)* der Hunger
aguzar schärfen
el ingenio der Geist
el dicho der Ausspruch; der Sinnspruch
no carecer de razón nicht unrecht haben
siguiente folgend
el soldado der Soldat
venir kommen
venir de hacer soeben getan haben
servir dienen; servieren
el rey der König
africano, -a afrikanisch
faltar fehlen
le faltaba poco para llegar a er hatte fast erreicht
mermar schmälern

la bolsa der (Geld-)Beutel
canino, -a Hunde...
el hambre canina der Heißhunger
llegó (von llegar) a er (sie, es) erreichte
la venta das Wirtshaus, der Gasthof
el cruce die Kreuzung
se hizo (von hacerse) er (sie, es) wurde
incontenible unbezähmbar
la sombra der Schatten
la acacia die Akazie
el acogimiento die Zuflucht
daban (von dar) acogimiento sie boten Schutz
el mesón die Gaststätte
se armó (von armarse) de er (sie, es) wappnete sich mit

el valor der Mut
la fanfarronería die Aufschneiderei, die Großtuerei
el agotamiento die Erschöpfung
la debilidad die Schwäche
tomó (von tomar) asiento er (sie, es) setzte sich
el arriero der Fuhrmann
el vendedor der Verkäufer
ambulante wandernd
el vendedor ambulante der Hausierer, der Straßenhändler
empezó (von empezar) er (sie, es) fing an
contar erzählen; zählen; rechnen
el grito der Schrei
a voz en grito lauthals
la hazaña die Heldentat

la **vivencia** das Erlebnis
África f Afrika
se acercó (von **acercarse**) er (sie, es) kam heran
la **ventera** die Wirtin
como quien no quiere la cosa so ganz nebenbei
se refirió (von **referirse**) **a** er (sie, es) bezog sich auf, kam zu sprechen auf
gratis unentgeltlich
resultar casi gratis beinahe umsonst sein
consistir en bestehen aus
interrogó (von **interrogar**) er (sie, es) fragte
curioso, -a neugierig; merkwürdig
interesado, -a interessiert
la **espuerta** der Korb
a espuertas haufenweise
le hizo (von **hacer**) **pasar** sie ließ ihn eintreten
el **negocio** das Geschäft
acceder einwilligen; nachgeben
la **invitación** die Einladung; die Aufforderung
vete (von **irse**) geh!
algo así como so etwas wie
el **huevo** das Ei
la **paloma** die Taube
ordenó (von **ordenar**) er (sie, es) befahl
el **mozo** der Bursche
el **mozo de la cocina** der Küchenjunge
redondo, -a rund

da (von **dar**) **igual** das ist gleich
importar wichtig sein
pidió (von **pedir**) er (sie, es) verlangte
la **sartén** die (Stiel-)Pfanne
el **aceite** das Öl
la **loncha** der Streifen, die Scheibe
el **jamón** der Schinken
amén de außer, neben
la **menudencia** die Kleinigkeit
el **ajo** der Knoblauch
la **cebolla** die Zwiebel
la **sal** das Salz
el **pimiento** der Pfeffer
el **tomate** die Tomate
el **calabacín** der kleine Kürbis
lavar waschen
mandó (von **mandar**) **lavar** er (sie, es) ließ waschen
el **cuidado** die Sorgfalt
colocó (von **colocar**) er (sie, es) legte
mezcló (von **mezclar**) er (sie, es) (ver)mischte
el **ingrediente** die Zutat
dejó (von **dejar**) er (sie, es) ließ
cocer kochen
el **fuego** das Feuer
lento, -a langsam
a fuego lento auf kleiner Flamme

al cabo de algún tiempo nach einiger Zeit
la **expectación** die Erwartung
se sentó (von **sentarse**) er (sie, es) setzte sich
comenzó (von **comenzar**) er (sie, es) begann
degustar kosten, probieren
aderezar zubereiten
la **satisfacción** die Zufriedenheit, die Freude
oler riechen
desconcertado, -a verblüfft
no podía sino ... er (sie, es) konnte nicht umhin ...
conceder zugeben; gewähren, verleihen
riquísimo (Superlativ von **rico**) sehr schmackhaft, köstlich, lecker
dejar perplejo, -a verwirren
limitarse sich beschränken
chupar ablecken
hincar el diente zugreifen, zulangen, einhauen
se sintió (von **sentirse**) er (sie, es) fühlte sich
apartó (von **apartar**) er (sie, es) setzte beiseite
limpio, -a sauber
traído (von **traer**) gebracht
airado, -a zornig
lo demás das übrige
perder verlieren
la **sustancia** der Geschmack; der Nährwert; die Substanz, das Wesen

Erläuterungen 16.2.

1. **llegó, hizo, tomó:** Näheres über die schon in diesem Lesestück vorkommenden Formen des historischen Perfekts (pretérito indefinido) s. Lektion 17, S. 107.

2. **llegó a una venta que se hallaba en un cruce de caminos:** Über die unterschiedliche Verwendung des historischen Perfekts und des Imperfekts siehe ebenfalls Lektion 17, S. 108.

3. **empezó a contar, se limitaba a chupar:** Über den Gebrauch des Infinitivs mit a s. Lektion 38, S. 210.

Grammatik

Imperfekt (imperfecto) der regelmäßigen Verben auf -ar, -er, -ir   16.3.1.

-ar	-er	-ir
comprar	vender	recibir
compraba *ich kaufte*	vendía *ich verkaufte*	recibía *ich erhielt*
comprabas	vendías	recibías
compraba	vendía	recibía
comprábamos	vendíamos	recibíamos
comprabais	vendíais	recibíais
compraban	vendían	recibían

Bemerkungen:

1. Die Formen des Imperfekts von **ser** lauten: era — eras — era — éramos — erais — eran.

2. Das Imperfekt — es antwortet auf die Frage „*was war?*" — wird gebraucht zur Beschreibung und Schilderung von Zuständen, Sitten und Gewohnheiten sowie von sich wiederholenden bzw. im Verlauf begriffenen (oft gleichzeitig verlaufenden) Handlungen oder Vorgängen:

> nos levantábamos temprano, desayunábamos en un bar e íbamos a la playa *wir standen früh auf, frühstückten in einem Café und gingen an den Strand*; a cada instante entraban y salían trenes *alle Augenblicke fuhren Züge ein und aus*; mientras él leía un periódico, nosotros escribíamos cartas *während er eine Zeitung las, schrieben wir Briefe*.

Die Fragefürwörter   16.3.2.

1. Nur nach Personen (wer?) fragt **¿quién?** (*Plural* ¿quiénes?): ¿Quién es aquella señora? *Wer ist jene Dame?* ¿A quién ha visto Vd.? *Wen haben Sie gesehen?* ¿De quién es este bolso? *Wem gehört diese Tasche?*

2. Nur nach Sachen (was?) fragt, wenn es allein steht, **¿qué?**: ¿Qué ha dicho? *Was hat er gesagt?* ¿Qué quiere Vd.? *Was wollen Sie?* Vor einem Substantiv stehend, fragt es in der Bedeutung welcher?, was für ein? nach Personen und Sachen: ¿Qué señor ha visto Vd.? *Welchen Herrn haben Sie gesehen?* ¿Qué alfombra has comprado? *Was für einen Teppich hast du gekauft?*

3. Nach einzelnen Personen oder Sachen aus einer größeren Anzahl (welcher?, welche?) fragt **¿cuál?** (*Plural* ¿cuáles?). Es richtet sich in der Zahl nach dem zu ergänzenden Substantiv, steht jedoch nie unmittelbar vor diesem: ¿Cuál de estos turistas se ha quejado? *Welcher von diesen Touristen hat sich beschwert?* ¿Cuál de estas revistas te gusta más? *Welche von diesen Zeitschriften gefällt dir am besten?* ¿Cuáles de estas máquinas

han comprado los clientes? *Welche von diesen Maschinen haben die Kunden gekauft?*
4. Nach Personen und Sachen (wieviel?, wie viele?) fragt **¿cuánto, -a?** (*Plural* ¿cuántos, -as?): ¿Cuánto vale este cuadro? *Wieviel kostet dieses Gemälde?* ¿Cuántos escolares caben en esta aula? *Wie viele Schüler gehen in diesen Klassenraum?* ¿Cuántas naranjas habéis comido? *Wie viele Apfelsinen habt ihr gegessen?*

Übungen   16.4.

1. *Setzen Sie die Verben der folgenden Sätze in das Imperfekt:*
En verano (*ir*) todos los días a la playa.
Me (*contar*) muchas historias, que yo no (*creer*).
Ya te (*decir*) yo que (*ser*) mentira.
Elena (*quejarse*) de que todo (*estar*) muy caro.
Mi tío (*vivir*) en un hermoso chalet que (*hallarse*) cerca del mar.

2. *Übersetzen Sie:* Ein Soldat, der einen Heißhunger hatte, traf in einem Wirtshaus ein, das an (en) einer Straßenkreuzung lag. Im Schatten der Akazien aßen und tranken die Leute. Der Soldat wappnete sich mit Mut und setzte sich zwischen Fuhrleute und Straßenhändler. Er begann, lauthals seine Heldentaten und Erlebnisse in Afrika zu erzählen. Er kam auch auf ein Essen zu sprechen, das [deshalb] so billig war, weil es aus Steinen bestand.
„Aus Steinen?" fragte neugierig und interessiert die Wirtin.
„Ja, aus Steinen", sagte der Soldat und willigte in die Einladung ein, [ein] so billiges Essen zuzubereiten. Dem Küchenjungen befahl er, einige nicht zu große Steine an (en) dem Fluß [zu] sammeln und (sie) her[zu]bringen.
Inzwischen (entretanto) verlangte der Soldat eine Pfanne, Öl, Eier, ein paar Scheiben Speck, Knoblauch, Zwiebeln, Salz, Pfeffer, Tomaten und Kürbisse. Als der Küchenjunge die Steine gebracht hatte, ließ der Soldat sie mit großer Sorgfalt waschen und in die Pfanne legen. Er vermischte sie mit den übrigen Zutaten und ließ alles auf kleiner Flamme kochen.
Nach einiger Zeit setzte der Soldat sich an einen großen Tisch, verlangte Brot und Wein und begann, das Gericht, das er zubereitet hatte, zu probieren. Es war sehr schmackhaft. Der Soldat jedoch beschränkte sich [darauf], die Steine abzulecken. Dann setzte er die Pfanne beiseite, in der nur [noch] die Steine übrigblieben. „Und die Steine?" fragte die Wirtin. „Die Steine", sagte der Soldat, „haben [dazu] gedient, dem Essen Geschmack zu geben. Sie können sie wegwerfen, weil sie jeden Nährwert verloren haben."

Elena Helene   **el chalet** das kleine Land-
hermoso, -a schön   haus, die Villa

Fraseología 16.5.

A ese señor le gusta empinar el codo.
El asunto es, como quien dice, pan comido.
En esa empresa, quien corta el bacalao es Miguel.

empinar hochheben
el codo der Ellbogen
empinar el codo gern einen heben
el asunto die Angelegenheit, die Sache

quien dice (von **decir**) einige behaupten
es pan comido das ist kinderleicht
la empresa die Unternehmung, das Vorhaben

cortar (durch)schneiden
el bacalao der Kabeljau
cortar el bacalao die erste Geige spielen, den Ton angeben

Refranes 16.6.

Debajo de mala capa se esconde un buen bebedor.
Genio y figura, hasta la sepultura.

debajo de unter
la capa der Umhang; der Vorwand

esconderse sich verstecken
el bebedor der Trinker
el genio das Genie

la sepultura die Bestattung; das Grab

Lección diecisiete

Turistas de invierno 17.1.

Don Joaquín Sierra y su esposa doña Amparo Dols son dueños de un hotel situado entre naranjales y cerca de una playa deliciosa. De mayo a octubre, atienden a los turistas, sobre todo extranjeros, que forman ya una especie de clientela fija, porque quien viene un verano, reserva habitación para el siguiente. El negocio, pues, florece, y el trabajo produce frutos considerables, que les permiten vivir con desahogo y hasta permitirse ciertos lujos. Uno de éstos, es dedicar el invierno a visitar el país y hasta hacer algún viaje al extranjero. Don Joaquín y doña Amparo son lo que se dice turistas de invierno.
El año pasado, decidieron satisfacer una de sus aficiones comunes, consistente en la vida teatral y musical, cosa que, por desgracia, sólo es posible en contadas capitales.
—Si te parece, vamos a Barcelona — le propuso don Joaquín a su esposa —. El Liceo organiza una temporada de ópera muy interesante, con cantantes, orquestas y compañías de fama internacional. Sobre todo el ciclo dedicado a Wagner es tentador; ya sabes que Barcelona es una ciudad muy wagneriana.
—La verdad, yo prefiero Madrid. No tengo nada en contra de tu tierra, pero a mí me atrae más el programa de Madrid. En el Teatro de la Zarzue-

la ponen obras de Verdi y Puccini, además de las piezas que dan el nombre al teatro.

Don Joaquín, enemigo de discusiones, sobre todo sabiendo que con su esposa lleva siempre las de perder, accedió sin réplica, más aún, expresando su conformidad:

—Te doy la razón, querida. Ya sabes que soy aficionado al Liceo, pero en realidad, Madrid, hoy por hoy, ofrece más variedad: teatros, conciertos, estrenos de películas, lo que se ha dado en llamar café-teatro, pero en esto último, Barcelona le lleva un buen pico a Madrid, sin discusión alguna.

Los dos hoteleros levantinos pasaron un par de meses deliciosos en la capital de España. Doña Amparo se dejó mimar por su marido, quien tuvo que hacer más de una cola ante las taquillas para conseguir localidades, sobre todo para los conciertos de la Orquesta Nacional en el Teatro Real. Para la temporada de ópera sacaron a tiempo un abono.

Algo decepcionados quedaron de la temporada teatral, que se limitó a la reposición de obras del repertorio clásico, con sólo un par de estrenos insulsos. Un cacareado autor cómico fue silbado y pateado en el mismísimo estreno, y su chabacana y frívola comedia sólo resistió dos semanas en la cartelera. En cambio, volvieron encantados de un cine-club, que organizó un festival dedicado a la obra cinematográfica de Luis Buñuel. No perdieron una sesión, y pudieron contemplar por vez primera algunas películas no precisamente nuevas, pero imposibles de poder ver en las salas de cine, y menos en provincias.

Doña Amparo, sobre todo, volvió contentísima a su rincón mediterráneo, porque Madrid ofrece también magníficas posibilidades para hacer compras, satisfacción máxima de las hijas de Eva...

el naranjal der Orangenhain
atender sich kümmern um, betreuen
la especie die Art
la clientela die Kundschaft
fijo, -a fest
la clientela fija die Stammkundschaft
florecer blühen
producir (Früchte) tragen, (Gewinn) bringen
el fruto die Frucht; der Gewinn
considerable beachtlich; beträchtlich
el desahogo die Wohlhabenheit; die Erleichterung

el lujo der Luxus
permitirse ciertos lujos sich etwas leisten
dedicar widmen; verwenden für
decidir (+ Infinitiv) sich entschließen zu
común gemeinsam
teatral Theater...
musical Musik...
contado, -a selten, vereinzelt
la ópera die Oper
de ópera Opern...
el/la cantante der Sänger, die Sängerin
la orquesta das Orchester
la fama der Ruf; der Ruhm

internacional international
el ciclo der Zyklus, die Reihe
tentador(a) verführerisch, verlockend
wagneriano, -a Wagner...
contra, en contra de gegen
atraer anziehen, (an)locken
el teatro das Theater
la zarzuela das Singspiel
poner obras Werke bringen (= spielen)
dan (von **dar**) sie geben
la discusión die Diskussion, der Streit
sabiendo (von **saber**) wissend
llevar las de perder den kürzeren ziehen

la réplica die Widerrede
expresando (von expresar)
ausdrückend
la conformidad die Zu-
stimmung
doy (von dar) ich gebe
te doy la razón ich gebe dir
recht
hoy por hoy im Augenblick
la variedad die Mannigfal-
tigkeit; die Abwechslung
el concierto das Konzert
el estreno die Erstaufführung, die Premiere
la película der Film
se ha dado en llamar ...
man hat sich angewöhnt,
... zu nennen
llevar un buen pico etwas
voraushaben
el hotelero der Hotelier,
der Hotelbesitzer
levantino, -a aus der spanischen Levante; levanti-
nisch
mimar verwöhnen
la cola der Schwanz; die
Schlange (beim Anstehen)
hacer cola Schlange stehen,
sich anstellen

la taquilla der (Karten-)
Schalter
conseguir bekommen; er-
langen, erreichen; durch-
setzen
la localidad die Eintrittskarte, die Örtlichkeit
la Orquesta Nacional das
Staatliche Orchester
real königlich; wirklich,
tatsächlich
el abono das Abonnement
decepcionado, -a ent-
täuscht
quedar werden, sein
la reposición die Neuin-
szenierung
el repertorio der Spielplan;
das Repertoire
insulso, -a abgeschmackt;
fade
cacareado, -a vielgepriesen
cómico, -a Lustspiel...
silbar (aus)zischen, (aus-)
pfeifen
patear ausbuhen
mismísimo (Superlativ von
mismo), -a selbst; gleich
chabacano, -a geschmack-
los, platt

frívolo, -a frivol; gehaltlos
la comedia das Lustspiel
la cartelera der Vergnü-
gungsanzeiger
resistir en la cartelera sich
auf dem V. halten
encantado, -a entzückt, begeistert
el cine-club der Filmklub
el festival die Festspiele;
das Festival
cinematográfico, -a Film...
la sesión die Vorstellung
contemplar (an)sehen
precisamente gerade; ei-
gentlich
la sala de cine das Licht-
spieltheater
contentísimo (Superlativ
von contento), -a sehr zufrieden
el rincón der Winkel, die
Ecke
mediterráneo, -a Mittel-
meer...
la posibilidad die Möglichkeit
máximo, -a größte(r, -s)
la hija de Eva die Evas-
tochter

Erläuterungen 17.2.

1. **el Liceo:** Gran Teatro del Liceo: Name des Opernhauses in Barcelona, gegründet 1840, nach einem Brand 1862 neu erbaut.

2. **la zarzuela:** Name des typisch spanischen Singspiels. Als erstes Werk dieser Art gilt Lope de Vegas „La selva sin amor", erstmals 1625 im „Real Sitio de la Zarzuela" aufgeführt.

3. **Buñuel:** Luis Buñuel, bekannter spanischer Filmregisseur.

Grammatik

Historisches Perfekt (pretérito indefinido) der regelmäßigen Verben auf -ar, -er, -ir 17.3.

-ar	-er	-ir
comprar	vender	recibir
compré *ich kaufte*	vendí *ich verkaufte*	recibí *ich erhielt*
compraste	vendiste	recibiste
compró	vendió	recibió
compramos	vendimos	recibimos
comprasteis	vendisteis	recibisteis
compraron	vendieron	recibieron

Bemerkungen:

1. Die Formen des historischen Perfekts von **ser** und **estar** bzw. **tener** und **haber** lauten:

fui *ich war, ich wurde*	estuve	tuve *ich hatte, ich bekam*	hube
fuiste	estuviste	tuviste	hubiste
fue	estuvo	tuvo	hubo
fuimos	estuvimos	tuvimos	hubimos
fuisteis	estuvisteis	tuvisteis	hubisteis
fueron	estuvieron	tuvieron	hubieron

2. Bei einer Reihe von Verben der i-Klasse wird das e bzw. o des Stammes in der 3. Person Einzahl und Mehrzahl des historischen Perfekts zu **i** bzw. **u:** preferir — prefirió, prefirieron; dormir — durmió, durmieron. Ebenso: advertir *bemerken,* arrepentirse *Reue empfinden,* conferir *erteilen,* diferir *aufschieben,* digerir *verdauen,* divertir *unterhalten,* herir *verletzen,* morir *sterben,* requerir *auffordern* u. a.

Bei Verben der e- und i-Klasse mit vorhergehendem Vokal wird unbetontes **i** zwischen Vokalen in der 3. Person Einzahl und Mehrzahl des historischen Perfekts zu **y:** creer — creyó, creyeron; oír — oyó, oyeron. Ebenso: caer *fallen,* leer *lesen;* concluir *schließen, beenden,* construir *(er)bauen.*

3. Das historische Perfekt — es antwortet auf die Frage „*was geschah?*" — wird häufig in Zusammenhang mit Zeitadverbien bzw. adverbialen Zeitausdrücken zur Bezeichnung einer einmaligen, in der Vergangenheit abgeschlossenen, auf die Gegenwart nicht mehr einwirkenden Handlung sowie zur Bezeichnung neueintretender bzw. aufeinanderfolgender Vorgänge gebraucht:

Miguel de Unamuno murió en 1936 *Unamuno starb 1936;* ayer estuvimos en Hamburgo *gestern waren wir in Hamburg;* salió de la casa, se dirigió a la agencia de viajes y sacó el billete *er verließ das Haus, begab sich zum Reisebüro und löste die Fahrkarte.*

4. Unterbricht eine Handlung eine andere, so steht die unterbrechende Handlung im historischen Perfekt (*„was geschah?"*), die unterbrochene dagegen im Imperfekt (*„was war?"*): mientras comíamos, sonó el teléfono *während wir aßen, klingelte das Telefon;* trabajábamos en el campo, cuando de pronto comenzó a llover *wir arbeiteten auf dem Feld, als es plötzlich anfing zu regnen.*

5. Da das historische Perfekt eine Handlung bezeichnet, die in der Vergangenheit begonnen hat und in der Vergangenheit zum Abschluß gekommen ist, ergeben sich gegenüber dem Imperfekt erhebliche Bedeutungsunterschiede:

> conocía (*von* conocer) *ich kannte* — conocí *ich lernte kennen*
> sabía (*von* saber) *ich wußte* — supe *ich erfuhr*
> tenía (*von* tener) *ich hatte* — tuve *ich bekam*

Übungen   17.4.

1. *Setzen Sie die Verben der folgenden Sätze in das pretérito indefinido:*
Me (*dar*) las gracias por la ayuda que le (*prestar*).
¿Dónde (*poner*) mis cosas? Me (*ser*) imposible encontrarlas.
El mecánico (*conducir*) el coche hasta el garaje.
Le (*pedir*) un libro y me (*traer*) cuatro.
(*Dormir*) en Valladolid, y al día siguiente (*proseguir*) el viaje (yo).

(*Llegar*) a Madrid a media mañana, pero no (*detenerse*) (él).
Los presos (*huir*) durante su traslado a la cárcel.

2. *Übersetzen Sie:* Don Joaquín und seine Frau beschlossen, das Theater-
und Musikleben Spaniens kennenzulernen. Während don Joaquín seiner
Frau vorschlug, nach Barcelona [zu] fahren, zog sie Madrid vor. Don
Joaquín gibt nach, vor allem, weil er weiß, daß er bei (con) seiner Frau
immer den kürzeren zieht.
So verbrachten die beiden ein paar herrliche Wochen in der spanischen
Hauptstadt. Don Joaquín verwöhnte seine Frau. Mehr als einmal mußte er
sich vor den Schaltern anstellen, um Eintrittskarten zu bekommen, vor
allem für die Konzerte des Staatlichen Orchesters.
Etwas enttäuscht waren sie (quedar) von der Theatersaison, die sich auf
die Neuinszenierung von Werken des klassischen Repertoires beschränkte.
Begeistert waren sie dagegen von einem Filmklub, der ein den Filmwerken
von Luis Buñuel gewidmetes Festival organisierte. Sie versäumten keine
Vorstellung und sahen zum ersten Mal Filme, die sie in den Lichtspiel-
theatern der Provinz nicht sehen konnten. So kehrten beide sehr zufrieden
nach Hause zurück.

dar las gracias danken	**proseguir** fortsetzen	**el traslado** die Überführung
el mecánico der Mechani-	**detenerse** sich aufhalten	**la cárcel** das Gefängnis
ker	**el preso** der Gefangene	
el garaje die Garage	**huir** fliehen	

Fraseología   17.5.

A Paco le dieron calabazas en la reválida.
Este individuo me está poniendo negro.
El dinero que me mandaste me vino de perilla(s).
Lo del divorcio de Pepe cayó como una bomba.

la calabaza der Kürbis	**poniendo** (von **poner**) set-	**de perilla(s)** höchst gele-
le dieron (von **dar**) **cala-**	zend, stellend, legend	gen; gerade recht
bazas sie ließen ihn durch-	**negro, -a** schwarz	**el divorcio** die (Ehe-)
fallen	**me está poniendo negro** er	Scheidung
la reválida die Abitur-	(sie, es) bringt mich in	**cayó** (von **caer**) er (sie, es)
schlußprüfung; das	Wut	schlug ein
Schlußexamen	**vino** (von **venir**) er (sie, es)	**la bomba** die Bombe
el individuo das Individu-	kam	
um; die Person		

Refranes   17.6.

Palabra y piedra suelta no tienen vuelta.
Poderoso caballero es don Dinero.

suelto, -a losgelöst, lose	**el caballero** der Reiter;
tener vuelta zurückkom-	der Ritter; der (vorneh-
men, zurückkehren	me) Herr
poderoso, -a mächtig	

Lección dieciocho

La aventura de leer

Con este título, publicó un libro hace algunos años un erudito escritor y pensador español. Indudablemente, la lectura constituye una aventura; cada libro, cada publicación, significa un viaje que nos lleva a mundos desconocidos, unos frívolos, otros profundos, éstos reales, aquéllos fantásticos o utópicos, pero todos ellos mundos de vida palpitante. Y esto es precisamente lo que le pasó a Marcos Pinedo durante unas vacaciones. Pasaba Marcos sus vacaciones estivales en un pueblecito del litoral cantábrico. Una de sus aficiones era la de leer, sin orden ni concierto, todo lo que caía en sus manos. Se acercó a un quiosco:

—¿Tiene el periódico de hoy?

—¡Qué optimista es usted!— le contestó la vendedora.

—¿A qué hora llega la prensa diaria?

—Hacia mediodía llegará acaso la del último invierno...

—Entonces, ¿de veras que no tiene nada de actualidad?

—Unicamente esto — le dijo señalándole un periódico deportivo.

—No, me refería a alguna revista de otro tipo: un semanario o publicación mensual no especializados exclusivamente en deportes y toros... Algo de política, de cultura o así.

—Lo siento, pero de eso, nada. Usted comprenderá que, aquí, la gente que viene de vacaciones lo único que quiere es distraerse sin pensar demasiado. Tebeos, deportes, novelas rosa, a lo más, alguna novela policíaca. La gente no quiere saber nada de política, ¿me entiende usted? Y de cultura, no digo.

—Comprendo, señora, y es de lamentar, pero con solas esas lecturas no se va a ninguna parte; así nos luce el pelo. Con los problemas tan peliagudos de la política actual.

De pronto, sus ojos se fijaron en un libro casi cubierto de polvo que parecía llevar siglos olvidado en la estantería.

—¿Me hace el favor de alcanzar aquel libro?

—¿Cuál?, ¿ése del rincón?

La buena mujer se lo alcanzó, lo desempolvó como pudo y se lo entregó a Marcos. El título que había medio leído no le engañó: "Antología poética de la anteguerra".

—¿Cuánto es?

—¿Eso se quiere usted llevar? Le advierto que es un tostonazo, por eso está ahí desde que se inauguró el quiosco. Pero si usted se empeña..., son, vamos a ver, cincuenta pesetas, tirado, ya ve.

Y así fue cómo Marcos Pinedo inició su aventura poética. Desde entonces, ya no busca publicaciones de actualidad, porque sabe que la actualidad mayor es la perenne frescura de la poesía. Marcos Pinedo debe a su aventura de vacaciones su vocación de poeta, si bien, está convencido de que su obra correrá la misma suerte que la "Antología" de marras. Pero le consuela el pensar que, tal vez, con su obra despierte alguna vocación dormida, como pasó con la suya en aquel verano.

la aventura das Abenteuer; das Erlebnis
publicar veröffentlichen
erudito, -a gebildet; gelehrt
el pensador der Denker
indudablemente zweifellos
la lectura das Lesen; die Lektüre
constituir bilden, darstellen, sein
la publicación die Veröffentlichung
significar bedeuten; bezeichnen
desconocido, -a unbekannt
profundo, -a tief
utópico, -a utopisch
palpitante pulsierend
el pueblecito das kleine Dorf, der kleine Ort
el litoral das Küstengebiet, die Küste
cantábrico, -a kantabrisch, nordspanisch
sin orden ni concierto wirr, ohne Zusammenhang
el optimista der Optimist
¿a qué hora? um wieviel Uhr?, wann?
la prensa die Presse
la prensa diaria die Tagespresse
acaso vielleicht
de actualidad aktuell
únicamente einzig, allein
señalándole (von señalar) indem er(sie,es) ihm zeigte
referirse a sich beziehen auf; hier: meinen
el semanario die Wochenschrift
mensual monatlich, Monats...
especializado, -a (en) spezialisiert (auf); Fach...
exclusivamente ausschließlich
el toro der Stier
los toros der Stierkampf

la política die Politik
la cultura die Kultur
sentir fühlen; empfinden; (ver)spüren; bedauern
lo siento es tut mir leid
comprenderá (von comprender) er (sie, es) wird verstehen
venir de vacaciones in den Ferien herkommen
distraerse sich unterhalten, sich zerstreuen
el tebeo die Comics
la novela der Roman
rosa rosa(farben)
la novela rosa der Kitschroman
a lo más höchstens
policíaco, -a Polizei...
la novela policíaca der Kriminalroman, der Krimi
entender verstehen
no digo (von decir) ich sage nicht; hier: ganz zu schweigen von ...
lamentar beklagen; bedauern; jammern
no se va a ninguna parte damit kann man nichts anfangen
lucir leuchten; scheinen; glänzen
así nos luce el pelo so miserabel geht es uns
el problema das Problem
peliagudo, -a schwierig, heikel
actual gegenwärtig, aktuell
fijarse en sich heften auf, bemerken
cubierto, -a bedeckt
llevar siglos seit Jahrhunderten ... sein
la estantería das Regal
hacer el favor den Gefallen tun
alcanzar herabnehmen; reichen, geben

desempolvar abstauben
pudo (von poder) er (sie, es) konnte
entregar aushändigen, übergeben
leído (von leer) gelesen
la antología die Anthologie
la anteguerra die Vorkriegszeit
¿cuánto es? was macht das?
¿eso se quiere usted llevar? wollen Sie das mitnehmen?
el tostonazo der Schmöker, der (langweilige) Schinken
desde que seit
inaugurar eröffnen
tirado, -a spottbillig
ya ve Sie sehen ja
iniciar beginnen
desde entonces seitdem
ya no nicht mehr
la actualidad mayor die größte Aktualität
perenne ewig; zeitlos
la frescura die Frische
la poesía die Dichtung; die Poesie
la vocación die Berufung; die Bestimmung
si bien obgleich, wenn auch
estar convencido, -a de que überzeugt sein, daß
correrá (von correr) er (sie, es) wird erleiden
la suerte das Schicksal; das Glück
el/la ... de marras der, die bewußte ...
el pensar das Denken; hier: der Gedanke
tal vez etwa, vielleicht
despierte (von despertar) er (sie, es) erwache
dormido, -a schläfrig; hier: schlafend, verborgen

Erläuterungen 18.2.

1. **un pueblecito:** Verkleinerungsform zu pueblo (s. Lektion 36, S. 201).
2. **un tostonazo:** Vergrößerungsform zu tostón (s. Lektion 36, S. 201).

Grammatik

Die hinweisenden Fürwörter 18.3.

Person oder Sache

este *dieser (hier)*	esta *diese (hier)*	esto *dieses (hier)*	estos estas *diese (hier)*	beim Sprechenden
ese *dieser (da)*	esa *diese (da)*	eso *dieses (da)*	esos esas *diese (da)*	beim Angeredeten
aquel *jener*	aquella *jene*	aquello *jenes*	aquellos aquellas *jene*	weiter entfernt

Bemerkungen:

1. Die Formen **este, esta, esto** weisen auf Personen oder Sachen hin, die im Bereich des Sprechenden liegen: esta señora es de Caracas *diese Dame (hier) ist aus Caracas*; este libro no me gusta *dieses Buch (hier) gefällt mir nicht.*

2. Die Formen **ese, esa, eso** weisen auf Personen oder Sachen hin, die im Bereich des Angeredeten liegen: diga a esa señorita que espere *sagen Sie dieser jungen Dame (da), sie möge warten*; tenga la bondad de darme ese libro *haben Sie die Güte, mir dieses Buch (da) zu geben.*

3. Die Formen **aquel, aquella, aquello** weisen auf Personen oder Sachen hin, die weiter entfernt sind und somit weder im Bereich des Sprechenden noch in dem des Angeredeten liegen: aquel médico me recetó dieta y reposo *jener Arzt verschrieb mir Schonkost und Ruhe*; aquella región es famosa por sus vinos *jene Gegend ist berühmt wegen ihrer Weine.*

4. Werden die Formen der hinweisenden Fürwörter alleinstehend (substantivisch) gebraucht, so erhalten sie — mit Ausnahme der sächlichen Formen esto, eso, aquello — einen Akzent: ¿Busca Vd. su bolígrafo? ¿Es éste? *Suchen Sie Ihren Kugelschreiber? Ist es dieser hier?* ¿Es ésta su pulsera? *Ist dies hier Ihr Armband?*

5. Wird mit einem hinweisenden Fürwort auf ein folgendes Hauptwort verwiesen, so richtet sich das Fürwort in Geschlecht und Zahl nach dem Hauptwort (im Gegensatz zum Deutschen, das die sächliche Form des Fürworts gebraucht): éstas son mis hijas *dies sind meine Töchter*; ése es su vestido *dies ist ihr Kleid*; ésta es nuestra hermana *dies ist unsere Schwester.*

6. Treten im Deutschen zwei hinweisende Fürwörter vor ein Substantiv, so wird im Spanischen das eine voran-, das andere nachgestellt: estas cuestiones y aquellas *diese und jene Fragen.*

Übungen   18.4.

1. *Setzen Sie die Verben der folgenden Sätze in das pretérito:*
En las vacaciones (*pasarlo*) muy bien. Todas las mañanas (*ir*) a la playa,
donde nos (*bañarse*) y (*tomar*) el sol. (*Comer*) en un restaurante, después
(*dormir*) la siesta. A veces (*asistir*) a los toros, pero generalmente (*preferir*)
distracciones menos cruentas.

2. *Übersetzen Sie:* Marcos Pinedo verbrachte seinen Sommerurlaub jedes
Jahr in einem kleinen Ort [an] der kantabrischen Küste. Eines seiner Hobbys
war [es], alles [zu] lesen, was ihm in die Hände fiel. Im allgemeinen wollen die
Leute sich im Urlaub zerstreuen, ohne allzuviel zu denken. Sie bevorzugen
Comics, Wochenschriften und Krimis; von Kultur und Politik wollen sie
nichts wissen.
Eines Tages (cierto día) hefteten sich Marcos' Augen auf (en) ein staubbe-
decktes Buch, eine Anthologie der Lyrik (la lírica), im Regal einer Buch-
handlung. Die Verkäuferin reichte es Marcos, der es für (por) fünfzig
Peseten kaufte. Seitdem sucht er nicht mehr [nach] aktuelle[n] Veröffent-
lichungen, weil er weiß, daß die größte Aktualität die zeitlose Frische der
Dichtung ist.

bañarse baden	**dormir la siesta** Mittags-	**la distracción** die Zerstreu-
la siesta die Mittagsruhe,	ruhe halten	ung, das Vergnügen
die Siesta		**cruento, -a** blutig

Fraseología   18.5.
A esa niña, en seguida se le sube el pavo.
Se pasan horas y horas pelando la pava.
¡Menos explicaciones, y al grano!

el pavo der Truthahn, der	**la pava** die Truthenne, die	**la explicación** die Erklä-
Puter	Pute	rung
subírsele a uno el pavo er-	**pelar la pava** Süßholz	**el grano** das Korn
röten, rot anlaufen	raspeln	**¡al grano!** zur Sache!
pelar rupfen		

Refranes   18.6.
De los escarmentados nacen los avisados.
Las cosas de palacio van despacio.
Mal de muchos, consuelo de tontos.

escarmentado, -a klug ge-	**el palacio** der Palast, der	**el mal** der Schaden; das
worden	Hof, die Residenz	Leid
avisado, -a schlau, klug	**las cosas de palacio van**	**el consuelo** der Trost; die
de los escarmentados nacen	**despacio** so schnell schie-	Erleichterung
los avisados durch Scha-	ßen die Preußen nicht	**el tonto** der Dummkopf
den wird man klug		

113

Lección diecinueve

Granada 19.1.

Quien no ha visto Granada, no ha visto nada, dice un refrán español; y el poeta ha dejado grabadas en la Alcazaba granadina palabras más dramáticas, al afirmar que "no hay en el mundo nada más cruel que ser ciego en Granada". Ambos y otros muchísimos dichos semejantes no exageran, porque Granada es una de las ciudades más bellas no sólo de España, sino del mundo entero.

Quien llega por la carretera de Murcia, debe hacer alto en el Mirador de San Cristóbal, no lejos de la célebre Cartuja. Desde allí, sus ojos contemplan un paisaje impar: en primer lugar, la Alhambra, una colina que dio su nombre al palacio que en ella levantaron y fueron embelleciendo diversos monarcas árabes; más a la izquierda, la mancha verde de los jardines del Generalife; al fondo, las cumbres blanquísimas de la Sierra Nevada; al pie de todo ello, la ciudad, que parece perderse en la campiña, cerrada al Sur por elevaciones como el Suspiro del Moro, desde donde contempló la ciudad por vez postrera, en su huida, el último rey árabe y lloró por tener que abandonar tal paraíso. La leyenda dice también que el desgraciado monarca tuvo que escuchar de su mismísima madre la punzante incriminación: "Llora como mujer lo que no supiste defender como hombre."

El desventurado Boabdil tenía motivos más que sobrados para llorar la pérdida de Granada; porque resulta difícil soñar con un emplazamiento más ideal para la capital de un reino. Por esta razón la mimaron en tan alto grado los soberanos que allí residieron, y, con un despliegue sin igual de refinada fantasía, crearon un complejo residencial que no deja absolutamente nada que desear.

Las murallas y torres que defendían estas mansiones de ensueño contrastan, por su escueta y austera arquitectura funcional, con la profusión del paisaje y la grácil arquitectura, que aquí se complementan para ofrecer todo lo que humanamente se puede gozar con todos y cada uno de los sentidos: maravillosas lejanías abiertas a los cuatro puntos de la rosa, junto con las más delicadas y consumadas miniaturas como regalo de la vista; el perfume embriagador de mil plantas y flores que envuelve los exuberantes vergeles; el frescor umbroso de rincones que invitan a soñar; y el agua, que aquí tiene un papel variadísimo: funcional, para baños y calefacción, puramente superfluo, como elemento decorativo, y el derroche musical de acequias y surtidores en melódico murmullo.

No cabe duda de que, en el arte de configurar un entorno ideal para vivir, los árabes que hace siglos crearon esta maravilla que se llama Granada estaban muy por encima de lo que hoy se quiere significar con términos como urbanística o entorno humano; y, para colmo de dichas, no tenían que pensar aún en luchar contra la contaminación del medio ambiente, la polución atmosférica y otras zarandajas por el estilo que hoy nos amargan la vida.

grabado, -a (ein)geschnitten; (ein)geritzt
la alcazaba die maurische Festung
granadino, -a aus Granada
dramático, -a dramatisch; erschütternd
afirmar behaupten
cruel grausam
semejante ähnlich
bello, -a schön
el alto der Halt; die Rast
hacer alto haltmachen, rasten
el mirador der Erker; der Aussichtspunkt
Cristóbal Christoph
la cartuja das Kartäuserkloster
impar ungleich; unvergleichlich
en primer lugar an erster Stelle, erstens
levantar errichten; erbauen
embellecer verschönern
el monarca der Monarch
árabe arabisch
a la izquierda links
la mancha der Fleck
la sierra die Säge; die Bergkette, das Gebirge
nevado, -a verschneit
perderse sich verlieren, verschwinden
la campiña das flache Land
la elevación die Erhebung, die Anhöhe
el suspiro der Seufzer
postrero, -a letzte(r, -s)
por vez postrera zum letzten Mal
la huida die Flucht
llorar (be)klagen; (be-) weinen
abandonar verlassen; aufgeben
el paraíso das Paradies
la leyenda die Legende; die Sage
desgraciado, -a unglücklich

escuchar (an)hören
punzante stechend; äußerst schmerzend
la incriminación die Beschuldigung
llora (von **llorar**) beweine!
supiste (von **saber**) du konntest; hier: du wußtest
defender verteidigen ; (be-) schützen
desventurado, -a unglücklich
la pérdida der Verlust
el emplazamiento der Platz, die Lage
ideal ideal, vollkommen
el reino das Königreich
por esta razón deshalb, deswegen
en tan alto grado in so hohem Maße
el soberano der Herrscher
residir wohnen; residieren
el despliegue die Entfaltung
sin igual unvergleichlich, beispiellos
refinado, -a raffiniert
la fantasía die Phantasie
crear (er)schaffen
el complejo der Komplex
residencial Wohn...; Residenz...
absolutamente absolut, durchaus
la muralla die Stadtmauer
la torre der Turm
la mansión der Aufenthalt; der Wohnsitz
el ensueño der Traum
de ensueño traumhaft
contrastar con im Widerspruch stehen zu
escueto, -a schlicht, schmucklos
austero, -a streng
la arquitectura die Architektur; die Bauart
la arquitectura funcional die funktionelle Architektur
la profusión die Ver-

schwendung; der Überfluß; das Übermaß
grácil zierlich, grazil
complementarse sich ergänzen
humanamente menschlich
el sentido der Sinn
la lejanía die Entfernung; die Ferne
abierto, -a offen, frei
la rosa die (Kompaß-) Rose
los cuatros puntos de la rosa die vier Himmelsrichtungen
junto, -a verbunden; vereint
delicado, -a zart, fein
consumado, -a vollkommen, meisterhaft
la miniatura das Miniaturbild
el regalo das Geschenk; der Leckerbissen; das Vergnügen
la vista der (An-)Blick; die Aussicht
el perfume das Parfüm; der Duft
embriagador, -a berauschend
envolver einhüllen
exuberante üppig
el vergel der (Obst-)Garten
umbroso, -a schattig
invitar einladen; auffordern
tener un papel eine Rolle spielen
puramente nur, bloß; hier: absolut
superfluo, -a überflüssig
el elemento das Element; der Bestandteil
decorativo, -a dekorativ; Schmuck...
el derroche der Überfluß
la acequia der Bewässerungsgraben
el surtidor der Springbrunnen

melódico, -a melodisch
caber hier: möglich sein
la duda der Zweifel
no cabe duda de que es unterliegt keinem Zweifel, daß
configurar gestalten
el entorno die Umwelt
el árabe der Araber
estar por encima de überlegen sein
el término der (Fach-)Ausdruck
la urbanística das Städtebauwesen

humano, -a menschlich
la dicha das Glück; die Glückseligkeit
para colmo de dichas zu allem Glück, um das Glück vollzumachen
luchar kämpfen
la contaminación die Verunreinigung
el medio die Mitte; das Milieu; das (Hilfs-)Mittel

ambiente umgebend
el medio ambiente die Umwelt
la polución die Verschmutzung
las zarandajas die Lappalien, die Nebendinge
amargar bitter machen; verbittern
amargar la vida das Leben schwermachen, verbittern

Erläuterungen 19.2.

1. la Alhambra: Der Alhambra-Palast, der im 14. und 15. Jahrhundert den maurischen Herrschern als Residenz diente und der noch heute den einsamen Höhepunkt der arabischen weltlichen Baukunst darstellt.

2. el Generalife: Der Ursprung des Namens dieses kleinen Palastes ist ungeklärt; doch manches spricht dafür, daß er sich aus der Bezeichnung *Gennat al-Arif* („Garten des Architekten") entwickelt hat.

Grammatik
Die Steigerung der Adjektive 19.3.

Positiv	Komparativ	relativer Superlativ	absoluter Superlativ
barato	más barato	el más barato.	baratísimo, muy barato
billig	*billiger*	*der billigste*	*äußerst billig*
barata	más barata	la más barata	baratísima, muy barata

Bemerkungen:

1. Der höhere *(Komparativ)* bzw. der höchste *(relativer Superlativ)* Grad einer Eigenschaft wird durch Vorsetzen von **más** (< lat. magis) bzw. **el (la, lo) más** vor die Grundstufe *(Positiv)* des Adjektivs gebildet.

2. Der relative Superlativ, der einen Vergleich mit anderen Personen oder Sachen anstellt, wird durch Vorsetzen von **más** mit dem bestimmten Artikel vor das Adjektiv gebildet: este es el hotel más caro de Madrid *dies ist das teuerste Hotel von Madrid* (im Vergleich zu anderen).

Tritt der relative Superlativ hinter das Substantiv, so darf der Artikel (im Gegensatz zum Französischen!) nicht wiederholt werden: Barcelona es el puerto más importante de España *Barcelona ist der bedeutendste Hafen Spaniens.*

3. Der absolute Superlativ, der einen sehr hohen Grad einer Eigenschaft bezeichnet, ohne einen Vergleich anzustellen, wird durch Anhängen der Endung -ísimo* an den Stamm des Adjektivs gebildet: hermos|o *schön* — hermos|ísimo *äußerst*

---

* Einige Adjektive haben die lateinische Endung beibehalten: acre *scharf, herb* — acérrimo, antiguo *alt* — antiquísimo, célebre *berühmt* — celebérrimo, fiel *treu* — fidelísimo, fuerte *stark* — fortísimo, íntegro *rechtschaffen* — integérrimo, libre *frei* — libérrimo, mísero *elend* — misérrimo, salubre *gesund* — salubérrimo. Ebenso: amable *liebenswürdig* — amabilísimo, notable *angesehen* — notabilísimo, sabio *weise* — sapientísimo.

schön, hermos|a — hermos|ísima; útil *nützlich* — utilísimo *äußerst nützlich* (mit Akzentverschiebung!). Hierbei ergeben sich, sofern der Stamm auf c bzw. g oder z endet, orthographische Veränderungen: rico *reich* — riquísimo, largo *lang, weit* — larguísimo, feliz *glücklich* — felicísimo.

4. Die Adjektive bueno *gut,* malo *schlecht,* mucho *viel* und poco *wenig* haben folgende vom Lateinischen abgeleitete, unregelmäßige Steigerungsformen:

	Komparativ	*relativer Superlativ*	*absoluter Superlativ*
bueno	mejor *besser*	el mejor *der beste*	óptimo *äußerst gut*
malo	peor *schlechter*	el peor	pésimo
		der schlechteste	*äußerst schlecht*
mucho	más *mehr*	los más *die meisten*	muchísimo
			äußerst viel
poco	menos *weniger*	los menos	poquísimo
		die wenigsten	*äußerst wenig*

5. Die Adjektive grande *groß,* pequeño *klein,* alto *hoch* und bajo *niedrig* haben neben den normalen Steigerungsformen (más grande, más pequeño usw.) folgende vom Lateinischen abgeleitete Formen:

	Komparativ	*relativer Superlativ*	*absoluter Superlativ*
grande	mayor *größer*	el mayor	máximo
	bedeutender, älter	*der größte usw.*	*äußerst groß*
pequeño	menor *kleiner,*	el menor	mínimo
	geringer, jünger	*der kleinste usw.*	*äußerst klein*
alto	superior	el superior	supremo, sumo
	höher, besser	*der höchste usw.*	*äußerst hoch*
bajo	inferior	el inferior	ínfimo
	niedriger,	*der niedrigste usw.*	*äußerst niedrig*
	schlechter		

Bemerkung:

Die obenstehenden Adjektive werden, wenn sie in ihrer Grundbedeutung (räumlich groß, klein usw.) gebraucht werden, regelmäßig gesteigert (esta torre es más alta que esa casa *dieser Turm hier ist höher als das Haus da*), in übertragener Bedeutung dagegen unregelmäßig (este coñac es de calidad superior *dieser Kognak ist von höchster Qualität*).

6. „Als" beim Komparativ wird durch **que*** wiedergegeben: Perú es más grande que Uruguay *Peru ist größer als Uruguay*. Ist das zweite Glied des Vergleichs ein vollständiger Satz (mit Verb!), so ist „als" mit **de lo que** zu übersetzen: estas sortijas son menos caras de lo que parecen *diese Dinge sind billiger, als sie aussehen.* Wird más oder menos von einem Substantiv begleitet, so wird „als", dem ein vollständiger Satz folgt, mit **del que, de la que, de los que, de las que** übersetzt: tiene más casas de las que suponen Vds. *er hat mehr Häuser, als Sie vermuten.*

7. Die Gleichheit derselben Eigenschaft bei zwei Personen oder Gegenständen wird durch **tan ... como** (es tan joven como yo *er ist so jung wie ich*) bzw. **tanto** (tanta, tantos, tantas) **... como** (tenemos tantos empleados como él *wir haben ebenso viele Angestellte wie er*) ausgedrückt.

8. „Als" vor Zahlwörtern wird in bejahenden Sätzen mit **de,** in verneinenden Sätzen dagegen mit **que** wiedergegeben: ha gastado más de tres mil pesetas *er hat mehr als 3000 Peseten ausgegeben*; no hemos recibido más que dos cartas *wir haben nicht mehr als (nur) zwei Briefe erhalten.*

---

* Nach superior und inferior folgt dagegen a: este vino es inferior a aquél *dieser Wein ist schlechter als jener*; ebenso nach anterior *früher* und posterior *später.*

Übungen

1. *Bilden Sie den Komparativ in den folgenden Sätzen:*
Julio tiene 20 años y su hermano Antonio 15.
Tarragona tiene monumentos de la época romana; Madrid debe su fundación a Felipe II.
Este diccionario me ha costado 600 pesetas; el atlas sólo me ha costado 300.
Febrero tiene 28 días (29 si el año es bisiesto); mayo tiene 31 y abril 30.
Méjico tiene una superficie de casi dos millones de kilómetros cuadrados; Nicaragua mide algo más de 21.000.

2. *Bilden Sie den relativen bzw. absoluten Superlativ in den folgenden Sätzen:*
El Everest se eleva a más de 8.000 metros.
Tengo 18 años; mi hermano Jaime tiene 24, y Ángela, la única hermana, acaba de cumplir los 15.
Las pinturas rupestres de Altamira se remontan a la época prehistórica.
Carlos trabaja sin parar de la mañana a la noche.

3. *Übersetzen Sie:* Granada ist eine der schönsten Städte der Welt. Wer Granada nicht gesehen hat, hat nichts gesehen — sagt ein spanisches Sprichwort, und ein Dichter behauptet, daß es in der Welt nichts Grausameres gibt, als in Granada blind zu sein. Wir können den letzten arabischen König begreifen, der mehr als reichliche Gründe hatte, um den Verlust Granadas zu beweinen. Es ist schwierig, von einem idealeren Platz für die Hauptstadt eines Königreiches zu träumen.
Auch unterliegt es keinem Zweifel, daß die Araber, die vor Jahrhunderten dieses Wunder schufen, in der Kunst, eine zum Leben ideale Umwelt zu gestalten, weit überlegen dem waren, was man heute mit Ausdrücken wie Städtebauwesen oder menschliche Umwelt bezeichnet. Und, um das Glück vollzumachen, brauchten die Araber noch nicht daran zu denken, gegen die Verunreinigung der Umwelt, die atmosphärische Verschmutzung und andere Lappalien dieser Art, die uns heute das Leben verbittern, zu kämpfen.

Antonio Anton
el monumento das (Bau-) Denkmal
los monumentos die Sehenswürdigkeiten
romano, -a römisch
la fundación die Gründung
Felipe Philipp
el diccionario das Wörterbuch
costar kosten

el atlas der Atlas
el febrero der Februar
el año bisiesto das Schaltjahr
cuadrado, -a quadratisch
el kilómetro cuadrado der Quadratkilometer
el Everest der Mount Everest
elevarse sich erheben
la pintura die Malerei

rupestre Felsen..., Höhlen...
la pintura rupestre die Höhlenmalerei
remontarse a zurückgehen auf
prehistórico, -a vorgeschichtlich
parar aufhören; anhalten; abstellen
sin parar unaufhörlich

Fraseología   19.5.

Sin más ni más, salió despidiéndose a la francesa.
Era un tío más feo que Picio, pero sabía más que Lepe, y aunque todos le tomaban el pelo, nadie lograba darle gato por liebre.

sin más ni más mir nichts, dir nichts
despidiéndose (von despedirse) sich verabschiedend
a la francesa auf französische Art
salir despidiéndose a la francesa sich auf fran-

zösisch empfehlen; sich verdrücken
feo, -a häßlich
más feo que Picio häßlich wie die Nacht
saber más que Lepe ein wandelndes Lexikon sein

tomar el pelo a (j-n) auf den Arm nehmen, zum besten haben
el gato die Katze; der Kater
la liebre der Hase
nadie lograba es gelang niemandem
dar gato por liebre übers Ohr hauen

Refranes   **19.6.**

Más vale un toma que dos te daré.
Donde menos se piensa, salta la liebre.

toma (von tomar) nimm!
daré (von dar) ich werde geben

donde menos se piensa, salta la liebre unverhofft kommt oft

Lección veinte

¡Vuelva usted mañana!   **20.1.**

Esta frase se ha hecho muy famosa y se remonta a un célebre artículo escrito por un no menos célebre periodista y escritor, Mariano José de Larra, quien hizo muy popular su seudónimo de "Fígaro" en la primera mitad del pasado siglo. Se refiere a la mala costumbre existente en España de dejar las cosas para mañana, o de no hacerlas con la rapidez y puntualidad debidas.

Don Pablo Aramburu, que llegó hace poco de Méjico, donde reside actualmente, para visitar a sus parientes en tierra vasca, me contaba recientemente que el "vuelva usted mañana" sigue tan actual como en los mismísimos tiempos de "Fígaro". Y me narró dos anécdotas de las que ha sido protagonista y víctima. Quería enviar un paquete a un amigo, y se dirigió a Correos. Su sorpresa fue grande al ver los vestíbulos vacíos, las ventanillas cerradas y hasta el gran reloj parado en las siete menos cuarto. Se le acerca un ordenanza y le pregunta:

—¿Qué desea el señor?

—Quiero mandar este paquete certificado.

—Lo siento, caballero, pero es ya la una y diez, y hasta las cuatro no abren.

—O sea, que a las cuatro...

—Sí, pero para paquetes, no; los paquetes sólo se certifican por la mañana, de nueve a una. Así que, si no quiere dar un paseo inútilmente, puede usted volver mañana...

Al día siguiente, acudió de nuevo con su paquete. Despachaban en casi todas las ventanillas, y él se dirigió a la de certificados. Y allí le dijeron que no, que el paquete pesaba más de dos kilos, y tenía que enviarlo por tren, o por medio de una agencia... Y al tercer día pudo, finalmente, desprenderse de su dichoso paquete.

El otro ejemplo es de Teléfonos. Quería don Pablo saludar a un amigo.

—Por favor, quisiera una conferencia con Calatayud.

—En seguida — le contestaron en el bar.

El camarero pidió la conferencia a la central del lugar y comunicó el número: 47 80.

—Un momento, que en seguida llamarán. ¿Desea tomar algo mientras tanto?

—Un café solo.

Don Pablo esperó veinte minutos, y tras haberse echado al coleto el segundo café y el primer coñac, preguntó por su conferencia.

El camarero transmitió la pregunta a la chica de la central.

—Dice que nadie contesta.

—¿Cómo? Dígale que es una oficina, donde siempre hay alguien durante las horas de trabajo.

Por más que reclamó, no obtuvo comunicación alguna. Después de hora y media, preguntó él mismo a la telefonista:

—¿Ha marcado bien? Dígame que si ha marcado bien el número.

—Pues claro, 27 80...

—¡Que no, que es 47, no 27...!

—Ah, perdón, al punto llamo, ha sido un error.

—No, no, no insista, porque ahora sí que no responderá nadie. Tienen jornada intensiva de verano, y ya es demasiado tarde. Volveré a intentar mañana...

vuelva (von **volver**) **usted** kommen Sie wieder
se ha hecho (von **hacerse**) er (sie, es) ist geworden
el artículo der Aufsatz, der Artikel
el periodista der Journalist
popular volkstümlich, populär
el seudónimo das Pseudonym
el fígaro der Barbier, der Figaro
existente bestehend, vorhanden
la rapidez die Schnelligkeit
la puntualidad die Pünktlichkeit; die Genauigkeit

debido, -a gebührend
Pablo Paul
el pariente der Verwandte
vasco, -a baskisch, Basken...
recientemente kürzlich, neulich
seguir actual noch immer aktuell sein
en los mismísimos tiempos de F. zu F.s ureigensten Zeiten
narrar erzählen
la anécdota die Anekdote
de las que ha sido deren ... er gewesen ist
el/la protagonista die Hauptperson

la víctima das Opfer
enviar schicken
el paquete das Paket
los Correos das Postamt
la sorpresa die Überraschung
el vestíbulo die Vorhalle
el reloj die Uhr
parar stehenbleiben (Uhr)
el ordenanza der Amtsbote
mandar certificado, -a eingeschrieben schicken
o sea das heißt
certificar eingeschrieben schicken
por la mañana morgens
así que so daß; daher, also

dar un paseo einen Spaziergang machen
inútilmente umsonst, vergeblich
de nuevo von neuem, nochmals
despachar abfertigen; verkaufen
el certificado das Einschreiben
dijeron (von decir) sie sagten
decir que no nein sagen
pesar wiegen
enviar por tren mit der Bahn senden
por medio de mittels
finalmente endlich, schließlich
desprenderse de sich entledigen, loswerden
dichoso, -a leidig; verflixt, verdammt
el teléfono der Fernsprecher, das Telephon
los Teléfonos das Fernsprechamt

quisiera (von querer) ich möchte
la conferencia das Telephongespräch; das Ferngespräch
la central die Zentrale
comunicar mitteilen, bekanntgeben
el número die Nummer
llamarán (von llamar) sie werden anrufen
mientras tanto unterdessen, inzwischen
el café solo der schwarze Kaffee
el coleto das Wams
echarse ... al coleto sich ... hinter die Binde gießen
transmitir weitergeben, übermitteln
dígale (von decir) sagen Sie ihr
las horas de trabajo die Dienststunden
por más que wie sehr auch
no ... alguno, -a kein

obtener bekommen
la comunicación die Verbindung
hora y media anderthalb Stunden
la telefonista die Telephonistin
marcar wählen
que si ob ... auch
que no aber nein
el perdón die Verzeihung
al punto sofort
el error der Irrtum; das Versehen
no insista (von insistir) bestehen Sie nicht darauf
responderá (von responder) er (sie, es) wird antworten
la jornada de verano die Sommerarbeitszeit
intensivo, -a stark; hier: richtig
intentar versuchen
volveré (von volver) a intentar ich werde es noch einmal versuchen

Erläuterungen 20.2.

1. **Mariano José de Larra** (1809—1837): Schriftsteller und unter dem Pseudonym *Figaro* bekannter Kritiker.

2. **Calatayud:** Spanische Stadt mit rund 15.000 Einwohnern, in der Provinz Zaragoza gelegen.

3. **no insista, porque ahora sí que no responderá nadie:** Wegen der Bejahungspartikel **sí** s. Erläuterung 1 zu Lektion 10, S. 73.

Grammatik

Das Adverb 20.3.
1. **Bildung des Adverbs** 20.3.1.

Die Adverbien dienen zur näheren Bestimmung eines Verbs (er geht *schnell*), eines Adjektivs (er ist *sehr* jung) oder eines anderen Adverbs (sie geht *sehr* langsam). Sie gliedern sich in ursprüngliche Adverbien (z. B. des Ortes: aquí *hier*, allí *da*, *dort*, arriba *oben*, abajo *unten*, dentro *drinnen*, fuera *außen*; der Zeit: ahora *jetzt*, hoy *heute*, ayer *gestern*, ya *schon*; der Art und Weise: bastante *genug*, demasiado *zuviel*, despacio *langsam*, de prisa *schnell*) und in abgeleitete Adverbien, die gebildet werden, indem an die weibliche Form des Adjektivs die Endung **-mente** angehängt wird:

tranquilo *ruhig* — tranquila — tranquilamente

Endet das Adjektiv auf -e oder auf einen Konsonanten, so wird nur die Endung -mente angehängt (prudente *klug* — prudentemente; fácil *leicht* — fácilmente*).

Folgen mehrere mit der Endung -mente gebildete Adverbien aufeinander, so erhält in der Regel nur das letzte diese Endung:

> ¡Hable Vd. clara y distintamente!
> *Sprechen Sie klar und deutlich!*

Als *unregelmäßige* Adverbformen sind **bien** (zu bueno *gut*) und **mal** (zu malo *schlecht*) besonders zu merken.

2. Steigerung 20.3.2.

Die **Steigerung** des Adverbs erfolgt nach den gleichen Regeln wie diejenige des Adjektivs:

eficazmente — **más** eficazmente — eficac**í**simamente
wirksam   *wirksamer*   *äußerst wirksam*

Unregelmäßige Steigerungsformen haben:

bien	—	**mejor**	—	**lo mejor**
gut		*besser*		*am besten*
mal	—	**peor**	—	**lo peor**
schlecht		*schlechter*		*am schlechtesten*
mucho	—	**más**	—	**lo más**
viel		*mehr*		*am meisten*
poco	—	**menos**	—	**lo menos**
wenig		*weniger*		*am wenigsten*

3. Gebrauch 20.3.3.

Was den **Gebrauch** des Adverbs betrifft, so bezieht es sich, wie sein Name schon sagt (Adverb < lat. ad verbum *zum Verb gehörig*), in den meisten Fällen auf ein Verb: nos saludó cortésmente *er begrüßte uns höflich* (wie begrüßte er uns? Höflich). Soll jedoch nicht die Art und Weise des Geschehens, d. h. also das Verb, sondern der Zustand oder die Beschaffenheit des Subjekts des Satzes näher erläutert werden, so wird statt eines Adverbs ein prädikatives Adjektiv gebraucht: los amigos llegaron muy alegres *die Freunde kamen sehr vergnügt an* (d. h. sie waren sehr vergnügt, als sie ankamen).

---

* Man beachte, daß mit -mente gebildete Adverbien den Betonungsakzent des Adjektivs beibehalten: hábil *geschickt* — hábilmente.

122

Bei einer Anzahl von Verben wird in bestimmten Verbindungen das Adjektiv als neutrales Objekt in adverbialem Sinn gebraucht: hablar alto (bajo) *laut (leise) sprechen*, vender caro (barato) *teuer (billig) verkaufen*, volver tarde *spät zurückkehren*, ir todo derecho *geradeaus gehen*, levantarse temprano *früh aufstehen*, trabajar demasiado *zuviel arbeiten* u. a.

Häufig wird die Bildung eines Adverbs mit Hilfe der Endung -mente vermieden. Statt frecuentemente *häufig* sagt man auch con frecuencia, statt rápidamente *schnell* con rapidez, statt elegantemente *elegant* de modo elegante usw.

Anstelle deutscher Adverbien verwendet die spanische Sprache häufig **verbale Wendungen.** Als wichtigste merke man sich:

> acabo de llegar *ich bin* **soeben** *angekommen*
> continúo leyendo *ich lese* **weiter**
> vuelvo a preguntarle *ich frage ihn* **noch einmal**
> estoy escribiendo una carta *ich schreibe* **gerade** *einen Brief*
> acertó a pasar por allí *er ging* **zufällig** *vorüber*
> me gustan las naranjas *ich esse* **gern** *Apfelsinen*
> prefiero el té *ich trinke* **lieber** *Tee*
> voy a partir *ich fahre* **gleich** *ab*
> no tardará en salir *er wird* **bald** *abreisen*
> tardará en respondernos *er wird uns* **nicht gleich** *antworten*
> comenzó por tratarme con reserva **zuerst** *behandelte er mich abweisend*
> acabé por renunciar a mi proyecto **schließlich** *habe ich mein Vorhaben aufgegeben*
> la situación iba agravándose *die Lage wurde* **immer** *schlechter*
> por poco me caigo **beinahe** *wäre ich gefallen*
> espero que vengas **hoffentlich** *kommst du*

sehr vor Adjektiven und Adverbien: **muy,** bei Verben: **mucho** (muy hermoso *sehr schön*, muy bien *sehr gut*; trabaja mucho *er arbeitet sehr*).

Übungen   20.4.

1. *Ersetzen Sie die folgenden Ausdrücke durch ein Adverb auf -mente:*
Carmen viste con mucha elegancia.
Algunos hablan con precipitación.
Responde con claridad y brevedad a mis preguntas.
Al llegar al aeropuerto, me telefoneas cuanto antes (inmediato).
Gonzalo conduce con escasa atención y poco cuidado.

2. *Übersetzen Sie:* Der berühmte Ausspruch „Kommen Sie morgen wieder!" bezieht sich auf die in Spanien vorhandene schlechte Angewohnheit,

die Dinge auf morgen zu verschieben oder sie nicht mit der gebührenden Schnelligkeit und Pünktlichkeit zu tun.

Neulich wollte ich ein Paket an meine Freunde schicken. Ich begab mich zu[m] Postamt, aber groß war meine Überraschung, daß die Schalter geschlossen waren. Ich fragte einen Amtsboten: „Wo ist der Schalter für eingeschriebene Pakete?" Er antwortete: „Die Schalter für eingeschriebene Pakete sind nur morgens von 9 bis 1 Uhr geöffnet (öffnen sich). Kommen Sie morgen wieder!"

Am nächsten Tag fand ich mich von neuem mit meinem Paket ein. Ich begab mich zum Schalter, und dort sagte man (sagten sie) mir, daß das Paket über 2 Kilo wöge (wog) und ich es mit der Bahn senden müßte (mußte). Am dritten Tag konnte ich endlich das verflixte Paket loswerden.

Der Ausspruch „Kommen Sie morgen wieder!" geht auf den berühmten Journalisten und Schriftsteller Mariano José de Larra zurück, den sein Pseudonym „Figaro" in der ersten Hälfte des vergangenen Jahrhunderts sehr populär machte.

la elegancia die Eleganz
la precipitación die Hast
responder antworten
la claridad die Klarheit; die Deutlichkeit

la brevedad die Kürze
el aeropuerto der Flughafen

telefonear telephonieren, anrufen
escaso, -a gering

Fraseología 20.5.

"A muchas personas, nada más abrir la boca se les ve el plumero; se pongan como se pongan, no pueden dar gato por liebre, y en seguida se les nota de qué pie cojean." (*"Hermano Lobo"*)

la boca der Mund
el plumero der Federwisch, der Staubwedel
se les ve el plumero man merkt die Absicht

se pongan (von **ponerse**) sie mögen sich anstellen
notar anmerken; bemerken, gewahren
cojear hinken

Refranes 20.6.

¿A dónde vas, Vicente? — A donde va la gente.
Al hierro caliente, batir de repente.
Unos nacen con estrella y otros nacen estrellados.

¿a dónde? wohin?
Vicente Vinzenz
a donde wohin
el hierro das Eisen
caliente warm, heiß
batir schlagen

de repente plötzlich, sofort
la estrella der Stern
estrellado, -a gestirnt; zerschlagen, zerschmettert

unos nacen con estrella y otros nacen estrellados die einen haben Glück, die andern immer Pech

Lección veintiuna

Aniversario tempestuoso

Pepe y Rosita habían pensado cenar en un restaurante típico y elegante para celebrar como era de rigor el quinto aniversario de la boda. Pero el hombre propone y Dios dispone, como dice el refrán: súbitamente se desencadenó una tempestad de ésas que hacen época. Habían aparcado junto al puerto pesquero, porque el limpiaparabrisas no daba abasto, y trataron de hallar cobijo lo antes posible.

Entraron en un pequeño bar medio vacío. Fuera, la tormenta parecía ensañarse contra la tierra y contra el mar. Un apagón que, por fortuna, no duró mucho, permitía contemplar el espectáculo de un mar embravecido, de un firmamento plomizo apuñalado de relámpagos, y la estrecha calle convertida en una torrentera.

—¿Está el coche seguro? ¿No lo arrastrará la corriente? — Rosita tenía miedo, no sólo de que las aguas se llevaran el coche al mar, sino a los truenos y relámpagos, a los elementos, que parecían celebrar una orgía apocalíptica.

—¡Un rayo! ¡Ha caído un rayo sobre el castillo!

Pepe la separó de la ventana. Había sido algo así como un espejismo. El castillo seguía erguido sobre las rocas, altivo como siempre.

—No es la primera vez, ni será la última, que ese castillo afronta un temporal como éste. Ya verás, Rosita: dentro de un rato, todo habrá pasado, y el mar volverá a recobrar su calma habitual, y volverán a parpadear las estrellas en el firmamento, y el castillo seguirá, impertérrito y ceñudo, como un nido de águilas sobre ese promontorio.

—Parece que la tempestad te inspira; nunca te había visto poético...— dijo Rosita algo más tranquila.

—No dirás que este espectáculo natural carece de poesía; soy algo romántico, bien me conoces, y a la vista de este desencadenamiento de la Naturaleza, me siento subyugado.

Se habían sentado a una mesa vacía. El camarero repartía velas encendidas, pero de pronto volvió a funcionar el alumbrado eléctrico. Los truenos retumbaban cada vez más lejanos, y los relámpagos se habían convertido en inocuos fucilazos, como señales luminosas de un faro remoto.

—¿Quieren tomar algo los señores?

Rosita miró a Pepe, con ojos interrogantes.

—¿Un aperitivo? — insinuó él.

—¿Y por qué no cenar aquí? — propuso Rosita.

—Es que la carta no es muy original que digamos...

—¡Qué más da! Una paella ya tendrán, digo yo; o una parrillada de pescado. Y un buen vino de esta tierra, que no es tan malo. Qué quieres que te diga, mi querido esposo: me parece un buen auspicio para nuestro futuro el celebrar aquí el aniversario de la boda.

—¿Porque ha pasado la tormenta...?

—Tormentas no faltarán; pero, a tu lado, parecen una verbena con fuegos artificiales y traca final...

—Pensaba que el romántico era yo... ¡Salud, Rosita!

—¡Salud, Pepe! Cuando me pongo melodramática, debo de ser inaguantable, ¿no?

—Tú eres siempre encantadora, Rosita.

---

el aniversario der Jahrestag
tempestuoso, -a stürmisch
Pepe (Kurzform von **José**) Joseph
celebrar feiern; feierlich begehen
el quinto aniversario de la boda der fünfte Hochzeitstag
el hombre propone y Dios dispone der Mensch denkt, Gott lenkt
súbitamente unversehens, auf einmal
desencadenarse losbrechen, sich entladen
que hace(n) época aufsehenerregend; epochemachend
junto a bei, in der Nähe
pesquero, -a Fischer..., Fischerei...
el limpiaparabrisas der Scheibenwischer
no dar abasto es nicht schaffen
el cobijo der Unterschlupf
lo antes posible baldmöglichst
entrar en (ein)treten in, betreten
ensañarse contra seine Wut auslassen an
el apagón der Stromausfall
la fortuna das Glück
por fortuna glücklicherweise
durar mucho lange dauern
el espectáculo das Schauspiel
embravecido, -a wütend; tobend

el firmamento das Firmament
plomizo, -a bleifarbig; bleiern
apuñalar erdolchen; hier: zerfurchen
el relámpago der Blitz
la torrentera die Klamm; das Wildwasser
arrastrar mit sich fortreißen
la corriente der Strom; die Strömung
tener miedo a Angst haben vor
llevarse mitnehmen; mitreißen; mitbekommen
el trueno der Donner
la orgía die Orgie
apocalíptico, -a apokalyptisch
caído (von **caer**) gefallen; eingeschlagen
el castillo das Schloß, die Burg
separar trennen; zurückziehen
el espejismo die Luftspiegelung
erguir sich erheben
seguir erguido sich weiterhin erheben
altivo, -a hochmütig, stolz
afrontar trotzen
el temporal der Sturm; das Unwetter
el rato die Weile; der Augenblick
dentro de un rato im Nu; kurz darauf
todo habrá pasado alles wird vorbei sein
recobrar wiedererlangen

la calma die Ruhe, die Stille
volver a recobrar su calma wieder zur Ruhe kommen
habitual gewöhnlich, üblich; gewohnt
parpadear blinzeln; hier: funkeln, leuchten
impertérrito, -a unerschrocken, furchtlos
ceñudo, -a finster (blickend), düster
el nido das Nest
el águila (f) der Adler
el nido de águilas der Adlerhorst
el promontorio das Vorgebirge
inspirar anregen, inspirieren
el espectáculo natural das Naturschauspiel
carecer de poesía der Poesie entbehren
romántico, -a romantisch
el desencadenamiento die Entfesselung
la naturaleza die Natur
sentirse subyugado sich wie unterlegen fühlen
sentarse sich setzen
repartir verteilen
la vela die Kerze
encendido, -a angezündet, brennend
funcionar funktionieren; in Betrieb sein
el alumbrado die Beleuchtung
eléctrico, -a elektrisch
retumbar dröhnen
convertirse sich verwandeln in, werden zu

126

inocuo, -a harmlos
el fucilazo das Wetter-
leuchten
la señal das Signal; das
Zeichen
luminoso, -a leuchtend;
Leucht...
el faro der Leuchtturm
remoto, -a entlegen; (weit)
entfernt
interrogante fragend
insinuar nahelegen, andeuten
original originell; typisch
que digamos (von decir)
daß man sagen könnte

¡qué más da! was macht
das schon!
la paella die Paella (Reisgericht)
la parrillada das gegrillte
Gericht
de esta tierra einheimisch,
hiesig
qué quieres que te diga
(von decir) was soll ich
dir sagen
el esposo der Gatte, der
(Ehe-)Mann
el auspicio das Vorzeichen
el futuro die Zukunft
la verbena das Volksfest

artificial künstlich,
Kunst...
los fuegos artificiales das
Feuerwerk
la traca aneinandergereihte
Feuerwerkskörper
final zum Schluß
el romántico der Romanti-
ker
me pongo (von ponerse)
melodramático, -a ich
werde melodramatisch
deber de (eigentlich) müssen, sollen
inaguantable unerträglich
encantador, -a bezaubernd

Erläuterungen 21.2.

1. **una paella:** Reis mit Fleisch, Huhn, Fisch und Schaltieren. Andere typisch spanische Eintopfgerichte sind

el cocido *od.* **el puchero** (Eintopf mit Fleisch, Wurst, Huhn, Erbsen, Gemüse und Kartoffeln) und

el pote gallego (Eintopf mit Schweinefleisch, Schinken, Wurst und Bohnen).

2. **un buen vino de esta tierra:** Einige der bekanntesten spanischen Wein-sorten sind **Alicante** (milder Rotwein), **Jerez** (feiner Aperitifwein), **Jerez dulce** (Sherry), **Málaga** (Dessertwein), **Manzanilla** (feiner Weißwein), **Rioja** (herber Rot- und Weißwein aus Nordkastilien) und **Valdepeñas** (herber Rot- und Weißwein aus Südkastilien). Die **sangría** ist eine Art Bowle aus Rotwein, Wasser, Zucker und Zitrone.

Näheres über den spanischen Wein s. Lektion 26, S. 148.

Grammatik

1. Futur (futuro) der regelmäßigen Verben auf -ar, -er, -ir 21.3.

-ar	-er	-ir
comprar	vender	recibir
compraré *ich werde kaufen*	venderé *ich werde verkaufen*	recibiré *ich werde erhalten*
comprarás	venderás	recibirás
comprará	venderá	recibirá
compraremos	venderemos	recibiremos
compraréis	venderéis	recibiréis
comprarán	venderán	recibirán

Bemerkungen:

1. Das erste Futur wird gebildet, indem an die volle Form des Infinitivs die Endungen **-é, -ás, -á, -emos, -éis, -án** angehängt werden. Sie entsprechen den Formen des Präsens von haber (s. S. 43): (h)e, (h)as, (h)a, (h)emos, (hab)éis, (h)an. Demnach ist z. B. die Form hablaré aus hablar + he (= ich habe zu sprechen) entstanden.

2. Die an den Infinitiv angehängten Endungen -é, -ás, -á, -emos, -éis, -án sind für die drei Konjugationen gleich. Bei einigen Verben ist lediglich der Stamm gegenüber dem Infinitiv verändert:

> podré (< poderé) *ich werde können*
> sabré (< saberé) *ich werde wissen*
> querré (< quereré) *ich werde wollen*
> pondré (< poneré) *ich werde setzen*
> tendré (< teneré) *ich werde haben*
> vendré (< veniré) *ich werde kommen*
> saldré (< saliré) *ich werde ausgehen*
> diré (< deciré) *ich werde sagen*
> haré (< haceré) *ich werde machen*

3. In der Umgangssprache wird anstelle der eigentlichen Formen des Futurs häufig eine Umschreibung mit ir a + Infinitiv gebraucht, besonders dann, wenn die Handlung unmittelbar bevorsteht. Statt escribiré una carta *ich werde einen Brief schreiben* sagt man auch voy a escribir una carta im Sinne von *ich werde jetzt gleich einen Brief schreiben, ich habe vor, einen Brief zu schreiben*.

4. Das erste Futur wird gebraucht, um
a) einen in der Zukunft liegenden Vorgang oder Zustand zu bezeichnen: mañana partiremos *morgen werden wir abreisen*, dice que vendrá *er sagt, er werde kommen*;
b) eine Vermutung oder Möglichkeit auszudrücken: serán las ocho *es wird (mag) 8 Uhr sein*, no pagará dentro del plazo señalado *er wird möglicherweise nicht fristgemäß zahlen*;
c) einen Befehl oder ein Gebot auszudrücken: no saldrá *er soll nicht fortgehen*, no matarás *du sollst nicht töten*.

Übungen   21.4.

1. *Setzen Sie die Verben der folgenden Sätze in das Futur:*
No puedo venir, porque tengo que estudiar; voy otro día.
¿Tienes tiempo para venir conmigo?
Salimos para Bogotá al amanecer.
No te digo nada sobre ese asunto.
Son las siete. Seguro que no ha llegado.
Quiere ir y no le dejan; es imposible contar con él.

2. *Übersetzen Sie:* Wo werden Pepe und Rosita ihren fünften Hochzeitstag feiern? Sie hatten [daran] gedacht, in einem eleganten Restaurant zu Abend zu essen, aber wie sagt das Sprichwort? Der Mensch denkt, Gott lenkt. Sie waren in der Nähe des Fischereihafens, als sich ein furchtbares (terrible) Unwetter entlud. Sie suchten Unterschlupf in einem kleinen, halbleeren Lokal und setzten sich an einen Tisch. Der Kellner verteilte ange-

zündete Kerzen, weil die elektrische Beleuchtung aufgehört hatte zu funktionieren (cesar de). Kurz darauf war alles vorbei, und das Meer war wieder zur Ruhe gekommen. Rosita schlug vor, in diesem Lokal zu essen. „Eine Paella oder ein gegrilltes Fischgericht werden sie schon haben", sagte sie, „und gewiß (ciertamente) auch einen guten Wein. Dies scheint mir ein gutes Vorzeichen für unsere Zukunft, hier unseren fünften Hochzeitstag [zu] feiern." Wo werden sie ihren zehnten Hochzeitstag feiern?

conmigo mit mir
salir para abreisen nach

Fraseología 21.5.

No habrá más remedio que liar los bártulos y tomar las de Villadiego, no sea que, a la postre, me toque cargar con el mochuelo sin tener arte ni parte en ese fregado.

liar binden; einwickeln	**no sea que** nicht, daß	**cargar con el mochuelo** es
los bártulos die Sieben-sachen	**a la postre** hinterdrein; zu guter Letzt	ausbaden müssen
liar los bártulos seine Sie-bensachen packen	**toque** (von **tocar**) er (sie, es) berühre	**sin tener arte ni parte en...** ohne etwas mit ... zu tun zu haben
tomar las de Villadiego Reißaus nehmen	**cargar** (be)lasten; beladen	**el fregado** das Scheuern; das Abwaschen; hier: die Angelegenheit
sea (von **ser**) ich bzw. er (sie, es) sei	**el mochuelo** hier: die harte oder schwierige Arbeit	

Refranes 21.6.

Quien bien te quiere te hará llorar.
Ya veremos, dijo un ciego; y nunca vio.

querer bien wohlwollen, gern haben	**ya veremos** mal sehen, wir werden sehen	**el ciego** der Blinde **vio** (von **ver**) er (sie, es) sah

Lección veintidós

A la vejez, viruelas 22.1.

Don Francisco Seoane y Quiroga, coronel de Artillería, vegeta al lado de su esposa, doña Laura Castro, en el pazo de su propiedad levantado a horcajadas de una suave colina, con vista al mar. El retiro le llegó estando de servicio en Barcelona, a donde los vaivenes de su carrera militar le habían llevado después de haber pasado temporadas más o menos largas en buena parte de la geografía española. En la Ciudad Condal había logrado, finalmente, echar raíces. Allí habían nacido y

129

vivían los tres hijos más jóvenes, quienes se sentían catalanes por los cuatro costados; sólo la hija mayor, Celia, había venido al mundo fuera de Cataluña, en Sevilla.

—En realidad, preferiría tenerlos a todos más cerca, porque vamos para viejos, aunque no lo queramos creer. Llegará un día en que este lrajín resulte inaguantable — solía decir doña Celia, año tras año, al tlegar la hora de hacer las maletas y emprender el viaje.

—A mis setenta años, soy capaz de esos trotes y muchísimos más. Quién diría, después de las vueltas y revueltas que hemos dado en la vida, que íbamos a acostumbrarnos tan mal al descanso, con las ganas que teníamos siempre de que me destinaran a un lugar tranquilo. Y ahora que tenemos la oportunidad de vivir sosegadamente en el pazo, cada vez que veo venir el invierno siento un cosquilleo en el cuerpo y tengo que poner tierra por medio... ¿No te pasa a ti lo mismo?

—Tú dirás. Pero son trotes que no podremos aguantar ya muchos años.

—Los que sean. ¿Para qué pensar en cosas tristes?

—Eres un optimista empedernido.

—No, querida, lo que soy es un realista, un vividor, si prefieres. Mira, aquí, en el pazo, la vida se hace insoportable cuando se acerca el invierno. Estas brumas, la humedad, el mar plomizo... ¡No hay quien lo aguante! En Barcelona, la cosa cambia: se puede ir al cine, a visitar exposiciones y museos, de vez en cuando, al teatro, a un buen concierto...

—¡Y las Navidades son tan agradables con los nietos! — suspiró doña Celia.

—¡Ahá! Conque también te gusta el programa... ¡Quién lo pensaría escuchando tus quejas y sermones de siempre!

—Algo hay que decir, querido. ¿Y sabes lo que yo espero año tras año con más ilusión?

—¿Qué? — preguntó el marido perplejo.

—¡La feria de abril en Sevilla!

Don Francisco miraba a su media naranja sin dar crédito a sus ojos.

—El año pasado, hasta casi casi sentí celos durante el baile en el Real de la Feria.

—¿Celos? ¡A la vejez, viruelas! ¡A ver, explícate!

—¡Viéndote del brazo con Carmina, a nadie se le habría ocurrido pensar que erais nieta y abuelo, y que has traspasado el umbral de los setenta!

la vejez das (Greisen-) Alter
la viruela die Pocken
a la vejez, viruelas Alter schützt vor Torheit nicht
el coronel der Oberst
la artillería die Artillerie
vegetar vegetieren; dahinleben
el pazo das Stammhaus
la propiedad das Eigentum; der Besitz
a horcajadas rittlings
suave sanft; mild
el retiro der Abschied; der Ruhestand
estando (von estar) de servicio als er Dienst tat
el vaivén das Hin und Her
la carrera die Laufbahn
militar militärisch, Militär...
después de haber pasado nachdem er verbracht hatte
más o menos mehr oder weniger; ungefähr
en buena parte in einem großen Teil
la geografía die Geographie; hier: das Gebiet
había logrado es war ihm gelungen
la raíz die Wurzel
echar raíces Wurzel schlagen; Fuß fassen
catalán katalanisch
sentirse catalán sich als Katalane fühlen
los costados die Ahnenlinie
por los cuatro costados reinblütig; waschecht; hundertprozentig
venir al mundo zur Welt kommen
Cataluña f Katalonien
cerca nahe; in der Nähe

vamos (von ir) para viejos wir werden alt
queramos (von querer) (daß) wir wollen
el trajín der Betrieb, die Hetze
resulte (von resultar) er (sie, es) erweise sich als
soler pflegen (zu)
año tras año Jahr für Jahr
la maleta der Koffer
hacer las maletas die Koffer packen
emprender unternehmen; beginnen
los trotes das viele Umherreisen
dar vueltas y revueltas noch und noch Reisen machen
íbamos (von ir) a acostumbrarnos a wir würden uns daran gewöhnen
la gana der Wunsch
que destinaran (von destinar) daß man (wörtlich: sie) schickte(n)
sosegadamente ruhig, still
el cosquilleo der Kitzel, das Jucken
el cuerpo der Körper
poner tierra por medio sich aus dem Staub machen
tú dirás du sagst es, das meine ich auch
aguantar durchhalten; ertragen
sean (von ser) sie seien
los que sean wie dem auch sei; das müssen wir abwarten
¿para qué? wozu?
triste traurig
empedernido, -a unverbesserlich
el realista der Realist

el vividor der Genußmensch; der Lebemann
hacerse werden
la bruma der Nebel
la humedad die Feuchtigkeit
aguante (von aguantar) er (sie, es) hält (wörtlich: halte) aus
cambiar sich (ver)ändern
la exposición die Ausstellung; die Darstellung
el museo das Mùseum
de vez en cuando gelegentlich, hin und wieder
la Navidad Weihnachten
suspirar seufzen
¡ahá! so, so!
conque also, folglich
escuchando (von escuchar) hörend
la queja die Klage
el sermón die (Straf-)Predigt
de siempre ständig
la feria der Jahrmarkt; das Volksfest; die Messe
el crédito der Glauben, das Vertrauen; der Kredit
dar crédito a Glauben schenken, trauen
hasta casi casi fast sogar; um Haaresbreite
los celos die Eifersucht
el real die Festwiese
¡a ver! los!; (laß) mal sehen!
explícate (von explicarse) äußere dich!
viéndote (von ver) als ich dich sah (wörtlich: dich sehend)
del brazo Arm in Arm
Carmina Koseform zu Carmen
la nieta die Enkelin
traspasar überschreiten
el umbral die Schwelle

Erläuterungen 22.2.

1. **Don Francisco Seoane y Quiroga:** Dem eigentlichen Familiennamen (Name des Vaters: Seoane) folgt, durch y verbunden, der Mädchenname der Mutter (Quiroga). Die Frau führt — neben dem Namen ihres Mannes (Seoane) — auch ihren Mädchennamen (Castro) weiter: **Doña Laura Castro de Seoane.**

2. **la Ciudad Condal:** Gemeint ist Barcelona, „die gräfliche Stadt".

3. **la Feria de Abril**: Das Volksfest wird jedes Jahr ab 18. April gefeiert. Sevilla ist dann ein einziger riesiger Festplatz, und Tanz und Musik gibt es den ganzen Tag.

Grammatik

1. Konditional (condicional) der regelmäßigen Verben auf -ar, -er, -ir 22.3.

-ar	-er	-ir
comprar	vender	recibir
compraría *ich würde kaufen*	vendería *ich würde verkaufen*	recibiría *ich würde erhalten*
comprarías	venderías	recibirías
compraría	vendería	recibiría
compraríamos	venderíamos	recibiríamos
compraríais	venderíais	recibiríais
comprarían	venderían	recibirían

Bemerkungen:

1. Der erste Konditional wird gebildet, indem man an die volle Form des Infinitivs die Endungen **-ía, -ías, -ía, -íamos, -íais, -ían** anhängt. Sie entsprechen den Imperfektendungen von haber: (hab)ía, (hab)ías, (hab)ía, (hab)íamos, (hab)íais, (hab)ían.

2. Die Endungen sind für die drei Konjugationen gleich. Wo beim ersten Futur Veränderungen im Stamm einiger Verben auftreten, ist dies auch beim ersten Konditional der Fall (z. B. podría *ich würde können*, vendría *ich würde kommen*, haría *ich würde machen*).

3. Der erste Konditional wird gebraucht,
a) wenn eine Handlung nur unter einer gewissen Bedingung eintritt: compraríamos la casa si tuviésemos (*Konjunktiv Imperfekt von* tener) dinero *wir würden das Haus kaufen, wenn wir Geld hätten*; lo haríamos si fuese (*Konjunktiv Imperfekt von* ser) lícito *wir würden es tun, wenn es erlaubt wäre*;
b) um eine Frage oder Aussage in ihrem Ton zu mildern: ¿Sabrías traducir esta carta? *Könntest du diesen Brief übersetzen?*; me gustaría saber si tiene derecho *ich möchte wissen* (wörtlich: *es würde mir gefallen zu wissen*), *ob er recht hat*; ¿Podrías prestarme mil pesos? *Könntest du mir wohl 1000 Pesos leihen?*;
c) um ein zukünftiges Geschehen vom Standpunkt der Vergangenheit aus gesehen auszudrücken: dijo que vendría *er sagte, er würde kommen*;
d) um eine in der Vergangenheit liegende Wahrscheinlichkeit auszudrücken: serían las diez cuando sonó el teléfono *es mochte gegen 10 gewesen sein, als das Telephon läutete*.

Übungen 22.4.

1. *Drücken Sie diese Sätze im Konditional aus:*
Paco quiere comprar un coche, pero no tiene dinero.
El año pasado no pude ir a España por haber estado enfermo.

Deseo saber si puedes prestarme mil duros.
Eran las ocho más o menos cuando se oyó un ruido de cristales en el patio.
¿Quién fue el señor que llamó tan tarde?
Si vienes temprano, podemos tomar un aperitivo en el Café Central.
No me caso, porque no tengo novio.
Quiero un pasaje para Buenos Aires.

2. *Übersetzen Sie:* Don Francisco Seoane y Quiroga hatte viele Jahre seiner militärischen Laufbahn in mehr oder minder großen Städten Spaniens verbracht. Endlich war es ihm gelungen, in Barcelona Fuß zu fassen. Dort wurden die drei jüngsten Kinder geboren, die sich als hundertprozentige Katalanen fühlen. Nur die älteste Tochter ist außerhalb von Katalonien, in Sevilla, zur Welt gekommen.
Don Francisco lebt mit seiner Frau in einem Haus, das auf einem Hügel an der galicischen Küste liegt. Jedesmal, wenn er den Winter kommen sieht, hat er den Wunsch, sich aus dem Staub zu machen. ,,Das Leben", sagt don Francisco, ,,wird (macht sich) hier unerträglich, wenn sich der Winter nähert. In Barcelona dagegen kann man ins Kino oder ins Theater gehen und Ausstellungen und Museen besuchen." Was doña Laura am meisten gefällt, ist die Feria von Sevilla und besonders (en particular) der Tanz auf (en) der Festwiese, obwohl sie die Schwelle der 70 überschritten hat. Wie sagt [doch] das Sprichwort? Alter schützt vor Torheit nicht.

pude (von **poder**) ich konnte	**el duro** der Duro (Münze, 5 Peseten)	**el cristal** das Glas; die Fensterscheibe
enfermo, -a krank	**oyó** (von **oír**) er (sie, es) hörte	**el pasaje** die Schiffskarte, die Passage
por haber estado enfermo weil ich krank gewesen bin		

Fraseología   22.5.

Don Fidel Utrera, el practicante del entresuelo A, que era muy flamenco, por poco dice "¡Bravo!"; ya lo tenía en la punta de la lengua, pero, por fortuna, pudo dar marcha atrás.   (C. J. Cela: "La colmena")

el practicante der Praktikant	**¡bravo!** bravo!	**atrás** (nach) hinten, rückwärts
el entresuelo der Zwischenstock; das Hochparterre	**la punta** die Spitze	**dar marcha atrás** einen Rückzieher machen
flamenco, -a forsch	**lo tenía en la punta de la lengua** es lag ihm auf der Zunge(nspitze)	**la colmena** der Bienenstock
por poco beinahe, fast		

Refranes   22.6.

El que está en el lodo, querría meter a otro.
Un grano no hincha granero, mas ayuda a su compañero.

el lodo der Schlamm; der Schmutz	**hinchar** anschwellen, überquellen lassen
meter (hinein)stecken, hineinziehen	**el granero** der Kornspeicher

Lección veintitrés

Sueños espeluznantes 23.1.

Uno de los humoristas más populares y prolíficos en la historia del teatro español fue don Pedro Muñoz Seca, un andaluz por los cuatro costados y, a la vez, madrileño castizo. Su imaginación chispeante no se limitaba a las tablas, sino que dejaba boquiabiertos a sus interlocutores, como a aquel célebre periodista que se enzarzó con él en una conversación sobre sueños raros.

—Pues yo soñé últimamente que me había caído el "gordo" en la lotería...— comenzó el periodista, no muy original por cierto.

—¡Eso lo sueñan todos los españoles! — le cortó Muñoz Seca — Sueños raros, lo que se dice raros, los tengo yo esta última temporada. Sin ir más lejos, ayer, durmiendo la siesta, las pasé moradas. Figúrese que me había extraviado ni más ni menos que en el interior de un queso, y por más vueltas y revueltas que daba, me era imposible encontrar la salida. Me metía por un agujero, y salía por otro, y así todo el tiempo, sin conseguir pegar ojo...

—¿Pero no dice que dormía?— interrogó, extrañado, el periodista.

—¿Cómo iba a dormir con tal pesadilla?— replicó tan campante Muñoz Seca.

El periodista le preguntó, tratando de ponerle nervioso: —¿Y, al fin, consiguió dar con la salida?

Muñoz Seca, sin perder los estribos, afirmó rotundamente:

—Pues no, pero verá usted: me comí el queso, y entonces logré dormirme de una vez.

Sin dar tiempo al periodista para salir de su asombro, Muñoz Seca prosiguió su exposición de sueños insólitos.

—Pero eso no es nada en comparación con el de hace un par de semanas. Figúrese usted que ya a las primeras cabezadas me había convertido en una tableta de chocolate. (El periodista puso unos ojos como platos.) Era un sueño dulce, uno de esos sueños capaces de hacerle a uno feliz, pero que poco a poco fue convirtiéndose en un terrible tormento. Porque hallándome en tan tierno y dulce sopor, vi entrar a la cocinera, dispuesta a rallarme para servirme a continuación con churros... Usted no sabe lo que sudé, viendo cómo la buena mujer me quitaba el papel de plata y empuñaba el cuchillo, junto a la olla de leche hirviendo. Menos mal que el crujir del papel me despertó, porque si me descuido, a estas horas no podría contárselo a usted.

El periodista no sabía qué admirar más, la fantasía de su interlocutor o su maestría en arreglárselas para no enredarse en sus propios embustes... Al fin, renunció a seguir hablando con él de sueños, y le espetó la pregunta, tratando de darle la puntilla:

—Bueno, y usted, cuando no sueña, ¿qué hace?

—¿Qué hago?— Pues verá usted: cuando no sueño, duermo; porque usted comprenderá que con tan espeluznantes sueños no es posible dormir.

espeluznante haarsträubend, grauenhaft
el humorista der Humorist
prolífico, -a fruchtbar
Pedro Peter
el andaluz der Andalusier
a la vez zugleich, gleichzeitig
el madrileño der Madrider
castizo, -a echt, typisch
la imaginación die Einbildungskraft, die Phantasie
chispeante geistsprühend
las tablas die Bühne, die Bretter
sino que sondern
boquiabierto, -a mit offenem Mund; sprachlos
enzarzarse en una conversación vom Hundertsten ins Tausendste kommen
últimamente letztlich; kürzlich
el gordo das große Los
la lotería die Lotterie
comenzar anfangen, beginnen
por cierto gewiß, bestimmt
sin ir más lejos ohne weiter zu gehen; um ein Beispiel zu nennen
morado, -a dunkelviolett
las pasé moradas es ist mir übel ergangen
figúrese (von **figurarse**) stellen Sie sich vor
extraviarse sich verirren

ni más ni menos que genau, direkt
el interior das Innere
el queso der Käse
por más vueltas y revueltas que daba je mehr ich mich drehte und wand
el agujero das Loch
sin conseguir pegar ojo ohne ein Auge zutun zu können
interrogar fragen
la pesadilla der Alpdruck
replicar erwidern; schlagfertig antworten
replicar tan campante so tun, als ob nichts passiert wäre
nervioso, -a nervös; unruhig
poner nervioso nervös machen
al fin endlich, schließlich
consiguió (von **conseguir**) es gelang Ihnen
dar con stoßen auf, finden
el estribo der Steigbügel
perder los estribos die Beherrschung verlieren
rotundamente rundheraus
logré (von **lograr**) **dormirme** es gelang mir, einzuschlafen
de una vez mit einemmal, auf einmal
el asombro das (Er-)Staunen
insólito, -a ungewöhnlich

la cabezada das Einnicken
la tableta die Tafel
puso (von **poner**) **unos ojos** er (sie, es) machte Augen
terrible schrecklich, furchtbar
el tormento die Marter; die Qual, die Pein
tierno, -a zart
la cocinera die Köchin
dispuesto, -a bereit
rallar reiben
el papel de plata das Silberpapier
empuñar ergreifen, packen
el cuchillo das Messer
la olla der (Koch-)Topf
hervir (auf)kochen, wallen
menos mal que ein Glück noch, daß ...; zum Glück
crujir rascheln
descuidarse nicht achtgeben; unvorsichtig sein
a estas horas jetzt, zur Zeit
admirar bewundern
la maestría die Meisterschaft
enredarse sich verfangen
el embuste der Schwindel
renunciar verzichten
seguir hablando weitersprechen
espetar an den Kopf werfen
la puntilla der Genickstoß
dar la puntilla den Gnadenstoß geben; vollends den Rest geben

Erläuterungen   23.2.

1. **figúrese usted:** Über die Stellung der unbetonten persönlichen Fürwörter beim Imperativ s. Lektion 33, S. 187.

2. **no podría contárselo a usted:** Über die zusammengesetzten Formen der unbetonten persönlichen Fürwörter und ihre Stellung beim Verb s. Lektion 28, S. 161.

3. **no sabía qué admirar más:** In indirekten Fragesätzen wird „sollen" nicht übersetzt. Das Verb steht im Infinitiv. Auch in direkten Fragesätzen findet sich diese Konstruktion: ¿Qué hacer? *Was soll ich (sollen wir) tun?*

Grammatik

Das Gerundium 23.3.

-ar	-er	-ir
comprar	vender	recibir
comprando *kaufend*	vendiendo *verkaufend*	recibiendo *erhaltend*

Bemerkungen:

1. Das Gerundium ist unveränderlich. Gebildet wird es durch Anhängen der Endungen -ando bzw. -iendo an den Stamm des Verbs.
Bei den in Lektion 17, S. 108, genannten Verben der i-Klasse wird das e bzw. o des Stammes im Gerundium zu i bzw. u: preferir — prefiriendo, dormir — durmiendo.
Bei den ebenfalls in Lektion 17, S. 108, genannten Verben der e- und i-Klasse wird unbetontes i zwischen Vokalen im Gerundium zu y: creer — creyendo, concluir — concluyendo.

2. Das Gerundium vertritt die Stelle eines deutschen Nebensatzes, der mit Konjunktionen wie „indem, da, weil, wenn, als, nachdem, während" eingeleitet wird, wobei das Subjekt des Nebensatzes zugleich auch das Subjekt des Hauptsatzes ist. Es bringt die enge Zusammengehörigkeit und Gleichzeitigkeit beider Handlungen zum Ausdruck: saliendo del café, encontré a Juan *als ich aus dem Café herauskam, traf ich Juan*; tomando el avión, llegarás más pronto *wenn du das Flugzeug nimmst, wirst du schneller hinkommen*; diciendo esto, se marchó *indem (während) er dies sagte, ging er fort*; habiéndolo dicho, se marchó *nachdem er es gesagt hatte, ging er fort*.

3. Ist jedoch das Subjekt des Nebensatzes nicht zugleich auch Subjekt des Hauptsatzes, so muß es ausgedrückt und dem Gerundium nachgestellt werden: subiendo yo al piso tercero, me vio el señor Alvarez *als ich zum dritten Stock hinauffuhr, sah mich Herr Alvarez*; el camarero presenta la cuenta, estando comprendida la propina *der Kellner legt die Rechnung vor, worin das Trinkgeld eingeschlossen ist*; España exporta muchos vinos, siendo los más famosos los de Rioja *Spanien führt viele Weine aus, wobei die berühmtesten die von Rioja sind*.

4. Das Gerundium dient gelegentlich auch zur Verkürzung von Relativsätzen: vimos un avión volando por encima de la ciudad *wir sahen ein Flugzeug, das die Stadt überflog*.

5. In Verbindung mit den Verben **estar, ir** (bzw. venir) und **seguir** (bzw. continuar) bezeichnet das Gerundium eine Handlung, die gerade vor sich geht bzw. sich im Stadium des allmählichen Fortschreitens oder Werdens befindet: estábamos charlando *wir plauderten gerade;* el barco va (viene) acercándose *das Schiff kommt allmählich näher*; sigue (continúa) lloviendo *es regnet immer noch.*

136

6. Imperativische Bedeutung haben Gerundiumformen wie ¡corriendo!, ¡volando! *schnell!*, *schleunigst!;* ¡andando! *los!* u. a.

7. Wie wir bereits anläßlich der Stellung der unbetonten persönlichen Fürwörter beim Verb erwähnt haben (s. Fußnote S. 74), werden diese an das Gerundium angehängt: diciéndolo, se marchó *indem er es sagte, ging er fort.*

Übungen   23.4.

1. *Verwenden Sie in den folgenden Sätzen das Gerundium:*
En este momento escribo un libro sobre música pop.
El rector se puso en pie y saludó a los nuevos licenciados.
Me dijo unas cuantas barbaridades y se marchó.
Si tomas el avión, llegarás antes.
Vimos una cometa que volaba errante sobre el lago.
En todo el día, no hace más que reñir.
Se le cayó en el pie el agua que hervía en la olla.
¿Sigues con tus estudios de medicina en Zaragoza?
Poco a poco comprendo dónde radican los problemas.
El muchacho saltó con todas sus fuerzas y logró atravesar el río.

2. *Übersetzen Sie:* Einer der volkstümlichsten Humoristen in der Geschichte des spanischen Theaters ist don Pedro Muñoz Seca, (ein) waschechter Andalusier und gleichzeitig typischer Madrider. Mit einem berühmten Journalisten hatte er kürzlich eine Unterhaltung über seltene Träume. „Stellen Sie sich vor", sagte er, „ich hatte mich im Traum (träumend) direkt im Inneren eines Käses verirrt. Es war mir nicht möglich, den Ausgang zu finden. Es blieb nichts weiter übrig, als den Käse aufzuessen. Aber das ist nichts im Vergleich zu dem Traum, den ich vor ein paar Wochen hatte. Stellen Sie sich vor, ich hatte mich in eine Tafel Schokolade verwandelt. Es war ein süßer Traum, der sich aber nach und nach in einen furchtbaren Alpdruck verwandelte: Ich sah die Köchin hereinkommen, bereit, mich zu reiben und anschließend mit „churros" zu servieren. Sie wissen nicht, was ich schwitzte, als ich sah, wie die gute Frau mir das Silberpapier entfernte und das Messer ergriff — neben dem Topf mit kochender Milch. Zum Glück weckte mich das raschelnde Papier. Sonst (si no) hätte ich Ihnen diesen Traum nicht erzählen können (no habría podido)."

escribir schreiben
la música die Musik
pop Pop...
el rector der Rektor
se puso (von **ponerse**) **en pie** er (sie, es) stand auf
el licenciado der Akademiker (nach dem Staatsexamen)
unos, -as cuantos, -as ein paar, einige

la barbaridad die Ungeheuerlichkeit; der Unsinn
marcharse (weg)gehen
el avión das Flugzeug
vimos (von **ver**) wir sahen
la cometa der (Papier-) Drachen
volar fliegen
errante umherirrend, schweifend
reñir sich zanken

caerse fallen
el estudio das Studium
seguir con los estudios weiterstudieren
radicar wurzeln
la fuerza die Stärke, die Kraft
con todas sus fuerzas mit dem Aufgebot all seiner Kräfte
atravesar überqueren

137

Fraseología   **23.5.**

"El jaleo que se armó fue de órdago. El caso es que el escándalo ha ido
cobrando un perfil bastante marcado, porque se han empezado a tirarse
los trastos a la cabeza unos y otros, y a sacar al sol los trapitos no demasiado
limpios."   (La Estafeta literaria)

el jaleo der Krach, der
  Lärm, der Radau
de órdago enorm; gewaltig
el caso der Fall; der Umstand
el escándalo der Aufruhr
ido (von **ir**) gegangen

cobrar erlangen, bekommen
el perfil das Profil; der
  Umriß
marcado, -a ausgeprägt
**tirarse los trastos a la
  cabeza** sich mächtig in
  den Haaren liegen

unos y otros alle miteinander
sacar al sol der Sonne aussetzen
el trapito der Fetzen
la estafeta der Kurier
literario, -a literarisch

Refranes   **23.6.**

Preguntando se va a Roma.
En nombrando al Rey de Roma, luego se asoma.
A Dios rogando, y con el mazo dando.

nombrar (be)nennen; ernennen
rogar bitten; beten

el mazo der Schlägel; der
  Klopfer
a Dios rogando, y con el

mazo dando hilf dir selbst,
  so hilft dir Gott

Lección veinticuatro

Solemnidades y fiestas en España   **24.1.**

A lo largo del año, eclesiástico o civil, se suceden fechas especiales que
vienen a constituir algo así como hitos luminosos en el itinerario de la
vida corriente y moliente. Son las solemnidades, fiestas o festejos, que
ponen un poco de color en la marcha gris de días, semanas y meses.
Año Nuevo, el día de aguinaldos, es la puerta del año recién estrenado,
por la que entran los Reyes Magos con su cortejo de camellos y ser-
vidores cargados de ilusiones para la gente menuda.
Las festividades religiosas, algunas de las cuales van desapareciendo,
han dejado su impronta en la tradición popular de las distintas regiones,
a las veces juntándose con usos y costumbres propios de la estación o
debidos a circunstancias de tipo histórico, geográfico, gremial; todo
unido, ha venido a formar un calendario folklórico, fiel reflejo de la
vida popular. Cierto, no todos los festejos gozan del mismo predicamento, y los más conocidos no son siempre los más originales. Esto
por delante, citemos algunas fechas de categoría nacional, parte tan
integrante del turismo español como lo pueden ser la Costa Brava,
la Alhambra o los toros.

Las semanas anteriores a Pascua de Resurrección forman la Cuaresma, y en los domingos correspondientes tienen lugar, sobre todo en Cataluña, representaciones del drama sacro "La Pasión"; son muy célebres las de Esparraguera y Olesa de Montserrat, en la provincia de Barcelona.

Marzo nos ofrece las célebres "Fallas" de Valencia, por San José, con quema de grupos artísticos. Y en el mismo mes suele caer la Semana Santa, que en muchas ciudades se conmemora con procesiones más o menos fastuosas y más bien menos piadosas, como en Sevilla a título de ejemplo.

Abril, mes primaveral, es mes de ferias, cabalgatas, batallas de flores, corridas de toros. También destaca Sevilla, con sus impares desfiles por el Real de la Feria. En Alcoy, es famosa la tradición de "Moros y Cristianos", con la ficción de la toma de un castillo y derroche de pólvora.

Mayo culmina en las ferias de San Isidro, en Madrid. Pero sin echar en olvido la célebre Romería del Rocío en la provincia de Huelva, tal vez la más castiza de las fiestas andaluzas.

En junio, las procesiones del Corpus y las hogueras de San Juan tienen lugar en casi toda la Península. Hablar de julio es hablar de Pamplona y su "encierro" de San Fermín (día 7), sin olvidar Santiago Apóstol, sobre todo en Galicia. Elche, en Alicante, celebra en agosto su lírico "Misterio", verdadero monumento artístico de raigambre litúrgica. Y sigue septiembre, con las vendimias en casi toda España, fiestas ya con nostalgias otoñales, que abren un paréntesis de intimidades en torno a hogueras crujientes de "magostos" y, en ambientes rurales, de las "matanzas" por San Martín, cuyo célebre veranillo cede la antorcha al invierno e invita ya a ir pensando en las cercanas Navidades...

la solemnidad die Feierlichkeit
eclesiástico, -a kirchlich, Kirchen...
civil bürgerlich, Zivil...
sucederse aufeinanderfolgen
venir a (mit Infinitiv) dahin gelangen, zu
el hito der Markstein
el itinerario die (Weg-)Strecke; der Weg
moliente mahlend; alltäglich
el festejo das Fest, die Lustbarkeit

gris grau
el Año Nuevo das Neujahr
el aguinaldo das Neujahrsgeschenk
estrenar zum erstenmal gebrauchen; einweihen
el mago der Zauber
los Reyes Magos die Heiligen Drei Könige
el cortejo das Gefolge
el camello das Kamel
cargado, -a (voll)belastet, überladen
menudo, -a klein
la gente menuda die Kinder

la festividad der Festtag; das Fest
religioso, -a religiös
la impronta der Abdruck; das Gepräge
la tradición die Tradition, die Überlieferung
distinto, -a verschieden
juntarse sich verbinden, sich vereinigen
el uso der (Ge-)Brauch
propio, -a eigen
la circunstancia der Umstand
histórico, -a geschichtlich, historisch

geográfico, -a geographisch
gremialInnungs..., Zunft...
el calendario der Kalender
folklórico, -a volkskundlich, folkloristisch
fiel (ge)treu; ehrlich, zuverlässig
el reflejo der Abglanz; das Spiegelbild
el predicamento der Ruf; das Ansehen; die Beliebtheit
conocido, -a bekannt
delante vorn, voran; voraus
esto por delante dies vorausgeschickt
citemos (von citar) erwähnen wir
integrante wesentlich
anterior vorhergehende(r, -s)
anterior a früher als; vor
la Pascua de Resurrección Ostern
la resurrección die Auferstehung
la cuaresma die Fastenzeit
correspondiente entsprechend; (da)zugehörig; jeweilig
tener lugar stattfinden
la representación die Vorstellung; die Aufführung
el drama das Drama; das Schauspiel
sacro, -a heilig; religiös
la pasión das Leiden; die Leidenschaft
la Pasión die Passion (Christi)
las Fallas Volksfest am St.-Josephs-Tag (19. März)

la quema die Verbrennung
artístico künstlerisch, Kunst...
el grupo artístico die Figurengruppe
la Semana Santa die Karwoche
conmemorar (feierlich) gedenken; feierlich begehen
la procesión die Prozession; der feierliche Umzug
fastuoso, -a prunkvoll
más bien eher, vielmehr
piadoso, -a fromm; andächtig
la cabalgata der Reiterzug; der Umritt
la batalla die Schlacht; der Kampf
la batalla de flores der Blumenkorso
la corrida der Lauf
la corrida de toros der Stierkampf
el desfile der (Um-)Zug
el cristiano der Christ
la ficción die Vorspiegelung; die Fiktion
la toma die Einnahme
la pólvora das (Schieß-)Pulver
culminar gipfeln, den Höhepunkt erreichen
San Isidro m der heilige Isidor (Schutzpatron von Madrid)
el olvido das Vergessen; die Vergessenheit
echar en olvido vergessen
la romería die Wallfahrt
el rocío der Tau
la romería del rocío Flurbegehung mit der Bitte um Regen
el Corpus Fronleichnam

la hoguera der Scheiterhaufen; das Freudenfeuer
la hoguera de San Juan das Johannisfeuer
la península die Halbinsel
la Península die Pyrenäenhalbinsel
el encierro die Einschließung
Santiago m der heilige Jakobus (Schutzpatron Spaniens)
el apóstol der Apostel
Galicia f Galicien
lírico, -a lyrisch
el misterio das Mysterium; das Geheimnis
la raigambre die Verwurzelung
litúrgico, -a liturgisch
la nostalgia das Heimweh; die Sehnsucht
otoñal herbstlich, Herbst...
el paréntesis die (runde) Klammer, die Parenthese
la intimidad die Vertraulichkeit; die Gemütlichkeit
en torno a um ... herum; über, von
crujiente knackend, knisternd
el magosto die geröstete Kastanie
el ambiente die Umwelt, die Umgebung
rural ländlich
la matanza das Schlachten; die Schlachtung
el veranillo de San Martín der Altweibersommer
ceder abtreten, abgeben, überlassen; nachlassen
la antorcha die Fackel
e (= y vor i und hi) und

Erläuterungen 24.2.

1. **la Costa Brava:** Als *Costa Brava* („Wilde Küste") wird der nördlichste Teil der spanischen Mittelmeerküste bezeichnet, der sich in einer Länge von etwa 100 km zwischen *Port-Bou* an der französischen Grenze bis nach *Blanes*, südlich von *Gerona*, erstreckt.

2. **las Fallas de Valencia:** Bei den sehr geräuschvollen *Fallas de San José* in Valencia werden nach einwöchigen Feiern große Figuren aus Holz und Pappmaché verbrannt.

3. la Semana Santa: Die Karwoche, die *Semana Santa*, wird vor allem in Sevilla, Granada und Málaga mit viele Stunden dauernden nächtlichen Prozessionen begangen, bei denen überlebensgroße Figuren durch die Straßen getragen werden.

Grammatik

Das Partizip 24.3.

1. Das **Partizip Präsens** hat seine verbale Kraft verloren und kommt nur noch als Substantiv (el habitante *der Einwohner*), Adjektiv (sonriente *lächelnd*), Adverb (bastante *genügend*) oder Präposition (durante *während*) vor.

2. Das **Partizip Perfekt** bleibt unverändert in Verbindung mit dem Hilfszeitwort haber (s. S. 43): hemos recibido la noticia *wir haben die Nachricht erhalten*; la noticia que hemos recibido es de suma importancia *die Nachricht, die wir erhalten haben, ist höchst wichtig*; la hemos recibido hoy *wir haben sie heute erhalten.*

3. Verändert wird es

a) als Ergänzung transitiv gebrauchter Verben; in diesen Fällen bezieht es sich auf das vorangehende Akkusativobjekt, nach dem es sich zu richten hat (la policía la halló muerta *die Polizei fand sie tot auf*);

b) in Verbindung mit ser (Passiv), estar, quedar (somos invitados *wir werden eingeladen*; estamos muy agradecidos *wir sind sehr dankbar*; quedó satisfecha *sie war befriedigt*);

c) in Partizipialkonstruktionen (no aceptaré los documentos rehusados por mi colega *ich werde die von meinem Kollegen zurückgewiesenen Schriftstücke nicht annehmen*; terminada la recreación, se continuaron las clases *nachdem die Pause beendet war, wurde der Unterricht fortgesetzt*; dicho lo cual, se retiró en silencio *nachdem das gesagt war, zog er sich stillschweigend zurück*);

d) in Verbindung mit tener als Hilfsverb, wenn nicht die Handlung bzw. deren Abschluß, sondern das Ergebnis der Handlung bezeichnet werden soll (tenemos escrita la carta *wir haben den Brief geschrieben*, im Sinne von: *wir haben den Brief fertig geschrieben vor uns liegen*).

Übungen 24.4.

1. *Ergänzen Sie die folgenden Sätze mit den entsprechenden Verbformen:*
Hemos (visitar) varias poblaciones de Francia.
Jamás he (decir) que tú lo habías (hacer).
¿Quién ha (abrir) la ventana?

Todavía no he (poner) la mesa para la cena.
Se había (romper) un brazo jugando a la pelota.
¿Ha (resolver) ya el problema?
Le he (escribir) una carta, pero no ha (contestar).
No he (ver) nada tan pintoresco.
Ya había (volver) de vacaciones cuando tuvo el accidente.
Me han (decir) que su padre ha (ser) nombrado gobernador.

2. *Übersetzen Sie:* Die Feierlichkeiten und Feste bringen (ponen) ein wenig
Farbe in den grauen Ablauf der Wochen und Monate. Einige der religiösen
Festtage sind im Begriff zu verschwinden. Viele von ihnen haben sich aber
in der volkstümlichen Tradition der verschiedenen Gegenden erhalten
(conservarse) und stellen ein getreues Spiegelbild des volkstümlichen Lebens
dar (formar). Gewiß, nicht alle Feste erfreuen sich der gleichen Beliebtheit,
und die bekanntesten sind nicht immer die originellsten. In jedem Fall (de
todos modos) aber stellen sie [einen] so wesentlichen Bestandteil (parte) des
spanischen Tourismus dar, wie es die Costa Brava und die Alhambra sind.
An den Sonntagen der Fastenzeit finden vor allem in Katalonien Auffüh-
rungen des religiösen Schauspiels ,,Die Passion'' statt. [Der] März beschert
(ofrecer) uns die berühmten ,,Fallas'' von Valencia, und in den gleichen
Monat pflegt die Karwoche zu fallen, die in vielen Städten mit mehr oder
minder prunkvollen Prozessionen feierlich begangen wird, wie zum Beispiel
in Sevilla. [Der] April, der Frühlingsmonat, ist der Monat der Volksfeste,
der Blumenkorsos und der Stierkämpfe. [Der] Mai erreicht seinen Höhepunkt in den Volksfesten des heiligen Isidor in Madrid, und im (en)
Juni finden in allen Gegenden der Pyrenäenhalbinsel die Fronleichnams-
prozessionen statt.
Die Feierlichkeiten und Feste sind so[2] etwas[1] wie leuchtende Marksteine auf
(en) dem Wege des alltäglichen Lebens. Sie sind [ein] wesentlicher Bestandteil des volkstümlichen Lebens in Spanien.

Francia *f* Frankreich
poner la mesa den Tisch
  decken
romperse sich brechen

resolver lösen
pintoresco, -a malerisch
el accidente das Unglück,
  der Unfall

el gobernador der Gouverneur

Fraseología

24.5.

"Después de hecha la compra, la Plácida se dejó caer con que no debíamos
emprender el viaje, ya que, al fin y al cabo, don Isabelino le prometía el oro
y el moro si consentía quedarse con él de sirvienta."

(Alfonso Grosso: "Germinal")

plácido, -a sanft; ruhig
dejarse caer (plötzlich) auftauchen
ya que da, weil
prometerle a uno el oro y el

moro j-m das Blaue vom
  Himmel versprechen
consentir einwilligen
la sirvienta das Dienstmädchen

el Germinal der Germinal
  (Revolutionskalender:
  21. 3.—19. 4.)

Refranes

Del dicho al hecho hay gran trecho.
El muerto al hoyo, y el vivo al bollo.
Quien canta, sus males espanta.

del dicho al hecho hay gran trecho Versprechen und Halten ist zweierlei
el muerto der Tote; der Verstorbene

el hoyo das Grab
el vivo der Lebende
el muerto al hoyo, y el vivo al bollo die Lebenden gehen vor

los males die Leiden; das Ungemach
espantar vertreiben

Lección veinticinco

Salvados por un pelo   25.1.

Luis González y su mujer María Teresa Ocaña trabajan en Alemania desde hace cinco años. Su intención es ahorrar lo más posible, para terminar de amortizar el piso en su ciudad natal, cerca de la frontera portuguesa. Luis es mecánico y María Teresa, modista. El único lujo que se permiten, es viajar a España una vez al año, para ver a la familia durante las vacaciones. Este año, han hecho el viaje en coche propio, un modelo algo pasado de moda remendado por Luis en el taller, pero que aún tiraba. María Teresa había sacado a tiempo el carnet de conducir, con la intención de turnarse con Luis, a fin de hacer el viaje más descansadamente. Pero Luis no deja a gusto el volante, por creerse, al parecer, insustituible.

—Estoy nervioso cuando conduces; me parece que te falta aún experiencia. A la vuelta, veremos...

—¡Pues cierra los ojos y echa una siestecita! Te prometo no pasar de ochenta por hora — le contesta resuelta María Teresa. — Media horita de descanso te vendrá de maravilla.

—De acuerdo, pero no pises demasiado fuerte; no me gustan los excesos de velocidad, que las autopistas resultan muy tentadoras. A lo sumo, setenta por hora.

—¡Pero, querido, qué esperas de este cacharro!

Fue la única vez que Luis soltó el volante, por media hora escasa. Llegaron a la frontera española de madrugada. Luis y María Teresa tenían algo de miedo a la aduana, porque llevaban algunas cosillas de regalo y, sobre todo, para ir completando su propio piso. A Dios gracias, el funcionario que les cayó en suerte parecía estar aún medio dormido. Bostezando, les hizo una señal generosa de seguir adelante, sin parar siquiera el motor.

—¡Menos mal!— suspiró hondo María Teresa.

—Increíble, con el bigote tan antipático que se gasta.
—Ya ves, las apariencias engañan. Lo importante es que hemos pasado la frontera. En Gerona, hacemos alto para desayunar. ¡Chocolate con churros! ¡El tiempo que hace que no los pruebo!— María Teresa sentía hacérsele la boca agua. Luis no parecía sentir preferencias culinarias, y seguía conduciendo sin decir palabra. Ya habían pasado Figueras, la carretera estaba casi vacía.
—¡¡Luis!!— gritó de pronto María Teresa.
El coche había derrapado, salió de la calzada y dio una vuelta de campana, quedando en la cuneta de costado. María Teresa, con el susto en el cuerpo, consiguió abrir la portezuela de su lado, y tras ella logró escurrirse también Luis hacia fuera. Ambos estaban ilesos, por milagro.
—¿Y ahora? ¿Has visto lo que pasa por no descansar como se debe? ¡Porque te has dormido! ¡De buena nos hemos librado! Te he repetido docenas de veces que debíamos turnarnos...
Luis tardó en volver en sí. Luego, mirando el coche abollado y con el parabrisas hecho polvo, murmuró dirigiéndose a María Teresa:
—Si te hubiera hecho caso ...

salvar retten
por un pelo um ein Haar
Alemania *f* Deutschland
ahorrar sparen
lo más posible soviel wie möglich
amortizar tilgen, ablösen
natal Geburts..., Heimat...
la ciudad natal die Heimatstadt
portugués, -esa portugiesisch
la modista die Modistin; die Damenschneiderin
viajar reisen
pasado, -a de moda aus der Mode, unmodern
remendar ausbessern, reparieren
el taller die Werkstatt; der Betrieb
el carnet de conducir der Führerschein
turnarse sich ablösen
a fin de um zu
descansado, -a bequem, behaglich; geruhsam
a gusto gern; nach Belieben
el volante das Lenkrad; das Steuer

creerse sich einbilden; sich halten für
al parecer anscheinend
insustituible unersetzlich
la experiencia die Erfahrung
cierra (von cerrar) schließe!
la siestecita das Schläfchen
echar una siestecita sich ein bißchen aufs Ohr legen
no pasar de ochenta por hora nicht über 80 Stundenkilometer fahren
resuelto, -a entschlossen; resolut
la media horita das halbe Stündchen
venir de maravilla wunderbar bekommen
el acuerdo die Übereinstimmung; die Übereinkunft; das Abkommen
de acuerdo einverstanden
no pises (von pisar) tritt nicht
no pises demasiado fuerte tritt das Gaspedal nicht zu stark durch
los excesos die Ausschwei-

fungen; die Überschreitungen
la velocidad die Geschwindigkeit
la autopista die Autobahn
el cacharro der alte Karren, der Klapperkasten
soltar loslassen; abgeben
escaso, -a knapp
de madrugada sehr früh am Morgen
completar vervollständigen, ergänzen
el funcionario der Beamte
caer en suerte zuteil werden
generoso, -a großzügig
seguir adelante weiterfahren
siquiera wenigstens
el motor der Motor
¡menos mal! zum Glück!, Gott sei Dank!
suspirar seufzen
hondo, -a tief
increíble unglaublich
el bigote der Schnurrbart
antipático, -a widerwärtig; unausstehlich; unsympathisch
gastarse un bigote einen Schnurrbart tragen

la apariencia der (An-) Schein
las apariencias engañan der Schein trügt
el tiempo que hace que es ist schon lange her, daß
probar erproben, prüfen; kosten
sentía hacérsele la boca agua sie spürte, wie ihr das Wasser im Munde zusammenlief
la preferencia culinaria das Lieblingsgericht
gritar schreien; rufen; kreischen
derrapar schleudern
la calzada die Fahrbahn
salir de la calzada von der Fahrbahn abkommen
la campana die Glocke
la vuelta de campana der

Luftsprung, der Salto; der Überschlag
dio (von dar) una vuelta de campana er (sie, es) überschlug sich
la cuneta der Straßengraben
el costado die Seite
quedar de costado auf der Seite liegen(bleiben)
el susto der Schreck(en)
la portezuela die Tür
escurrirse entkommen
fuera draußen; hinaus
ileso, -a unverletzt
el milagro das Wunder
descansar ausruhen; schlafen
como se debe wie es sich gehört, richtig
librarse sich befreien

¡de buena nos hemos librado! das ging gerade noch gut!
la docena das Dutzend
docenas de veces x-mal
tardar zögern
tardar en (mit Infinitiv) nicht gleich ...
volver en sí wieder zu sich kommen
abollado, -a zerbeult, verbeult
el parabrisas die Windschutzscheibe
hecho, -a polvo total zertrümmert
murmurar murmeln
hubiera (von haber) ich, er (sie, es) hätte
si te hubiera hecho caso ... wenn ich doch auf dich gehört hätte ...

Erläuterungen   25.2.

1. **una siestecita, una horita, una cosilla**: Verkleinerungsformen zu *siesta* bzw. *hora, cosa.* Näheres über Verkleinerungs- und Vergrößerungsformen s. Lektion 36, S. 201.

2. **sentía hacérsele la boca agua**: Über die Stellung zweier unbetonter persönlicher Fürwörter beim Verb s. Lektion 28, S. 161.

3. **de buena nos hemos librado**: Zu ergänzen ist *manera* (de buena manera ...).

4. **Luis tardó en volver en sí**: Verbale Wendungen statt Adverbien s. Lektion 20, S. 123.

Grammatik

Perfekt (pretérito perfecto) und Plusquamperfekt (pluscuamperfecto)   25.3.

Perfekt	
he comprado *ich* **habe** *gekauft*	hemos comprado
has comprado	habéis comprado
ha comprado	han comprado
he llegado *ich* **bin** *angekommen*	hemos llegado
has llegado	habéis llegado
ha llegado	han llegado

Plusquamperfekt	
había comprado *ich* **hatte** *gekauft* habías comprado había comprado	habíamos comprado habíais comprado habían comprado
había llegado *ich* **war** *angekommen* habías llegado había llegado	habíamos llegado habíais llegado habían llegado

Bemerkungen:

1. Die Bildung der zusammengesetzten Zeiten des Aktivs aller Verben erfolgt im Spanischen mit dem Hilfsverb **haber** und dem Partizip Perfekt, das unverändert bleibt.

2. Das **Perfekt** dient häufig zur Bezeichnung von Handlungen, die zwar in der Vergangenheit abgeschlossen sind, mit der Gegenwart jedoch noch in gewisser Weise in Verbindung stehen bzw. deren Folgen in die Gegenwart hineinreichen: esta semana ha llegado mi padre *in dieser Woche ist mein Vater angekommen* (und infolgedessen heute hier); esta tarde hemos recibido los libros *heute nachmittag haben wir die Bücher erhalten* (und sie sind somit in unserem Besitz).

3. Das **Plusquamperfekt** dient zur Bezeichnung von Handlungen, die bereits abgeschlossen waren, als andere, ebenfalls vergangene Geschehnisse eintraten: ya habíamos comido, cuando sonó el teléfono *wir hatten bereits gegessen, als das Telefon läutete*; apenas había llegado a Madrid, cuando estalló la guerra *ich war kaum in Madrid angekommen, als der Krieg ausbrach*.

Übungen   25.4.

1. *Ergänzen Sie die folgenden Sätze mit den entsprechenden Verbformen:*
Esta semana, Pepito (sacar) buenas notas.
Apenas (llegar) a Barcelona, cuando nos (enterarse) de lo ocurrido.
Te (decir) mil veces que no se debe fumar en la cama.
Julio (distinguirse) siempre por sus dotes de organización, ya antes de ser nombrado jefe de taller.
Todavía no (terminar, *nosotros*) el trabajo que nos encomendó el director la semana pasada.

2. *Übersetzen Sie:* Der einzige Luxus, den sich Luis González und seine Frau María Teresa leisten, ist, einmal im Jahr während des Urlaubs nach Spanien zu fahren. Seit fünf Jahren arbeiten sie in Deutschland, er als Mechaniker, sie als Schneiderin. Dieses Jahr haben sie die Reise im eigenen Wagen gemacht. María Teresa hat rechtzeitig den Führerschein gemacht (sacar) in der Absicht, Luis abzulösen und die Reise bequemer zu machen. Luis aber hält sich für unersetzlich; er gibt das Steuer nicht gern ab. Ein halbes Stündchen (von) Erholung würde ihm wunderbar bekommen.

Sie haben die spanische Grenze überschritten und haben die Absicht, in Gerona haltzumachen, um zu frühstücken. Luis jedoch fährt weiter (sigue conduciendo), ohne ein Wort zu sagen. Die Straße ist fast leer. Plötzlich schleudert der Wagen, kommt von der Fahrbahn ab, überschlägt sich und bleibt im Straßengraben auf der Seite liegen. Luis und seine Frau bleiben [wie] durch [ein] Wunder unverletzt. Aber der Wagen ist verbeult und die Windschutzscheibe total zertrümmert. Luis war übermüdet (excesivamente cansado); er war eingeschlafen, obwohl María Teresa ihm x-mal wiederholt hatte, daß sie sich ablösen sollten. Wenn Luis doch auf sie (le) gehört hätte ...

3. *Setzen Sie die entsprechenden Präpositionen ein:*
Hoy estamos ... 20 ... julio ... 1973.
Al pasar ... la plaza, vi ... tu jefe, que venía ... la oficina.
He visto ... un coche deportivo ... color rojo como el ... tu hermano.
Muchas gracias ... tu felicitación ... Navidad.

Pepito (Koseform von **Pepe**) der kleine Joseph
sacar buenas notas gute Zensuren bekommen
enterarse de lo ocurrido das Geschehene erfahren
fumar rauchen
distinguirse sich auszeichnen

la dote die Begabung
la organización die Organisation
ser nombrado, -a ernannt werden zu
el jefe der Chef, der Leiter
el jefe de taller der Werkmeister

encomendar beauftragen; übertragen; anvertrauen
el coche deportivo der Sportwagen
rojo, -a rot
color rojo rot
la felicitación der Glückwunsch, die Gratulation

Fraseología   **25.5.**

El director me tiene entre ceja y ceja, y ayer, por un quítame allá esas pajas, me sacó los colores a la cara delante de toda la sección: te aseguro que me dejó como un trapo.

la ceja die (Augen-)Braue
tener entre ceja y ceja (j-n) nicht ausstehen können

me sacó los colores a la cara er trieb mir die Schamröte ins Gesicht
delante de vor

la sección die Abteilung
dejar como un trapo (j-n) fürchterlich herunterputzen

Refranes   **25.6.**

Donde hay patrón no manda marinero.
Perro ladrador nunca buen mordedor.

el patrón der Schiffsführer; der Chef, der Arbeitgeber
el marinero der Matrose

el perro der Hund
ladrador bellend
mordedor beißend

perro ladrador nunca buen mordedor Hunde, die bellen, beißen nicht

Lección veintiséis

En torno al vino 26.1.

Entre las cosas que hacen agradable la existencia, el vino ocupa un lugar destacado, y no sólo en los países que producen buenos caldos. Las horas solemnes suelen rociarse con una copa de buen vino, el vino sirve para olvidar los momentos amargos, y hasta hay quien dice que el vino es una auténtica medicina. Naturalmente, en tanto que no se abuse de sus virtudes.

No es, pues, de extrañar que en todos los países y en todas las lenguas existan innumerables refranes y modismos referentes al vino, y que los chistes y las historietas al respecto se escuchen siempre con el placer y la indulgencia con que se perdona a quien, sin empinar habitualmente el codo, de cuando en vez toma unas copitas de más.

En Andalucía, tierra vinícola por antonomasia, cursan numerosos chascarrillos que giran en torno a los placeres de Baco.

—¿Cuándo se nota que uno está borracho?— trataba de indagar Manolito. Su papá se esforzó por concentrarse, para dar una respuesta clara.

—¿Ves ese barco que está ahí en frente? Pues si alguien se empeñara en afirmar que tiene tres chimeneas, habría que pensar que está borracho.

—Y si dice que tiene dos, estará sólo achispado, ¿no?

—¿Por qué preguntas si tiene dos?

—¡Porque no tiene más que una!

Sobre los efectos terapéuticos del vino discuten los doctores, porque lo que es bueno para el estómago, puede que no lo sea tanto para el hígado, y lo que en unos reanima la tensión, resulta venenoso cuando la tensión es de por sí ya alta. De todas formas, resulta familiar en tierras de pan y vino la estampa del vejete achacoso, que toma el sol con una taza al alcance de la mano.

—¿Qué toma, abuelo?

—Esta manzanilla.

—¿Anda mal del estómago?

—Sí, hijo, sí — Y procuraba disimular una sonrisa, pues la taza contenía manzanilla…, pero de Sanlúcar de Barrameda…

Hasta hay quien piensa que el vino es bueno para la salud del alma, como atestigua esta anécdota riojana:

—¿A dónde vas, compadre?

—A misa — responde Olegario.

—Es pronto aún. Vamos a echar un trago.

En la taberna, piden "un medio" de tinto. Lo beben, y Olegario parece tener prisa.

—¡No, compadre! Con "un medio" solo, se anda cojo.

Tras echarse al coleto el segundo, y en vista de que ya es algo tarde, deciden heroicamente abandonar la taberna. Al entrar en la iglesia, ya había comenzado el sermón. Predicaba el cura:

—"Porque para salvarse, hermanos, se precisan tres medios..." Olegario siente un codazo.

—¿Ves, compadre? De haber bebido otro "medio", estábamos ya salvados...

la **existencia** das Dasein, das Leben
ocupar besetzen; einnehmen; innehaben, bekleiden
destacado, -a führend; hervorragend
los **caldos** die Weine
solemne feierlich; festlich
rociarse sich beschwipsen
la **copa** das Glas
amargo, -a bitter
en tanto que solange
abuse (von **abusar**) **de** er (sie, es) mißbrauche
extrañar erstaunt sein über
es de extrañar es ist erstaunlich
existan (von **existir**) sie seien vorhanden
innumerable unzählig, zahllos
el **modismo** die Redewendung
referente a bezüglich; über
el **chiste** der Witz
la **historieta** die kurze Geschichte
al respecto diesbezüglich
se **escuchen** (von **escucharse**) sie werden gehört
la **indulgencia** die Nachsicht
perdonar verzeihen
habitualmente gewohnheitsmäßig
de cuando en vez von Zeit zu Zeit, ab und zu
de más noch dazu, mehr; zuviel

Andalucía *f* Andalusien
vinícola Weinbau...
cursar kursieren
el **chascarrillo** die Schnurre, die Anekdote
girar sich drehen, kreisen
Baco *m* Bacchus
borracho, -a betrunken
indagar (er)forschen
Manolito (Koseform von **Manuel**) der kleine Emanuel
esforzarse sich anstrengen; sich bemühen
concentrarse sich sammeln; sich konzentrieren
claro, -a klar; deutlich; verständlich
el **frente** die Vorderseite
en frente gegenüber
se **empeñara** (von **empeñarse**) er (sie, es) bestände darauf
habría que man müßte
achispado, -a beschwipst
el **efecto** die Wirkung
discutir streiten, diskutieren; in Abrede stellen
el **estómago** der Magen
el **hígado** die Leber
reanimar (wieder)beleben
la **tensión** der Blutdruck
venenoso, -a giftig
de por sí an (und für) sich
de todas formas jedenfalls
la **estampa** das Bild; der Stich
el **vejete** das alte Männchen
achacoso, -a anfällig, kränklich

el **alcance** der Bereich
al alcance de la mano in Reichweite
la **manzanilla** 1. die Kamille; der Kamillentee; 2. der Manzanillawein (herber andalusischer Weißwein)
¿anda (von **andar**) **mal?** ist Ihnen schlecht?
procurar (mit Infinitiv) versuchen, zu
disimular verbergen; verhehlen
contener enthalten
el **alma** *(f)* die Seele
atestiguar bezeugen
riojano, -a aus La Rioja
el **compadre** der Gevatter
pronto früh (am Morgen); bald
el **trago** der Schluck
echar un trago einen heben
un medio ein halber Schoppen (etwa ein Viertelliter)
el **tinto** der Rotwein
cojo, -a hinkend, lahm
andar cojo hinken
en vista de in Anbetracht
heroicamente heldenhaft, heroisch
predicar predigen
el **cura** der Geistliche
salvarse sich retten; gerettet werden
precisarse nötig sein
el **codazo** der Stoß mit dem Ellenbogen
de haber bebido wenn wir getrunken hätten

Erläuterungen 26.2.

1. **la manzanilla:** Das Wort hat zwei Bedeutungen: a) *Kamille* bzw. *Kamillentee* und b) *Manzanillawein*, ein bekannter Weißwein aus Sanlúcar de Barrameda in Andalusien.

2. **riojano:** Aus *La Rioja*, einer fruchtbaren Landschaft am oberen Ebro.

3. **un medio:** Zu ergänzen *cuartillo* (= 0,504 l). *Medio cuartillo* entspricht etwa $^1/_4$ l.

4. **de haber bebido otro medio:** Hier tritt der Infinitiv an die Stelle eines Nebensatzes (*wenn wir getrunken hätten*); Näheres über den adverbialen Infinitiv s. Lektion 38, S. 211.

Grammatik

2. Futur und 2. Konditional 26.3.

2. Futur	
habré comprado *ich* **werde** *gekauft* **haben** habrás comprado habrá comprado	habremos comprado habréis comprado habrán comprado
habré llegado *ich* **werde** *angekommen* **sein** habrás llegado habrá llegado	habremos llegado habréis llegado habrán llegado
2. Konditional	
habría comprado *ich* **würde** *gekauft* **haben** habrías comprado habría comprado	habríamos comprado habríais comprado habrían comprado
habría llegado *ich* **würde** *angekommen* **sein** habrías llegado habría llegado	habríamos llegado habríais llegado habrían llegado

Bemerkungen:

1. Die Bildung des zweiten Futurs und des zweiten Konditionals erfolgt mit den Formen des ersten Futurs bzw. des ersten Konditionals des Hilfsverbs **haber** und dem Partizip Perfekt, das unverändert bleibt.

2. **Das zweite Futur** dient zur Bezeichnung von Handlungen, die vor anderen (auch zukünftigen) eintreten werden: luego que habré terminado el trabajo, os avisaré *sobald ich die Arbeit beendet habe* (eigentlich: *beendet haben werde*), *werde ich euch benachrichtigen*; partiremos luego que habremos comido *wir werden abreisen, sobald wir gegessen haben (werden)*. Es wird auch gebraucht, um eine Vermutung, Ungewißheit oder Verwunderung auszudrücken: lo habrá dicho *er wird es wohl*

gesagt haben; lo habrá arreglado todo *er wird wohl alles geregelt haben*. Man beachte, daß das zweite Futur im Spanischen häufiger gebraucht wird als im Deutschen, das das Perfekt bevorzugt.

3. **Der zweite Konditional** dient zur Bezeichnung von Handlungen in der Vergangenheit, die nicht verwirklicht wurden, weil hierzu eine Voraussetzung fehlte. Im Deutschen wird diese Zeit meistens mit dem Konjunktiv des Plusquamperfekts wiedergegeben: habríamos llegado a tiempo, si el tren no hubiese (*Konjunktiv Imperfekt von* haber) llevado retraso *wir wären rechtzeitig angekommen* (eigentlich: *wir würden rechtzeitig angekommen sein*), *wenn der Zug nicht Verspätung gehabt hätte*; le habría avisado, si le hubiera visto *ich hätte ihn gewarnt* (eigentlich: *ich würde ihn gewarnt haben*), *wenn ich ihn gesehen hätte*.

Übungen 26.4.

1. *Ergänzen Sie die folgenden Sätze mit den entsprechenden Verbformen:*
Cuando lleguéis a Madrid, ya (haber concluido) el congreso.
Para entonces (haber terminado) la traducción que me han encomendado.
¿Quién (haber roto) las láminas de este libro? Me (gustar) saberlo.
Si mi tío lo hubiera sabido, te (ayudar).
El pobre (suicidarse) de no haber llegado nosotros a tiempo para salvarle.

2. *Übersetzen Sie:* Unter den Dingen, die das Leben angenehm machen, nimmt der Wein einen hervorragenden Platz ein. Spanien ist ein echtes Weinbauland. Ich ziehe die spanischen Weine den französischen vor. Sie sind gut für meinen Magen und beleben den Blutdruck. Mein Arzt hebt die therapeutische(n) Wirkung(en) des Weins hervor (destacar). Außerdem läßt (macht) der Wein die bitteren Augenblicke des alltäglichen (cotidiano) Lebens vergessen. Deshalb (por eso) gibt es in allen Sprachen unzählige Sprichwörter und Redewendungen bezüglich des Weins, und wir hören immer gern die diesbezüglichen Witze und Anekdoten.
Der Wein ist auch gut für die Gesundheit der Seele, wie eine Anekdote aus La Rioja bezeugt. Zwei Freunde bestellen in der Schenke des Dorfes jeder einzelne einen halben Schoppen (un medio) Rotwein, trinken ihn und bestellen jeder einzelne noch einen (otro) halben Schoppen. Da es schon spät ist, beschließen sie, die Schenke zu verlassen. Als sie in die Kirche kommen, hatte die Predigt bereits begonnen. „Um gerettet zu werden", predigt der Geistliche, „gibt es drei Mittel (medios) ..." „Du siehst", sagt einer von ihnen, „uns fehlt der dritte halbe Schoppen, um gerettet zu sein."

3. *Setzen Sie die entsprechenden Präpositionen ein:*
La procesión pasó ... delante ... mi casa.
Fuimos ... paseo ... el parque ... la ciudad.
Me dieron diez mil pesetas ... el coche ... mi padre.
Este señor es Doctor ... Medicina ... la Sorbona.
Te digo ... toda franqueza que no sé ni palabra ... ese asunto.

lleguéis (von **llegar**) ihr komm(e)t an
el congreso der Kongreß, die Tagung
para entonces bis dahin
la traducción die Übersetzung

roto (von **romper**) zerbrochen; zerrissen
la lámina die Tafel
hubiera sabido er (sie, es) hätte gewußt

el pobre der Arme; der Unglückliche
suicidarse Selbstmord begehen
la Sorbona die Sorbonne
la franqueza die Offenheit

Fraseología 26.5.

"Doña Clementina estaba casada con don Leoncio, el médico. Don Leoncio era un hombre adusto y dado al vino, que se pasaba el día renegando de la aldea y de sus habitantes." *(Ana María Matute)*

casado, -a verheiratet
adusto, -a finster, mürrisch
dado, -a al vino dem Wein ergeben

pasarse el día den Tag verbringen

renegar de fluchen über, schimpfen auf
la aldea das Dorf

Refranes 26.6.

El vino alegra el ojo, limpia el diente y sana el vientre.
El vino que es bueno no ha menester pregonero.

alegrar erfreuen; beleben
sanar heilen
el vientre der Bauch; der Leib

el menester die Notwendigkeit

haber menester brauchen
el pregonero der öffentliche Ausrufer

Lección veintisiete

Méjico lindo 27.1.

El turismo, un fenómeno característico de nuestra época, tiende a especializarse. La explosión de masas en caravana rodante hacia los países mediterráneos, el turismo gregario, está dando, al parecer, las últimas boqueadas. Con el progreso de la aviación, con los nuevos aviones de capacidad para varios centenares de pasajeros, se abren posibilidades nuevas para esa industria del bienestar que pacíficamente revoluciona la convivencia de los pueblos, convirtiendo al mundo en un verdadero pañuelo, según la expresión popular.

Uno de los países que ofrece casi todo lo que puede esperar un turista es Méjico. ¿Es usted entusiasta de paisajes exóticos? Méjico le ofrece una gama paisajística que resume la Naturaleza entera: estepas y selva virgen, sierras y mesetas, majestuosos volcanes y valles idílicos, playas a dos océanos, zonas de vegetación tropical y cimas coronadas de nieves perpetuas.

¿Es usted aficionado a la arqueología? Pues podrá colmar sus sueños arqueológicos recorriendo y estudiando las soberbias ruinas de mayas y aztecas, pirámides, fortalezas, templos en toda la imponente arquitectura de las épocas precolombinas. Citemos, a título de ejemplo, el nombre de Chichén-Itzá, con "El Castillo" o templo de Kukulkán, o la encantadora ciudad de Tula...

Si usted desea comprobar la presencia europea, puede visitar las innumerables joyas del estilo colonial español, algunas de las cuales se remontan al siglo XVI (dieciséis). Ejemplo incomparable es la Plaza Mayor de la capital mejicana, conocida por el Zócalo, orlada por la Catedral y el Palacio Nacional. Pero en todo el país se pueden admirar templos de estilo español, con sus cúpulas características rematadas por torrecitas con estrechos ventanales que filtran la luz; altares de suntuosidad incomparable con riquísimas filigranas en oro y plata; derroche de ornamentación barroca y obras de arte pictórico que convierten cada iglesia en un verdadero museo. Y palacios de un señorío a la vez elegante y austero, como el de Montejo, que fue edificado en Mérida por el año de gracia 1539. Y hasta ciudades enteras, verdaderos museos al aire libre, como Taxco, el centro de la orfebrería y la platería, con sus empinadas calles, que ha sido declarado monumento nacional. O Cholula, antaño centro religioso indígena, que llegó a contar con más de 400 templos, sobre cuyos cimientos se levantaron otras tantas iglesias después de la Conquista.

Pero no para aquí, con ser ya mucho, el derroche de arte que por doquier ofrece Méjico. Porque ha logrado dar con una expresión artística moderna, en la que se dan la mano todos los estilos nacionales y hace revivir y palpitar el espíritu de este pueblo impar, como puede observarse en la Plaza de las Tres Culturas o en la Ciudad Universitaria.

Y aún quedan otras muchas facetas por nombrar, que hacen de Méjico una meta ideal para el turismo: un folklore multicolor, una música arrolladora, una cocina desbordante de fantasía; playas para todos los gustos, desde las concurridísimas de Acapulco a las solitarias de toda la franja del Pacífico, con crepúsculos de un romanticismo indescriptible. En una palabra, todo parece haberse dado cita en esta tierra incomparable, la cual, sin embargo, de nada de todo lo citado se enorgullece tanto como de sus habitantes, que constituyen uno de los pueblos más admirables y simpáticos de la tierra.

el **fenómeno** das Phänomen; die Erscheinung
característico, -a charakteristisch, bezeichnend
tender a neigen zu; streben nach
especializarse sich spezialisieren
la **explosión** die Explosion
la **masa** die Masse
la **caravana** die Karawane
rodante rollend
el **turismo gregario** der Massentourismus
la **boqueada** das Öffnen des Mundes
estar dando las últimas boqueadas im Sterben liegen; zu Ende gehen
la **aviación** die Luftfahrt; das Flugwesen
la **capacidad** das Fassungsvermögen; die Tragfähigkeit
el **avión de capacidad** das Großflugzeug, der Airbus
el **centenar** das Hundert
el **pasajero** der Reisende; der Passagier; der Fluggast
la **industria** die Industrie; das Gewerbe
el **bienestar** der Wohlstand
pacíficamente in friedlicher Weise
revolucionar revolutionieren
la **convivencia** das Zusammenleben
el **pañuelo** das Taschentuch; das Halstuch
convertir al mundo en un pañuelo die Welt klein werden lassen
el **entusiasta** der begeisterte Anhänger
ser entusiasta de schwärmen für, begeistert sein von
exótico, -a exotisch; fremd(artig)
la **gama** die Skala; der Bereich
paisajístico, -a Landschafts...
resumir (kurz) zusammenfassen
la **estepa** die Steppe
la **selva** der Wald

la **selva virgen** der Urwald
la **meseta** die Hochebene
el **volcán** der Vulkan
el **océano** der Ozean, das Weltmeer
la **zona** die Zone; der Landstrich; das Gebiet
la **vegetación** die Vegetation
tropical tropisch, Tropen...
coronado, -a gekrönt
perpetuo, -a fortdauernd, unaufhörlich; ewig
las **nieves perpetuas** der ewige Schnee
la **arqueología** die Archäologie
colmar (an)füllen; erfüllen
arqueológico, -a archäologisch
soberbio, -a stolz; herrlich, prächtig
la **ruina** die Ruine
el **maya** der Maya
el **azteca** der Azteke
la **pirámide** die Pyramide
la **fortaleza** die Festung
imponente gewaltig, eindrucksvoll
precolombino, -a vorkolumbisch
comprobar feststellen; nachweisen
la **presencia** die Gegenwart; die Anwesenheit
la **joya** das Juwel; die Perle, die Kostbarkeit
colonial Kolonial..., kolonial
incomparable unvergleichlich
mejicano, -a mexikanisch
el **zócalo** der Sockel
orlar (ein)fassen, säumen
la **catedral** die Kathedrale
el **Palacio Nacional** das Präsidentenpalais; das Parlamentsgebäude
la **cúpula** die Kuppel
rematar abschließen; vollenden
la **torrecita** das Türmchen
filtrar filtrieren, filtern
el **altar** der Altar
la **suntuosidad** die Pracht
rico, -a reich; herrlich, prächtig; reichlich
la **filigrana** das Filigran, die Filigranarbeit

la **ornamentación** die Verzierung
pictórico, -a malerisch
el **arte pictórico** die Malkunst
el **señorío** die (vornehme) Würde
edificar (er)bauen
la **gracia** die Gnade
el **año de gracia** das Jahr des Heils
el **museo al aire libre** das Freilichtmuseum
la **orfebrería** die Goldschmiedekunst
la **platería** die Silberschmiedekunst
empinado, -a steil
declarar monumento nacional unter Denkmalschutz stellen
indígena einheimisch
los **cimientos** die Grundmauer; das Fundament
la **conquista** die Eroberung
con ser ya mucho obwohl das schon viel ist
por doquier überall
revivir wieder aufleben
palpitar sich kräftig regen
universitario, -a Universitäts...
la **faceta** der Aspekt, die Seite
el **folklore** die Volkskunde; die Folklore, das Brauchtum
multicolor vielfarbig; bunt
arrollador, -a fesselnd; berauschend
desbordante überquellend
concurrido, -a stark besucht; überlaufen
solitario, -a einsam
la **franja** der (Küsten-) Streifen
el **Pacífico** der Pazifik
el **crepúsculo** die (Abend-) Dämmerung
el **romanticismo** die Romantik
indescriptible unbeschreiblich
darse cita sich verabreden
enorgullecerse de stolz werden auf
admirable bewundernswert

154

Erläuterungen   **27.2.**

1. **Méjico:** Dieser in Spanien bevorzugten Schreibung mit **j** steht die in Mexiko (Estados Unidos Mexicanos) übliche Schreibung mit **x** gegenüber. Zur Zeit des Eroberers von Mexiko, Hernán Cortés (1485—1547), war **x** das graphische Zeichen für das heutige **j**. So schrieb man Don Quixote, Ximénez, Xerez — Wörter, die heute mit **j** geschrieben werden.

2. **los mayas:** Die Kultur der Maya beginnt um 1500 v. Chr. und erlebte ihre Hochblüte vom 2.—9. Jahrhundert. Die Maya werden die „Griechen Amerikas" genannt, weil Kunst und Wissenschaft wie auch ihre soziale Ordnung hoch entwickelt waren. Im Städtebau, in Palast- und Kulturbauten, in der Malerei und in der plastischen Kunst waren sie unbestrittene Meister. Den spanischen Eroberern leisteten sie lange Widerstand; 1546 wurden sie unterworfen.

3. **los aztecas:** Die Azteken werden die „Römer Amerikas" genannt, weil sie straff organisiert und kriegerisch waren. In ihrem Städte- und Sakralbau zeigt sich deutlich der Sinn für geometrische Ordnung, die der Regellosigkeit der Natur entgegenwirken soll. *Hernán Cortés* beginnt 1519 mit der Eroberung des Landes. Die Aztekenkultur wird zerstört (1521).

4. **la Conquista:** Unter diesem Begriff versteht man das Zeitalter der Besitznahme Amerikas durch die Spanier. Für Mexiko dauert die Zeit der spanischen Besetzung von 1519 (*Hernán Cortés* landet beim heutigen Veracruz) bis 1825 (die Spanier räumen ihre letzten Stützpunkte).

5. **con ser ya mucho:** Näheres über den adverbialen Infinitiv s. Lektion 38, S. 211.

Grammatik

Das Passiv   **27.3.**

Präsens	
soy invitado, -a *ich werde eingeladen*	somos invitados, -as *wir werden eingeladen*
eres invitado, -a	sois invitados, -as
es invitado, -a	son invitados, -as
Imperfekt	
era invitado, -a *ich wurde eingeladen* éramos invitados, -as *wir wurden eingeladen*	
Historisches Perfekt	
fui invitado, -a *ich wurde eingeladen* fuimos invitados, -as *wir wurden eingeladen*	

Erstes Futur
seré invitado, -a *ich werde eingeladen werden* seremos invitados, -as *wir werden eingeladen werden*
Erster Konditional
sería invitado, -a *ich würde eingeladen werden* seríamos invitados, -as *wir würden eingeladen werden*
Perfekt
he sido invitado, -a *ich bin eingeladen worden* hemos sido invitados, -as *wir sind eingeladen worden*
Plusquamperfekt
había sido invitado, -a *ich war eingeladen worden* habíamos sido invitados, -as *wir waren eingeladen worden*
Zweites Futur
habré sido invitado, -a *ich werde eingeladen worden sein* habremos sido invitados, -as *wir werden eingeladen worden sein*
Zweiter Konditional
habría sido invitado, -a *ich würde eingeladen worden sein* habríamos sido invitados, -as *wir würden eingeladen worden sein*

Bemerkungen:

1. Das Passiv wird mit dem Hilfsverb ser (= *werden*) und dem Partizip Perfekt gebildet, das sich in Geschlecht und Zahl nach dem Subjekt des Satzes richtet: el amigo es invitado *der Freund wird eingeladen*, los amigos fueron invitados *die Freunde wurden eingeladen.*

2. Der Urheber bzw. die Ursache einer Tätigkeit (im Deutschen mit *von* eingeleitet) wird beim Passiv meist durch die Präposition **por** bezeichnet: el toro fue matado por el matador *der Stier wurde von dem Matador getötet*; los televisores producidos por una casa alemana fueron exportados *die von einer deutschen Firma hergestellten Fernsehgeräte wurden ausgeführt*; la ciudad fue destruida por un terremoto *die Stadt wurde durch ein Erdbeben zerstört.*

Nach Verben dagegen, die eine Empfindung ausdrücken (z. B. estimar *schätzen*, querer *lieben*, detestar *verabscheuen*), sowie nach den Verben acompañar *begleiten*, preceder *vorangehen*, seguir *folgen*, rodear *umgeben* wird „von" mit **de** wiedergegeben: era estimado de todos *er wurde von allen geschätzt*; fuimos acompañados del director de la fábrica *wir wurden von dem Direktor des Werkes begleitet.*

3. Meist wird das Passiv durch die reflexive Form des Zeitwortes* oder durch die unpersönliche 3. Person Plural wiedergegeben: sellos se venden aquí *Briefmarken werden hier verkauft*; folletos se importan en cantidades considerables *Druckschriften werden in beträchtlichen Mengen eingeführt*; aquí se habla español *hier wird Spanisch gesprochen* oder *hier spricht man Spanisch*; me han dicho que ... *man hat mir gesagt, daß ...*

---

* Hierauf wurde bereits in Lektion 12, S. 82, hingewiesen.

4. Soll das Ergebnis, die Folge einer Handlung bzw. der augenblickliche Zustand ausgedrückt werden, so wird **estar** + **Partizip Perfekt** gebraucht, das sich in Geschlecht und Zahl nach dem Subjekt des Satzes richtet: las puertas están cerradas *die Türen sind (augenblicklich) geschlossen*; el museo no está abierto al público *das Museum ist (zur Zeit) der Allgemeinheit nicht zugänglich.* Als selbständige Verben sind zu merken: estar sentado *sitzen* und estar acostado *od.* echado *liegen.*

Übungen 27.4.

1. *Setzen Sie die Verben ins Passiv und statt der Punkte die richtige Präposition:*

Hoy (invitar) ... comer ... casa ... el gobernador.

Este libro (escribir) ... un filósofo cuyo nombre no recuerdo.

Lope de Vega (llamar) "El Fénix de los Ingenios".

(Acompañar) ... el director ... Museo ... nuestra visita ... la exposición celebrada ... honor ... Picasso.

La mayor parte ... las naranjas españolas (exportar).

(Rumorear) que el año próximo habrá elecciones.

¿Quién (elegir) alcalde ... la ciudad?

Esta calle (cerrar) hoy ... tráfico ... camiones.

2. *Übersetzen Sie:* Eines der Länder, das fast alles bietet, was ein Tourist erhoffen kann, ist Mexiko. Mexiko bietet Steppen und Urwald, Gebirge und Hochebenen, majestätische Vulkane und idyllische Täler, Strände an zwei Weltmeeren, Zonen tropischer Vegetation und mit ewigem Schnee gekrönte Gipfel. Die Touristen durchwandern die prächtigen Ruinen der (von) Maya und Azteken und studieren die Pyramiden, Festungen und Tempel der eindrucksvollen Architektur der vorkolumbischen Zeitalter. Wenn sie die europäische Gegenwart festzustellen wünschen, können sie die unzähligen Kostbarkeiten des spanischen Kolonialstils besichtigen, von denen einige auf das 16. Jahrhundert zurückgehen.

Im ganzen Land kann man Tempel spanischen Stils mit ihren charakteristischen Kuppeln und Türmchen bewundern, Altäre von unvergleichlicher Pracht und Kunstwerke, die jede Kirche in ein Museum verwandeln. Viele Städte sind Freilichtmuseen, wie Taxco, (der) Mittelpunkt der Gold- und Silberschmiedekunst, das unter Denkmalschutz gestellt worden ist, oder Cholula, das über 400 Tempel zählt.

In Mexiko trifft man auch auf einen modernen künstlerischen Ausdruck, in dem der Geist dieses unvergleichlichen Volkes lebt. Mexiko ist ein ideales Ziel für den Tourismus: Strände für alle Geschmäcke, von den überlaufenen von Acapulco bis zu den einsamen der Küstenstreifen des Pazifiks. Unvergleichlich ist dieses Land, unvergleichlich sind auch seine Bewohner, die eines der bewundernswertesten Völker der Erde darstellen.

el **filósofo** der Philosoph	**rumorear** munkeln	**cerrar** (ab)sperren; schlie-
recordar sich erinnern an	**la elección** die Wahl	ßen
el **fénix** der Phönix	el **alcalde** der Bürgermei-	el **tráfico** der Verkehr
exportar ausführen, expor-	ster	el **camión** der Last(kraft)-
tieren		wagen, der Lkw

Fraseología   **27.5.**

"En un bar, en Madrid, por la plaza de Castilla, me chocó este letrero:
PROHIBIDO CANTAR. Interrogaba al dueño sobre la prohibición. Era
un afable campechano.

— Pues, vea usted: se echaban a cantar hasta las altas horas, y yo no me
consideraba quién para mandarles callar en atención de respeto al vecindario. Ahora, sí; el letrero me da autoridad."   (*Noel Clarasó*)

Castilla f Kastilien	**echarse a** (mit Infinitiv)	**de respeto** achtunggebie-
chocar (j-n) wundern	beginnen, zu	tend
el **letrero** die Aufschrift;	**considerarse** sich für etwas	el **vecindario** die Einwoh-
die Tafel, das Schild	halten	nerschaft
la **prohibición** das Verbot	**callar** schweigen	la **autoridad** die Autorität;
afable freundlich	**en atención a** mit Rück-	die Macht(befugnis)
campechano, -a leutselig;	sichtnahme auf	
gemütlich		

Refranes   **27.6.**

Cuando hablares, cuida qué, cómo y de quién, dónde cuándo y con quién.
Del agua mansa, líbreme Dios, que de la brava me libraré yo.

hablares (von **hablar**; Kon-	**cuidar** achtgeben auf	es) möge mich befreien
junktiv des Futurs) du	**manso, -a** sanft; still, ruhig	**bravo, -a** wild
werdest sprechen	**líbreme** (von **librar**) er (sie,	

Lección veintiocho

Una mujer española   28.1.

Las ideas feministas no han tenido en España lo que se dice buena
prensa ni gran audiencia; tal vez los posos árabes que se mantienen
en las entretelas de la mentalidad española explican este fenómeno.
Sea como sea, hasta época bien reciente, carecía la mujer española
de derechos que en otras naciones resultaban el mínimo de la emancipación de la mujer. Y no sólo en el aspecto jurídico, sino — sobre
todo, había que decir — en la vida corriente y moliente.
Una de las mujeres españolas que más se han esforzado por establecer
la igualdad para los dos sexos fue la gran novelista doña Emilia

Pardo Bazán, nacida en La Coruña el año 1852. De su padre, un prócer liberal y feminista convencido, que la educó en la más amplia libertad de conciencia, Emilia heredó, entre otras muchas cosas, el fervor por la defensa de los derechos de la mujer. Sus ideas, entonces muy avanzadas, que expuso públicamente en su célebre obra polémica "La cuestión palpitante", no eran tan explosivas como para justificar el escándalo que se organizó al publicarse dicha obra, y que para la autora tuvieron una consecuencia de tipo familiar. Porque su marido, que en el fondo la adoraba, optó por una separación amistosa, a la que doña Emilia accedió de buen grado.

—Somos dos caracteres diametralmente opuestos. Yo soy sociable y expansiva, necesito para vivir que mi trabajo literario tenga eco, cuanto más ruidoso, mejor. En cambio, mi marido prefiere la soledad y el silencio, aunque en el fondo se complazca en mis triunfos. La gente no entiende nuestra organización conyugal, pero nada hay más perfecto que nuestro matrimonio. Porque viviendo separados, conservamos nuestra manera de ser cada uno y nos queremos de veras. De haber seguido unidos, hubiéramos acabado aborreciéndonos, hasta odiándonos.

La madurez que reflejan estas palabras no era compartida por la inmensa mayoría de las españolas de su época; sin embargo, le granjearon un respeto extraordinario. Cuando le fue concedido el título nobiliario de Condesa, todas las clases sociales, los salones aristocráticos al igual que la voz de la calle, aceptaron la distinción como premio a su labor de escritora y publicista. Doña Emilia Pardo Bazán ocupaba puestos hasta entonces coto exclusivo del sexo fuerte; en asociaciones múltiples, en el Ateneo madrileño, desempeñó cargos que, con el tiempo, se vio precisada a abandonar, porque no era bien visto que los ocupara una mujer. Tampoco cuajó la propuesta de nombrarla miembro de la Real Academia Española, a pesar de tener méritos más que sobrados para ello.

Lo curioso es que quienes más discutían sus triunfos eran precisamente las mujeres. Una distinguida dama le decía que no le parecía bien que una mujer estudiara Medicina. Doña Emilia contestó:

—¿Por qué ha de estar mal visto que una mujer vaya a la Universidad a estudiar, aceptando como se acepta que acuda a un salón de té a bailar el tango? Querida amiga, una mujer tiene el mismo derecho a estudiar que a tener hijos.

Se cuenta que esta "amiga" no volvió a dirigir la palabra a la Condesa.

feminista frauenrechtlerisch

no tener gran audiencia keinen großen Anklang finden

el poso der Bodensatz

las entretelas das Innerste (des Herzens)

la mentalidad die Denkweise; die Mentalität

sea como sea wie dem auch sei, jedenfalls

reciente frisch; jüngst geschehen; neu

el derecho das Recht

la nación die Nation; das Volk

el mínimo das Minimum

la emancipación die Emanzipation

el aspecto der Gesichtspunkt, der Aspekt; der Anblick

jurídico, -a juristisch, rechtlich

establecer (be)gründen; herstellen

la igualdad die Gleichheit

el sexo das Geschlecht

el/la novelista der Romanschriftsteller, die Romanschriftstellerin

nacido, -a geboren; gebürtig

el prócer der Führer, der Vorkämpfer

liberal liberal

el/la feminista der Frauenrechtler, die Frauenrechtlerin

educar erziehen

la libertad die Freiheit

la conciencia das Gewissen; das Bewußtsein

heredar erben

el fervor die Hingabe; der Eifer

la defensa die Verteidigung

avanzado, -a fortschrittlich

expuso (von **exponer**) er (sie, es) trug vor, legte dar

público, -a öffentlich

polémico, -a polemisch

la cuestión palpitante die brennende Frage

explosivo, -a explosiv; Spreng...

justificar rechtfertigen

publicarse erscheinen, herauskommen

dicho, -a besagt, genannt

la autora die Verfasserin

la consecuencia die Folge; die Konsequenz

en el fondo im Grunde (genommen), eigentlich

adorar anbeten; verehren

optar por wählen, sich entscheiden für

la separación die Trennung

amistoso, -a freund-(schaft)lich; gütlich

de buen grado gutwillig; gern

diametralmente diametral

opuesto, -a (von **oponer**) entgegengesetzt

sociable gesellig

expansivo, -a mitteilsam, offen

el eco das Echo, der Widerhall

tenga (von **tener**) er (sie, es) habe

tener eco Widerhall finden

cuanto más ruidoso, mejor je lauter, desto besser

se complazca (von **complacerse**) **en** er freue sich über

conyugal ehelich

la organización conyugal der Ehebund

perfecto, -a vollkommen

conservar erhalten; beibehalten

la manera die (Art und) Weise

de haber seguido unidos wenn wir weiterhin zusammengeblieben wären

hubiéramos (von **haber**) wir hätten

acabar (be)enden, abschließen

acabar haciendo a/c. schließlich etwas tun

aborrecer verabscheuen

odiar hassen

la madurez die Reife

reflejar (wider)spiegeln

compartir teilen

inmenso, -a unermeßlich; überaus groß

la española die Spanierin

granjear entgegenbringen

extraordinario, -a außerordentlich; außergewöhnlich

nobiliario, -a adlig; Adels...

la condesa die Gräfin

social gesellschaftlich, Gesellschafts...; sozial

el salón der Salon

aristocrático, -a aristokratisch

al igual que ebenso wie

aceptar annehmen; billigen; anerkennen

la distinción die Auszeichnung

el premio die Belohnung

la labor die Arbeit; das Werk

la escritora die Schriftstellerin

el/la publicista der Publizist, die Publizistin

el coto das Revier

exclusivo, -a ausschließlich

la asociación die Vereinigung; der Verein

múltiple vielfach; mehrfach

el ateneo der Gelehrtenverein

madrileño, -a aus Madrid, Madrider

desempeñar ausüben, versehen

el cargo der Posten, das Amt

se vio (von **verse**) **precisado, -a** er (sie, es) sah sich gezwungen, mußte

ser bien visto gern gesehen sein

ocupara (von **ocupar**) er (sie, es) nähme ein

cuajar Erfolg haben; behagen, gefallen

la propuesta der Vorschlag; der Antrag

el miembro das Mitglied

la academia die Akademie

el mérito das Verdienst

la dama die Dame

estudiara (von **estudiar**) er (sie, es) studier(t)e

estar mal visto nicht gern gesehen werden

vaya (von **ir**) er (sie, es) gehe

acuda (von **acudir**) er (sie, es) nehme teil

el salón de té der Teesalon

bailar tanzen

el tango der Tango

no volver a dirigir nie wieder richten

Erläuterungen 28.2.

1. **de haber seguido unidos:** Hier tritt der Infinitiv an die Stelle eines Nebensatzes (*wenn wir zusammengeblieben wären*); Näheres über den adverbialen Infinitiv s. Lektion 38, S. 211.

2. **la Real Academia Española:** Die „Königlich Spanische Akademie" wurde 1713 in Madrid gegründet. Das Wörterbuch der Akademie (Diccionario de la lengua española) liegt in 19. Auflage 1970 vor.

Grammatik

Zusammengesetzte Formen der unbetonten persönlichen Fürwörter 28.3.

> **me lo** (le, la, los, les, las) *es mir* (*ihn mir, sie mir*)
> **te lo** (le, la, los, les, las) *es dir* (*ihn dir, sie dir*)
> **se lo** (le, la, los, les, las) *es ihm, es ihr* (*ihn ihm, ihn ihr, sie ihm, sie ihr*)
> **nos lo** (le, la, los, les, las) *es uns* (*ihn uns, sie uns*)
> **os lo** (le, la, los, les, las) *es euch* (*ihn euch, sie euch*)
> **se lo** (le, la, los, les, las) *es sich* (*ihn sich, sie sich*)

Bemerkungen:

1. In der Aufeinanderfolge zweier unbetonter persönlicher Fürwörter beim Verb unterscheiden sich die deutsche und die spanische Sprache grundsätzlich. Während es im Deutschen heißt: ich gebe es dir (Akkusativ vor Dativ), verwendet das Spanische gerade die umgekehrte Reihenfolge: te lo doy **(Dativ vor Akkusativ).**

2. Der Dativ **le(s)** wird vor allem mit l beginnenden Fürwörtern durch se* ersetzt, das nicht mit dem Reflexivpronomen se (s. 3.) zu verwechseln ist: se lo digo *ich sage es ihm* (*ihr, ihnen, Ihnen*). Geht aus dem Zusammenhang nicht klar hervor, für welches Dativpronomen se eingetreten ist, so wird der Dativ des entsprechenden unverbundenen Fürworts hinzugefügt: se lo digo a él *ich sage es ihm,* se lo digo a ella *ich sage es ihr,* se lo digo a Vd. *ich sage es Ihnen,* se lo digo a ellos (ellas) *ich sage es ihnen,* se lo digo a Vds. *ich sage es Ihnen.*

3. Das Reflexivpronomen **se** steht nicht nur **vor** den Fürwörtern der 3. Person (s. Tabelle), sondern stets auch vor denen der 1. oder 2. Person: se me había presentado *er hatte sich mir vorgestellt.* Ist jedoch in diesen Zusammenstellungen die 1. oder 2. Person ein reflexiver Akkusativ, so nimmt der Dativ der 3. Person besser die unverbundene Form an: me había presentado a él (*statt* me le había presentado) *ich hatte mich ihm vorgestellt.*

4. Bezüglich der **Stellung** beim Verb gilt das bei den einfachen Formen der unbetonten persönlichen Fürwörter Gesagte. Auch die zusammengesetzten Formen der unbetonten persönlichen Fürwörter stehen in der Regel — die bei den einfachen Formen genannten Ausnahmen gelten auch für die zusammengesetzten Formen — **vor** dem Verb, in den zusammengesetzten Zeiten vor dem Hilfsverb:

> (no) me lo dice *er sagt es mir (nicht)*
> me lo ha dicho *er hat es mir gesagt*

---

* < lat. illi über altspan. ge [dʒe].

os las (= las revistas) restituiré mañana *ich werde sie euch morgen zurück-*
geben
os las había restituido *ich hatte sie euch zurückgegeben*

Angehängt werden die zusammengesetzten Formen der unbetonten persönlichen
Fürwörter an den Infinitiv, an das Gerundium sowie an den bejahten Imperativ:

quiere venderme su casa *er will mir sein Haus verkaufen*
quiere vendérmela (Akzent!) *er will es mir verkaufen*
diciéndomelo (Akzent!) *indem er es mir sagte*
¡dígamelo! (Akzent!) *sagen Sie es mir!*

Übungen   28.4.

1. *Antworten Sie mit Hilfe der Fürwörter:*
¿Te ha dado la llave?
¿Has dicho a Pedro lo convenido?
¿Me has comprado el libro?
¿Le dijo a Luis que ha aprobado?
¿Nos han traído la maleta?
¿Se pondrá el traje de fiesta?
¿Nos prestarás el coche?

2. *Übersetzen Sie:* Doña Emilia Pardo Bazán, geboren 1852 in La Coruña,
war eine der spanischen Frauen, die sich bemüht haben, die Emanzipation
der Frau und damit (de este modo) die Gleichheit der beiden Geschlechter
in Spanien herzustellen. Von ihrem Vater hatte sie den Eifer für die Verteidigung der Rechte der Frau geerbt. Sie veröffentlichte ihre fortschrittlichen
Ideen in dem polemischen Werk „Die brennende Frage", das für die Auto-
rin Folgen familiärer Art hatte (indef. von tener). Ihr Mann, der sie im
Grunde genommen verehrte, entschied sich für eine gütliche Trennung, der
doña Emilia gern zustimmte.
Die große Mehrheit der Spanierinnen ihrer Zeit brachte doña Emilia (eine)
außergewöhnliche Achtung entgegen. Als ihr der Adelstitel einer (de)
Gräfin verliehen wurde, erkannten alle sozialen Schichten diese Auszeichnung als Belohnung für ihre Arbeit als (de) Schriftstellerin und Publizistin
an. In vielfachen Vereinigungen übte sie Ämter aus, die sie mit der Zeit
aufgeben mußte, weil eine Frau, die diese Ämter innehatte, nicht gern
gesehen war. Auch der Vorschlag, doña Emilia zum Mitglied der Königlich Spanischen Akademie zu ernennen, war ohne Erfolg. Trotz alledem
(a pesar de todo) hat sie das Verdienst, die Rechte der spanischen Frau im
alltäglichen Leben durchgesetzt zu haben.

3. *Setzen Sie die entsprechenden Präpositionen ein:*
Muchas gracias ... el ramo ... flores.
Nos saludaron ... palabras ... enhorabuena ... mucha amabilidad.

Deseo hablar ... el doctor ... el resultado ... reconocimiento ... mi madre.
Ha presentado denuncia ... un ministro que ... despecho ... las advertencias
... denunciante, se obstina ... acusarle ... corrupción.

la **llave** der Schlüssel
convenido, -a vereinbart
el **traje de fiesta** der Sonntagsanzug
el **ramo de flores** der Blumenstrauß
la **enhorabuena** der Glückwunsch
el **resultado** das Ergebnis
el **reconocimiento** die Untersuchung

la **denuncia** die Anzeige
presentar denuncia Anzeige erstatten
el **despecho** der Groll, der Zorn
a **despecho de** trotz, ungeachtet
la **advertencia** der Hinweis; die Warnung

el **denunciante** der Denunziant
obstinarse en hartnäckig darauf bestehen, zu
acusar anklagen; beschuldigen
la **corrupción** die Bestechung

Fraseología   28.5.

"No le hagas caso, siempre ha sido muy rencorosa ... Con el mismo Julio
se llevaba muy mal, parecían perro y gato... Y mira que era bueno mi
Julio... Pero, claro, aunque fuese un pedazo de pan, no podía aguantar
sus continuas intromisiones. En cambio, él y yo nunca tuvimos una sola
discusión. Eramos uña y carne."   (*Luis Goytisolo*)

no le hagas (von **hacer**) **caso** beachte ihn (sie) nicht
rencoroso, -a grollend; nachtragend
llevarse mal con schlecht auskommen mit

fuese (von **ser**) er (sie, es) wäre
el **pedazo** das Stück
ser un pedazo de pan gutmütig (und treu) sein
continuo, -a ständig, fortwährend

la **intromisión** die Einmischung
la **uña** der (Finger-, Zehen-)Nagel
ser uña y carne ein Herz und eine Seele sein

Refrán   28.6.

Quien a buen árbol se arrima, buena sombra le cobija.

arrimarse sich anlehnen
cobijar bedecken; aufnehmen

163

Lección veintinueve

Adiós al campo

En el comedor, una pequeña foto familiar sobre el trinchero, junto a una figurita de porcelana y una cestita de fruta.

—Ya hace años que nos la sacamos, cuando Pepín hizo la primera comunión — hace observar Juan Antonio, el dueño de la casa. Con él, en la foto, la familia García Berciano entera: Aurelia y su marido con Pepín en medio, Toño y María Rosa.

—Los tiempos eran entonces mejores que éstos en que vivimos. ¡Qué daría por volverlos a tener a los tres juntos! Pero, así es la vida, qué le vamos a hacer — Aurelia no ocultaba su melancolía —. "El muerto al hoyo, y el vivo al bollo"; los refranes no engañan...

Claro que no era para tanto, porque Aurelia y Juan Antonio no llegan a los sesenta, gozan de buena salud y no tienen, lo que se dice, motivos para quejarse; al menos, vista su situación desde fuera. La granja que explotan les da para vivir con holgura, y los tres hijos prometen hacer carrera... en la ciudad, claro.

—La juventud de ahora prefiere irse a la capital. Sólo quedamos los viejos. En el fondo, hacen bien. Porque el campo va de capa caída. Cualquier día, vendemos la granja,... y a vivir de rentas — dice Juan Antonio.

Juan Antonio ha trabajado duro, y Aurelia no le ha ido a la zaga. Su situación económica la han ganado a pulso, y a nadie tienen que agradecer lo que tienen. Pero sus fuerzas ceden, la mano de obra es cada vez más escasa, y la poca de que se dispone, exige el oro y el moro.

—No es rentable hoy la agricultura. Los intermediarios son los que se llevan la tajada, nos compran los productos por cuatro perras, y, encima, nos echan a nosotros la culpa de que los precios estén por las nubes. Como que no fuéramos nosotros los que más sentimos lo cara que está la vida. ¿Ves este tractor? Sin él, nos sería imposible sobrevivir. Pues te aseguro que ha costado la cosecha de años enteros. Y luego hablan de subvenciones, de cooperativas, de facilidades... Como no llueva a tiempo, apañados estamos...

Juan Antonio, pese a todo, se siente apegado al terruño. Por nada del mundo vendería lo que con tantos esfuerzos ha logrado entre él y su mujer, a pesar de desahogos como éstos, que son para ambos como necesarias válvulas de escape. En su interior, están orgullosos de lo que han bregado en la vida y satisfechos de lo que con su sudor y sus fatigas han logrado.

—¡Si al menos uno hubiera quedado en casa! No me arredra el trabajo; pero uno piensa para qué seguir rompiéndose los riñones. María Rosa siempre quería ser maestra, y Pepín tiene más madera para estudiar. Nuestras esperanzas las habíamos puesto en Toño, a quien parecía dársele el campo. ¡Si será tonto! Fíjate que meterse de mecánico en un taller, pudiendo ser aquí el amo... Bueno, tengo la vaga esperanza de que un día se harte de pringar para el jefe y se venga al lugar que le corresponde; nosotros seguiremos dando el callo, hasta que Dios quiera — afirmó Juan Antonio.

Aurelia trajo unas copas de aguardiente.

—¡Salud! — dijo él.

—¡Por la vuelta de algún hijo pródigo! — brindé yo.

Aurelia sonrió con resignación, mirando la foto.

---

el adiós der Abschied
la foto das Photo
el trinchero der Serviertisch, die Anrichte
la figurita das Figürchen
la porcelana das Porzellan
la cestita das Körbchen
la primera comunión die Erstkommunion
el dueño de la casa der Hausherr
ocultar verbergen
la melancolía die Schwermut, die Melancholie
no llegar a los sesenta noch nicht 60 (Jahre alt) sein
al menos wenigstens
la granja der Bauernhof
la holgura die Behaglichkeit
vivir con holgura behaglich leben, sein gutes Auskommen haben
hacer carrera Karriere machen, beruflich vorwärtskommen
la juventud die Jugend
de ahora heutig, jetzig
irse (weg)gehen
quedamos los viejos wir Alten bleiben
ir de capa caída an Ansehen verlieren; immer weniger (od. schlechter) sein
cualquier día irgendwann (einmal)

la renta die Rente; der Zins; der Ertrag
duro, -a hart
la zaga das Hinterteil (z. B. eines Wagens)
no le ha ido a la zaga sie hat ihm nicht nachgestanden
ganar verdienen; gewinnen
el pulso der Puls; die Kraft in der Faust
a pulso durch eigene Kraft
agradecer dankbar sein, danken
la mano de obra die Arbeitskräfte
exigir el oro y el moro Unmögliches verlangen
rentable rentabel, wirtschaftlich; lohnend
la agricultura die Landwirtschaft
el intermediario der Zwischenhändler
la tajada die Schnitte, die Scheibe
llevarse la tajada einen Schnitt (seinen Rebbach) machen
el producto das Produkt; das Erzeugnis
la perra die Hündin; die Fünfcéntimomünze
comprar por cuatro perras für ein Butterbrot (ab-) kaufen
la culpa die Schuld

echar la culpa die Schuld geben
estén (von **estar**) sie seien
como que als ob
fuéramos (von **ser**) wir wären
el tractor der Traktor
sobrevivir überleben
la cosecha die Ernte
la subvención die Subvention; der Zuschuß
la cooperativa die Genossenschaft
la facilidad die Erleichterung
llueva (von **llover**) es regne
apañados estamos wir sind aufgeschmissen
pese a todo trotz allem
apegado a verwachsen mit, verbunden mit
el terruño das Erdreich, der Boden, die Scholle
el esfuerzo die Anstrengung
necesario, -a notwendig, nötig
la válvula die Klappe; das Ventil
el escape das Entweichen
la válvula de escape das Auslaßventil; der Ausweg
el sudor der Schweiß
la fatiga die Mühe
arredrar erschrecken
el riñón die Niere
romperse los riñones sich

abrackern, sich halbtot
arbeiten
la maestra die Lehrerin
la madera hier: die Begabung
la esperanza die Hoffnung
puesto (von **poner**) gesetzt
dársele a alg. j-m etwas
bedeuten; hier: j-m leicht-
fallen
tonto, -a dumm
fíjate (von **fijarse**) stell dir
(nur) vor
meterse werden

el amo der Herr; der
Eigentümer
vago, -a unbestimmt
se harte (von **hartarse**) **de**
er (sie, es) habe es satt
pringar schuften
se venga (von **venirse**) er
(sie, es) komme
corresponder entsprechen;
zukommen; erwidern
el callo die Schwiele
dar el callo schuften
hasta que bis (daß)
quiera (von **querer**) er (sie,
es) wolle

trajo (von **traer**) er (sie, es)
brachte
el aguardiente der Branntwein, der Schnaps
pródigo, -a verschwenderisch
el hijo pródigo der verlorene Sohn
brindar anstoßen; einen
Trinkspruch ausbringen
sonrió (von **sonreír**) er (sie,
es) lächelte
la resignación die Ergebung, die Resignation

Erläuterungen   29.2.

1. **Juan Antonio ha trabajado duro:** Wie bereits in Lektion 20, S. 123, ausgeführt wurde, wird bei einer Anzahl von Verben (hablar, vender u. a.) in
bestimmten Verbindungen das Adjektiv als neutrales Objekt in adverbialem
Sinn gebraucht und nicht verändert.

2. **sentimos lo cara que está la vida:** Zwischen lo und que *was* (s. Lektion 13,
S. 88) tritt das Adjektiv, das sich in Geschlecht und Zahl nach dem dazu-
gehörigen Substantiv richtet (eigentlich: ... lo que está cara la vida ... *was
das Leben teuer ist*). Weitere Beispiele: no puede Vd. figurarse lo lindos que
son mis nietos *Sie können sich nicht vorstellen, wie reizend meine Enkel sind*
(... lo guapas que son las sevillanas ... *wie hübsch die Sevillanerinnen sind*).

Grammatik

Gebrauch des bestimmten Artikels   29.3.

Der bestimmte Artikel **fehlt** im Spanischen

a) vor den Namen der Monate ohne nähere Bestimmung (nacido en mayo
im Mai geboren; aber: el mayo del último año *der Mai des letzten Jahres*);
b) bei den Ländernamen Checoslovaquia *die Tschechoslowakei*, Suiza *die
Schweiz* und Turquía *die Türkei*;
c) häufig bei der Apposition (Madrid, capital de España *Madrid, die Hauptstadt Spaniens*);
d) vor den Ordnungszahlen bei Namen von Regenten (Carlos Quinto
Karl der Fünfte);
e) vor san bzw. santo *heilig* mit nachfolgendem Eigennamen (San Francisco
der heilige Franziskus);

f) in verschiedenen Redensarten, z. B. acusar recibo *den Empfang bestätigen*, hacer frente *die Stirn bieten*, mudarse de casa *umziehen*, cambiar de tren *umsteigen*, perder de vista *aus den Augen verlieren*, dar palabra de honor *das Ehrenwort geben*, ¿A cuántos estamos? Estamos a tres de julio *Den wievielten haben wir heute? Wir haben den 3. Juli*, a principios (a mediados, a fines) del año *zu Anfang (Mitte, Ende) des Jahres*, a orillas de *am Ufer von*, en caso de *im Fall von*, con motivo de *mit der Absicht zu*.

Der bestimmte Artikel **steht** im Spanischen

a) vor einigen Länder- und Städtenamen*, z. B. la Argentina *Argentinien*, el Brasil *Brasilien*, el Canadá *Kanada*, El Ecuador *Ekuador*, la India *Indien*, las Indias Occidentales *Westindien*, el Japón *Japan*, el Paraguay *Paraguay*, el Perú *Peru*, el Uruguay *Uruguay*; El Cairo *Kairo*, La Habana *Havanna*, La Haya *Den Haag*; La Coruña, El Ferrol (*Städte in Nordwestspanien*);

b) vor den Namen der Himmelsgegenden (el Norte *Norden*, el Sur *Süden*, el Sudoeste *Südwesten*);

c) bei Zeitbestimmungen: los lunes *montags*, llegará el viernes *er wird Freitag eintreffen*, por la mañana *morgens*, el año pasado (próximo) *voriges (nächstes) Jahr*, a las tres *um drei Uhr*;

d) bei Gattungsnamen und abstrakten Begriffen (el oro es más precioso que la plata *Gold ist wertvoller als Silber*; la alegría vale más que la riqueza *Fröhlichkeit ist mehr wert als Reichtum*);

e) vor Titeln mit folgendem Eigennamen (außer Don) und vor señor und Ableitungen, sofern sie nicht in der Anrede stehen (El Rey Alfonso *König Alfons*, el señor García ha llegado *Herr García ist eingetroffen* — aber: Señor García, ¿cómo está Vd.? *Herr García, wie geht es Ihnen?*);

f) bei Prozentzahlen (al cinco por ciento *zu 5%*);

g) nach tener bei Angabe körperlicher Eigenschaften (tiene el pelo rubio *sie hat blondes Haar*);

h) in verschiedenen Redensarten, z. B. ceder el paso *Platz machen*, concluir la paz *Frieden schließen*, dar los buenos días *guten Tag sagen*, dar la enhorabuena *Glück wünschen*, dar las gracias *Dank sagen*, dar las ocho *acht Uhr schlagen*, dar el pésame *sein Beileid aussprechen*, escuchar la radio *Rundfunk hören*, jugar a los naipes *Karten spielen*, tocar el piano *Klavier spielen*, soltar la carcajada *laut auflachen*, me da la gana *ich habe Lust*, nosotros los alemanes *wir Deutschen*, a las tres *um drei Uhr*, son las nueve *es ist neun Uhr*;

i) in der Umgangssprache häufig vor weiblichen Vornamen (¡que venga la Dolores! *Dolores soll kommen!*).

---

* Länder- und Städtenamen stehen in der Regel ohne Artikel (América *Amerika*, Milán *Mailand*). Werden sie jedoch von einem Attribut begleitet, erhalten sie den Artikel (la América del Sur *Südamerika*, el Milán del siglo veinte *das Mailand des 20. Jahrhunderts*).

Übungen 29.4.

1. *Ergänzen Sie die folgenden Sätze:*
... agua está muy caliente.
... Baja Andalucía es muy montañosa.
Nosotros ... vascos somos muy aficionados a ... música.
En ... Suiza existen estaciones invernales muy concurridas.
Prefiero escuchar ... radio; ... televisión me hace dormir.
Quito, ... capital de ... Ecuador, fue muy importante en ... época colonial.

2. *Übersetzen Sie:* Heute ist die Landwirtschaft nicht rentabel. Die Zwischenhändler kaufen die Erzeugnisse für wenig Geld und geben den Landleuten (el campesino) die Schuld, daß (de que) die Preise sehr hoch sind (estén). Ein Traktor kostet oft (muchas veces) die Ernte ganzer Jahre, aber ohne Traktor würde es nicht möglich sein zu überleben. Trotz allem fühlen sich die Landleute mit der Scholle verbunden. Um nichts in der Welt würden sie ihren Bauernhof verkaufen. In ihrem Innern sind sie sogar stolz auf das, was sie erreicht haben.
Die Jugend von heute zieht [es] vor, in die Städte zu gehen. Nur die Alten bleiben auf (en) dem Lande. Sie müssen hart arbeiten, im Grunde genommen aber tun sie es gern. Sie brauchen niemand zu danken für das, was sie haben. Aber ihre Kräfte lassen nach, und die Arbeitskräfte werden jedesmal knapper. Früher waren die Zeiten besser als die(se), in denen sie leben.

3. *Setzen Sie die entsprechenden Präpositionen ein:*
La guerra ... la Independencia ... Napoleón se inició ... el levantamiento ... 2 ... mayo ... Madrid, seguido ... acciones ... guerra ... otras partes ... España.
Escuchaban ... silencio los consejos ... la maestra, pero pensaban ... lo que harían ... fin ... semana, lejos ... la escuela.
Como no había sillas ... todos, tuvimos que estar ... pie.

bajo, -a niedrig; tief; Nieder...
montañoso, -a bergig; gebirgig
el vasco der Baske
Suiza *f* die Schweiz
la estación invernal der Winterkurort

la radio das Radio
la televisión das Fernsehen
Ecuador *m* Ekuador
Napoleón *m* Napoleon
iniciarse beginnen
el levantamiento die Erhebung

la acción die Handlung
el consejo der Rat(schlag)
la escuela die Schule
estar de pie stehen

Fraseología 29.5.

"El patrón es un hombre de buena sangre, un hombre honrado que hace sus estraperlos, como cada hijo de vecino, pero que no tiene hiel en el cuerpo."
(*C. J. Cela*)

la sangre das Blut
de buena sangre wohlwollend; liebenswert
honrado, -a anständig, ehrlich

hacer sus estraperlos
schwarzhandeln, schieben
cada hijo de vecino jeder
(beliebige)
la hiel die Galle

no tener hiel en el cuerpo
ein friedliches Gemüt
haben

Refranes 29.6.

En tierra de ciegos, el tuerto es rey.
En casa del herrero, cuchillo de palo.

el tuerto der Einäugige
el herrero der Schmied
el palo der Stock; das Holz

Lección treinta

El domingo, descanso 30.1.

Gumersindo Rozas Fernández, taxista a destajo, consume sibaríticamente el bocadillo de jamón que le ha preparado su mujer. Echa un largo trago de clarete, y coloca la bota en el asiento trasero del coche. El resto de la familia apaga la sed en la fuente vecina...
Gumersindo trabaja como una acémila la semana entera. El domingo, lo consagra a la familia.
—Es el único día que los tengo a todos juntos. De lunes a domingo soy un huésped; no voy a casa más que para dormir. Cuando salgo a la faena, los chavales están aún en los brazos de Morfeo; y al volver por la noche, ya hace rato que se han ido a la cama. Total, que si no fuera por el domingo, ni conocerían a su padre. Que ya sería el colmo, ¿eh?
Era una hermosa jornada estival. Habían salido de la ciudad muy de madrugada, para evitar los embotellamientos domingueros; Gumersindo, harto de aglomeraciones y atascos, gozaba dándole gas a su coche por las calles desiertas, recién regadas. ¡Si estuvieran así entre semana!, pensaba domingo tras domingo, prometiéndose volver temprano, para evitar las colas de rigor al regreso de los excursionistas, en su mayoría domingueros, que organizan accidentes en menos que canta un gallo.
Se habían dirigido a una pradera sombreada, torciendo por un atajo en el kilómetro 25. Era el lugar preferido. Los chiquillos podían retozar a sus anchas, y la mujer y la suegra no necesitaban tener de continuo la vista encima, porque no había ríos ni barrancos ni carre-

teras en toda la redonda. Lo único que había era una fuente rumorosa de aguas riquísimas y frescas, y unos chopos que daban sombra mañana y tarde.

Gumersindo procuraba aprovechar todo lo que el domingo daba de sí para descansar y respirar aire fresco. Y para charlar con algún compañero de oficio, que de vez en cuando le seguía la pista con la familia en pleno, como es de rigor.

—Pues, en medio de todo, tienes suerte; yo, me paso meses enteros sin ver a mis chicos. Con eso de que los patronos se han sacado de la manga el suplemento de domingos y fiestas, no tiene uno más remedio que sacar cuantas más horas, mejor. De lo contrario, el salario no llega... Vosotros, los que trabajáis por cuenta propia, podéis permitiros el lujo de dedicar el domingo a la familia.

—Pues sí, desde luego, pero te aseguro que tan sobrados no andamos. La licencia cuesta un ojo de la cara, por el millón anda ahora; y aunque suban las tarifas, ya me dirás el tiempo que uno necesita para salir a flote... Pero, sea como sea, el domingo es sagrado, créeme. Para la familia y para mí, aunque ello signifique perder unas pesetillas. ¡Que uno no es una máquina, caray!

—Y que lo digas. ¡Con lo bien que se pasa sin dar golpe, sobre todo en días tan espléndidos como éste! ¡Figúrate lo que sería estarse ahora en el centro, bajo este sol abrasador y con la ciudad medio vacía...!

en pleno vollzählig
en medio de todo trotz
alledem
con eso de que weil
el patrono der Arbeitgeber;
der Chef
la manga der Ärmel
sacarse de la manga mit
Beschlag belegen; hier:
erfinden
el suplemento der Zuschlag
no tiene uno más remedio
que es bleibt einem nichts
anderes übrig, als
cuantas más horas, mejor
je mehr Stunden, desto
besser
el salario der Lohn
por cuenta propia für
eigene Rechnung

desde luego selbstverständlich, natürlich
no andar sobrado, -a nicht
übermäßig reich sein
la licencia die Erlaubnis;
die Genehmigung; die
Lizenz
costar un ojo de la cara ein
Heidengeld kosten
andar por el millón sich
auf etwa eine Milloin be-
laufen
suban (von subir) sie steigen an
la tarifa der Tarif; der
Fahrpreis
me dirás el tiempo du
kannst auf den Augen-
blick warten, wo ...
salir a flote freikommen;

aus einer schwierigen La-
ge herauskommen
sagrado, -a heilig
créeme (von creer) glaube
mir
signifique (von significar)
er (sie, es) bedeute
unas pesetillas ein paar
Kröten
la máquina die Maschine
¡caray! zum Teufel!
digas (von decir) du sagest
el golpe der Schlag
sin dar golpe ohne einen
Schlag zu tun
figúrate (von figurarse)
stell dir vor
estarse sein; sich aufhalten
bajo unter
abrasador sengend

Grammatik

Die Stellung des Adjektivs   **30.2.**

Maßgebend für die Stellung des Adjektivs ist häufig der Wohlklang. So werden drei- und mehrsilbige Adjektive meist nachgesetzt. Im übrigen kommt in der Stellung des Adjektivs oft die subjektive Einstellung des Sprechenden zum Ausdruck.

1. **Vor** dem Substantiv stehen Adjektive, die eine dem Substantiv **innewohnende Eigenschaft** bezeichnen und daher oft rein ausschmückend gebraucht werden, sowie Adjektive, die in **übertragener Bedeutung** gebraucht werden:

la blanca nieve   *der weiße Schnee*
la dulce miel   *der süße Honig*
la pura envidia   *der blasse Neid*

Vor dem Substantiv stehen meist auch die häufig, daher ohne besondere Betonung gebrauchten Adjektive grande, pequeño und bueno, malo:

una gran pérdida   *ein großer Verlust*
un pequeño regalo   *ein kleines Geschenk*
un buen chico   *ein guter Junge*
un mal rato   *eine schlimme Zeit*

Hierher gehören auch feststehende Wendungen wie La Real Academia Española *die Königlich Spanische Akademie*, la imperial Toledo *das kaiserliche Toledo*, el Extremo (Próximo) Oriente *der Ferne (Nahe) Osten* u. a.

2. **Nach** dem Substantiv dagegen stehen Adjektive, die ein **unterscheidendes** Merkmal bezeichnen, auf denen somit ein besonderer Nachdruck liegt:

171

un ciudadano español	*ein spanischer Staatsbürger*
	(staatliche Zugehörigkeit)
la Iglesia católica	*die katholische Kirche* (Religion)
un traje oscuro	*ein dunkler Anzug* (Farbe)
una mesa cuadrangular	*ein viereckiger Tisch* (Form)

Nachgestellt werden ferner mehrere durch y (*und*) bzw. o (*oder*) verbundene Adjektive, durch ein Adverb näher bestimmte Adjektive sowie als Adjektive gebrauchte Partizipien:

un libro divertido y cautivador	*ein unterhaltsames und fesselndes Buch*
un espectáculo muy interesante	*ein sehr interessantes Schauspiel*
una habitación amueblada	*ein möbliertes Zimmer*

Hierher gehören auch feststehende Wendungen wie La Casa Blanca *das Weiße Haus*, el Asia Oriental *Ostasien*, el Mercado Común *der Gemeinsame Markt* u. a.

3. Einige Adjektive ändern je nach ihrer Stellung ihre Bedeutung. Werden sie in ihrer Grundbedeutung gebraucht, so treten sie **hinter** das Substantiv; werden sie dagegen in übertragener Bedeutung gebraucht, so treten sie **vor** das Substantiv:

noticias ciertas	ciertas noticias
sichere, zuverlässige Nachrichten	*gewisse Nachrichten*
una casa grande	una gran* casa
ein räumlich großes Haus	*ein bedeutendes Haus*
una mujer pobre	una pobre mujer
eine arme, mittellose Frau	*eine arme, bedauernswerte Frau*
una máquina nueva	una nueva máquina
eine neue, moderne Maschine	*eine neue Maschine*
(Neukonstruktion)	*(Neuanschaffung)*

Übungen 30.3.

1. *Drücken Sie die folgenden Sätze mit Hilfe von Adjektiven aus:*
Los privilegios de la aristocracia.
Una tarde de verano.
El sol de la mañana.
Las flores de los Alpes.
Las cumbres de los Andes.
El paisaje de Siberia.
La industria de Bélgica.
Los trabajos de cada día.

---

* Verkürzte Form von grande (s. S. 51).

El amor de la madre.
Las travesuras de los niños.

2. *Drücken Sie den Unterschied aus:*
piedra menuda — menuda piedra
familia dichosa — dichosa familia
un coche nuevo — un nuevo coche
un amigo viejo — un viejo amigo
una respuesta simple — una simple respuesta

3. *Ergänzen Sie die folgenden Sätze:*
Mañana ... la mañana, ... las ocho ... punto, saldremos ... coche ...
Córdoba. Iremos ... compañía ... unos amigos ... Inglaterra que están ...
vacaciones ... España y que se interesan ... Andalucía.

4. *Übersetzen Sie:* Viele Taxifahrer arbeiten wie Lasttiere die ganze Woche
über. Den Sonntag aber widmen sie der Familie. Während der Woche
kommen sie nur nach Hause, um zu schlafen. Die Kinder schlafen noch,
wenn der Vater zur Arbeit geht, und sind schon zu Bett gegangen, wenn er
nachts zurückkommt. Sie würden ihren Vater nicht kennen, wenn es nicht
am (por el) Sonntag wäre, daß sie ihn sehen.
Sonntags (los domingos) fahren sie sehr frühzeitig aus der Stadt, um die
Verkehrsstauungen zu vermeiden. Sie kennen eine schattige Wiese, wo die
Kinder nach Herzenslust umhertollen können und wo die Eltern nicht
ständig aufpassen müssen, weil es im ganzen Umkreis weder Flüsse noch
Schluchten noch Landstraßen gibt.
Die Familie ruht sich aus und atmet die frische Luft. Der Vater benutzt die
Gelegenheit, mit einem Berufskollegen zu sprechen, der nicht im Akkord,
sondern für eigene Rechnung arbeitet. Für die beiden (los dos) aber ist der
Sonntag heilig, für ihre Familien und für sie selbst. Schließlich sind sie [ja]
keine Maschinen!

el privilegio das Vorrecht	**Siberia** *f* Sibirien	**mañana por la mañana**
la aristocracia die Aristo-	**Bélgica** *f* Belgien	morgen früh
kratie	**la travesura** der Mutwille;	**Inglaterra** *f* England
los Alpes die Alpen	der Streich	**interesarse por** sich interes-
los Andes die Anden		sieren für

Fraseología   30.4.

"Los hijos iban bien apañaditos; Rufina tenía un lavabo de los de mírame
y no me toques, con jofaina y jarro de cristal azul, que no se usaba nunca
por no estropearlo; doña Silvia con un abrigo de pieles que parecían de
conejo, y dejaba bizca a toda la calle de Tudescos..."   (*B. Pérez Galdós*)

ir apañadito, -a gut ver-	**el jarro** der Krug; die	**de pieles** Pelz...
sorgt sein	Kanne	**el conejo** das Kaninchen
no me toques (von *tocar*)	**usar** gebrauchen, benutzen	**bizco, -a** schielend
rühr mich nicht an	**estropear** beschädigen;	**el tudesco** der Germane
la jofaina das Waschbecken	verletzen; verderben	

173

Refranes

Quien con lobos anda, a aullar aprende.
Menea la cola el can, no por ti, sino por el pan.

el lobo der Wolf	**menear** schwenken; wedeln
aullar heulen	
aprender (er)lernen	**el can** (literarisch) der Hund

Lección treinta y una

Veladas telefamiliares   31.1.

Desde que habían comprado el televisor, las veladas se desarrollaban
en casa de don Santiago Pedraza de una manera casi ritual: sentados
a la mesa en una especie de semicírculo, padres e hijos consumían
la cena sin quitar ojo de la pequeña pantalla. La madre podía permitirse el lujo de hacer la vista gorda en la cocina, convencida de que
un buen partido de fútbol era capaz de hacer insípida una excesiva
carga de sal, o de que pasaran por alto cualquier deficiencia quienes
antes habían puesto el grito en el cielo, unas veces porque la comida
estaba demasiado fría, otras porque no se podía tragar por estar hirviendo.
Don Santiago, nada más llegar de la oficina, encendía el televisor
y se arrellanaba ante él para contemplar lo que fuera: telediario,
teledeporte, telenovela, telefilm, sobre todo, teleanuncios... "Lanzamos
muchas ideas para que Vd. las haga realidad"; "El postre fabricado
expresamente para Vd. y que todos esperan"; "Ponga en marcha sus
deseos con un crédito bancario..."; "Conserve joven su cutis con
crema Lux"; "Siempre hay alguien que destaca. Destaque Vd. con
Katico, detergente..."
—¡Es para volverse loco! ¿Es que vas a comprarte todo eso? —
exclamó Mariel, la hija mayor, estudiante de Farmacia.
—¡Los anuncios acabarán por embrutecernos definitivamente! —le dio
la razón Julio, el segundo vástago, que acababa de terminar el bachillerato.
—Desde que vemos la tele, nadie me ayuda a hacer los deberes...—
lamentó el benjamín de la familia, José Miguel, desde sus trece años
aún no cumplidos.
Don Santiago miró a su esposa con ojos interrogantes.

—Me parece que tienen razón. Por mí, ahora mismo lanzaría ese trasto por la ventana — remató ella.

En el mágico recuadro apareció un señor muy importante, quien abrió la boca para anunciar con sesudas palabras: "Señoras y señores: Con este programa, vamos a reanudar el tradicional contraste de pareceres en una serie de emisiones de carácter político..." Súbitamente, un "spot" publicitario vino a dar un poco de animación a la pantalla, que se iba poniendo pesadísima: "Su brandy preferido. La marca que da personalidad"; "Algor, las camisetas y slips masculinos"; "Compre y gane dinero con una tarjeta de Galerías Hilario"... De nuevo apareció el señor importante para proseguir su presentación del programa político. "En el amplio margen que conceden nuestras leyes, la gama de opiniones y pareceres en el sector político..." Julio se había levantado y había apagado el televisor. Don Santiago despertándose instintivamente al faltarle el sedante runrún, miró a uno y otro lado sin saber qué decir.

—Mariel, te invito a un chato — exclamó Julio tomando del brazo a su hermana —. No hay quien aguante ya. ¡Que venga ahora el tío ése tomándonos el pelo...!

—Encantada. ¿Vienes tú también, mamá? — aceptó Mariel.

—Por mí, podéis hacer lo que os venga en gana. Yo me voy a la cama... después de la crónica taurina — dijo don Santiago.

telefamiliar Familienfernseh...
la velada telefamiliar der Familienfernsehabend
desarrollarse sich abspielen
ritual rituell
sentado, -a sitzend
el semicírculo der Halbkreis
sin quitar ojo de ohne ein Auge zu lassen von
la pantalla die (Film-) Leinwand
la (pequeña) pantalla der Bildschirm
hacer la vista gorda ein Auge zudrücken; so tun, als sähe man nichts
convencido, -a de que davon überzeugt, daß
el partido de fútbol das Fußballspiel
insípido, -a geschmacklos
excesivo, -a übermäßig
la carga die Ladung; die Last; die Menge

pasaran (von **pasar**) sie gingen durch
pasar por alto übergehen
la deficiencia der Mangel; die Unzulänglichkeit
el cielo der Himmel
poner el grito en el cielo sich (künstlich) aufregen
unas veces ... otras einmal ... ein anderes Mal
tragar schlucken
hirviendo (von **hervir**) kochend (heiß)
nada más llegar de la oficina kaum aus dem Büro gekommen
encender anmachen, einschalten
arrellanarse sich bequem zurechtsetzen
el telediario die Tagesschau
el teledeporte die Sportschau
la telenovela das Fernsehspiel

el teleanuncio die Werbefernsehsendung
lanzar in Umlauf setzen; lancieren
para que damit
haga (von **hacer**) er (sie, es) mache
hacer realidad verwirklichen
fabricar herstellen
expresamente ausdrücklich; eigens
ponga (von **poner**) setzen Sie
poner en marcha in Gang setzen; verwirklichen; erfüllen
bancario, -a Bank...
el crédito bancario der Bankkredit
conserve (von **conservar**) erhalten Sie
el cutis die (Gesichts-) Haut
la crema die Creme
destaque Vd. (von **destacar**) zeichnen Sie sich aus

el **detergente** das Reinigungsmittel
volverse werden; sich umdrehen
loco, -a verrückt
el **anuncio** die Anzeige
embrutecer abstumpfen; verdummen
definitivo, -a endgültig
le dio (von **dar**) **la razón**
er (sie, es) gab ihm (ihr) recht
el **vástago** der Sprößling
el **bachillerato** die Reifeprüfung, das Abitur
la **tele** das Fernsehen
el **deber** die (Schul-)Aufgabe; die Pflicht
el **benjamín** das Nesthäkchen
por mí von mir aus
lanzar por la ventana zum Fenster hinauswerfen
el **trasto** der (Trödel-)Kram
mágico, -a magisch
el **recuadro** der Rahmen; der Kasten
aparecer erscheinen; antreten

sesudo, -a vernünftig, gescheit
reanudar wiederaufnehmen
tradicional überliefert; herkömmlich, traditionell
el **contraste** der Gegensatz, der Kontrast
el **parecer** die Meinung, die Ansicht
la **serie** die Reihe; die Folge; die Serie
la **emisión** die Sendung
la **serie de emisiones** die Sendereihe
político, -a politisch
publicitario, -a Werbe..., Werbungs...
el **spot publicitario** der Werbespot
la **animación** die Belebung
ponerse werden
pesado, -a schwerfällig, plump; langweilig
el **brandy** der Brandy
la **marca** die Marke
la **personalidad** die Persönlichkeit
la **camiseta** das Unterhemd
el **slip** der Slip; die kurze Unterhose
masculino, -a männlich

compre (von **comprar**) kaufen Sie
gane (von **ganar**) verdienen Sie
la **galería** die Galerie; hier: das Warenhaus
el **margen** der (Spiel-) Raum
la **opinión** die Meinung
el **sector** der Sektor; das Gebiet; der Bereich
despertarse aufwachen
instintivo, -a instinktiv; unwillkürlich
sedante beruhigend
el **runrún** das Gemurmel; das Stimmengewirr
tomar del brazo unterfassen
no hay quien aguante (von **aguantar**) ya das hält keiner aus
venga (von **venir**) er (sie, es) komme; kommen Sie
el **tío ése** diese Type, dieser Scheich
os venga en gana ihr habt Lust, ihr wollt
me voy (von **irse**) ich gehe
la **crónica** die Chronik; der Bericht
taurino, -a Stierkampf...

Grammatik

Die unbestimmten Fürwörter 31.2.

Ihrer Verwendung nach zu unterscheiden sind:

1. nur **adjektivisch** gebrauchte (d. h. nur in Verbindung mit einem Substantiv vorkommende) unbestimmte Fürwörter. Die wichtigsten sind:

cada *jeder einzelne* aus einer Anzahl (unveränderlich): cada alumno *jeder Schüler*, cada mujer *jede Frau*, cada vez *jedesmal*, cada tres días *alle drei Tage*

cierto, -a *ein gewisser* (ohne unbestimmten Artikel): cierto árabe *ein gewisser Araber*, cierta sospecha *ein gewisser Verdacht*

tal *ein solcher*: tal vida *ein solches Leben*, tal hombre *ein solcher Mensch*

todo, -a *ganz, jeder*, Plural *alle* (mit nachgestelltem Artikel bzw. besitzanzeigendem Fürwort, betont die Gesamtheit): toda su parentela *seine ganze Verwandtschaft*, todo hombre *jeder Mensch*, toda España *ganz Spanien*, todos los días *alle Tage*, todas las noches *alle Nächte*

2. nur **substantivisch** gebrauchte (d. h. nur alleinstehend vorkommende) unbestimmte Fürwörter. Die wichtigsten sind:

176

algo *etwas*: ¿Sabe Vd. algo (de) nuevo? *Wissen Sie etwas Neues?*

alguien *jemand*: ¿Ha llamado alguien? *Hat jemand angerufen?*

cada uno, -a *jeder einzelne* aus einer Anzahl: cada uno de los alumnos *jeder (einzelne) der Schüler*

nada *nichts* (tritt es *hinter* das Verb, so muß no vor das Verb gesetzt werden; steht es dagegen *vor* dem Verb, entfällt no): no ha dicho nada *er hat nichts gesagt*, nada ha dicho *nichts hat er gesagt*; salió del cuarto sin decir **nada** *er ging aus dem Zimmer, ohne* **etwas** *zu sagen* (der Sinn dieses Satzes ist negativ)

nadie *niemand* (bezüglich der Verwendung von no gilt das unter nada Gesagte): no he visto a nadie *ich habe niemand gesehen*, nadie ha visto eso *niemand hat das gesehen*

todo *alles* (unveränderlich): lo sabemos todo *wir wissen alles*

todos, -as *alle* (betont die Gesamtheit): salimos todos *wir gingen alle hinaus*, todas están presentes *alle sind anwesend*

3. adjektivisch und substantivisch gebrauchte unbestimmte Fürwörter. Die wichtigsten sind:

alguno, -a *irgendeiner*, Plural *einige* (vor einem männlichen Substantiv im Singular algún): algún conocido *irgendein Bekannter*, algunas revistas *einige Zeitschriften*; algunos han desaparecido *einige sind verschwunden*

cualquiera *irgendein (beliebiger)*, *irgend jemand* (< cual + quiera = *welchen man auch wollen möge*, vor einem Substantiv im Singular cualquier): cualquier libro *irgendein (beliebiges) Buch*, cualquier revista *irgendeine (beliebige) Zeitschrift*; ¡Venga cualquiera! *Irgend jemand möge kommen!*

los (las) demás *die übrigen*: los demás presentes *die übrigen Anwesenden*, las demás no se habían presentado *die übrigen (Damen) waren nicht erschienen*, lo demás *das übrige*

mismo, -a *derselbe, selbst, sogar*: el mismo presidente *derselbe Vorsitzende*, el presidente mismo *der Vorsitzende selbst, sogar der Vorsitzende*; él mismo *er selbst*, ella misma *sie selbst*; dice siempre lo mismo *er sagt immer dasselbe*, lo mismo que *ebenso wie*

ninguno, -a *keiner* (nur im Singular gebräuchlich, vor einem männlichen Substantiv ningún): ningún alumno *kein Schüler*, ninguna respuesta *keine Antwort*

otro, -a *ein anderer, noch ein* (ohne unbestimmten Artikel): otro ejemplo *ein anderes Beispiel*, otras declaraciones *andere (weitere) Erklärungen*; otros afirman lo contrario *andere behaupten das Gegenteil*, el otro día *neulich*, otro tanto *ebensoviel, noch einmal soviel*

177

Übungen **31.3.**

1. *Ergänzen Sie die folgenden Sätze mit den entsprechenden unbestimmten Fürwörtern:*

Mientras vienes, leeré ... interesante.
Aquí, ... hace lo que le viene en gana.
Me dijeron lo ... que me habías dicho tú.
"... son los llamados y ... los elegidos."
No había ... gente, pero ... los presentes parecían interesados.
Por más preguntas que hizo el jefe, ... se atrevió a decir ...
Hay quien dice que sí, pero ... afirman lo contrario.
... día vas a sufrir un accidente por conducir tan a lo loco.
Me dijo él ... que no lo había hecho.
Ayer me presentaron a un ... Ochoa, de Zaraúz, un señor importante, por lo visto.

2. *Übersetzen Sie:* Don Santiago hat ein Fernsehgerät gekauft. Die Folge ist, daß Eltern und Kinder abends (por la noche) am Tisch in einer Art (von) Halbkreis sitzen und das Abendessen verzehren, ohne ein Auge vom Bildschirm zu lassen. Sie sehen die Tagesschau, die Sportschau, das Fernsehspiel und die Werbefernsehsendungen. „Diese Sendungen verdummen uns endgültig", sagt Julio, der soeben die Reifeprüfung bestanden hat (terminar), und José Miguel, das Nesthäkchen der Familie, jammert, daß niemand ihm [dabei] hilft, die Schulaufgaben zu machen. „Die Kinder haben recht", fügt die Mutter hinzu, „ich von mir aus würde den Fernseher sofort zum Fenster hinauswerfen." Julio steht auf und schaltet das Fernsehgerät ab. Don Santiago, dem das beruhigende Gemurmel fehlt, schaut zu[r] einen und zu[r] anderen Seite; er weiß nicht, was [er] sagen (soll). „Ich lade dich zu einem Gläschen Wein ein", sagt Julio zu seiner Schwester und faßt sie unter, „das [hier] hält keiner aus. Kommst du mit, Mama?" „Von mir aus", antwortet der Vater, „könnt ihr machen, was ihr wollt. Ich gehe zu Bett — nach dem Stierkampfbericht."

3. *Setzen Sie die entsprechenden Präpositionen ein:*
Después ... unos kilómetros ... carretera, entra el coche ... la calle principal ...el pueblo, empedrada ... toscos adoquines ... principios ... siglo ... un alcalde progresista; ... cien metros, está la plaza mayor ... una fuente ... el centro.

4. *Bilden Sie Sätze unter Verwendung folgender Redewendungen:*
abrigar esperanzas
nadar en la abundancia
de acá para allá
hacer acto de presencia

178

le viene en gana er (sie, es) hat Lust
ser los llamados berufen sein
ser los elegidos auserwählt sein
presente anwesend
por más preguntas welche Fragen auch
hay quien manch einer; einige
decir que sí ja sagen
lo contrario das Gegenteil
sufrir erleiden

a lo loco toll; verrückt
por lo visto augenscheinlich, offensichtlich
principal hauptsächlich; Haupt...
empedrar pflastern
tosco, -a unbearbeitet, roh
el adoquín der Pflasterstein
el principio der Anfang
a principios del siglo zu Anfang des Jahrhunderts
progresista fortschrittlich

la plaza mayor der Hauptplatz
abrigar hegen
nadar schwimmen
la abundancia der Überfluß, der Reichtum
acá hier(her)
de acá para allá hin und her
el acto die Tat, die Handlung
hacer acto de presencia (kurz) anwesend sein, sich (mal) blicken lassen

Fraseología 31.4.

"Higinio y Mendaña siguieron adelante. Comentaban:

—También éste tiene buen oficio ahora que empieza el invierno. No da ni golpe, pero estarse ahí todo el día o toda la noche es criminal.

—Este, como se echa entre pecho y espalda un litro antes de venir al servicio, ni se entera. Lo mismo le da que nieve que salga el sol a medianoche. Menudo pájaro, y además con dinerete. En el tiempo del estraperlo hizo perras el muy cuco."

(Ignacio Aldecoa)

comentar erklären
tener buen oficio sein Auskommen haben
no dar ni golpe nichts tun; faulenzen
criminal verbrecherisch, kriminell; strafbar
la espalda der Rücken

echarse entre pecho y espalda un litro sich einen Liter hinter die Binde gießen
enterarse etw. erfahren, merken
lo mismo le da das ist ihm egal

salga (von salir) er (sie, es) gehe auf
la medianoche die Mitternacht
el dinerete der Zaster (Geld)
hacer perras Geld machen
cuco, -a schlau, gerissen

Refranes 31.5.

Cada oveja con su pareja.
Nadie se alabe hasta que acabe.
Muchos pocos hacen un mucho.

la oveja das Schaf
cada oveja con su pareja gleich und gleich gesellt sich gern

se alabe (von alabarse) er (sie, es) rühme sich

acabe (von acabar) er (sie, es) ende

Lección treinta y dos

Un almuerzo trascendental 32.1.

—¿Qué hora será?

—Las dos menos tres minutos, ni más, ni menos — dijo Andrés, y luego, con una sonrisa picarona: —¿Es que tu rebeldía contra la sociedad de consumo se manifiesta también contra los relojes?

—¡Si serás malicioso! No, la verdad es que a tanto no llega mi anarquismo. Lo que pasa es que mi reloj anda a lo loco desde que se dio un chapuzón. Fíjate si seré bruto, que me zambullí ayer en la piscina con reloj y todo...

—Pues hay relojes para esos trotes — sonrió Andrés.

—Pero no el mío — replicó Jorge.

Se habían dirigido al restaurante de enfrente y tomaron asiento en un rincón donde había dos mesas libres. Andrés y Jorge eran compañeros de penas y trabajos. Jorge alardeaba de anarquista, aunque, en el fondo, era incapaz de matar una mosca. Andrés, que no disimulaba su satisfacción por las pequeñas alegrías que le deparaba la existencia, solía lanzarle puyas a su amigo y tomarle el pelo, sobre todo cuando veía que andaba alicaído, cosa frecuente en Jorge...

—Amigo Jorge, tendrás fundadas razones para no estar de acuerdo con la marcha del mundo; pero no negarás que esta hermosa paella hace olvidar las penas...

—Tú siempre con tus argumentos sanchopancescos, Andrés. ¡Pues claro que la paella, con el tintorro, puede reconciliarle a uno con la existencia! Pero mi postura ideológica no es capaz de alterarla el más puro goce culinario. Al contrario, con tales satisfacciones, ganan fuerza mis argumentos: piensa en los millones de personas...

—¡... que no tienen qué llevarse a la boca! — concluyó Andrés.

—Efectivamente. Hay millones y millones que no pueden comer caliente ni una vez al mes. Para ellos, la vida se reduce a ir tirando, a subsistir a trancas y barrancas...

—Jorge, lo que dices es una verdad como un templo. Pero, qué quieres...: así es la vida y así seguirá, pese a todo tu idealismo. Nosotros somos peces muy pequeños para darle la vuelta a esta enorme tortilla que es el mundo...

—Estás en tu salsa, lo veo en la nueva metáfora — interrumpió Jorge —; pero no digas que es imposible hacer algo, poner su insignificante granito de arena para remediar lo que está mal. Yo no soy partidario de poner bombas a diestro y siniestro, de disparar al tuntún y armar jaleo porque sí; con eso, no se va a ninguna parte. Pero tampoco se irá muy lejos con tu filosofía de no complicarse la vida y decir a todo amén...

—¡Salud, Jorge! Quién pudiera tener tus inquietudes...

—¡Salud, Andrés! ¡Qué no daría por tener tu alegría de vivir... y tu apetito!

trascendental bedeutend, wichtig; folgenschwer
Andrés *m* Andreas
la rebeldía die Aufsässigkeit; die Rebellion
el consuma der Verbrauch, der Konsum
la sociedad de consumo die Konsumgesellschaft
manifestarse sich äußern
¡si serás malicioso! bist du aber boshaft! (s. Erläuterungen zu Lektion 10, S. 73)
llegar a tanto so weit gehen
el anarquismo der Anarchismus
andar a lo loco wie verrückt rennen
se dio (von darse) un chapuzón er (sie, es) wurde untergetaucht, wurde naß
bruto, -a dumm, blöde
zambullirse (unter)tauchen
la piscina das Schwimmbecken; die Badeanstalt
para esos trotes für diesen Gebrauch
Jorge *m* Georg
tomar asiento sich setzen, Platz nehmen
compañeros de penas y trabajos dicke Freunde, Kumpel, Arbeitskollegen
alardear de sich aufspielen als
el anarquista der Anarchist
incapaz unfähig
matar töten
la alegría die Freude; die Fröhlichkeit; die Annehmlichkeit
deparar bereiten, bescheren
la puya die Stichelei

lanzar puyas sticheln
veía (von ver) er (sie, es) sah
alicaído, -a schwach; mutlos
andar alicaído den Kopf hängen lassen
tener fundadas razones seine guten Gründe haben
negar verneinen; (ab)leugnen
el argumento das Argument
sanchopancesco, -a nach Art Sancho Pansas, des Knappen Don Quijotes; Sancho Pansa ähnlich; einfältig; hier: ganz materiell eingestellt
el tintorro der (gewöhnliche) starke Rotwein
reconciliar versöhnen
la postura die (Ein-)Stellung; die Haltung
ideológico, -a ideologisch
alterar (ver)ändern
el goce der Genuß
piensa (von pensar) denke
llevarse a la boca essen
reducirse sich beschränken
ir tirando sich (so) durchschlagen
subsistir durchkommen, sein Leben fristen
a trancas y barrancas mit Ach und Krach
como un templo riesengroß; hier: tief
el idealismo der Idealismus
dar la vuelta wenden; (um-)drehen
la tortilla das Omelett
la salsa die Tunke, die Soße; die Brühe
estás en tu salsa du bist in deinem Element

la metáfora die Metapher, die bildliche Wendung
interrumpir unterbrechen
no digas (von decir) sage nicht
insignificante geringfügig; unbedeutend
el granito das Körnchen
poner su granito de arena sein Scherflein beisteuern
remediar abhelfen; abstellen
el partidario der Parteigänger; der Anhänger; der Freund
diestro, -a rechte(r, -s)
siniestro, -a linke(r, -s)
a diestro y siniestro aufs Geratewohl, drauflos
disparar (ab)schießen
al tuntún aufs Geratewohl, ins Blaue hinein
armar veranstalten
armar jaleo Streit suchen; Krach machen
porque sí nur so, ohne besonderen Grund
con eso damit; hiermit
irse muy lejos sehr weit kommen
la filosofía die Philosophie
complicar komplizieren, erschweren
complicarse la vida sich das Leben schwermachen
el amén das Amen
decir a todo amén zu allem ja (und amen) sagen
pudiera (von poder) er (sie, es) könnte
la inquietud die Unruhe; die Besorgnis, die Sorge
la alegría de vivir die Lebensfreude

Präsens Konjunktiv von ser und estar, tener und haber **32.2.1.**

ser	estar	tener	haber
sea *ich sei*	esté	tenga *ich habe*	haya
seas	estés	tengas	hayas
sea	esté	tenga	haya
seamos	estemos	tengamos	hayamos
seáis	estéis	tengáis	hayáis
sean	estén	tengan	hayan

Bemerkungen:

1. Bezüglich der Anwendungsbereiche der Verben ser und estar bzw. tener und haber gilt sinngemäß, was in diesem Zusammenhang bei der Behandlung der Indikativformen (S. 37 u. 43) ausgeführt wurde.

2. Da die Konjunktivformen der 1. und 3. Person Singular gleichlautend sind, empfiehlt es sich, zur genaueren Bestimmung des Subjekts der Handlung jeweils die persönlichen Fürwörter yo, él, ella sowie usted hinzuzusetzen: es posible que yo (él, ella, usted) venga *es ist möglich, daß ich komme (er, sie kommt, Sie kommen)*.

Präsens Konjunktiv der regelmäßigen Verben auf -ar, -er, -ir **32.2.2.**

-ar	-er	-ir
comprar	vender	recibir
compre *ich kaufe*	venda *ich verkaufe*	reciba *ich erhalte*
compres	vendas	recibas
compre	venda	reciba
compremos	vendamos	recibamos
compréis	vendáis	recibáis
compren	vendan	reciban

Bemerkungen:

1. Abgeleitet werden die Formen des Präsens Konjunktiv vom Stamm der 1. Person Einzahl des Präsens Indikativ: pienso — piense, pienses, piense, pensemos, penséis, piensen; pruebo — pruebe, probemos, prueben; siento — sienta, sintamos, sientan; duermo — duerma, durmamos, duerman; pido — pida, pidamos, pidan; pongo — ponga, pongamos, pongan.

2. Bezüglich der Hinzufügung der persönlichen Fürwörter in der 1. bzw. 3. Person Singular gilt das oben im zweiten Absatz der Bemerkungen Gesagte.

1. *Setzen Sie die in Klammern stehenden Verben in die entsprechende Aussageweise:*

Haré por mi amigo lo que (estar) de mi parte.
Jamás (olvidar) este favor mientras (vivir).
No (creer) que Carlos (tener) éxito en ese negocio.
(Estar) plenamente convencido de que Luis (lograr) aprobar las oposiciones.
Mientras no me (decir) el director lo que él (querer), no (tomar) decisión alguna, a fin de no (complicar) la cuestión.
A mi esposa le (recomendar) el doctor que (ir) a un sanatorio de altura.
Nos dice el jefe que (pedir) aumento de sueldo, pero nadie (saber) si nos lo (conceder).
Cuando [yo] (llegar) a Montevideo, te (escribir) una carta.

2. *Übersetzen Sie:* Andrés und Jorge, zwei gute Freunde, nehmen in einer Ecke des Restaurants Platz, wo [noch] einige Tische frei sind (hay). Jorge spielt sich als Anarchist auf, obwohl er im Grunde genommen unfähig ist, eine Fliege zu töten. Andrés, der seine Freude an den kleinen Annehmlichkeiten des Lebens nicht verhehlt, pflegt seinen Freund auf den Arm zu nehmen, besonders wenn er sieht, daß dieser den Kopf hängen läßt. „Jorge", sagt er, „du wirst deine guten Gründe haben, mit dem Lauf der Welt nicht einverstanden zu sein. Aber du wirst nicht leugnen, daß eine schöne Paella und der Rotwein den Kummer (Plural!) vergessen lassen. Sie versöhnen uns mit dem Dasein."

„Aber natürlich", antwortet Jorge, „denke aber an die Millionen und [aber] Millionen (von) Menschen, die auch nicht einmal im Monat warm essen können. Für sie beschränkt sich das Leben [darauf], sich so durchzuschlagen. Aber sage nicht, daß es unmöglich ist, etwas zu tun und das abzustellen, was schlecht ist. Ich bin kein Freund [davon], Bomben zu legen, drauflos zu schießen und ohne besonderen Grund Krach zu machen. Aber du wirst auch nicht weit kommen mit deiner Philosophie, sich das Leben nicht zu erschweren und zu allem ja und amen zu sagen..."

3. *Setzen Sie die entsprechenden Präpositionen ein:*

En las monarquías, el rey nombra ... los ministros.
El enfermo ha empeorado, hay que llamar ... un médico.
¿Has visto ... alguien de la oficina ... la calle?
Este país es muy rico ... minerales, y ... eso ha sido invadido ... muchos pueblos ... lo largo ... la historia.
Las regiones situadas ... orillas ... mar gozan ... un clima suave y son muy frecuentadas ... los turistas.

4. *Bilden Sie Sätze unter Verwendung folgender Redewendungen:*
estar de acuerdo
llegar a un acuerdo
ponerse de acuerdo
salir adelante
decir para sus adentros

hacer de mi parte mein möglichstes tun
el éxito der Ausgang; der Erfolg
pleno, -a voll; völlig
la oposición die Opposition; der Widerstand
las oposiciones die Auswahlprüfung (für Staatsstellen)
la decisión die Entscheidung; der Entschluß
tomar una decisión einen

Entschluß fassen, sich entschließen
recomendar empfehlen
el sanatorio das Sanatorium
de altura Höhen...
el aumento die Vermehrung; die Vergrößerung; die Erhöhung
el aumento de sueldo die Gehaltserhöhung
la monarquía die Monarchie

empeorar sich verschlechtern
el mineral das Mineral; das Erz
llegar a un acuerdo sich einigen
ponerse de acuerdo sich einigen
salir adelante vorwärtskommen
decir para sus adentros bei sich sagen

Fraseología   **32.4.**

"Pero bueno, mujer, ¿en qué te da mi hermano la razón, si es que puede saberse? Si Sergio no ha mencionado una palabra de este asunto. A ver si estás un poco a lo que se habla; que es que te metes en cuña, tú también, para arrimar el ascua a tu sardina. No estás más que esperando la palabra propicia para colarte con lo tuyo, y sacarnos de quicio las conversaciones."

(*R. Sánchez Ferlosio*)

¿en qué? worin?
dar la razón a alg. j-m recht geben
mencionar erwähnen
a ver si... nun, vielleicht...
la cuña der Keil
meterse en cuña in dieselbe Kerbe hauen

arrimar nähern, heranrücken
el ascua (*f*) die Glut
la sardina die Sardine
arrimar el ascua a su sardina auf seinen Vorteil bedacht sein
estar esperando warten auf

propicio, -a günstig
colarse sich einschleichen
el quicio die Tür-, Fensterangel
sacar de quicio a alg. j-n aus dem Häuschen bringen; j-n verrückt machen

Refranes   **32.5.**

No firmes carta que no leas ni bebas agua que no veas.
No te sobre que te quiten, ni te falte que mendigues.
Ni en broma ni en veras con tu amo partas peras.

no firmes (von **firmar**) unterschreibe nicht
no bebas (von **beber**) trinke nicht

sobrar übrigbleiben
mendigar betteln

en veras im Ernst
partir teilen
la pera die Birne

184

Lección treinta y tres

Continente en erupción 33.1.

Con ocasión de la visita oficial a cierto país europeo, se celebró una recepción en honor del primer mandatario de una república centroamericana. Un atrevido periodista, aprovechando la atmósfera de cordialidad reinante, le disparó la siguiente pregunta a la primera dama de la república en cuestión.

—Señora, ¿por qué hay tantas revoluciones en su país?

La excelentísima visitante, entrenada, sin duda, en el duelo de las entrevistas, interrogó, a su vez, al periodista:

— ¿Sabe usted cuántos habitantes tiene mi país?

—Creo que pasan de los tres millones...

—¡Pues calcule las personas que no han ocupado todavía el sillón presidencial!

Como casi todas las salidas ingeniosas, esta respuesta desfigura la verdad. Si se le hubiera dirigido la misma pregunta al no menos excelentísimo consorte, éste hubiera salido con términos como "deficiencia de las estructuras", "lucha por los mercados", "explosión demográfica", "renta per cápita" y otros por el estilo, que, por ser verdades a medias, desfiguran y falsean la verdad desnuda que todos creen saber pero muy pocos se atreven a decir, en especial, si quienes son interrogados tienen motivos para considerarse comprometidos o darse por aludidos.

El expresidente de la FAO, Josué de Castro, experto destacadísimo en cuestiones relacionadas con Latinoamérica, hubiera respondido del tenor siguiente: "La América Latina tiene que llevar a cabo una revolución y una síntesis. Por revolución entendemos: romper el yugo del feudalismo; destruir los monopolios; conseguir la independencia económica; acallar el hambre material y espiritual. Por síntesis: conciliar las exigencias revolucionarias con el respeto al hombre; evitar oscurecer el presente en espera de un mañana optimista. Desde la revolución cubana, América Latina acapara la atención de todos. Para unos, porque les asusta perder los privilegios... Estos aseguran la explosión, predicen la gran sublevación de los pueblos desesperados y aconsejan acentuar la explotación, pues los buenos tiempos ya no volverán. Los otros, por razones a veces idénticas, tratan de encontrar la forma de catalizar y contener un torrente que prevén devastador..."

Estas palabras del eminente sociólogo brasileño ya son más concretas, y arrojan un poco de luz sobre el problema tan concreto y a la vez tan complejo que constituye el presente y el futuro de un continente en explosión. Cierto, cada uno de los veintidós países latinoamericanos tiene su personalidad, pero ningún continente presenta un núcleo de unidad tan manifiesto. El mosaico de regiones que viene a ser la América Latina, donde existen todos los climas, todas las vegetaciones, presenta asimismo todos los problemas de la hora actual del mundo. No es, pues, aventurado el afirmar que en este continente se va a librar una de las batallas decisivas de nuestra época. Y no porque sean cada vez más los que todavía no han ocupado un sillón presidencial entre California y la Tierra de Fuego...

el continente der Kontinent, der Erdteil
la erupción der Ausbruch, die Eruption
con ocasión de anläßlich
la recepción der Empfang
en honor de zu Ehren
el mandatario der Beauftragte; der Bevollmächtigte; hier: der Präsident
la república die Republik
centroamericano, -a mittelamerikanisch
atrevido, -a kühn; dreist
la atmósfera die Atmosphäre; die Stimmung
la cordialidad die Herzlichkeit
en cuestión fraglich
la revolución die Revolution
excelentísimo, -a hochgestellt; Exzellenz
el/la visitante der Besucher, die Besucherin
entrenado, -a trainiert, geübt
sin duda zweifellos
el duelo das Duell, der Zweikampf
la entrevista das Interview
a su vez seinerseits, ihrerseits
calcular (be-, aus-, er-) rechnen
el sillón der Sessel
presidencial Präsidenten...
ingenioso, -a geistreich
desfigurar entstellen; verzerren
el consorte der Ehegatte
salir con términos mit Redewendungen herausrücken
la estructura die Struktur
la lucha der Kampf

demográfico, -a Bevölkerungs...
la renta per cápita die Pro-Kopf-Rente
por ser weil ... sind
la verdad a medias die Halbwahrheit
falsear verfälschen, verdrehen
desnudo, -a nackt
en especial insbesondere, besonders, vor allem
comprometer bloßstellen, kompromittieren
aludir hinweisen, hindeuten
darse por aludido, -a etwas auf sich beziehen
el expresidente der ehemalige Präsident
FAO (= Food and Agriculture Organization) Ernährungs- und Landwirtschaftsorganisation der Vereinten Nationen
el experto der Fachmann, der Experte
relacionado, -a con in Zusammenhang stehend mit
el tenor der Wortlaut, der Inhalt
latino, -a lateinisch
la América Latina Lateinamerika
llevar a cabo vollbringen, durchführen, ausführen
la síntesis die Synthese; der Aufbau
romper zerbrechen; abschütteln
el yugo das Joch
el feudalismo der Feudalismus
destruir zerstören, vernichten;
el monopolio das Monopol

acallar zum Schweigen bringen; stillen
material materiell
espiritual geistig
conciliar in Einklang bringen
la exigencia die Forderung
revolucionario, -a revolutionär
oscurecer verdunkeln; verschleiern
el presente die Gegenwart
en espera de in Erwartung
el mañana die Zukunft
optimista optimistisch
cubano, -a kubanisch
acaparar auf sich lenken
asustar erschrecken; ängstigen
predecir voraussagen
la sublevación der Aufstand
desesperado, -a hoffnungslos; verzweifelt
aconsejar raten
acentuar betonen, hervorheben
la explotación die Ausnutzung; die Ausbeutung
por razones aus Gründen
idéntico, -a identisch, völlig gleich
catalizar katalysieren; hier: aufhalten
contener aufhalten, eindämmen
prever voraus-, vorhersehen
devastador verheerend
eminente hervorragend
el sociólogo der Soziologe
brasileño, -a brasilianisch
concreto, -a konkret, greifbar
arrojar werfen

complejo, -a vielschichtig, verwickelt
en explosión explosiv
latinoamericano, -a lateinamerikanisch
el núcleo der Kern
la unidad die Einheit
de unidad einheitlich, Einheits...

manifiesto, -a offenkundig; augenfällig, deutlich
el mosaico das Mosaik
venir a ser (zu etwas) werden
asimismo auch, ebenfalls, zugleich

aventurar wagen
librar una batalla eine Schlacht schlagen
decisivo, -a entscheidend
California f Kalifornien
la Tierra de Fuego Feuerland

Grammatik

Die Imperativformen der regelmäßigen Verben auf -ar, -er, -ir $\quad$ **33.2.**

-ar	-er	-ir
comprar	vender	recibir
compra *kaufe*	vende	recibe
no compres *kaufe nicht*	no vendas	no recibas
compre Vd. *kaufen Sie*	venda Vd.	reciba Vd.
(Anrede an eine Person)		
compremos *kaufen wir*	vendamos	recibamos
comprad *kauft*	vended	recibid
no compréis *kauft nicht*	no vendáis	no recibáis
compren Vds. *kaufen Sie*	vendan Vds.	reciban Vds.
(Anrede an mehrere Personen)		

Bemerkungen:

1. Der bejahte Imperativ hat eigene Formen nur in der 2. Person Singular (habla *sprich*) und 2. Person Plural (hablad *sprecht*). Alle übrigen Formen sind mit den entsprechenden Formen des Konjunktivs identisch, was auch für die verneinten Formen der 2. Person Singular und Plural gilt (no hables *sprich nicht*, no habléis *sprecht nicht*).

2. Die unbetonten (einfachen und zusammengesetzten) persönlichen Fürwörter werden an die Formen des bejahten Imperativs angehängt. Da hierdurch die Verbform um eine oder zwei Silben verlängert wird, muß die betonte Silbe gegebenenfalls mit einem Akzent versehen werden:

cómpralo *kaufe es*
cómprelo Vd. *kaufen Sie es*
comprémoslo *kaufen wir es*
compradlo *kauft es*
cómprenlo Vds. *kaufen Sie es*

Sind die Imperativformen verneint, so treten die unbetonten persönlichen Fürwörter vor die Verbform:

no me lo digas *sage es mir nicht*
no me lo diga Vd. *sagen Sie es mir nicht*

no lo hagamos *tun wir es nicht*
no lo hagáis *tut es nicht*
no se lo lleven Vds. *bringen Sie es ihm nicht*

3. Tritt bei den reflexiven Verben das Fürwort nos hinter die erste Person Plural, so fällt das s der Verbform weg: levantémonos (statt levantemos-nos) *stehen wir auf!*, vámonos (statt vamos-nos) *gehen wir!* In der zweiten Person Plural verschwindet das **d** vor angehängtem os: levantaos (statt levantad-os) *steht auf!*, deteneos (statt detened-os) *bleibt stehen!*, decidíos (statt decidid-os) *entscheidet euch!*

Übungen   33.3.

1. *Geben Sie die folgenden Imperative in der verneinten Form wieder:*
Escríbele a tu hermano lo que ha ocurrido.
Repite lo que has dicho.
Ponte la corbata.
Trae el libro que te pedí.
Mándele este paquete.
Apaga el televisor.

2. *Dasselbe in der bejahten Form:*
No cierres la puerta.
No te quites el sombrero.
No bebáis más.
No vayas al colegio.
No pongas más discos.
No dé Vd. más detalles sobre el asunto.

3. *Setzen Sie die Verben in die entsprechenden Zeiten und statt der Punkte die richtige Präposition:*
"El campesino andaluz (ser) un desterrado dentro ... su propia tierra. Todo ... él, ... la indolencia del ademán ... la profunda nostalgia ... los ojos, (dejar) vislumbrar el recuerdo ... algo perdido. Cada campesino, noble, lento, flexible, (tener) algo ... rey destronado, ... ángel caído."

(José María Pemán)

4. *Übersetzen Sie:* Der ehemalige Präsident der FAO, Josué de Castro, führender Fachmann in den mit Lateinamerika in Zusammenhang stehenden Fragen, erklärte: „Lateinamerika muß eine Revolution durchführen. Unter Revolution verstehen wir: das Joch des Feudalismus abschütteln, die Monopole vernichten, die wirtschaftliche Unabhängigkeit erreichen, den materiellen und geistigen Hunger stillen. Seit der kubanischen Revolution lenkt Lateinamerika die Aufmerksamkeit aller auf sich."
Diese Worte des hervorragenden Soziologen werfen ein wenig Licht auf die konkreten und gleichzeitig so vielschichtigen Probleme eines explosiven Kontinents. Gewiß, jeder einzelne der 22 lateinamerikanischen Staaten hat seine Persönlichkeit, aber kein Kontinent weist einen so offenkundigen ein-

heitlichen Kern auf. In Lateinamerika wird — es ist nicht gewagt, dies (es) zu behaupten — eine der entscheidenden Schlachten unserer Zeit geschlagen. Die Gegenwart und die Zukunft eines Kontinents, der alle Probleme der Welt von heute kennt, stehen auf dem Spiel (estar en juego).

5. *Bilden Sie Sätze unter Verwendung folgender Redewendungen:*
de tarde en tarde
a fuerza de
meterse en política
dar vueltas la cabeza
caer en la cuenta
de pronto

ponte (von **ponerse**) binde um
la corbata die Krawatte
quitarse abnehmen
no vayas (von **ir**) gehe nicht
no pongas (von **poner**) lege nicht auf
el disco die Schallplatte
no dé Vd. (von **dar**) geben Sie nicht
el detalle die Einzelheit

el campesino der Bauer
el desterrado der Verbannte
la indolencia die Trägheit
el ademán die Gebärde; die Haltung
vislumbrar mutmaßen; ahnen
el recuerdo die Erinnerung
noble vornehm
flexible geschmeidig
destronar entthronen

el ángel der Engel
de tarde en tarde von Zeit zu Zeit; selten
a fuerza de durch (viel), mit viel
meterse en política sich mit Politik befassen
dar vueltas la cabeza schwindlig werden
caer en la cuenta dahinterkommen, (plötzlich) verstehen

Refranes   **33.4.**

Haz bien y no mires a quién.
Si tienes prisa, vístete despacio.

haz (von **hacer**) tue, mache
haz bien y no mires a quién tue recht und scheue niemand

vestirse sich anziehen
despacio langsam

Lección treinta y cuatro

Problemas*   **34.1.**

—¿Y qué hay de vuestra boda, Miguel? — preguntó Sebastián.
Miguel estaba tendido, con el antebrazo derecho sobre los párpados cerrados; dijo:
—Qué sé yo. No me hables de bodas ahora. Hoy es fiesta.
—Pues tú estás bien. No sé yo qué problema es el que tenéis. Ya quisiéramos nosotros estar como tu novia y tú.
—Ca; no lo pienses tan sencillo.
—Pues la posición que tú tienes...

---

*Für die Originalwerken der spanischen bzw. südamerikanischen Literatur entnommenen Texte der Lektionen 34–38 wurde keine Schallplatte hergestellt.

—Eso no quiere decir nada, Sebas. Son otros muchos factores con los que tiene uno que contar. Uno no vive solo, y cuando en una casa están acostumbrados a que entre un sueldo más, se les hace muy cuesta arriba resignarse a perderlo de la noche a la mañana. Eso aparte otras complicaciones, que no sé yo, un lío.

—Pues yo no es que quiera meterme en la vida de nadie, pero, chico, te digo mi verdad: yo creo que uno en un momento dado tiene derecho a casarse sea como sea. O vamos, compréndeme, a no ser que tenga ya responsabilidades mayores, pon caso, enfermos o cosas así. Pero si es sólo cuestión de que se vayan a ver un poquito más estrechos, ¿eh?, económicamente, yo creo que hay que dejarse de contemplaciones y cortar por lo sano. Que les quitas un sueldo con el que han estado contando hasta hoy; bueno, pues ¡qué se le va a hacer! Todos tienen derecho a la vida. Y también, si te vas, es una boca menos a la mesa. Por eso te digo; yo que tú, no sé las cosas, ¿verdad?, pero vamos, que respecto a la familia, me liaba la manta a la cabeza y podían cantar misa. Mi criterio por lo menos es ése, ¿eh?; mi criterio.

—Eso se dice pronto. Pero las cosas no son tan simples, Sebastián. Desde fuera nadie se puede dar una idea de los tejesmanejes y las luchas que existen dentro de una casa. Aun queriéndose. Las mil pequeñas cosas y los tiquismiquis que andan de un lado para otro todo el día, cuando se vive en una familia de más de cuatro y más de cinco personas. No creas que es cosa fácil.

—Si eso ya lo sabemos, pero con todo eso hay que arrostrar.

—Que no, hombre, que no; prefiere uno fastidiarse y esperar el momento oportuno.

Alicia bostezó, dándose con los dedos sobre la boca abierta. Miró hacia el río. Luego le dijo a Sebas, moviendo la cabeza hacia los lados:

—No le hagas caso, Sebastián. Déjate. Lo importante no son las razones, este o aquel motivo. El quid de la cuestión está en lo que más pueda para uno. Uno está siempre propenso a disculparse en aquello que más tira de él. Lo que se habla por la boca no obedece más que a eso. Y para todo se encuentra explicación.

(Rafael Sánchez Ferlosio: *"El Jarama"*) — Premio Nadal 1955 — [Ed. Destino, Barcelona, 1956]

estar tendido, -a liegen
el antebrazo der Unterarm
derecho, -a recht
el párpado das (Augen-) Lid
quisiéramos (von **querer**) wir möchten

ca i wo!
sencillo, -a einfach
la posición die Stellung
el factor der Faktor; der Umstand
entrar eingehen (Geld)
se le hace muy cuesta arriba

das geht ihm (ihr) sehr gegen den Strich
resignarse sich abfinden
de la noche a la mañana über Nacht, von heute auf morgen
aparte außen, neben

190

la **complicación** die Verwicklung; die Komplikation
un lío eine ganze Menge
decirle su verdad j-m seine Meinung sagen
a no ser que (mit Konjunktiv) falls nicht
la **responsabilidad** die Verantwortlichkeit; die Verantwortung
pon (von **poner**) **caso** nimm an
o cosas así oder ähnliches
un poquito ein bißchen
dejarse de (unter)lassen
la **contemplación** die (sinnende) Betrachtung; die Meditation
cortar por lo sano energische Maßnahmen ergreifen, drastisch durchgreifen

¡**qué se le va a hacer!** was soll man da machen!
te vas (von **irse**) du gehst weg
por eso deshalb
yo que tú ich an deiner Stelle
¿**verdad?** nicht wahr?
respecto a bezüglich, hinsichtlich
la **manta** die Decke
liarse la manta a la cabeza sich über alles hinwegsetzen
cantar misa tun und lassen, was man will
el **criterio** der Gesichtspunkt; die Meinung
por lo menos wenigstens
poder darse una idea sich e-n Begriff machen können
el **tejemaneje** das Intrigenspiel

los tiquismiquis das Getue
arrostrar Trotz bieten, trotzen; sich widersetzen
fastidiarse sich damit abfinden
oportuno, -a gelegen; günstig
Alicia *f* Alice
el **dedo** der Finger
darse con los dedos sobre la boca sich die Hand vor den Mund halten
déjate (von **dejar**) laß nur
el **quid** der wesentliche Punkt
poder más mehr können; stärker sein
propenso, -a geneigt, bereit
disculparse sich entschuldigen
obedecer gehorchen; sich fügen

Grammatik 34.2.

1. Imperfekt Konjunktiv von ser und estar, tener und haber 34.2.1.

ser		estar	
fuera	fuese	estuviera	estuviese
ich wäre		*ich wäre*	
fueras	fueses	estuvieras	estuvieses
fuera	fuese	estuviera	estuviese
fuéramos	fuésemos	estuviéramos	estuviésemos
fuerais	fueseis	estuvierais	estuvieseis
fueran	fuesen	estuvieran	estuviesen

tener		haber	
tuviera	tuviese	hubiera	hubiese
ich hätte		*ich hätte*	
tuvieras	tuvieses	hubieras	hubieses
tuviera	tuviese	hubiera	hubiese
tuviéramos	tuviésemos	hubiéramos	hubiésemos
tuvierais	tuvieseis	hubierais	hubieseis
tuvieran	tuviesen	hubieran	hubiesen

Bemerkungen:

1. Der Konjunktiv des Imperfekts weist Formen auf **-ra*** und — seltener — solche auf **-se*** auf, die praktisch die gleiche Bedeutung haben. Abgeleitet werden sie von der 3. Person Plural des historischen Perfekts (pretérito indefinido), indem die Endung -ron in -ra oder -se verwandelt wird (tuvie**ron** > tuvie**ra** oder tuvie**se**).

* siehe Fußnote S. 192

2. Bezüglich der Anwendungsbereiche der Verben ser und estar bzw. tener und haber gilt sinngemäß, was in diesem Zusammenhang bei der Behandlung der Indikativformen des Präsens ausgeführt wurde.

3. Bezüglich der Hinzufügung der persönlichen Fürwörter in der 1. bzw. 3. Person Singular gilt das zum Präsens Konjunktiv Gesagte.

2. Imperfekt Konjunktiv der regelmäßigen Verben auf -ar, -er, -ir   34.2.2.

-ar		-er		-ir	
comprar		vender		recibir	
comprara *ich kaufte*	comprase	vendiera *ich verkaufte*	vendiese	recibiera *ich erhielte*	recibiese
compraras	comprases	vendieras	vendieses	recibieras	recibieses
comprara	comprase	vendiera	vendiese	recibiera	recibiese
comprára-mos	compráse-mos	vendiéra-mos	vendiése-mos	recibiéra-mos	recibiése-mos
comprarais	compraseis	vendierais	vendieseis	recibierais	recibieseis
compraran	comprasen	vendieran	vendiesen	recibieran	recibiesen

Bemerkungen:

1. Der Konjunktiv des Imperfekts bildet zwei Formen (auf **-ra** und auf **-se**), die von der 3. Person Plural des historischen Perfekts (pretérito indefinido) abgeleitet werden, indem die Endung -ron in -ra oder -se verwandelt wird (tom**aron** *sie nahmen* > tom**ara** oder tom**ase**, perdi**eron** *sie verloren* > perdi**era** oder perdi**ese**, parti**eron** *sie reisten ab* > parti**era** oder parti**ese**).

2. Bezüglich der Hinzufügung der persönlichen Fürwörter in der 1. bzw. 3. Person Singular gilt das zum Präsens Konjunktiv Gesagte.

Übungen   34.3.

1. *Setzen Sie die in Klammern stehenden Verben in die sinnentsprechenden Formen:*

Me habla como si yo (ser) el jefe del taller.

A veces pienso que si [tú] no (trabajar) tanto (vivir) mejor.

¡Quién (saber) leer!, dijo la criada al recibir la carta.

Si [tú] (poder) salir algo antes, (encontrarnos) en el bar de la esquina.

Mi hijo es muy inteligente; si (querer), (poder) sacar sobresaliente en todas las asignaturas.

Dijo mi madre que (prestarme) un par de limones [Vd.].

---

* Diese Formen sind aus den Endungen des lateinischen Plusquamperfekts Indikativ ([laudave]ram) bzw. Konjunktiv ([laudavi]ssem) abzuleiten. Dies erklärt auch, weshalb im spanischen, besonders aber im südamerikanischen Sprachgebrauch die Formen auf -ra in der Bedeutung des Plusquamperfekts Indikativ vorkommen können (trabajaran mucho *sie hatten viel gearbeitet*).

2. Setzen Sie die Verben in die entsprechenden Zeiten und statt der Punkte die richtige Präposition:

"La cigüeña casi siempre (inmigrar) ... destiempo, lo que no (impedir) que el Nini (anunciar) su presencia cada año ... varios días ... antelación. ... la cuenca (existir) ... tiempo el prejuicio ... que la cigüeña (ser) heraldo ... primavera, aunque ... realidad, ... San Blas, fecha ... que ... ordinario (presentarse), apenas (ir) mediado el duro invierno... la meseta. El Centenario (soler) decir: '... Castilla ya (saberse), nueve meses ... invierno y tres ... infierno.' Y raro (ser) el año que (equivocarse)." *(Miguel Delibes)*

"Todo (callar), pero no ... silencio, porque materialmente (oírse) el brotar ... las hojas ... las ramas, ... las ramas ... los troncos brotones, ... los troncos que (irse) separando ... las raíces al asomar ... el terreno, crecer ... ruido ... chorro ... agua que (ir) subiendo y subiendo ... tener alto ... arbusto o ... árbol; y también (oírse) el pasearse ... los animales que (aprovechar) la tiniebla ... ir y venir sigilosamente ... busca ... sustento o ... escondite." (Miguel Angel Asturias: *"Viento fuerte"*)
— Premio Nobel —

como si (mit Konjunktiv) als ob
la criada die Hausgehilfin
encontrarse sich treffen; sein, sich befinden
sobresaliente hervorragend; sehr gut
la asignatura das (Lehr-) Fach
el limón die Zitrone
la cigüeña der Storch
inmigrar einwandern
a destiempo zur Unzeit; ungelegen
impedir (ver)hindern
con varios días de antelación mehrere Tage vorher
la cuenca das tiefe Tal; das Becken

el prejuicio das Vorurteil
el heraldo der Herold
de ordinario gewöhnlich, üblicherweise
presentarse sich vorstellen; erscheinen
el centenario der Hundertjährige
el infierno die Hölle
en silencio stillschweigend
materialmente hier: buchstäblich
brotar (hervor)keimen; sprießen
la hoja das Blatt
la rama der Ast; der Zweig
el tronco der (Baum-) Stamm
brotón, -ona ausschlagend

irse separando sich absondern
el terreno der Boden
crecer wachsen
el chorro der Strahl
ir subiendo y subiendo immer höher steigen
el alto die Höhe
el arbusto der Strauch
pasearse spazierengehen
el animal das Tier
la tiniebla die Dunkelheit
sigiloso, -a verschwiegen; geheim
la busca die Suche
en busca de auf der Suche nach
el sustento die Nahrung
el escondite das Versteck, der Schlupfwinkel

Lección treinta y cinco

Buscando tomates 35.1.

El viajero, de Guadalajara sale a pie por la carretera general de Zaragoza, al lado del río. Es el mediodía, y un sol de justicia cae, a plomo, sobre el camino. El viajero anda por la cuneta, sobre la tierra; el asfalto es duro y caliente, y estropea los pies. A la salida de la ciudad el viajero pasa por un merendero que tiene un nombre sugeridor, lleno de resonancias; por un merendero que se llama "Los misterios de Tánger". Antes ha entrado en una verdulería a comprar unos tomates.

—¿Me da tres cuartos de tomates?

—¿Eh?

La verdulera es sorda como una tapia.

—¡Que si me da tres cuartos de tomates!

La verdulera ni se mueve; parece una verdulera sumida en profundas cavilaciones.

—Están verdes.

—No importa; son para ensalada.

—¿Eh?

—¡Que me es igual!

La verdulera piensa, probablemente, que su deber es no despachar tomates verdes.

—¿Va usted a Zaragoza, por una promesa?

—No, señora.

—¿Eh?

—¡Que no!

—Pues antes iban muchos a Zaragoza; llevaban también el equipaje colgando.

—Antes sí, señora. ¿Me da tres cuartos de tomates?

El viajero no puede gritar más fuerte de lo que lo hace. Tiene la garganta seca; por un tomate hubiera dado un duro. La puerta de la verdulería está llena de niños que miran para el viajero; de niños de todos los pelos, de todos los tamaños; de niños que no hablan, que no se mueven, que miran fijamente, como los gatos, sin pestañear. Un niño pelirrojo, con la cara llena de pecas, advierte al viajero:

—Es sorda.

—Ya lo veo, hijo.

El niño sonríe.

—¿Va usted a Zaragoza de promesa?

—No, querubín; no voy a Zaragoza. ¿Tú sabes dónde puedo comprar tres cuartos de tomates?

—Sí, señor; venga conmigo.

El viajero, con veinte o veinticinco niños detrás, sale en busca de los tomates.

Algunos niños corren unos pasitos para ver bien al viajero, para ir siempre a su lado. Otros se van aburriendo y se van quedando por el camino. Una mujer, desde la puerta de una casa, pregunta en bajo a los niños: "¿Qué quiere?" Y el niño de la pelambrera roja contesta, complacido: "Nada; vamos buscando tomates." La mujer no se conforma, vuelve a la carga: "¿Va a Zaragoza?" Y el niño se vuelve y contesta seco, casi con indignación: "No. ¿Es que por aquí no se va más que a Zaragoza?"

(Camilo José Cela: *"Viaje a la Alcarria"*) [Ed. Espasa-Calpe, S.A. — Colección Austral, Madrid, 1964]

---

el **viajero** der Reisende
salir a pie zu Fuß gehen
la **carretera general** die Nationalstraße
la **justicia** die Gerechtigkeit; *fig.* die Hinrichtung
un sol de justicia eine gnadenlose Sonne
el **plomo** das Blei
a plomo lotrecht, senkrecht
el **asfalto** der Asphalt
el **merendero** das Ausflugslokal
sugeridor, -a suggestiv
la **resonancia** die Resonanz; der Widerhall
la **verdulería** die Obst- und Gemüsehandlung
la **verdulera** die Gemüsefrau
sordo, -a taub
la **tapia** die Lehmwand
sordo, -a como una tapia stocktaub

moverse sich bewegen; sich rühren
sumido, -a versunken
la **cavilación** die Grübelei
la **ensalada** der Salat
probable wahrscheinlich
la **promesa** das Versprechen; das Gelübde
colgar (an-, auf-)hängen; (herab)hängen
gritar fuerte laut schreien
seco, -a trocken
de todos los pelos aller Haarfarben
el **tamaño** die Größe
mirar fijamente starr ansehen
pestañear blinzeln
sin pestañear ohne mit der Wimper zu zucken
pelirrojo, -a rothaarig
la **peca** die Sommersprosse
sonríe (von **sonreír**) er (sie, es) lächelt

el **querubín** der Cherubim (Engel)
detrás hinten, dahinter, hinterher
correr laufen, rennen
el **pasito** der kleine Schritt
irse aburriendo sich langweilen; es satt bekommen
irse quedando zurückbleiben
en bajo leise
la **pelambrera** der dichte Haarwuchs, das Haar
complacido, -a zufrieden
conformarse sich zufriedengeben
volver a la carga hartnäckig sein, (immer) wieder damit anfangen
la **indignación** die Entrüstung
se va más man geht (kommt) besser

Erläuterungen   35.2.

1. **Guadalajara:** Hauptstadt der gleichnamigen Provinz, am Henares im Nordosten Neukastiliens gelegen.

2. **Zaragoza:** Hauptstadt der gleichnamigen Provinz, am Ebro gelegen.

3. **Tánger:** Hafenstadt in Marokko, am westlichen Eingang der Straße von Gibraltar gelegen.

4. **La Alcarria:** Landstrich in der Provinz Guadalajara, berühmt wegen ihres Honigs.

Grammatik

Gebrauch des Konjunktivs 35.3.

Abgesehen von einigen formelhaften Wendungen in Wunschsätzen (wie z. B. sea lo que sea *wie dem auch sei* — ¡Dios os ampare! *Gott behüte euch!* — ¡Pluguiera (*von* placer) a Dios! *Gott gebe es!* — ¡Viva el Presidente! *Es lebe der Präsident!*) wird der Konjunktiv nur in Nebensätzen gebraucht. Er bezeichnet die Nichtwirklichkeit (Irrealität) oder ist Ausdruck von Willensäußerungen — worunter alles zu verstehen ist, was Wunsch, Absicht, Bitte, Aufforderung zum Ausdruck bringt — bzw. von persönlichen (subjektiven) Gefühlen und Meinungen wie Freude, Trauer, Verwunderung, Furcht usw. Der Konjunktiv drückt demnach aus, was dem Sprechenden wünschenswert, denkbar, möglich, schwierig, zweifelhaft, ungewiß erscheint. Er gibt die persönliche Auffassung des Sprechenden, sein subjektives Urteil über die von ihm gemachte Mitteilung wieder.

Der Konjunktiv steht

1. nach der Konjunktion **que,** und zwar

a) nach Verben, die einen **Wunsch** oder eine **Willensäußerung** ausdrücken (deseo que me ayudes *ich wünsche, daß du mir hilfst*; queremos que nos diga la verdad *wir wollen, daß er uns die Wahrheit sagt*);

b) nach Verben, die **persönliche Gefühle** wie Freude, Trauer, Verwunderung, Furcht ausdrücken (nos alegramos de que Vd. haya venido *wir freuen uns, daß Sie gekommen sind*; sentimos mucho que el testigo no haya comparecido *wir bedauern sehr, daß der Zeuge nicht erschienen ist*; me asombro de que el señor García no haya salido *ich wundere mich, daß Herr García nicht abgereist ist*; teme que pierda el pleito *er fürchtet, daß er den Prozeß verliert*);

c) nach Verben des **Sagens und Denkens,** wenn sie durch Frage oder Verneinung zu Ausdrücken der Ungewißheit werden (¿Cree Vd. que eso sea verdad? *Glauben Sie, daß das wahr ist?*; no creemos que haya dicho eso *wir glauben nicht, daß er das gesagt hat*);

d) nach **unpersönlichen Ausdrücken,** die solchen einer Willensäußerung, eines persönlichen Gefühls bzw. verneinten Ausdrücken des Sagens und Denkens gleichkommen und somit an sich schon besagen, daß etwas zweifelhaft ist (es necesario [indispensable] que venga Vd. sin demora *es ist notwendig [unerläßlich], daß Sie unverzüglich kommen*; es extraño que no nos haya encontrado *es ist sonderbar, daß er uns nicht ange-*

troffen hat; es hora de que le contestemos *es ist an der Zeit, daß wir ihm antworten*; es lástima que haya cambiado de opinión *es ist schade, daß er seine Ansicht geändert hat*; es conveniente [importa] que llegue Vd. a tiempo *es ist ratsam [wichtig], daß Sie rechtzeitig kommen*; es imposible que lleguemos a tiempo *es ist unmöglich, daß wir rechtzeitig ankommen*);

2. nach **gewissen Konjunktionen** wie antes que *bevor*, sin que *ohne daß*, para que *damit*, caso que *falls*, a no ser que *wofern nicht*, si *wenn* (zum Ausdruck einer irrealen Bedingung), como si *als ob* (antes que replique Vd. *bevor Sie erwidern*; sin que lo supiera *ohne daß ich es wußte*; para que lo sepa Vd. *damit Sie es wissen*; caso que no llegue a tiempo *falls er nicht rechtzeitig eintrifft*; si tuviese dinero, compraría el coche *wenn ich Geld hätte, würde ich den Wagen kaufen*; como si no lo supiera *als ob er es nicht wüßte*).

Nach anderen Konjunktionen wie aunque *obwohl*, *auch wenn*, cuando *als*, *wenn*, *sobald*, mientras *während*, *solange*, de manera (modo) que *so daß* steht der Indikativ, wenn der Nebensatz die bloße Mitteilung einer Tatsache enthält, der Konjunktiv dagegen, wenn der Nebensatz etwas Unbestimmtes (Irreales) ausdrückt (aunque venimos *obwohl wir kommen*, aunque vengamos *auch wenn wir kommen*; mientras duerme *während er schläft*, mientras duerma *solange er schläft*; cuando viene *immer, wenn er kommt*, cuando venga *wenn er einmal kommt*).

In **Relativsätzen** steht der Konjunktiv

1. wenn sie eine gewünschte oder geforderte Eigenschaft ausdrücken (buscamos un joven que sepa llevar la correspondencia en español *wir suchen einen jungen Mann, der den Schriftwechsel auf spanisch führen kann*);

2. wenn sie sich auf einen verneinten Begriff des Hauptsatzes beziehen (no hay mal que cien años dure *es gibt kein Übel, das hundert Jahre dauert*; no hay nadie que sepa leer esta carta *es gibt niemand, der diesen Brief lesen kann*);

3. wenn sie etwas Ungewisses, Mögliches ausdrücken (haga Vd. lo que quiera *tun Sie, was Sie wollen*; haremos todo lo que proponga Vd. *wir werden alles tun, was Sie vorschlagen*);

4. in verallgemeinernden Einräumungssätzen nach quienquiera *wer auch immer* und cualquiera *was auch immer* (quienquiera que lo haya hecho, queremos saberlo todo *wer auch immer es getan hat, wir wollen alles wissen*; cualquiera que sea su motivo *was auch immer sein Grund sein mag*).

Abweichend vom Deutschen steht in der **indirekten Rede** im Spanischen der **Indikativ**, da der Sprechende von der Wirklichkeit dessen, was er berichtet, überzeugt ist: dice que está enfermo *er sagt, daß er krank sei*; escribió que estaba enfermo *er schrieb, daß er krank sei*; le pregunté cuántos hermanos tenía *ich fragte ihn, wie viele Geschwister er habe*.

Bei diesen Konstruktionen ist auf die **Zeitenfolge** zu achten: Steht im Hauptsatz das Verb im Präsens oder Perfekt, so muß es im Nebensatz ebenfalls im Präsens oder Perfekt stehen (afirma que es española *sie behauptet, sie sei Spanierin*; ha afirmado que nos ha dicho la verdad *er hat versichert, er habe uns die Wahrheit gesagt*). Steht dagegen das Verb im Hauptsatz in einer Zeit der Vergangenheit, so muß auch das Verb im Nebensatz in einer Zeit der Vergangenheit stehen (afirmaba que era española *sie behauptete, sie sei Spanierin*; afirmó [había afirmado] que nos dijo [había dicho] la verdad *er versicherte, er habe uns die Wahrheit gesagt*).
Soll ein zukünftiges Geschehen vom Standpunkt der Gegenwart bzw. der Vergangenheit aus gesehen ausgedrückt werden, so steht das Verb des Nebensatzes im Futur bzw. im Konditional (dice que vendrá *er sagt, er werde kommen*, dijo que vendría *er sagte, er würde kommen*).

Übungen 35.4.

1. *Setzen Sie die in Klammern stehenden Verben in die entsprechenden Zeiten:*
Te (decir) que (arreglar) el coche antes de que (llegar) mi padre de viaje.
Mi esposa (rogarme) que (comprarle) unas flores al volver de la oficina.
(Decir) Julio que no (contar, [tú]) a nadie lo que (pasarte) ayer.
[Yo] no (creer) que Pili (volver) a hablar conmigo, después de nuestro altercado de (hacer) una semana y de lo que (ocurrir) hoy.
[Yo] (sentir) de veras que no (aprobar) el curso pasado.
Me (alegrar) que tu viaje (haber sido) bueno.

2. *Setzen Sie die Verben in die entsprechenden Zeiten:*
Ayer (estar) con mi madre en el teatro; hoy (ir) al concierto.
Pronto (tener) que preparar nuestro viaje a París.
Cuando (llegar) el tren, todos (bajar) menos un señor que (dormirse).
Mañana (decirte) cuándo (ser) la boda de Julia.
Este coche, que (comprar) hace medio año, ya (estar) hecho una verdadera regadera.
Don Luis de Góngora (ser) uno de los más grandes poetas que (tener) España, pero (resultar) muy difícil de comprender.

3. *Setzen Sie die Verben in die entsprechenden Zeiten und statt der Punkte die richtige Präposition:*
"El Marqués ... Bradomín (madrugar) ... oír misa ... el convento ... donde (ser) abadesa una ... sus primas, aquella pálida y visionaria Isabel Montenegro y Bendaña. El viejo caballero, al recordarla, (sentir) una tristeza ... crepúsculo ... su alma. ¡Cuántas veces (haber pasado) la muerte su hoz! ... aquellas tres niñas ... quienes (haber jugado) ... el jardín señorial, sólo una (vivir)."

(R. del Valle Inclán)

arreglar regeln; begleichen,
  bezahlen
antes de que ehe, bevor
el altercado der Wortwechsel, der Streit
París f Paris
bajar aussteigen; hinunterbringen

la regadera die Gießkanne;
  der Sprengwagen
el marqués der Marquis
el convento das Kloster
la abadesa die Äbtissin
pálido, -a bleich, blaß

visionario, -a visionär, se-
  herisch
la tristeza die Traurigkeit;
  die Trauer
la muerte der Tod
la hoz die Sichel
señorial herrschaftlich

Refrán   **35.5.**

No hay olla tan fea que no tenga cobertera.

a cobertera der (Topf-)Deckel

Lección treinta y seis

Cena de Navidad   **36.1.**

En el pueblo no se comía más pescado que las truchas del río y algún
barbo que otro. Sin embargo, la víspera de Navidad llegaban por el
camino alto unos hombres montados en unos burros y cargados con
grandes banastas. Aquel año los vimos llegar entre la nieve. Las criadas
de casa salieron corriendo hacia ellos, con cestas de mimbre, chillando
y riendo como tenían por costumbre para cualquier cosa fuera de lo
corriente. Los hombres del camino traían en las banastas — quién
sabía desde dónde — algo insólito y maravilloso en aquellas tierras:
pescado fresco. Sobre todo, lo que maravillaba eran los besugos, en
grandes cantidades, de color rojizo dorado, brillando al sol entre la
nieve, en la mañana fría. Yo seguía a las criadas saltando y gritando
como ellas. Me gustaba oír sus regateos, ver sus manotazos, las bromas
y las veras que se llevaban con aquellos hombres. En aquellas tierras,
tan lejanas del mar, el pescado era algo maravilloso. Y ellos sabían que
se gustaba celebrar la Nochebuena cenando besugo asado.

—Hemos vendido el mayor besugo del mundo — dijo entonces uno
de los pescaderos —. Era una pieza como de aquí allá. ¿Sabéis a
quién? A un minero. A una de esas negras ratas ha sido.

—¿A quién? — preguntaron las chicas, extrañadas.

—A uno que llaman el "Galgo" — contestó el otro —. Estaba allí, con
todos sus hijos alrededor. ¡Buen festín tendrán esta noche! Te juro
que podría montar en el lomo del besugo a toda la chiquillería,
y aún sobraría la cola.

—¡Anda con los "Galgos"! — dijo Emiliana, una de las chicas —.

¡Esos muertos de hambre!

Yo me acordé de mi amigo Fabián. Nunca se me hubiera ocurrido, hasta aquel momento, que podía pasar hambre.

Aquella noche el abuelo invitaba a su mesa al médico del pueblo, porque no tenía parientes y vivía solo. También venía el maestro, con su mujer y sus dos hijos. Y en la cocina se reunían lo menos quince familiares de las chicas.

El médico fue el primero en llegar. Yo le conocía poco y había oído decir a las criadas que siempre estaba borracho. Era un hombre alto y grueso, de cabello rojizo y dientes negros. Olía mucho a colonia y vestía un traje muy rozado, aunque se notaba recién sacado del arca, pues olía a alcanfor. Sus manos eran grandes y brutales y su voz ronca (las criadas decían que del aguardiente). Todo el tiempo lo pasó quejándose del pueblo, mientras el abuelo le escuchaba como distraído. El maestro y su familia, todos ellos pálidos, delgados y muy tímidos, apenas se atrevían a decir palabra.

Aún no nos habíamos sentado a la mesa cuando llamaron al médico. Una criada dio el recado, aguantándose las ganas de reír.

—Señor, que, ¿sabe usted?, unos que les dicen "los Galgos"..., de la chusma esa de mineros, pues, señor, que compraron besugo *pa* cenar, y que al padre le pasa algo, que se ahoga..., ¿sabe usted? Una espina se ha tragado y le ha quedado atravesada en la garganta. Si podrá ir, dicen, don Amador...

Don Amador, que era el médico, se levantó de mala gana. Le habían estropeado el aperitivo y se le notaba lo a regañadientes que se echó la capa por encima.

(Ana María Matute: *"La chusma"*) [Siete narradores de hoy — Ed. Taurus, Madrid, 1963]

la trucha die Forelle	**el besugo** der Brassen	**el pescadero** der Fisch-händler
el barbo die Barbe	**la cantidad** die Quantität; die Anzahl, die Menge	**de aquí allá** von hier bis dahin
la víspera der Vorabend		
por el camino alto über den oberen Weg	**rojizo, -a** rötlich	**el minero** der Bergmann, der Kumpel
montado, -a en sitzend auf	**dorado, -a** golden; gold-gelb; vergoldet	**la rata** die Ratte
el burro der Esel	**brillar** leuchten, glänzen	**el galgo** der Windhund
la banasta der große Korb; der Tragkorb	**el regateo** das Feilschen	**alrededor** ringsherum
el mimbre die Korbweide; das Weidengeflecht	**el manotazo** der Schlag mit der Hand, der Zu-schlag	**el festín** das Festessen
		jurar schwören
chillar kreischen, schreien	**se gustaba celebrar** man feierte gern	**el lomo** der Rücken
riendo (von **reír**) lachend	**la Nochebuena** die Weih-nacht, der Weihnachts-abend	**la chiquillería** der Haufen Kinder
desde dónde von woher		**el muerto de hambre** der Hungerleider
las tierras hier: die Lande	**asar** braten	
maravillar in Bewunde-rung versetzen; verwun-dern		**acordarse** sich erinnern

pasar hambre Hunger leiden
el maestro der Lehrer
reunirse sich versammeln; zusammenkommen
lo menos mindestens
el familiar der Familienangehörige
grueso, -a dick
el cabello das Haar
la colonia (=agua de Colonia) Kölnisch Wasser
rozado, -a abgetragen, abgewetzt
el alcanfor der Kampfer
brutal brutal, roh; grob

ronco, -a heiser, rauh
distraído, -a zerstreut
delgado, -a dünn; schlank
tímido, -a furchtsam; schüchtern
el recado die Nachricht
dar el recado die Nachricht überbringen
aguantarse sich beherrschen
reír lachen
las ganas de reír die Lachlust
la chusma das Gesindel, der Pöbel

pa = para
ahogarse ersticken; sich verschlucken
la espina die Gräte
tragarse verschlucken
atravesado, -a schräg od. quer stehend
de mala gana ungern, widerwillig
a regañadientes zähneknirschend
echarse la capa por encima sich den Umhang überwerfen
el narrador der Erzähler

Grammatik

Bedeutungswandel durch Silbenanhängung   36.2.

Die Möglichkeit, durch Anhängung gewisser Silben den Sinn eines Wortes zu verändern, verleiht der spanischen Sprache eine reiche Ausdrucksfähigkeit. Die sog. Suffixe (Nachsilben) werden sowohl an Substantive wie auch an Adjektive angehängt.*

Es können somit ausgedrückt werden:

a) **Verkleinerung** (mit dem Nebenbegriff des Zärtlichen, Niedlichen) mit Hilfe der Nachsilben -ito, -illo, -ico, -ete, -(e)cito, -(e)cillo, -ececito, -ín:

libro *Buch* — libr**ito**, libr**illo**, libr**ete**
pequeño *klein* — pequeñ**ito**, pequeñ**ín**
poco *wenig* — poqu**ito**, poqu**itín**
pájaro *Vogel* — pajar**illo**, pajar**ito**, pajar**ico**
pan *Brot* — pan**ecillo**
sol *Sonne* — sol**ecito**
pie *Fuß* — piec**ecito**, piec**ecillo**
mano *Hand* — man**ita**
mujer *Frau* — mujer**cita**
flor *Blume* — flor**ecita**, flor**ecilla**
voz *Stimme* — voc**ecita**

b) **Vergrößerung** (mit dem Nebenbegriff des Groben, Unförmigen) mit Hilfe der Nachsilben -ón, -azo, -acho, -ote:

hombre *Mann* — hombr**ón**, hombr**azo**, hombr**acho**, hombr**ote**
mujer *Frau* — mujer**ona**, mujer**aza**, mujer**ota**

c) **Geringschätzung, Verachtung** mit Hilfe der Nachsilben -aco, -acho, -ucho (Pejorativa):

---

* Im südamerikanischen Sprachgebrauch oft auch an Adverbien: ahor**ita** (*zu* ahora), en seguid**ita** (*zu* en seguida), luegu**ito** (*zu* luego).

libro *Buch* — librucho
casa *Haus* — casucha

Zuweilen werden auch z w e i Silben an e i n Wort angehängt:

chico *klein* — chiquito — chiquitillo
calle *Straße* — calleja — callejuela

Vielfach sind durch Anhängung derartiger Silben neue feste Begriffe entstanden:

la bala *die Kugel* — el balón *der Ball*
la cera *das Wachs* — la cerilla *das Streichholz*
la cuchara *der Löffel* — la cucharilla *der Teelöffel*
el paño *das Tuch* — el pañuelo *das Taschentuch*
la puerta *die Tür* — la portezuela *die Tür an Fahrzeugen*
la rata *die Ratte* — el ratón *die Maus*
el río *der Fluß* — el riachuelo *der Bach*
el zapato *der Schuh* — la zapatilla *der Hausschuh*

Angesichts der Vielfalt der in der spanischen Sprache vorkommenden Nachsilben kann nicht dringend genug empfohlen werden, nur solche zu verwenden, die allgemein bekannt und üblich sind. Man hüte sich vor allem davor, beliebige Wortkombinationen zu gebrauchen, über deren veränderte Bedeutung man sich nicht im klaren ist bzw. die im praktischen Sprachgebrauch nicht vorkommen.

Übungen 36.3.

1. *Bilden Sie von folgenden Substantiven die Verkleinerungsformen:* cruz, mesa, luz, flor, pez, pie, red, caja, nube, palacio, coche, libro, ratón, gato, pájaro, Manuel, Juan, Carmen, tren, isla, máquina, Dolores, José.

2. *Bilden Sie die Vergrößerungsformen:* cuchara, libro, bueno, casa, animal, mujer, hombre, perro, nube, mano, coche, cabeza, sol, zapato, ojos, pícaro.

3. *Bilden Sie die Pejorativa:* pueblo, poeta, mujer, rico, pequeño, papel, novela, libro, viejo, dulce, boca, nariz, cabeza, casa, aldea, mano, calle.

4. *Setzen Sie die Verben in die entsprechenden Zeiten und statt der Punkte die richtige Präposition:*

"¡Ancha (ser) Castilla! ¡Y qué hermosa la tristeza reposada ... ese mar petrificado y lleno ... cielo! (Ser) un paisaje uniforme y monótono ... sus contrastes ... luz y sombra, ... sus tintas disociadas y pobres ... matices. Las tierras (presentarse) como ... inmensa plancha ... mosaico ... pobrísima variedad, ... que (extenderse) el azul intensísimo ... cielo. (Faltar) suaves transiciones, ni (haber) otra continuidad armónica que la ... la llanura inmensa y el azul compacto que la (cubrir) e (iluminar)."

(*M. de Unamuno*)

la cruz das Kreuz
la caja die Kiste; der Kasten
el ratón die Maus
la cuchara der Löffel
pícaro, -a schlau; spitzbübisch
reposado, -a ruhig, gelassen
petrificar versteinern
uniforme gleichförmig
monótono, -a eintönig, monoton

la tinta der (Farb-)Ton
disociar trennen, absondern
el matiz die Färbung; die Schattierung
la plancha die Platte
extenderse sich ausbreiten, sich ausdehnen
intenso, -a stark, tief; intensiv

la transición der Übergang
la continuidad die Stetigkeit; der Zusammenhang
armónico, -a harmonisch
la llanura die Ebene
compacto, -a dicht, kompakt
cubrir bedecken, zudecken
iluminar beleuchten, erleuchten

Refrán   **36.4.**

No donde naces, sino donde paces.

pacer weiden, grasen

Lección treinta y siete

Sobre el arte   **37.1.**

Santillana del Mar, con su aspecto de antigua decoración de teatro, hecha para que delante se reciten décimas sin parar, nos mueve a buscar una compensación en la cueva de Altamira. El arte tradicional nos pesa mucho; lo hemos mirado tanto, que es muy difícil esperar de él ninguna repercusión egregia sobre nuestros nervios. ¡Arte románico, gótico, Renacimiento! Nuestras reacciones ante ellos se han hecho tan habituales, que casi son ya movimientos reflejos. Sabemos de antemano el disco que va a rodar dentro de nosotros cuando la obra bella aparezca. Nos falta toda esperanza de aventura y milagro. Ahora bien: sin estas dos cosas no hay verdadera emoción estética. La gente suele, con error, llamar así a un placer confortable, seguro y como matrimonial, que a hora fija debe producirse en nosotros cuando un objeto muy conocido, muy ilustre y muy sin drama espiritual hace una vez más su presentación. Se trata de un efecto convencional, que en rigor ya está en el alma antes de que la obra aparezca. Esto es lo que quiere el buen burgués: tranquilizarse, que las cosas coincidan con el programa hecho de ellas antes, que la torre inclinada de Pisa resulte, en efecto, inclinada; que la catedral gótica tenga arcos ojivales; que el lienzo de Velázquez se someta dócil como un can a su definición inveterada.
Y, sin embargo, la verdadera emoción estética sólo se produce en quien

no está dispuesto a tenerla y no ha preformado el gesto de admiración
Se hace uno el siguiente razonamiento: Si, en efecto, hay tantas cosas
bellas como se dice, una de dos: o su belleza nos mataría de tanto
conmovernos, o es la belleza una sustancia tan tibia e inocua que no
merece la pena de hablar de ella. Yo creo que se ha perdido el sentido
del arte a fuerza de multiplicarlo y abaratarlo. Cuánto mejor considerar el arte como una aventura que sobreviene alguna que otra vez,
muy raramente. Por lo pronto, es una sorpresa. Vamos por la vida
ocupados en nuestros asuntos, y de repente algo nos arrebata, nos saca
de nuestro quicio, nos infunde un frenesí, nos arrastra, como el vendaval divino a los profetas, hacia la localidad extramundana. No hay
arte sin éxtasis, en el sentido más riguroso de la palabra, que es
"estar fuera de sí".

(José Ortega y Gasset: *"Notas del vago estío"*) [Ensayos escogidos, Ed.
Aguilar, Madrid 1960]

la decoración die Dekoration; die Ausschmückung,
die Ausstattung
recitar vortragen, rezitieren
la décima die Dezime
(Gedichtform)
la compensación der Ausgleich
la cueva die Höhle
pesar lasten
la repercusión die Rückwirkung
egregio, -a edel; hervorragend
el nervio der Nerv
románico, -a romanisch
gótico, -a gotisch
el Renacimiento die Renaissance
la reacción die Reaktion
el movimiento die Bewegung
reflejo, -a Reflex...
de antemano im voraus
rodar rollen; sich drehen
aparezca (von **aparecer**) er
(sie, es) erscheine
ahora bien also, demnach
la emoción die (Gemüts-)
Bewegung; die Ergriffen-
heit; die Erregung
estético, -a ästhetisch
con error irrtümlich
matrimonial ehelich
producirse auftreten; sich
äußern

el objeto das Objekt; der
Gegenstand
el drama espiritual der
geistige Höhepunkt
hacer su presentación in
Erscheinung treten
una vez más noch einmal
convencional herkömmlich;
üblich; konventionell
en rigor strenggenommen
el burgués der Bürger
tranquilizar beruhigen; beschwichtigen
coincidir zusammentreffen; übereinstimmen
inclinado, -a geneigt; schief
en efecto in der Tat, wirklich
el arco der Bogen
ojival spitzbogig; gotisch
el arco ojival der Spitzbogen
el lienzo die Leinwand; das
(Öl-)Gemälde
someterse sich fügen
dócil gefügig, willig
la definición die Erklärung
inveterado, -a eingewurzelt; eingefleischt
preformar vorformen, vorbilden
el gesto die Gebärde, die
Geste
la admiración die Bewunderung

el razonamiento der Gedankengang; die Über-
legung
una de dos eins von beiden
o ... o ... entweder ...
oder ...
la belleza die Schönheit
conmover erschüttern; ergreifen
multiplicar vervielfältigen,
vervielfachen
abaratar verbilligen; billig
verkaufen
considerar como betrachten
als, halten für
sobrevenir plötzlich geschehen
alguna que otra vez bis-
weilen; hin und wieder
por lo pronto einstweilen,
vorläufig
arrebatar entreißen; mit
sich reißen; entzücken
infundir einflößen
el frenesí die Raserei
el vendaval der Sturm
divino, -a göttlich
el profeta der Prophet
extramundano, -a außerweltlich, überirdisch
el éxtasis die Verzückung,
die Ekstase
riguroso, -a streng
el ensayo der Versuch; der
Essay
escoger (aus)wählen

Erläuterungen 37.2.

1. **Santillana del Mar:** Kleinerer Ort, westlich von Santander gelegen.
2. **Las cuevas de Altamira:** Höhlen, in der Nähe von Santillana del Mar gelegen, mit farbigen Felsbildern von Tieren der Eiszeit.
3. **Velázquez** (1599—1660): Bedeutendster spanischer Maler, Kammerherr und Schloßmarschall am Hofe Philipps IV.

Grammatik

Gebrauch des Infinitivs (I) 37.3.
Der reine Infinitiv

Als substantivische Form des Verbs kann der Infinitiv mit Präpositionen verbunden werden und im Satz Subjekt, prädikative Ergänzung und Objekt sein. Einige Infinitive sind sogar zu Substantiven geworden (el saber *das Wissen*, el poder *das Können, die Macht*, el deber *die Pflicht*, el parecer *die Meinung*, el ser *das Wesen* u. a.).

Je nachdem, ob der Infinitiv **ohne** oder **mit** Präposition gebraucht wird, spricht man vom *reinen* bzw. *präpositionalen* Infinitiv. Hierbei ist grundsätzlich festzustellen, daß Verben, die durch ein Substantiv **ohne** Präposition ergänzt werden, auch den Infinitiv **ohne** Präposition nach sich ziehen. Andererseits steht dieselbe Präposition, die vor einer substantivischen Ergänzung stehen würde, auch vor einem entsprechenden Infinitiv.

Als Objekt steht **der reine Infinitiv** durchweg nach allen Verben, die auch ein Substantiv im Akkusativ nach sich ziehen, somit

a) nach den **modalen Hilfsverben:** poder *können*, saber *wissen*, deber *sollen*, *müssen*, querer *wollen* sowie den Verben hacer *(veran)lassen* und dejar *(zu)lassen* (sabe conducir un auto *er kann Auto fahren*);

b) nach den **Verben des Wünschens und Wollens** wie: desear *wünschen*, anhelar *begehren*, preferir *vorziehen, lieber wollen*, esperar *hoffen*, permitir *gestatten*, prohibir *verbieten*, proponer *vorschlagen*, mandar, ordenar *befehlen* (le propongo salir en seguida *ich schlage Ihnen vor, sofort abzureisen*);

c) nach den **Verben der sinnlichen Wahrnehmung** wie: oír *hören*, ver *sehen*, sentir *fühlen, bedauern* (oigo acercarse el tren *ich höre den Zug kommen*);

d) nach den **Verben des Glaubens, Denkens und Meinens** wie: creer *glauben*, pensar *denken*, decidir *beschließen*, intentar *beabsichtigen*, negar *leugnen*, recordar *sich erinnern*, temer *fürchten*, celebrar *sich freuen* (hemos decidido abandonar el proyecto *wir haben beschlossen, das Vorhaben aufzugeben*);

e) nach den **Verben des Sagens, Behauptens und Versicherns** wie: decir *sagen*, afirmar, pretender *behaupten*, declarar *erklären*, confesar *gestehen*, asegurar *versichern*, proponer *vorschlagen*, prometer *versprechen*, ofrecer *anbieten*, aconsejar *raten* (prometió ayudarnos *er versprach, uns zu helfen*);

f) nach **unpersönlichen Ausdrücken** wie: es fácil, difícil *es ist leicht, schwierig*, es necesario *es ist nötig*, es útil *es ist nützlich*, más vale *es ist besser*, me gusta *es gefällt mir* (será necesario enviar un telegrama *es wird nötig sein, ein Telegramm zu schicken*).

Übungen 37.4.

1. *Geben Sie die folgenden Sätze mit Infinitiven wieder:*
He llegado ahora mismo.
Cuando entré, me saludó.
Cuando termines, me llamas.
A la puesta del sol, crecen las sombras.
Se oía el dulce canto de los pajarillos.
La constante interrupción resulta insufrible.

2. *Setzen Sie die Verben sinngemäß ein:*
Por favor, (decir) a su hermano que no me (hacer) esperar tanto; le (esperar) ya desde (hacer) una hora.
Otra vez que (querer) hablar con el director, (tener) que avisar a tiempo [tú].
(Decirme) Vd., señor García, ¿cuándo (ser) el bautizo de su nietecita?
¡(Oír), señorita, a ver cuándo (vernos) sin tantas prisas...!
(Decir) lo que (decir), este año (ser) el verano bastante agradable; a mí no me (gustar) el calor excesivo, sobre todo (tener) que (quedar) en Madrid.
(Tener) que vernos donde (ser), y a (ser) posible pronto, porque (querer tratar) algo importante contigo, antes de que (ser) tarde.

3. *Setzen Sie die Verben in die Zeiten der Vergangenheit und statt der Punkte die richtige Präposition:*
"Algunos cafés ... la Puerta ... Sol y Fornos (quedar) abiertos durante toda la noche; las buñolerías, también; muchas tiendas ... centro (cerrarse) muy tarde. Esto (dar) ... pueblo un aire ... turbulencia, ... misterio y ... alegría. Mucha ... la gente rica y ... clase media (ser) noctámbula. Algunos cafés (tener) su especialidad. La decoración ... dentro (ser) muy característica. ... casi todos ellos (haber) grandes espejos ... marcos dorados, mesas ... el tablero ... mármol y largos divanes ... terciopelo rojo."

(Pío Baroja)

ahora mismo eben (erst); sofort
la puesta del sol der Sonnenuntergang
el canto der Gesang
constante beständig; stetig
la interrupción die Unterbrechung; die Störung
insufrible unerträglich
avisar anmelden; Bescheid geben

el bautizo die Taufe
tratar besprechen
la buñolería der Stand eines Krapfenbäckers
cerrarse schließen, geschlossen werden
dar un aire de einen Anstrich von ... geben
la turbulencia die Aufregung; die Ausgelassenheit

la clase media der Mittelstand
noctámbulo, -a nachtwandelnd
de dentro innen
el marco der Rahmen
el tablero die Platte
el diván der Diwan
el terciopelo der Samt

El comer y el casar, a gusto; el vestir y el calzar, al uso.
Más hace el querer que el poder.
Al freír será el reír.

| **casar** heiraten | **freír** braten, backen | letzt lacht, lacht am be- |
| **al uso** der Sitte gemäß | **al freír será el reír** wer zu- | sten |

Lección treinta y ocho

En el reino de Macondo 38.1.

Esta es, incrédulos del mundo entero, la verídica historia de la Mamá
Grande, soberana absoluta del reino de Macondo, que vivió en función
de dominio durante 92 años y murió en olor de santidad un martes
del setiembre pasado, y a cuyos funerales vino el Sumo Pontífice.

Ahora que la nación sacudida en sus entrañas ha recobrado el equilibrio; ahora que los gaiteros de San Jacinto, los contrabandistas de
la Guajira, los arroceros del Sinú, las prostitutas de Guacamayal,
los hechiceros de la Sierpe y los bananeros de Aracataca han colgado
sus toldos para restablecerse de la extenuante vigilia, y que han recupe-
rado la serenidad y vuelto a tomar posesión de sus estados el presidente de la república y sus ministros y todos aquellos que representaron
al poder público y a las potencias sobrenaturales en la más espléndi-
da ocasión funeraria que registren los anales históricos; ahora que
el Sumo Pontífice ha subido a los Cielos en cuerpo y alma, y que es imposible transitar en Macondo a causa de las botellas vacías, las colillas
de cigarrillos, los huesos roídos, las latas y trapos y excrementos que
dejó la muchedumbre que vino al entierro, ahora es la hora de recostar un taburete a la puerta de la calle y empezar a contar desde el
principio los pormenores de esta conmoción nacional, antes de que
tengan tiempo de llegar los historiadores.

Hace catorce semanas, después de interminables noches de cataplas-
mas, sinapismos y ventosas, demolida por la delirante agonía, la
Mamá Grande ordenó que la sentaran en su viejo mecedor de bejuco
para expresar su última voluntad. Era el único requisito que le hacía
falta para morir. Aquella mañana, por intermedio del padre Antonio
Isabel, había arreglado los negocios de su alma, y sólo le faltaba arreglar los de sus arcas con los nueve sobrinos, sus herederos universales,
que velaban en torno al lecho. El párroco, hablando solo y a punto de

cumplir cien años, permanecía en el cuarto. Se habían necesitado diez hombres para subirlo hasta la alcoba de la Mamá Grande, y se había decidido que allí permaneciera para no tener que bajarlo y volverlo a subir en el minuto final.

Nicanor, el sobrino mayor, titánico y montaraz, vestido de caqui, botas con espuelas y un revólver calibre 38, cañón largo, ajustado bajo la camisa, fue en busca del notario. La enorme mansión de dos plantas, olorosa a melaza y a orégano, con sus oscuros aposentos atiborrados de arcones y cachivaches de cuatro generaciones convertidas en polvo, se había paralizado desde la semana anterior a la expectativa de aquel momento. En el profundo corredor central, con garfios en las paredes donde en otro tiempo se colgaron cerdos desollados y se desangraban venados en los soñolientos domingos de agosto, los peones dormían amontonados sobre sacos de sal y útiles de labranza, esperando la orden de ensillar las bestias para divulgar la mala noticia en el ámbito de la hacienda desmedida.

(Gabriel García Márquez: *"Los funerales de la Mamá Grande"*) [Editorial Sudamericana, Buenos Aires, 1968]

incrédulo, -a ungläubig
verídico, -a wahr(heitsgetreu)
la soberana die Herrscherin
el dominio die Herrschaft
la santidad die Heiligkeit
morir en olor de santidad im Rufe der Heiligkeit sterben
el martes der Dienstag
el funeral das Begräbnis
los funerales der Trauergottesdienst
sumo, -a höchste(r, -s)
el Sumo Pontífice der Papst
ahora que jetzt wo
sacudir erschüttern
la(s) entraña(s) die Eingeweide; das Innerste
el equilibrio das Gleichgewicht
el gaitero der Dudelsackpfeifer
el contrabandista der Schmuggler
el arrocero der Reisbauer
la prostituta die Prostituierte
el hechicero der Zauberer
el bananero der Bananenpflanzer

el toldo das Sonnendach; das Zelt
restablecerse sich erholen
extenuante aufreibend
la vigilia die Nachtwache
recuperar wiedergewinnen
la serenidad die Heiterkeit; die Gelassenheit; die Ruhe
han vuelto (von volver) a sie haben wiederum
la posesión der Besitz
tomar posesión Besitz ergreifen; (Amt) antreten
el estado der Rang, der Stand; der Staat
el presidente der Präsident
representar vertreten
el poder die Macht; die Gewalt
el poder público die Staatsgewalt; die Behörde(n)
la potencia die Macht
sobrenatural übernatürlich
funerario, -a Grab..., Begräbnis...
la ocasión funeraria die Bestattung, die Beisetzung
registrar verzeichnen; registrieren
los anales die Annalen
subir a los Cielos gen Himmel auffahren

transitar durchreisen
la causa die Ursache
a causa de wegen
la colilla der Stummel
el cigarrillo die Zigarette
el hueso der Knochen
roer (be-, ab-)nagen
los excrementos die Ausscheidungen, die Exkremente
la muchedumbre die Menge
el entierro das Begräbnis
recostar anlehnen
el taburete der Hocker, der Schemel
la conmoción die Erschütterung; die Ergriffenheit
el historiador der Historiker
interminable endlos
la cataplasma der (Brei-) Umschlag
el sinapismo das Senfpflaster
la ventosa der Schröpfkopf
demolido, -a hier: völlig erschöpft
delirante rasend, tobend
la agonía der Todeskampf, die Agonie
ordenar anordnen; befehlen
sentar (hin)setzen

el mecedor die Schaukel
el bejuco die Liane
expresar äußern, ausspre-
chen
la voluntad der Wille
el requisito das Erfordernis
hacer falta fehlen; nötig
sein
morir sterben
por intermedio de durch
Vermittlung
sólo le faltaba sie mußte
nur noch
el heredero der Erbe
universal allgemein; Uni-
versal...
velar wachen
el lecho das Bett
el párroco der Pfarrer
a punto bereit
permanecer (da)bleiben,
(ver)weilen
necesitarse nötig sein
la alcoba der Alkoven
decidir beschließen
el minuto final der letzte
Augenblick

titánico, -a riesenhaft
el caqui der Khaki(stoff)
la bota der Stiefel
las espuelas die Sporen
el revólver der Revolver
el calibre das Kaliber
el cañón der (Geschütz-)
Lauf
ajustado, -a enganliegend
la camisa das Hemd
el notario der Notar
oloroso, -a wohlriechend
la melaza die Melasse
el orégano der Majoran
el aposento das Gemach
atiborrar vollstopfen
el arcón die große Truhe
los cachivaches der Kram,
das Gerümpel; die Kla-
motten
la generación die Genera-
tion
paralizarse erlahmen
la expectativa die sichere
Erwartung
el corredor der Gang; der
Korridor

central zentral, Mittel...
el garfio der Haken
el cerdo das Schwein
desollar abdecken, abbal-
gen
desangrarse ausbluten
el venado der Hirsch
soñoliento, -a einschläfernd
el peón der Arbeiter; der
Knecht
amontonar aufhäufen
el saco der Sack
el útil das Werkzeug, das
Gerät
la labranza der Ackerbau;
die Feldarbeit
ensillar satteln
la bestia das Tier
divulgar verbreiten, be-
kanntmachen
la noticia die Nachricht
el ámbito der Umkreis;
der Bereich
la hacienda das Landgut,
die Farm; die Hazienda
desmedido, -a ungeheuer
groß

Grammatik

Gebrauch des Infinitivs (II) 38.2.

Der präpositionale Infinitiv

Der Infinitiv mit de steht 38.2.1.

a) als Attribut nach **Substantiven,** die auch ein nachfolgendes Substantiv
mit de anschließen würden (no tengo el gusto de conocer a su esposa
ich habe nicht das Vergnügen, Ihre Gattin zu kennen; tenga la bondad de
responder a vuelta de correo *haben Sie die Güte, postwendend zu antworten*; tenemos la intención de vender nuestra casa *wir haben die Absicht,
unser Haus zu verkaufen*);

b) nach **Adjektiven,** die auch ein nachfolgendes Substantiv mit de anschließen würden, wie capaz de *fähig*, contento de *zufrieden*, cansado de *überdrüssig*, digno de *würdig*, lejos de *weit entfernt* (fácil de hacer *leicht zu
machen*; es capaz de negarlo todo *er ist fähig, alles abzustreiten*);

c) nach **Verben,** die auch ein nachfolgendes Substantiv mit de anschließen
würden, wie abstenerse de *sich enthalten*, acordarse de *sich erinnern*,
acusar de *anklagen*, alegrarse de *sich freuen*, arrepentirse de *bereuen*,
asegurarse de *sich vergewissern*, cansarse de *überdrüssig werden*, cesar de,
dejar de *aufhören*, encargarse de *übernehmen*, extrañarse de *sich wundern*,
guardarse de *sich hüten*, olvidarse de *vergessen*, quejarse de *sich beklagen*,
tratar de *(ver)suchen* (me he ar repentidode haber vendido el jardín *ich

habe es bereut, den Garten verkauft zu haben; nos guardamos de irritarle *wir hüten uns, ihn zu reizen*; el fiscal le acusó de haber cometido una infracción *der Staatsanwalt klagte ihn an, eine strafbare Handlung begangen zu haben*);

d) in **besonderen Wendungen** wie dar de comer *zu essen geben*, no poder menos de *nicht umhin können*, acabar de hacer *soeben getan haben*, es de creer, notar, suponer *es ist zu glauben, zu beachten, anzunehmen.*

Der **Infinitiv mit a** steht   **38.2.2.**

a) als Attribut nach **Substantiven** und **Adjektiven,** die auch ein nachfolgendes Substantiv mit a anschließen würden (no tiene derecho a quejarse de nosotros *er hat kein Recht, sich über uns zu beklagen*; está dispuesto a seguirnos *er ist bereit, uns zu folgen*);

b) nach den **Verben der Bewegung** wie ir a *gehen*, venir a *kommen*, llegar a *ankommen*, subir a *hinaufgehen*, bajar a *hinuntergehen*, correr a *laufen*, volver a *zurückkehren*, acercarse a *sich nähern*, apresurarse a *sich beeilen* (vino a verme por la tarde *er kam mich nachmittags besuchen*);

c) nach **Verben,** die das Streben nach einer **Richtung,** einem **Ziel** oder **Zweck** zum Ausdruck bringen, die somit auf die mit *womit?, wozu?, worauf?* usw. eingeleiteten Fragen Auskunft geben. Es handelt sich hierbei um Verben wie acostumbrarse a *sich gewöhnen*, aprender a *lernen*, aspirar a *streben*, atreverse a *wagen*, ayudar a *helfen*, comenzar a, empezar a, principiar a, meterse a, echar(se) a *anfangen*, comprometerse a, obligarse a *sich verpflichten*, contribuir a *beitragen*, convidar a, invitar a *einladen*, decidirse a *sich entschließen*, dedicarse a *sich widmen*, disponerse a *sich anschicken*, enseñar a *lehren*, limitarse a *sich beschränken*, negarse a *sich weigern*, prepararse a *sich vorbereiten* (nos hemos comprometido a socorrerle *wir haben uns verpflichtet, ihn zu unterstützen*; me limito a avisarle a Vd. del peligro *ich beschränke mich darauf, Sie vor der Gefahr zu warnen*; se preparó a partir en seguida *er bereitete sich darauf vor, sofort abzureisen*).

Der **Infinitiv mit anderen Präpositionen**   **38.2.3.**

en: afanarse en *sich anstrengen*, complacerse en *Gefallen finden an*, detenerse en *sich aufhalten mit*, empeñarse en, insistir en *bestehen auf*, pensar en *denken an*, convenir en *übereinkommen*, tardar en *zögern*, tener gusto, interés en *Gefallen finden, Interesse haben an*, tener empeño en *Wert legen auf*, no tener inconveniente en *nichts dagegen haben*

con: soñar con *träumen*, contentarse con *sich begnügen*

para: estar para *im Begriff sein*

por: empezar por hacer *anfangs tun*, acabar por hacer *schießlich tun*, luchar por *kämpfen um*, trabajar por *arbeiten für*, votar por *stimmen für*

Der **adverbiale Infinitiv** **38.2.4.**

Häufig tritt der Infinitiv an die Stelle eines Nebensatzes: al salir del teatro, tomé un taxi *als ich aus dem Theater kam, nahm ich eine Taxe*; al arreglar la habitación la camarera halló una sortija *als das Zimmermädchen das Zimmer aufräumte, fand es einen Ring* — wörtlich: *beim Aufräumen das Zimmer*; in solchen Fällen bewahrt der Infinitiv also seine verbale Kraft (Temporalsatz der Gleichzeitigkeit)

a (de, con) afirmármelo tú, estoy tranquilizado *wenn du es mir versicherst, bin ich beruhigt* (Konditionalsatz)

por (con) haber dicho esto, le has enojado *weil du das gesagt hast, hast du ihn erzürnt* (Kausalsatz)

a pesar de (con) ser rica, no es feliz *obwohl sie reich ist, ist sie nicht glücklich* (Konzessivsatz)

no sabemos qué hacer *wir wissen nicht, was wir tun sollen* (indirekter Fragesatz).

Übungen **38.3.**

1. *Geben Sie die folgenden Sätze mit Infinitivkonstruktionen wieder:*

Le premiaron porque era buen alumno.
Si no es así, no juego con vosotros.
Cuando llegó a casa, le estaban esperando.
Después de que perdió la partida, le obligaron a que pagara una ronda de coñac.
Estaba ya dispuesto para el paseo, cuando alguien le dijo que esperara un rato.
Por sus excentricidades, todos hablan de ella en el pueblo.
La traducción no está hecha aún.
Lo siento, pero no le conozco a Vd.
Es inmensamente rico, pero no es dichoso.
En mis ratos de ocio, leeré algo de historia.

2. *Setzen Sie die in Klammern stehenden Verben in die sinnentsprechenden Formen und statt der Punkte die richtige Präposition:*

"Si Cervantes (nacer) ... Santiago de Compostela, ¿cómo (ser)? ¿... qué manera (escribir) el "Quijote"? Fray Luis de León, manchego ... nacimiento, salmanticense ... elección, ¿qué giro (dar) y qué matices, (nacer) ... Sevilla, ... su "Noche serena"? La Puerta del Sol (encontrarse) ... 654 metros ... el nivel ... Mediterráneo. El aire ... Madrid (ser) vivo y elástico. ... Madrid, la luz (ser) viva y los contrastes ... resplandor y sombra vivísimos. No (ser) Madrid propicio ... la melancolía." (*"Azorín"*)

3. *Trennen Sie folgende Wörter* (s. Silbentrennung S. 19):

construcción, adicional, instrumento, concepción, sevillano, correccional, achicamiento, destructivo, paraguayo, esquizofrénico, trascoro, adyacente, consustancial, transustanciación.

premiar belohnen
el alumno der Schüler
después de que nachdem, als
la partida die Partie, das Spiel
obligar zwingen
la ronda die Runde
la excentricidad die Überspanntheit
dichoso, -a glücklich
el ocio die Muße
el fray der (Kloster-)Bruder ¡(nur vor dem Vornamen gebräuchlich)
manchego, -a aus der Mancha
el salmanticense der Salmantiner, aus Salamanca

de elección Wahl...
el giro die Wendung
sereno, -a heiter; gelassen
el nivel das Niveau; die Höhe; der Spiegel
el Mediterráneo das Mittelmeer
elástico, -a elastisch; geschmeidig
el resplandor der Glanz; der helle Schein
la construcción der Bau; das Gebäude
adicional zusätzlich
el instrumento das Instrument
la concepción die Auffassung; der Plan

el sevillano der Sevillaner
correccional strafend, Straf...
el achicamiento die Verkleinerung
destructivo, -a zerstörend; destruktiv
el paraguayo der Paraguayer
esquizofrénico, -a schizophren
el trascoro der Raum hinter dem Chor
adyacente angrenzend
consustancial angeboren
la transustanciación die Transsubstantiation (Wesensverwandlung)

Refranes   **38.4.**

Muerto el perro, se acabó la rabia.
Más vale saber que haber.
Quien mal anda, mal acaba.

acabarse enden, aufhören
la rabia die Wut

acabar mal ein schlimmes Ende nehmen

Anhang

Konjugationsmuster der regelmäßigen und unregelmäßigen Verben K

(Participio = Partizip, Gerundio = Gerundium, Presente = Präsens,
Imperfecto = Imperfekt, Pretérito indefinido = historisches Perfekt,
Futuro = Futur, Condicional = Konditional, Imperativo = Imperativ,
Presente de subjuntivo = Präsens Konjunktiv, Imperfecto de subjuntivo
= Imperfekt Konjunktiv)

Anweisung für die Bildung der Zeiten K 1.1.

Aus den nachstehenden Stammformen lassen sich folgende Ableitungen*
bilden:

Stammformen	Ableitungen
I. Aus dem **Presente de indicativo,** und zwar der 3. Pers. *sg.* (mand*a*, vend*e*, recib*e*)	1. der **Imperativo** 2. Pers. *sg.* (¡mand*a*! ¡vend*e*! ¡recib*e*!)
II. Aus dem **Presente de subjuntivo,** und zwar der 2. und 3. Pers. *sg.* und dem ganzen *pl.* (mand*es*, mand*e*, mand*emos*, mand*éis*, mand*en* — vend*as*, vend*a*, vend*amos*, vend*áis*, vend*an* — recib*as*, recib*a*, recib*amos*, recib*áis*, recib*an*)	2. der **Imperativo** 1. Pers. *pl.,* 3. Pers. *sg.* und *pl.,* sowie die verneinte 2. Pers. *sg.* u. *pl.* (no mand*es*, mand*e* Vd., mand*emos*, no mand*éis*, mand*en* Vds. — no vend*as*, vend*a* Vd., vend*amos*, no vend*áis*, vend*an* Vds. — no recib*as* usw.)
III. Aus dem **Pretérito indefinido,** und zwar der 3. Pers. *pl.* (mand*aron*, vend*ieron*, recib*ieron*)	3. der **Imperf. de subj. I** durch Verwandlung von ...ron in ...*ra* (mand*ara*, vend*iera*, recib*iera*)
	4. der **Imperf. de subj. II** durch Verwandlung von ...ron in ...*se* (mand*ase*, vend*iese*, recib*iese*)
IV. Aus dem **Infinitivo** (mand*ar*, vend*er*, recib*ir*)	5. der **Imperativo** 2. Pers. *pl.* durch Verwandlung von ...r in ...*d* (mand*ad*, vend*ed*, recib*id*)

---

* Diese Ableitungen entsprechen nur teilweise den sprachgeschichtlichen Zusammenhängen; sie sind als praktische Hinweise für die Bildung der Zeiten zu verstehen.

6. der **Gerundio** durch Verwandlung von ...ar in ...*ando*, von ...er und ...ir in ...*iendo* (zuweilen ...*yendo*)

7. der **Futuro** durch Anhängung der Endung des *Presente* von haber (mand*aré*, vend*eré*, recib*iré*)

8. der **Condicional** durch Anhängung der Endungen des *Imperfecto* von haber (mand*aría*, vend*ería*, recib*iría*)

V. Aus dem **Participio** (mand*ado*, vend*ido*, recib*ido*)

9. alle **zusammengesetzten Zeiten** durch Vorsetzung einer Form von haber oder ser

Regelmäßige Verben   **K 1.2.**

comprar *kaufen*
Participio: comprado *gekauft*
Gerundio: comprando *kaufend*
Presente: compro *ich kaufe*, compras, compra, compramos, compráis, compran
Imperfecto: compraba *ich kaufte*, comprabas, compraba, comprábamos, comprabais, compraban
Pretérito indefinido: compré *ich kaufte*, compraste, compró, compramos, comprasteis, compraron
Futuro: compraré *ich werde kaufen*, comprarás, comprará, compraremos, compraréis, comprarán
Condicional: compraría *ich würde kaufen*, comprarías, compraría, compraríamos, compraríais, comprarían
Imperativo: compra *kaufe* (no compres), compre Vd., compremos, comprad (no compréis), compren Vds.
Presente de subjuntivo: compre *ich kaufe*, compres, compre, compremos, compréis, compren
Imperfecto de subjuntivo: comprara *ich kaufte*, compraras, comprara, compráramos, comprarais, compraran (*oder*: comprase, comprases, comprase, comprásemos, compraseis, comprasen)

vender *verkaufen*
Participio: vendido *verkauft*
Gerundio: vendiendo *verkaufend*
Presente: vendo *ich verkaufe*, vendes, vende, vendemos, vendéis, venden
Imperfecto: vendía *ich verkaufte*, vendías, vendía, vendíamos, vendíais, vendían

Pretérito indefinido: vendí *ich verkaufte*, vendiste, vendió, vendimos, vendisteis, vendieron

Futuro: venderé *ich werde verkaufen*, venderás, venderá, venderemos, venderéis, venderán

Condicional: vendería *ich würde verkaufen*, venderías, vendería, venderíamos, venderíais, venderían

Imperativo: vende *verkaufe* (no vendas), venda Vd., vendamos, vended (no vendáis), vendan Vds.

Presente de subjuntivo: venda *ich verkaufe*, vendas, venda, vendamos, vendáis, vendan

Imperfecto de subjuntivo: vendiera *ich verkaufte*, vendieras, vendiera, vendiéramos, vendierais, vendieran (*oder*: vendiese, vendieses, vendiese, vendiésemos, vendieseis, vendiesen)

recibir *erhalten*

Participio: recibido *erhalten*

Gerundio: recibiendo *erhaltend*

Presente: recibo *ich erhalte*, recibes, recibe, recibimos, recibís, reciben

Imperfecto: recibía *ich erhielt*, recibías, recibía, recibíamos, recibíais, recibían

Pretérito indefinido: recibí *ich erhielt*, recibiste, recibió, recibimos, recibisteis, recibieron

Futuro: recibiré *ich werde erhalten*, recibirás, recibirá, recibiremos, recibiréis, recibirán

Condicional: recibiría *ich würde erhalten*, recibirías, recibiría, recibiríamos, recibiríais, recibirían

Imperativo: recibe *erhalte* (no recibas), reciba Vd., recibamos, recibid (no recibáis), reciban Vds.

Presente de subjuntivo: reciba *ich erhalte*, recibas, reciba, recibamos, recibáis, reciban

Imperfecto de subjuntivo: recibiera *ich erhielte*, recibieras, recibiera, recibiéramos, recibierais, recibieran (*oder*: recibiese, recibieses, recibiese, recibiésemos, recibieseis, recibiesen)

Unregelmäßige Verben   **K 1.3.**

Die nicht aufgeführten Formen werden regelmäßig gebildet.

andar *gehen*

Pretérito indefinido: anduve *ich ging*, anduviste, anduvo, anduvimos, anduvisteis, anduvieron

Imperfecto de subjuntivo: anduviera *ich ginge*, anduvieras usw.

caber *Platz haben, hineinpassen*

Presente: quepo *ich habe Platz*, cabes, cabe, cabemos, cabéis, caben

Pretérito indefinido: cupe *ich hatte Platz*, cupiste, cupo, cupimos, cupisteis, cupieron

Futuro: cabré *ich werde Platz haben*, cabrás usw.
Condicional: cabría *ich würde Platz haben*, cabrías usw.
Presente de subjuntivo: quepa *ich habe Platz*, quepas usw.
Imperfecto de subjuntivo: cupiera *ich hätte Platz*, cupieras usw.

caer *fallen*
Participio: caído *gefallen*
Gerundio: cayendo *fallend*
Presente: caigo *ich falle*, caes, cae, caemos, caéis, caen
Pretérito indefinido: caí *ich fiel*, caíste, cayó, caímos, caísteis, cayeron
Imperativo: cae *falle*, no caigas, caiga Vd., caigamos, caed, no caigáis, caigan Vds.
Presente de subjuntivo: caiga *ich falle*, caigas, caiga, caigamos, caigáis, caigan
Imperfecto de subjuntivo: cayera *ich fiele*, cayeras usw.

conducir *führen*
Presente: conduzco *ich führe*, conduces, conduce, conducimos, conducís, conducen
Pretérito indefinido: conduje *ich führte*, condujiste, condujo, condujimos, condujisteis, condujeron
Imperativo: conduce *führe*, no conduzcas, conduzca Vd., conduzcamos, conducid, no conduzcáis, conduzcan Vds.
Presente de subjuntivo: conduzca *ich führe*, conduzcas, conduzca, conduzcamos, conduzcáis, conduzcan
Imperfecto de subjuntivo: condujera *ich führte*, condujeras usw.

dar *geben*
Presente: doy *ich gebe*, das, da, damos, dais, dan
Pretérito indefinido: di *ich gab*, diste, dio, dimos, disteis, dieron
Imperativo: da *gib*, no des, dé Vd., demos, dad, no deis, den Vds.
Presente de subjuntivo: dé *ich gebe*, des, dé, demos, deis, den
Imperfecto de subjuntivo: diera *ich gäbe*, dieras usw.

decir *sagen*
Participio: dicho *gesagt*
Gerundio: diciendo *sagend*
Presente: digo *ich sage*, dices, dice, decimos, decís, dicen
Pretérito indefinido: dije *ich sagte*, dijiste, dijo, dijimos, dijisteis, dijeron
Futuro: diré *ich werde sagen*, dirás, dirá, diremos, diréis, dirán
Condicional: diría *ich würde sagen*, dirías usw.
Imperativo: di *sag*, no digas, diga Vd., digamos, decid, no digáis, digan Vds.
Presente de subjuntivo: diga *ich sage*, digas, diga, digamos, digáis, digan
Imperfecto de subjuntivo: dijera *ich sagte*, dijeras usw.

estar sein
Presente: estoy *ich bin*, estás, está, estamos, estáis, están

Pretérito indefinido: estuve *ich war*, estuviste, estuvo, estuvimos, estuvisteis, estuvieron
Imperativo: está *sei* (no estés), esté Vd., estemos, estad (no estéis), estén Vds.
Presente de subjuntivo: esté *ich sei*, estés, esté, estemos, estéis, estén
Imperfecto de subjuntivo: estuviera *ich wäre*, estuvieras usw.

haber *haben*
Presente: he *ich habe*, has, ha, hemos, habéis, han
Pretérito indefinido: hube *ich hatte*, hubiste, hubo, hubimos, hubisteis, hubieron
Futuro: habré *ich werde haben*, habrás, habrá, habremos, habréis, habrán
Condicional: habría *ich würde haben*, habrías usw.
Imperativo: he *habe* (no hayas), haya Vd., hayamos, habed (no hayáis), hayan Vds.
Presente de subjuntivo: haya *ich habe*, hayas, haya, hayamos, hayáis, hayan
Imperfecto de subjuntivo: hubiera *ich hätte*, hubieras, hubiera, hubiéramos, hubierais, hubieran

hacer *machen, tun*
Participio: hecho *gemacht*
Presente: hago *ich mache*, haces, hace, hacemos, hacéis, hacen
Pretérito indefinido: hice *ich machte*, hiciste, hizo, hicimos, hicisteis, hicieron
Futuro: haré *ich werde machen*, harás, hará, haremos, haréis, harán
Condicional: haría *ich würde machen*, harías usw.
Imperativo: haz *mache*, no hagas, haga Vd., hagamos, haced, no hagáis, hagan Vds.
Presente de subjuntivo: haga *ich mache*, hagas, haga, hagamos, hagáis, hagan
Imperfecto de subjuntivo: hiciera *ich machte*, hicieras usw.

ir *gehen*
Gerundio: yendo *gehend*
Presente: voy *ich gehe*, vas, va, vamos, vais, van
Imperfecto: iba *ich ging*, ibas, iba, íbamos, ibais, iban
Pretérito indefinido: fui *ich ging*, fuiste, fue, fuimos, fuisteis, fueron*
Imperativo: ve *geh*, no vayas, vaya Vd., vamos, id, no vayáis, vayan Vds.
Presente de subjuntivo: vaya *ich gehe*, vayas, vaya, vayamos, vayáis, vayan
Imperfecto de subjuntivo: fuera *ich ginge*, fueras usw.

oír *hören*
Participio: oído *gehört*
Gerundio: oyendo *hörend*
Presente: oigo *ich höre*, oyes, oye, oímos, oís, oyen
Pretérito indefinido: oí *ich hörte*, oíste, oyó, oímos, oísteis, oyeron
Imperativo: oye *hör*, no oigas, oiga Vd., oigamos, oíd, no oigáis, oigan Vds.

---

* Hier handelt es sich um die gleichen Formen wie bei ser *sein* (s. Lektion 17, S. 108).

Presente de subjuntivo: oiga *ich höre*, oigas, oiga, oigamos, oigáis, oigan
Imperfecto de subjuntivo: oyera *ich hörte*, oyeras usw.

poder *können, vermögen, dürfen*
Gerundio: pudiendo *könnend*
Presente: puedo *ich kann*, puedes, puede, podemos, podéis, pueden
Pretérito indefinido: pude *ich konnte*, pudiste, pudo, pudimos, pudisteis, pudieron
Futuro: podré *ich werde können*, podrás, podrá, podremos, podréis, podrán
Condicional: podría *ich würde können*, podrías usw.
Presente de subjuntivo: pueda *ich könne*, puedas, pueda, podamos, podáis, puedan
Imperfecto de subjuntivo: pudiera *ich könnte*, pudieras usw.

poner *setzen, stellen, legen*
Participio: puesto *gesetzt*
Presente: pongo *ich setze*, pones, pone, ponemos, ponéis, ponen
Pretérito indefinido: puse *ich setzte*, pusiste, puso, pusimos, pusisteis, pusieron
Futuro: pondré *ich werde setzen*, pondrás, pondrá, pondremos, pondréis, pondrán
Condicional: pondría *ich würde setzen*, pondrías usw.
Imperativo: pon *setze*, no pongas, ponga Vd., pongamos, poned, no pongáis, pongan Vds.
Presente de subjuntivo: ponga *ich setze*, pongas, ponga, pongamos, pongáis, pongan
Imperfecto de subjuntivo: pusiera *ich setzte*, pusieras usw.

querer *wollen, lieben*
Presente: quiero *ich will*, quieres, quiere, queremos, queréis, quieren
Pretérito indefinido: quise *ich wollte*, quisiste, quiso, quisimos, quisisteis, quisieron
Futuro: querré *ich werde wollen*, querrás, querrá, querremos, querréis, querrán
Condicional: querría *ich würde wollen*, querrías usw.
Imperativo: quiere *wolle*, no quieras, quiera Vd., queramos, quered, no queráis, quieran Vds.
Presente de subjuntivo: quiera *ich wolle*, quieras, quiera, queramos, queráis, quieran
Imperfecto de subjuntivo: quisiera *ich wollte*, quisieras usw.

reír *lachen*
Participio: reído *gelacht*
Gerundio: riendo *lachend*
Presente: río *ich lache*, ríes, ríe, reímos, reís, ríen
Pretérito indefinido: reí *ich lachte*, reíste, rio, reímos, reísteis, rieron
Imperativo: ríe *lache*, no rías, ría Vd., riamos, reíd, no riáis, rían Vds.

218

Presente de subjuntivo: ría *ich lache*, rías, ría, riamos, riáis, rían
Imperfecto de subjuntivo: riera *ich lachte*, rieras usw.

saber *wissen*; *können*; *verstehen*
Presente: sé *ich weiß*, sabes, sabe, sabemos, sabéis, saben
Pretérito indefinido: supe *ich wußte, ich erfuhr*, supiste, supo, supimos, supisteis, supieron
Futuro: sabré *ich werde wissen*, sabrás, sabrá, sabremos, sabréis, sabrán
Condicional: sabría *ich würde wissen*, sabrías usw.
Imperativo: sabe *wisse*, no sepas, sepa Vd., sepamos, sabed, no sepáis, sepan Vds.
Presente de subjuntivo: sepa *ich wisse*, sepas, sepa, sepamos, sepáis, sepan
Imperfecto de subjuntivo: supiera *ich wüßte*, supieras usw.

salir *weggehen, ausgehen*
Presente: salgo *ich gehe weg*, sales, sale, salimos, salís, salen
Futuro: saldré *ich werde weggehen*, saldrás, saldrá, saldremos, saldréis, saldrán
Condicional: saldría *ich würde weggehen*, saldrías usw.
Imperativo: sal *gehe weg*, no salgas, salga Vd., salgamos, salid, no salgáis, salgan Vds.
Presente de subjuntivo: salga *ich gehe weg*, salgas, salga, salgamos, salgáis, salgan

ser *sein*
Presente: soy *ich bin*, eres, es, somos, sois, son
Imperfecto: era *ich war*, eras, era, éramos, erais, eran
Pretérito indefinido: fui *ich war*, fuiste, fue, fuimos, fuisteis, fueron
Imperativo: sé *sei* (no seas), sea Vd., seamos, sed (no seáis), sean Vds.
Presente de subjuntivo: sea *ich sei*, seas, sea, seamos, seáis, sean
Imperfecto de subjuntivo: fuera *ich wäre*, fueras usw.

tener *haben*
Presente: tengo *ich habe*, tienes, tiene, tenemos, tenéis, tienen
Pretérito indefinido: tuve *ich hatte, ich bekam*, tuviste, tuvo, tuvimos, tuvisteis, tuvieron
Futuro: tendré *ich werde haben*, tendrás, tendrá, tendremos, tendréis, tendrán
Condicional: tendría *ich würde haben*, tendrías usw.
Imperativo: ten *habe* (no tengas), tenga Vd., tengamos, tened (no tengáis), tengan Vds.
Presente de subjuntivo: tenga *ich habe*, tengas, tenga, tengamos, tengáis, tengan
Imperfecto de subjuntivo: tuviera *ich hätte*, tuvieras usw.

traer *bringen*
Participio: traído *gebracht*

219

Gerundio: trayendo *bringend*
Presente: traigo *ich bringe*, traes, trae, traemos, traéis, traen
Pretérito indefinido: traje *ich brachte*, trajiste, trajo, trajimos, trajisteis, trajeron
Imperativo: trae *bringe*, no traigas, traiga Vd., traigamos, traed, no traigáis, traigan Vds.
Presente de subjuntivo: traiga *ich bringe*, traigas, traiga, traigamos, traigáis, traigan
Imperfecto de subjuntivo: trajera *ich brächte*, trajeras usw.

valer *gelten, wert sein*
Presente: valgo *ich gelte*, vales, vale, valemos, valéis, valen
Futuro: valdré *ich werde gelten*, valdrás, valdrá, valdremos, valdréis, valdrán
Condicional: valdría *ich würde gelten*, valdrías usw.
Presente de subjuntivo: valga *ich gelte*, valgas, valga, valgamos, valgáis, valgan

venir *kommen*
Gerundio: viniendo *kommend*
Presente: vengo *ich komme*, vienes, viene, venimos, venís, vienen
Pretérito indefinido: vine *ich kam*, viniste, vino, vinimos, vinisteis, vinieron
Futuro: vendré *ich werde kommen*, vendrás, vendrá, vendremos, vendréis, vendrán
Condicional: vendría *ich würde kommen*, vendrías usw.
Imperativo: ven *komm*, no vengas, venga Vd., vengamos, venid, no vengáis, vengan Vds.
Presente de subjuntivo: venga *ich komme*, vengas, venga, vengamos, vengáis, vengan
Imperfecto de subjuntivo: viniera *ich käme*, vinieras usw.

ver *sehen*
Participio: visto *gesehen*
Presente: veo *ich sehe*, ves, ve, vemos, veis, ven
Imperfecto: veía *ich sah*, veías usw.
Pretérito indefinido: vi *ich sah*, viste, vio, vimos, visteis, vieron
Imperativo: ve *sieh*, no veas, vea Vd., veamos, ved, no veáis, vean Vds.
Presente de subjuntivo: vea *ich sehe*, veas, vea, veamos, veáis, vean
Imperfecto de subjuntivo: viera *ich sähe*, vieras usw.

Verben mit unregelmäßigem Partizip Perfekt

abrir	*öffnen*	abierto	*geöffnet*
cubrir	*bedecken*	cubierto	*bedeckt*
escribir	*schreiben*	escrito	*geschrieben*
imprimir	*drucken*	impreso	*gedruckt*
morir	*sterben*	muerto	*gestorben*

resolver	*auflösen*	resuelto	*aufgelöst*
romper	*brechen*	roto	*gebrochen*
		aber: corrompido	*verdorben*
		interrumpido	*unterbrochen*
volver	*zurückkommen*	vuelto	*zurückgekommen*

Rektion der Verben   **L**

Eine Reihe von Adjektiven und Verben regiert im Spanischen einen anderen Fall als im Deutschen. So steht abweichend vom Deutschen

der Genitiv u. a. nach folgenden Adjektiven und Verben: **L 1.1.**

abastecer de a/c.	*mit et. beliefern, versorgen*
abstenerse de a/c.	*sich einer Sache enthalten*
abusar de a/c.	*et. mißbrauchen*
acabar de hacer a/c.	*soeben et. getan haben*
acordarse de a/c. (alg.)	*sich an et. (j-n) erinnern*
adolecer de a/c.	*an et. leiden*
alegrarse de a/c.	*sich über et. freuen*
ansioso de a/c.	*gierig nach et.*
apiadarse de alg.	*mit j-m Mitleid haben*
apoderarse de a/c.	*sich einer Sache bemächtigen*
aprovecharse de a/c.	*sich et. zunutze machen*
armarse de a/c.	*sich mit et. versehen*
arrepentirse de a/c.	*et. bereuen*
asombrarse de a/c.	*sich über et. wundern*
asustarse de a/c.	*vor et. erschrecken*
burlarse de alg.	*sich über j-n lustig machen*
cambiar de a/c.	*et. ändern, et. wechseln*
cambiar de tren	*umsteigen*
carecer de a/c.	*et. entbehren, et. nicht haben*
cargarse de a/c.	*sich mit et. belasten*
coger de la mano	*bei der Hand nehmen*
cojear del pie izquierdo	*auf dem linken Fuß hinken*
colgar de a/c.	*an et. aufhängen*
colmar de a/c.	*mit et. überhäufen*
componerse de a/c.	*aus et. bestehen*
confesarse de a/c.	*et. beichten*
constar de a/c.	*aus et. bestehen*
contento de a/c.	*zufrieden mit et.*
corregirse de una falta	*einen Fehler ablegen*
cubrir de a/c.	*mit et. überhäufen*
cuidarse de a/c.	*sich um et. kümmern*
defenderse de alg.	*sich gegen j-n zur Wehr setzen*
dejar de hacer a/c.	*aufhören, et. zu tun*
dejarse de a/c.	*et. unterlassen*
desconfiar de alg.	*j-m mißtrauen*
descuidarse de a/c.	*et. vernachlässigen*
desdecir de a/c.	*zu et. im Widerspruch stehen*
deseoso de a/c.	*begierig nach et.*

desesperar de a/c.	*an et. verzweifeln*
deshacerse de a/c.	*sich einer Sache entledigen*
desistir de a/c.	*von et. ablassen*
diferenciarse de a/c.	*von et. abweichen*
difícil de hacer a/c.	*schwer, et. zu tun*
disculparse con alg. de a/c.	*sich bei j-m wegen et. entschuldigen*
disentir de alg.	*j-m nicht zustimmen*
disfrutar de a/c.	*et. genießen*
disponer de a/c.	*über et. verfügen*
dudar de a/c.	*an et. zweifeln*
enamorarse de alg.	*sich in j-n verlieben*
encargar a alg. de a/c.	*j-n mit et. beauftragen*
encargarse de a/c.	*et. übernehmen*
enfermo de a/c.	*krank an et.*
entender de a/c.	*von einer Sache et. verstehen*
enterarse de a/c.	*et. erfahren*
escaso de a/c.	*arm, knapp an et.*
esconder a/c. de alg.	*et. vor j-m verstecken*
estar seguro de a/c.	*einer Sache sicher sein*
estar sorprendido de a/c.	*sich über et. wundern*
exento de a/c.	*frei von et.*
extrañarse de a/c.	*sich über et. wundern*
fácil de hacer a/c.	*leicht, et. zu tun*
falto de a/c.	*in Ermangelung einer Sache*
gozar de a/c.	*et. genießen*
guardarse de a/c.	*sich vor et. hüten*
hacer de a/c.	*als et. tätig sein, fungieren*
hacerse de rogar	*sich bitten (nötigen) lassen*
inocente de a/c.	*unschuldig an et.*
informar de a/c.	*über et. unterrichten*
lamentarse de a/c.	*jammern über et.*
loco de a/c.	*außer sich vor et.*
llamar de tú a alg.	*j-n duzen*
lleno de a/c.	*voll von et.*
morir de a/c.	*an et. sterben*
mudar de ideas	*seine Ansichten ändern*
mudar(se) de casa	*umziehen (Wohnung)*
olvidarse de a/c.	*et. vergessen*
participar de a/c.	*an et. beteiligt sein*
prescindir de a/c.	*von et. absehen*
privar a alg. de a/c.	*j-n einer Sache berauben*
privarse de a/c.	*auf et. verzichten*
quejarse de a/c.	*sich über et. beschweren*
reírse de alg.	*sich über j-n lustig machen*
renegar de a/c.	*einer Sache abschwören*
responder de a/c.	*für et. haften, bürgen*
rodear de a/c.	*mit et. umgeben*
saber a/c. de memoria	*et. auswendig wissen*
salir de casa	*das Haus verlassen*
salir(se) de lo corriente	*außergewöhnlich sein*
salir de paseo	*spazierengehen*
servir de a/c.	*als et. dienen*
servirse de a/c.	*sich einer Sache bedienen*
surtir de a/c.	*mit et. versehen*

trabajar de a/c.	*als et. arbeiten*
valerse de a/c.	*sich einer Sache bedienen*
vestido de blanco	*weiß gekleidet*
vestir de uniforme	*Uniform tragen*

der Dativ u. a. nach folgenden Adjektiven und Verben: **L 1.2.**

acertar a hacer a/c.	*zufällig et. tun*
aspirar a a/c.	*nach et. streben*
atender a a/c.	*et. berücksichtigen, beachten*
atenerse a a/c.	*sich an et. halten*
atento a a/c.	*bedacht auf et.*
atreverse a a/c.	*sich an et. heranwagen*
brindarse a hacer a/c.	*sich erbieten, et. zu tun*
caer al agua	*über Bord fallen*
caer al jardín	*auf den Garten hinausgehen*
comparar a a/c.	*mit et. vergleichen*
contestar a a/c.	*auf et. antworten*
contiguo a a/c.	*angrenzend an et.*
convidar a comer	*zum Essen einladen*
dar a la calle	*zur Straße hinausgehen (Fenster)*
decidirse a hacer a/c.	*sich entschließen, et. zu tun*
equiparar a a/c.	*mit et. vergleichen*
escribir a máquina	*mit der Maschine schreiben*
faltar a a/c.	*fehlen bei et., verstoßen gegen et.*
hablar a alg.	*mit j-m sprechen*
hablar a alg. en favor de alg.	*bei j-m ein gutes Wort einlegen*
inmediato a a/c.	*neben et. gelegen*
insensible a a/c.	*unempfindlich gegen et.*
jugar a los naipes (al ajedrez)	*Karten (Schach) spielen*
oler a a/c.	*nach et. riechen*
próximo a a/c.	*nahe bei et.*
referirse a a/c.	*sich auf et. beziehen*
responder a a/c.	*auf et. antworten*
saber a a/c.	*nach et. schmecken*
sensible a a/c.	*empfindlich gegen et.*
sonar a hueco	*hohl klingen*
vestirse a la moda	*sich nach der Mode kleiden*
volver a hacer a/c.	*wieder et. tun*

der Akkusativ u. a. nach folgenden Verben: **L 1.3.**

advertir a/c. a alg.	*j-n auf et. aufmerksam machen*
agradecer a/c. a alg.	*j-m für et. danken*
amenazar a alg.	*j-m drohen*
celebrar a/c.	*sich über et. freuen*
contradecir a alg.	*j-m widersprechen*
creerse algo	*sich für et. Besonderes halten*
encontrar a alg.	*j-m begegnen*
exigir a/c. de alg.	*bei j-m auf et. dringen*
pedir a/c. a alg.	*j-n um et. bitten*
presenciar a/c.	*einer Sache beiwohnen*
presidir a/c.	*einer Sache vorstehen*

223

recordar a/c.	*sich an et. erinnern*
recordar a/c. a alg.	*j-n an et. erinnern*
remediar a/c.	*einer Sache abhelfen*
seguir a alg.	*j-m folgen*
solicitarle a alg. a/c.	*j-n um et. ersuchen*

Präpositionen   M

a   M 1.1.

I. örtlich

a) zur Angabe der Richtung: voy al mercado *ich gehe zum Markt*, bajamos al comedor *wir gehen zum Speisesaal hinunter*; auch im übertragenen Sinn: traduzco esta carta del inglés al alemán *ich übersetze diesen Brief vom Englischen ins Deutsche*

b) zur Angabe der Entfernung: a pocos metros de su casa *wenige Meter von seinem Hause entfernt*, de la estación al aeropuerto *vom Bahnhof zum Flughafen*

c) zur Angabe der örtlichen Nähe oder Lage: a la derecha *rechts*, a la izquierda *links*, a la sombra *im Schatten*, a la ventana *am Fenster*, a la mesa *bei Tisch*, al pie del monte Cervino *am Fuße des Matterhorns*, a orillas del Manzanares *am [Ufer des] Manzanares*, al aire libre *im Freien*, al sol *in der Sonne*, a bordo de un avión *an Bord eines Flugzeugs*, al Sur *im Süden*

II. zeitlich

a) zur Angabe des zeitlichen Ziels: a más ver *auf Wiedersehen*, a poco *gleich darauf*, de la mañana a la noche *von morgens bis abends*; auch im übertragenen Sinn: a más no poder *bis zum Äußersten*, a la entrega de la mercancía *bei Empfang der Ware*

b) zur Angabe des Zeitpunkts: a las ocho *um acht Uhr*, al día siguiente *am folgenden Tag*, ¿a cuántos estamos? *den wievielten haben wir?*, a 3 de marzo *am 3. März*, a los treinta años *mit dreißig Jahren*, a mi regreso *bei meiner Rückkehr*, al mismo tiempo *gleichzeitig*, a primeros (a mediados, a fines) de diciembre *Anfang (Mitte, Ende) Dezember*

III. zur Bezeichnung der Grenze oder Höhe: a la cintura *bis an die Hüften*, de pies a cabeza *von Kopf bis Fuß*

IV. Art und Weise: a pie *zu Fuß*, a caballo *zu Pferd*, a nado *schwimmend*, a compás *im Takt*, al por mayor *en gros*, al por menor *en détail*, a vuelta de correo *postwendend*, al contado *gegen bar*, a crédito *auf Kredit*, a la española *nach spanischer Art*, a hurtadillas *heimlich*, a oscuras *im Dunkeln*, a media voz *halblaut*, a torrentes *in Strömen*, a las buenas *im guten*, a las mil maravillas *wunderbar*, a la mayor

brevedad posible *baldmöglichst,* a escape *schleunigst,* a mano *mit der Hand*

V. **zur Angabe des Preises:** a 65 pesetas el kilo *das Kilo zu 65 Peseten*

VI. **zur Angabe der Beziehung, Ähnlichkeit:** saber a ron *nach Rum schmekken,* oler a alquitrán *nach Teer riechen*

VII. **zur Angabe der Einteilung, Aufeinanderfolge:** paso a paso *Schritt für Schritt,* dos a dos *zu zwei und zwei*

ante   **M 1.2.**

I. **örtlich:** ante el espejo *vor dem Spiegel,* ante el juez *vor dem Richter*

II. **meist im übertragenen Sinn** in der Bedeutung *angesichts, in Gegenwart von:* presentarse ante el pueblo *sich dem Volke zeigen,* encontrarse ante un compromiso *sich einer Verlegenheit gegenübersehen;* ante todo *vor allem*

antes de   **M 1.3.**

zur Angabe des Zeitpunktes: antes de las tres *vor drei Uhr,* antes de mediodía *vormittags,* antes de tiempo, antes de hora *vorzeitig*

bajo   **M 1.4.**

I. **örtlich:** bajo el suelo *unter der Erde*

II. **im übertragenen Sinn:** diez grados bajo cero *zehn Grad unter Null,* bajo multa *bei Strafe,* bajo palabra *auf Ehrenwort,* bajo juramento *unter Eid,* bajo condición *bedingt,* bajo precio *unter Preis,* bajo fianza *gegen Kaution*

con   **M 1.5.**

I. **zur Bezeichnung der Begleitung bzw. des begleitenden Umstandes:** con mi hermana *mit meiner Schwester,* café con leche *Kaffee mit Milch,* con este tiempo *bei diesem Wetter,* con aire satisfecho *mit zufriedener Miene,* con mucho gusto *sehr gern,* con rumbo a *mit Kurs auf,* con el objeto de *mit der Absicht zu,* con interés *mit Interesse*

II. **zur Angabe des Mittels oder Werkzeugs:** comer con una cuchara *mit einem Löffel essen,* con la mano *mit der Hand,* hacer una tarta con manteca, azúcar, huevos, leche y harina *eine Torte aus Butter, Zucker, Eiern, Milch und Mehl backen*

III. **zur Bezeichnung des Gegensatzes, der Gegenüberstellung und Folgerung:** con todos sus defectos le prefiero a Juan *trotz aller seiner Fehler ist er mir lieber als Juan,* con todo eso *dennoch,* con ser tan rico, no es feliz *obwohl er so reich ist, ist er nicht glücklich*

I. **im wörtlichen Sinn der Gegnerschaft:** luchar contra los enemigos
gegen die Feinde kämpfen

II. **im übertragenen Sinn:** contra recibo (rembolso) *gegen Quittung*
(Nachnahme), contra mi voluntad *gegen meinen Willen*, seguro contra
accidentes *Unfallversicherung*

I. **zur Bezeichnung der örtlichen Herkunft und Richtung oder der Abstammung bzw. des Ursprungs:** viene del médico *er kommt vom Arzt*, soy de
Madrid *ich bin aus Madrid*, el tren de Berlín *der Zug aus Berlin*, viene
de buena familia *er kommt aus guter Familie*

II. **zur Bezeichnung des Stoffes oder Materials:** un vestido de lana *ein*
Wollkleid, un anillo de oro *ein goldener Ring*

III. **Teil eines Ganzen (partitiv):** muchos de mis amigos *viele meiner Freun*
de, el mejor de todos *der beste von allen*, una copa de coñac *ein Glas*
Kognak, un pedazo de pan *ein Stück Brot*

IV. **zur Angabe der näheren Bestimmung:** el mes de mayo *der Monat Mai*,
la ciudad de Córdoba *die Stadt Córdoba*, la guerra de los treinta
años *der Dreißigjährige Krieg*, la máquina de escribir *die Schreib*
maschine

V. **zur Bezeichnung eines Zeitraumes:** de día *bei Tage*, de noche *nachts*,
de las cinco a las seis *von fünf bis sechs Uhr*, de vez en cuando *ab und*
zu, de día en día *von Tag zu Tag*, de ayer a hoy *seit kurzem*

VI. **zur Bezeichnung der Ursache oder des Grundes:** de miedo *aus Furcht*,
de alegría *vor Freude*, de hambre *vor Hunger*

VII. **zur Angabe der Beziehung** (in bezug auf) **und des Mittels:** cambiar de
tren *umsteigen*, mudarse de casa *umziehen*, escaso de dinero *knapp*
an Geld, difícil de explicar *schwierig zu erklären*, tomar (coger) de la
mano *bei der Hand nehmen*

VIII. **zur Angabe des Berufes, Standes:** trabajar de traductor *als Übersetzer*
arbeiten, echárselas de director *sich als Direktor aufspielen*, hacer de
árbitro *als Schiedsrichter fungieren*

IX. **zur Bezeichnung des Besitzes oder Eigentums:** la casa de mis padres
das Haus meiner Eltern

X. **zur Bezeichnung einer charakteristischen Eigenschaft:** un hombre de
talento *ein begabter Mann*, un vestido de muchos colores *ein buntes*
Kleid, una chica de ojos azules *ein Mädchen mit blauen Augen*, el
hombre de la capa negra *der Mann mit dem schwarzen Mantel*

XI. **zur Verstärkung der Bezeichnung einer Eigenschaft:** el pobre de Juan *der arme Juan,* el tonto de tu hermano *dein dummer Bruder*

XII. **Art und Weise:** de memoria *auswendig,* de repente *plötzlich,* de un golpe *auf einmal,* de este modo, de esta manera *auf diese Weise,* de prisa *eilig,* de paso *im Vorbeigehen, nebenbei,* de sobra *übermäßig,* de pie *stehend,* de conformidad con *in Übereinstimmung mit,* estar de luto *Trauer haben*

debajo de M 1.8.

nur zur Angabe des Ortes: debajo de la mesa *unter dem Tisch*

delante de M 1.9.

nur zur Angabe des Ortes: delante de nuestra casa *vor unserem Hause*

dentro de M 1.10.

I. **örtlich:** dentro de mi cuarto *in meinem Zimmer*

II. **zeitlich:** dentro de un año *in einem Jahr, binnen einem Jahre,* dentro de poco *binnen kurzem*

desde M 1.11.

I. **örtlich:** desde Madrid hasta Burgos *von Madrid nach Burgos,* nos informan desde Sevilla *man teilt uns aus Sevilla mit*

II. **zeitlich:** desde las ocho hasta las nueve *von acht bis neun Uhr,* desde ayer *seit gestern* [Zeitpunkt], desde hace quince días *seit vierzehn Tagen* [Zeitraum], desde entonces *von da an, seither,* desde ahora *von nun an*

detrás de M 1.12.

I. **örtlich:** detrás de la puerta *hinter der Tür,* estamos sentados detrás de tus padres *wir sitzen hinter deinen Eltern*

II. **zeitlich:** se eclipsaron uno detrás de otro *sie verschwanden einer hinter dem anderen*

durante M 1.13.

nur zeitlich: durante la comida *während des Essens,* durante toda la noche *während der ganzen Nacht,* durante la vida *zeitlebens*

en M 1.14.

I. **örtlich:** en la ciudad *in der Stadt,* en la playa *am Strand,* en la calle *auf der Straße,* en el campo *auf dem Lande,* en el mercado *auf dem Markt,* en España *in Spanien,* en Madrid *in Madrid;* auch im übertragenen Sinn: países en vías de desarrollo *Entwicklungsländer*

II. **zeitlich:** en 1972 *im Jahre 1972,* en el mes de agosto *im Monat August,* en verano *im Sommer,* de hoy en quince días *heute in vierzehn Tagen,* de día en día *von Tag zu Tag,* de vez en cuando *von Zeit zu Zeit,* en breve *in Kürze,* en terminando *wenn ich fertig bin*

III. **Art und Weise:** en voz alta (baja) *mit lauter (leiser) Stimme,* en honor de *zu Ehren von,* en memoria de *zur Erinnerung an,* en perjuicio de *zum Schaden von,* en busca de *auf der Suche nach,* en una palabra *mit einem Wort,* en español *auf spanisch,* en estas condiciones *unter diesen Bedingungen,* tomar en serio *ernst nehmen,* le conocí en el andar *ich erkannte ihn an seinem Gang*

IV. **zur Angabe des Ziels:** caer en el agua *ins Wasser fallen,* besar en la boca *auf den Mund küssen*

V. **zur Angabe des Preises oder Wertes:** vender en mil marcos *für 1000 Mark verkaufen*

VI. **zur Angabe des Inhalts oder der Beziehung:** rico en materias primas *reich an Bodenschätzen,* creer en Dios *an Gott glauben,* esperar en Dios *auf Gott hoffen,* confiar en Dios *auf Gott vertrauen*

VII. **adverbiale Redensarten:** en absoluto *völlig,* en efecto *tatsächlich,* en seguida, en el acto *sofort,* en vano, en balde *vergebens,* en silencio *stillschweigend*

entre   **M 1.15.**

I. **örtlich:** el tren no para entre Gerona y Barcelona *der Zug hält nicht zwischen Gerona und Barcelona,* entre el armario y la pared *zwischen dem Schrank und der Wand,* entre dos luces *im Zwielicht*

II. **zeitlich:** entre las cuatro y las cinco *zwischen vier und fünf Uhr,* entre día *tagsüber,* entre semana *die Woche über*

III. **im übertragenen Sinn:** entre amigos *unter Freunden,* entre otras cosas *unter anderem,* entre paréntesis *nebenbei bemerkt,* hablar entre dientes *halblaut sprechen,* decir entre sí *für sich sagen*

IV. **zur Bezeichnung des Zusammenwirkens:** entre él y yo *sowohl er als ich,* entre usted y yo lo haremos *wir beide werden es tun,* entre la inundación y la sequía perdimos la cosecha *Überschwemmung und Dürre miteinander führten zum Verlust der Ernte,* 200 entre hombres y mujeres *200, teils Männer, teils Frauen,* entre difícil y costoso *teils schwierig, teils kostspielig*

hacia   **M 1.16.**

I. **örtlich:** dirigirse hacia el norte *sich nach Norden wenden,* hacia adelante *vorwärts,* hacia atrás *rückwärts,* hacia arriba *aufwärts,* hacia abajo *abwärts,* hacia allá *dorthin*

II. **zeitlich:** hacia las cinco *gegen fünf Uhr*, hacia el año 1870 *um das Jahr 1870*

hasta   **M 1.17.**

I. **örtlich:** hasta Barcelona *bis Barcelona*, hasta aquí *bis hierher*

II. **zeitlich:** hasta las cinco *bis fünf Uhr*, hasta la vista *auf Wiedersehen*, hasta luego *bis nachher*, no volveremos hasta la noche *wir werden erst nachts zurückkommen*

III. **im übertragenen Sinn:** hasta Juan lo sabe *sogar (selbst) Juan weiß es*, hasta los niños se quedaron quietos *sogar (selbst) die Kinder verhielten sich ruhig*

para   **M 1.18.**

I. **zur Angabe der Bestimmung, des Zwecks, der Absicht:** este regalo es para mi madre *dieses Geschenk ist für meine Mutter*, una lámpara para mi cuarto *eine Lampe für mein Zimmer*, trabajamos para vivir *wir arbeiten, um zu leben*, estamos para salir *wir sind im Begriff, abzureisen*

II. **zur Angabe der Richtung:** un avión para Berlín *ein Flugzeug nach Berlin*, salir, partir, marcharse para Santander *nach Santander abreisen*, embarcarse para la Argentina *sich nach Argentinien einschiffen*

III. **zur Angabe eines Zeitpunkts:** lo dejo para mañana *ich lasse es bis morgen*, ¿para cuándo lo habrás terminado? *bis wann hast du es fertig?*

IV. **zur Angabe eines Vergleichs oder Verhältnisses:** es muy listo para la edad que tiene *er ist sehr klug für sein Alter*, soy siempre amable para con mis colegas *ich bin immer höflich zu meinen Kollegen*

por   **M 1.19.**

I. **zur Bezeichnung der Ortsangabe:** pasé por España *ich fuhr durch Spanien*, a Madrid por Irún *nach Madrid über Irun*, hemos dado un paseo por el bosque *wir haben einen Spaziergang durch den Wald gemacht*, por mar y tierra *zu Wasser und zu Lande*, por aquí *hierher*, por ninguna parte *nirgends*, por todas partes *überall*

II. **zur Angabe einer Zeitbestimmung:** por la mañana *morgens*, por la tarde *nachmittags*, por la noche *abends*, por Navidad *um Weihnachten*, por todo el verano *den ganzen Sommer über*

III. **zur Bezeichnung des Urhebers beim Passiv:** la casa fue representada por el gerente *die Firma wurde durch den Geschäftsführer vertreten*

IV. **zur Angabe des Mittels:** enviamos la carta por avión *wir schicken den Brief mit Luftpost*, por correo *mit der Post*, hacerse comprender por señas *sich durch Zeichen verständlich machen*, llamar por teléfono

229

anrufen, transmitir por radio (televisión) *durch Rundfunk (Fernsehen) übertragen*

V. **zur Angabe des Grundes:** no podemos salir por la lluvia que hay *wegen des Regens können wir nicht ausgehen*, por miedo de *aus Furcht vor*, por fuerza *gewaltsam, notgedrungen*, por nada del mundo *um nichts in der Welt*, por algo *aus gutem Grund*, por falta de pruebas *mangels Beweisen*, ir por algo *et. holen*, comer poco por no engordar *wenig essen, um nicht dick zu werden*

VI. **zur Angabe des Ersatzes oder der Vertretung:** fui a la sesión por mi colega porque no tenía tiempo *ich ging anstelle meines Kollegen zur Sitzung, weil er keine Zeit hatte*, hemos pagado por el cliente *wir haben statt des Kunden gezahlt*

VII. **zur Angabe des Preises, Entgelts oder Tausches:** compramos muebles por diez mil pesetas *wir kauften Möbel für 10000 Peseten*, cobró cien pesos por el trabajo *er bekam 100 Pesos für die Arbeit*, me dio su bolígrafo por mi regla *er gab mir seinen Kugelschreiber für mein Lineal*

VIII. **zur Angabe des Verhältnisses, der Verteilung:** por cabeza *pro Kopf*, día por día *Tag für Tag*, por grados *stufenweise*, el cinco por ciento *fünf Prozent*

IX. **Art und Weise:** por escrito *schriftlich*, por un pelo *um ein Haar*, de por sí *aus eigenem Antrieb*

según   M 1.20.

zur Angabe der Gemäßheit, der Übereinstimmung: según aviso *laut Bericht*, según sus deseos *nach Ihren Wünschen, wunschgemäß*, según la ley *nach dem Gesetz*, según él *nach seiner Meinung*, según eso *demnach*

sin   M 1.21.

ohne: sin color *farblos*, sin competencia *konkurrenzlos*, sin fin *endlos*, sin más *ohne weiteres*, sin decir palabra *wortlos*, sin querer *unwillkürlich*, sin par *einzigartig*

sobre   M 1.22.

I. **örtlich:** sobre el techado *auf dem Dach*, escribir sobre papel *auf Papier schreiben*, poner una pierna sobre otra *die Beine übereinanderschlagen*, paso sobre nivel *Bahnüberführung*

II. **im übertragenen Sinn:** dio una conferencia sobre un asunto interesante *er hielt einen Vortrag über ein interessantes Thema*, discutir sobre política *über Politik sprechen*, volver sobre sus pasos *umkehren, seine Absicht aufgeben*, volver sobre el asunto *auf die Sache zurückkommen*

I. **örtlich:** tras la esquina *hinter der Ecke*, uno tras otro *einer hinter dem anderen*

II. **zeitlich:** tras larga ausencia *nach langer Abwesenheit*, tras el invierno viene la primavera *auf den Winter folgt der Frühling*

Konjunktionen **N**

Die Konjunktionen dienen dazu, Wörter oder Sätze miteinander zu verbinden. Man unterscheidet **gleichordnende** Konjunktionen, die Sätze oder Satzglieder gleicher Ordnung miteinander verbinden, und **unterordnende** Konjunktionen, die Nebensätze einleiten.

Gleichordnende Konjunktionen **N 1.1.**

verbinden **bejahende** oder **verneinende** Sätze (y *und*; también *auch*; tampoco *auch nicht*; además *außerdem*);
drücken zwei oder mehr **Möglichkeiten** aus (o *oder*; o bien, o sea *oder auch*);
drücken einen **Gegensatz** aus (pero *aber*; sin embargo, no obstante, empero *jedoch, trotzdem*; sino *sondern*; al contrario *dagegen*);
drücken eine **Folge** aus (pues *also*; luego, por consiguiente *folglich, daher*);
drücken einen in **wechselseitiger Beziehung** stehenden Begriff aus (no sólo ... sino también *nicht nur ... sondern auch*; ni ... ni *weder ... noch*; tanto ... como *ebenso ... wie*; o ... o *entweder ... oder*; ya ... ya *bald ... bald*);
leiten eine **Erklärung** ein (es decir *das heißt*; en efecto *in der Tat*).

Unterordnende Konjunktionen **N 1.2.**

drücken einen **Zeitbegriff** aus (cuando *als*, [*jedesmal*] *wenn*; luego que *sobald als*; hasta que *solange bis*; después que *nachdem*; antes que [mit Konjunktiv] *bevor*);
geben einen **Grund** an (porque *weil*; pues *da ja*; puesto que *da, weil*; dado que, ya que *da nun*);
drücken einen **Zweck** aus (para que, a fin [de] que [beide mit Konjunktiv] *damit*);
drücken eine **Bedingung** aus (si *wenn, falls, ob*; siempre que *wenn nur*; con tal que *vorausgesetzt, daß* [alle mit Konjunktiv]);
drücken eine **Einräumung** aus (aunque, bien que, a pesar de que *obwohl*);
drücken einen **Vergleich** aus (como *wie*; así como *so wie*);
bezeichnen eine **Folge** (de modo que *so daß*).
Die reine grammatische Abhängigkeit wird durch die Konjunktion **que** *daß* bezeichnet.
Über den Gebrauch des Konjunktivs nach bestimmten Konjunktionen s. Lektion 35, S. 197.

Sr.   Munich, 10 de octubre de 19..

D. Julio Martínez

c/. Angustias 22/II

Valladolid

(España)

Muy distinguido amigo:

Con la presente, quisiera expresarle una vez más mi agradecimiento por todas las atenciones que tuvo para con mi esposa y conmigo durante nuestras vacaciones en España. Sin su apoyo y su asesoramiento, no nos hubiera sido posible realizar nuestro programa de estudios en su maravillosa ciudad.

Tanto mi esposa como yo nos sentiríamos dichosos si nos fuera dado corresponder aquí en Munich a sus atenciones. Con nuestra invitación más cordial, reciba los mejores saludos de quien sabe le aprecia de veras.

Suyo

Sr. D. = **Señor Don** **Munich** *f* München **Muy distinguido amigo:** Sehr verehrter Freund! **la presente** das vorliegende Schreiben | **el agradecimiento** der Dank; die Dankbarkeit **para con** zu, gegenüber **el apoyo** die Hilfe, die Unterstützung **el asesoramiento** die Beratung | **realizar** verwirklichen; durchführen **sentirse dichoso, -a** sich glücklich schätzen **ser dado** vergönnt sein

Sr.

D. Julián Valcárcel

Hotel Playa

Paseo Marítimo, s/n

Torres Blancas (Valencia)

Muy Sr. mío:

Tal vez se acuerde aún de nosotros. El verano de hace dos años nos hospedamos en el hotel de su digna dirección, y quedamos tan satisfechos del servicio y de la situación del mismo, que con gusto reservaríamos habitación para las vacaciones de este año. Aunque no dudamos que ya será un poco tarde, esperamos llegar aún a tiempo y recibir respuesta afirmativa. Tenemos pensado pasar en Torres Blancas la segunda quincena de agosto. A ser posible, desearíamos una habitación matrimonial que dé al mar, con la posibilidad de poner una camita para nuestra hijita de dos años.

En espera de sus gratas noticias, reciba de antemano nuestro agradecimiento, junto con un cordial saludo.

Muy atentamente

marítimo, -a Meer..., See ...
el paseo marítimo die Strandpromenade
s/n = sin número ohne Hausnummer
Muy Sr. mío: Sehr geehrter Herr!
hospedarse Unterkunft finden; wohnen
de su digna dirección unter Ihrer werten Leitung

quedar satisfecho, -a zufrieden sein
con gusto gern
dudar (be)zweifeln
afirmativo, -a bejahend
la respuesta afirmativa die Zusage
la quincena vierzehn Tage
a ser posible wenn es möglich ist

la habitación matrimonial das Doppelzimmer
dé (von dar) al mar er (sie, es) soll aufs Meer hinausgehen
la camita das kleine Bett
grato, -a angenehm; erwünscht, willkommen
muy atentamente hochachtungsvoll

Handelsbriefe   P 1.2.

Andrade & Cía.   Francfort, 20 de abril de 19..

Calle Santa Agueda, 25—33

Barcelona — 16

Distinguidos señores:

Un cliente de esta su casa ha tenido la gentileza de indicarnos su dirección.

Como seguramente sabrán ustedes, estamos especializados en artículos de regalo. Nuestras ofertas abarcan una amplia gama de objetos interesantísimos y precios diversos; nos permitimos incluirles un catálogo puesto al día con exquisitas novedades, que con seguridad ha de resultarles de gran interés, así como la lista de precios vigente.

Aparte de este programa de artículos de regalo, estamos proyectando ampliar nuestra producción incluyendo objetos dé escritorio. De momento, no nos es posible todavía enviarles un catálogo detallado, pero esperamos que en el curso de este año estaremos ya en condiciones de poner a su disposición un interesante programa.

En espera de vernos honrados con su confianza,

                                                    atte.

Anexos

Cía. = compañía
Distinguidos señores: Sehr geehrte Herren!
el cliente der Kunde
la gentileza die Liebenswürdigkeit
indicar angeben
seguramente sicherlich
el artículo de regalo der Geschenkartikel
la oferta das Angebot
abarcar umfassen; enthalten
el catálogo der Katalog
puesto, -a al día auf den neuesten Stand gebracht

la novedad die Neuheit
la seguridad die Sicherheit
con seguridad gewiß
haber de (ganz sicher) werden
el interés das Interesse, der Nutzen; die Bedeutung; der Wert
la lista das Verzeichnis, die Liste
la lista de precios die Preisliste
vigente gültig
proyectar planen
ampliar erweitern
la producción die Produktion

el escritorio das Büro
los objetos de escritorio die Büroartikel
de momento momentan
detallado, -a ausführlich
en el curso de während, im Verlauf
la disposición die Bestimmung, die Verfügung
poner a disposición zur Verfügung stellen
honrar (be)ehren, auszeichnen
atte. = atentamente
el anexo die Anlage

Sociedad General
de Comercio
Albarracín, 80—84

Zaragoza

Hamburgo, 18 de marzo de 19..

Muy Sres. míos:

Me refiero al anuncio publicado en el Diario Aragonés (17—V—1972), con el que buscan Vds. personal especializado en relaciones públicas.

Soy graduado en dicha especialidad, según podrán comprobar Vds. por el diploma que adjunto. Durante dos años, he trabajado en una oficina de publicidad, y a lo largo de este tiempo he entrado en contacto con gran número de empresas del ramo por el que Vds. se interesan.

Las quedaría muy reconocido si tuvieran la amabilidad de tratar con discreción esta solicitud. Igualmente, les agradecería que me respondieran cuanto antes para tomar las medidas convenientes antes de que concluya el mes en curso.

Muy atentamente

Anexos: Un diploma
Currículum vitae

el comercio der Handel
la sociedad de comercio die Handelsgesellschaft
Sres. = señores
el diario die Tageszeitung
aragonés, -esa aragonesisch
el personal das Personal
la relación die Beziehung
las relaciones públicas Public Relations (Bemühungen um Vertrauen in der Öffentlichkeit)
graduado, -a graduiert
ser graduado, -a einen akademischen Titel erworben haben

el diploma das Diplom; das Zeugnis; die Urkunde
adjuntar beiliegend übersenden
la publicidad die Werbung
la oficina de publicidad die Werbeagentur
a lo largo hier: während
el contacto die Berührung, die Fühlung(nahme), der Kontakt
entrar en contacto in Verbindung treten
reconocido, -a dankbar

la discreción die Verschwiegenheit, die Diskretion
tratar con discreción vertraulich behandeln
la solicitud das Gesuch; die Bewerbung
tomar medidas Maßnahmen ergreifen
conveniente angemessen; zweckmäßig
en curso laufend
el currículum vitae der Lebenslauf

Amerikanisches Spanisch R

Das in Amerika gesprochene Spanisch weist eine Reihe zum Teil gemeinsamer, zum Teil von Land zu Land abweichender Besonderheiten gegenüber dem europäisch-spanischen Sprachgebrauch auf, während der Schriftgebrauch weitgehende, an der gemeinsamen literarischen Überlieferung orientierte Übereinstimmung zeigt. So wenig es also eines besonderen Lehrbuches des „Amerikanischen Spanisch" bedarf, so wünschenswert erscheint andererseits die Kenntnis der wichtigsten Eigenarten amerikanisch-spanischen

Sprachgebrauchs, wie sie in der Aussprache, in der Rechtschreibung, in einigen syntaktischen Eigentümlichkeiten sowie im Wortschatz zutage treten.

Die Aussprache R 1.1.

Für die Aussprache des in Amerika gesprochenen Spanisch wurde es von ausschlaggebender Bedeutung, daß die ersten spanischen Kolonisten zum weitaus größten Teil aus Andalusien und Extremadura stammten. Auch weiterhin war der Zuzug aus diesem Landesteil besonders stark. So ist es nicht verwunderlich, daß die auffallendsten Eigenheiten der andalusischen Aussprache sich nahezu über das gesamte spanische Sprachgebiet Amerikas verbreitet haben. Im einzelnen wäre auf folgende Merkmale hinzuweisen:

1. **c vor e und i und stimmloses z** werden nicht als stimmloser Lispellaut [θ], sondern als stimmloses s [s] gesprochen. Demzufolge besteht kein Unterschied in der Aussprache von casa *Haus* und caza *Jagd*, coser *nähen* und cocer *kochen*, serrar *sägen* und cerrar *schließen*.

2. **Stimmloses s und z** werden, wenn sie im Auslaut einer Silbe oder eines Wortes stehen, entweder ganz unterdrückt oder zu einem stimmlosen h abgeschwächt: ¿cómo está Vd.? [ˈkomo eˈta uˈte]; los fósforos [lo ˈfɔforo]; la luz [la lu]. Stimmhafte Konsonanten erfahren bei völliger Unterdrückung eine Dehnung: mismo [ˈmimmo]; las mujeres [lammuˈxɛre]; isla [ˈilla].

3. **Mouilliertes l** (geschrieben ll) lautet in fast ganz Südamerika wie [j]: caballo [kaˈbajo]; calle [ˈkaje]; lleno [ˈjeno].
   In Argentinien geht dieser Laut in einen stimmhaften Reibelaut (wie in den Fremdwörtern Etage, Genie usw.) über: [kaˈbaʒo]; [ˈkaʒe]; [ˈʒeno].

4. **y** im An- und Inlaut wird in Argentinien als stimmhafter Reibelaut (wie in den Fremdwörtern Etage, Genie usw.) gesprochen: ya [ʒa], yo [ʒo], ayer [aˈʒɛr].

Die Rechtschreibung R 1.2.

Unter den spanisch-amerikanischen Staaten hat Chile versucht, den Laut mit dem geschriebenen Buchstaben in größtmögliche Übereinstimmung zu bringen. Gegenüber der amtlichen spanischen Schreibweise ergeben sich folgende Unterschiede:

1. Alle vokalischen **i-Laute,** einschließlich der diphthongischen, werden durch i wiedergegeben: i (*statt* y), hai (*statt* hay), lei (*statt* ley), mui (*statt* muy), estoi (*statt* estoy), hoi (*statt* hoy). Dagegen bleibt konsonantisches j als y erhalten: haya, leyes, cuyo, yo, oyendo.

2. Der Laut [x] wird stets, also auch vor e und i, durch j wiedergegeben: arjentino (*statt* argentino), jeneral (*statt* general), lijero (*statt* ligero), jiro (*statt* giro).

3. **x vor Konsonant** wird durch s ersetzt: estraordinario (*statt* extraordinario), espreso (*statt* expreso), estenso (*statt* extenso), esclusivo (*statt* exclusivo).

Syntaktische Eigentümlichkeiten R 1.3.

Auf syntaktischem Gebiet weist das in Amerika gesprochene Spanisch gewisse Eigentümlichkeiten auf, die zum Teil auf den mündlichen Sprachgebrauch beschränkt sind, zum Teil aber auch im Schriftgebrauch auftreten. Einige der wichtigsten Eigenarten sind:

1. **Vosotros** *ihr* ist nahezu völlig verlorengegangen. Dafür wird **ustedes** gebraucht, auch im engsten Familienkreis.
2. In Argentinien wird die Anredeform **tú** durch **vos** ersetzt, das mit besonderen Pluralformen der zweiten Person verbunden wird: vos fumás (*statt* tú fumas), vos sabéis (*statt* tú sabes), vos sos (*statt* tú eres).
3. Der **Imperativ** weist Formen auf wie sentate *setz dich* (mit Betonung auf der zweiten Silbe), das eine Mischform aus siéntate und sentaos darstellt, venite *komm* (< ven + venid), sentite *höre* (< siente + sentid).
4. Die unbetonten persönlichen Fürwörter **lo** bzw. **los** werden im südamerikanischen Sprachgebrauch auch auf Personen bezüglich gebraucht: no lo (los) veo *ich sehe ihn (sie) nicht* (s. Lektion 10, S. 74).

Wortschatz R 1.4.

Die stärksten Abweichungen zwischen amerikanischem und europäischem Sprachgebrauch finden sich auf dem Gebiet des Wortschatzes. Nachstehend eine kleine Auswahl von Amerikanismen mit spanischer Entsprechung und deutscher Übersetzung:

ají *m*	pimienta	*Pfeffer*
banana *f*	plátano	*Banane*
boleto *m*	billete	*Fahrkarte*
chacra *f*	granja	*Farm*
changador *m*	mozo de cuerda	*Gepäckträger*
chúcaro	salvaje	*wild, ungezähmt*
durazno *m*	melocotón	*Pfirsich*
estampilla *f*	sello	*Briefmarke*
estancia *f*	granja	*Farm*
hacendado *m*	ganadero .	*Viehzüchter*
hacienda *f*	granja	*Farm*
maní *m*	cacahuete	*Erdnuß*
manteca *f*	mantequilla	*Butter*
mucama *f*	criada	*Dienstmädchen*
papa *f*	patata	*Kartoffel*
rancho *m*	choza	*Hütte*
zapallo *m*	calabaza	*Kürbis*

Spanisch-Deutsches Wörterverzeichnis

Die Tilde (~) wiederholt das Stichwort.

A

a in, an; *steht vor den Namen von Lebewesen im Akkusativ*
abadesa *f* Äbtissin
abajo herunter, hinunter
abandonar verlassen; aufgeben
abaratar verbilligen; billig verkaufen
abarcar umfassen; enthalten
abasto: no dar ~ es nicht schaffen
abierto, -a offen, frei
abismo *m* Abgrund
abogado *m* Rechtsanwalt
abollado, -a zerbeult, verbeult
abono *m* Abonnement
aborrecer verabscheuen
abrasador, -a sengend
abrazo *m* Umarmung; dar un ~ umarmen
abrigar hegen; ~se sich warm anziehen
abrigo *m* Mantel; ~ de visón Nerzmantel
abril *m* April
abrir (er)öffnen; ~ el apetito den Appetit anregen; ~se sich öffnen
absolutamente absolut, durchaus
absoluto, -a absolut, völlig; en ~ rundweg
abuela *f* Großmutter
abuelo *m* Großvater; ~s *m/pl.* Großeltern; Vorfahren
abundancia *f* Überfluß, Reichtum
abundante reichlich, reichhaltig
aburrido, -a langweilig

aburrir langweilen, belästigen; ~se de etw. satt bekommen
abusar de mißbrauchen
acá hier(her); de ~ para allá hin und her
acabar (be)enden, abschließen; ~ mal ein schlimmes Ende nehmen; ~ haciendo a/c. schließlich etw. tun; ~ de hacer soeben *od.* gerade erst getan haben; ~ por hacer schließlich etw. tun; ~se enden, aufhören
acacia *f* Akazie
academia *f* Akademie
acallar zum Schweigen bringen; stillen
acaparar auf sich lenken
acariciado a lo largo langgehegt
acariciar hegen
acaso vielleicht; si ~ für alle Fälle; ~ *m* Zufall
acatarrado, -a erkältet
acceder zustimmen, nachgeben, einwilligen
accidente *m* Unglück, Unfall
acción *f* Handlung
aceite *m* Öl
acémila *f* Lasttier
acentuar betonen, hervorheben
aceptable annehmbar
aceptar annehmen; billigen; zustimmen
acequia *f* Bewässerungsgraben
acerca de bezüglich, hinsichtlich
acercarse sich nähern, herankommen
acoger aufnehmen, empfangen

acogimiento *m* Zuflucht; dar ~ Schutz bieten
acompañar begleiten
aconsejar raten
acontecimiento *m* Ereignis
acordarse sich erinnern
acostumbrar a gewöhnen an
actividad *f* Tätigkeit
acto *m* Tat, Handlung
actual gegenwärtig, aktuell
actualidad *f* Gegenwart; Aktualität; de ~ aktuell
actualmente gegenwärtig
acuático, -a Wasser...
acudir sich einfinden; teilnehmen
acuerdo *m* Übereinstimmung; Übereinkunft; Abkommen; de ~ einverstanden; llegar a un ~, ponerse de ~ sich einigen
acusar anklagen; beschuldigen
achacoso, -a anfällig, kränklich
achicamiento *m* Verkleinerung
achispado, -a beschwipst
adaptarse sich anpassen
adelante vor(wärts); más ~ weiter unten; später; seguir ~ weiterfahren; salir ~ vorwärtskommen
ademán *m* Gebärde; Haltung
además auch, außerdem; ~ de außer
adentrarse hineingehen, eindringen
aderezar zubereiten
adicional zusätzlich
adiós *m* Abschied
adjuntar beiliegend übersenden
administración *f* Verwaltung

admirable bewundernswert
admiración f Bewunderung
admirador m Bewunderer, Verehrer
admirar bewundern
admitir zulassen, dulden
adonde wohin
adoquín m Pflasterstein
adorar anbeten; verehren
adquisitivo, -a Kauf...
aduana f Zoll, Zollabfertigungsstelle
adusto, -a finster, mürrisch
advertencia f Hinweis; Warnung
advertir bemerken, feststellen; aufmerksam machen auf
adyacente angrenzend
aeropuerto m Flughafen
afable freundlich
afectísimo, -a sehr ergeben
afeitarse sich rasieren
afición f Liebhaberei, Hobby
aficionado m (Kunst-) Freund, Liebhaber; ∼ a los deportes Sportfreund
afirmar behaupten
afirmativo, -a bejahend
afortunadamente glücklicherweise
África f Afrika
africano, -a afrikanisch
afrontar trotzen
afuera draußen, hinaus; ∼s f/pl. de la ciudad Stadtrand
agencia f Agentur; Büro
agente m Beamte(r)
aglomeración f Gedränge, Menschenmenge
agonía f Todeskampf, Agonie
agosto m August
agotamiento m Erschöpfung
agradable angenehm
agradar gefallen, zusagen, behagen, angenehm sein
agradecer dankbar sein, danken
agradecimiento m Dank (-barkeit)
agricultura f Landwirtschaft
agua f Wasser; ∼ de Colonia Kölnisch Wasser; ∼ mineral Mineralwasser; ∼s f/pl. Gewässer
aguantar durchhalten; ertragen, aushalten; ∼se sich beherrschen
aguardiente m Branntwein, Schnaps
agudo, -a spitz; scharf
águila f Adler
aguinaldo m Neujahrsgeschenk
agujero m Loch, Öffnung
aguzar schärfen
¡aha! so, so!
ahí da, dort(hin); por ∼ dort(herum)
ahogarse ersticken; sich verschlucken
ahora jetzt; de ∼ heutig, jetzig; ∼ bien also, demnach; ∼ mismo eben (erst); sofort; ∼ que jetzt wo
ahorrar sparen
airado, -a zornig
aire m Luft
aislado, -a einzeln; isoliert
ajetreo m Mühe, Plackerei
ajo m Knoblauch(zehe)
ajustado, -a enganliegend
alabarse sich rühmen
alardear de sich aufspielen als
alargar verlängern, ausdehnen
alba f Morgendämmerung; lucero m del ∼ Morgenstern
alcalde m Bürgermeister
alcance m Bereich; al ∼ de la mano in Reichweite
alcanfor m Kampfer
alcanzar herabnehmen; geben, reichen
alcazaba f maurische Festung
alcoba f Alkoven
aldea f Dorf
alegrar erfreuen; beleben; ∼se de sich freuen über
alegre lustig, fröhlich
alegría f Freude; Fröhlichkeit; ∼ de vivir Lebensfreude
alejarse sich entfernen
alemán, alemana deutsch
Alemania f Deutschland
alfombra f Teppich
Alfonso m Alfons
algo etwas; ∼ así como so etwas wie
algodón m Baumwolle
alguien (irgend) jemand
alguno, -a (irgend)eine(r); manche(r); ∼ que otro, -a

einige, ein paar; der (die) eine oder andere; no ... ∼ kein
alicaído, -a schwach; mutlos
Alicia f Alice
aliciente m (An-)Reiz
alimentarse sich ernähren
alma f Seele
almacén m Lager; Großhandlung; almacenes m/pl. Warenhaus
almuerzo m (Gabel-)Frühstück; Mittagessen, Diner
Alpes m/pl. Alpen
alquilar mieten
alquiler m Miete
alrededor ringsherum; ∼es m/pl. Umgebung
altar m Altar
alterar (ver)ändern
altercado m Wortwechsel, Streit
altivo, -a hochmütig, stolz
alto, -a spät; hoch; groß; ∼ m Höhe
alto m Halt, Rast; hacer ∼ haltmachen, rasten
altura f Höhe; Gipfel; de ∼ Höhen...
aludir hinweisen, hindeuten
alumbrado m Beleuchtung
alumno m Schüler
allá dort(hin)
allí da, dort
ama f de casa Hausfrau
amabilidad f Liebenswürdigkeit, Freundlichkeit
amable liebenswürdig
amanecer Tag werden; ∼ m Tagesanbruch, Morgen
amargar bitter machen; ∼ la vida das Leben schwermachen
amargo, -a bitter
amarillo, -a gelb
amarrar vertäuen
ambiente umgebend; ∼ m Umwelt, Umgebung
ámbito m Umkreis; Bereich
ambos, -as beide
ambulante wandernd
amén: ∼ de außer, neben; ∼ m Amen
América f Amerika; ∼ Latina Lateinamerika
americano, -a amerikanisch
amiga f Freundin
amígdala f (Rachen-) Mandel

amigo *m* Freund
amistoso, -a freund(schaft)-lich; gütlich
amo *m* Herr; Eigentümer
amontonar aufhäufen
amor *m* Liebe
amortizar tilgen, ablösen
ampliar erweitern
amplio, -a weit, geräumig; breit
amueblado, -a möbliert, eingerichtet
anales *m/pl.* Annalen
anarquismo *m* Anarchismus
anarquista *m* Anarchist
ancho, -a breit, weit; **a sus anchas** nach Herzenslust
Andalucía *f* Andalusien
andaluz andalusisch; ~ *m* Andalusier
andar gehen
andén *m* Gehweg; Bahnsteig
Andes *m/pl.* Anden
Andrés *m* Andreas
anécdota *f* Anekdote
anexo *m* Anlage
ángel *m* Engel
angosto, -a eng
animación *f* Belebung
animal *m* Tier
animarse lebendig werden, sich beleben
aniversario *m* Jahrestag
anoche gestern abend
anónimo, -a namenlos, ungenannt, anonym
antaño einst, ehemals
ante vor
anteayer vorgestern
antebrazo *m* Unterarm
anteguerra *f* Vorkriegszeit
antelación *f*: **con varios días de** ~ mehrere Tage vorher
antemano: de ~ im voraus
anterior vorhergehende(r, -s); ~ **a** früher als; vor
antes früher; vorher; **cuanto** ~, **lo** ~ **posible** baldmöglichst; ~ **de** vor; ~ **(de) que** ehe, bevor
antiguo, -a alt; ehemalig; langjährig
antología *f* Anthologie
Antonio *m* Anton
antonomasia *f*: **por** ~ schlechthin
antorcha *f* Fackel
anunciar ankündigen
anuncio *m* Anzeige
añadir hinzufügen

año *m* Jahr; ~ **bisiesto** Schaltjahr
apacible milde, ruhig
apagar (aus)löschen; (*Licht*) ausmachen
apagón *m* Stromausfall
aparato *m* Apparat, Gerät
aparcado, -a geparkt
aparecer erscheinen; auftreten
apariencia *f* (An-)Schein
apartar beiseite setzen
aparte außer, neben; ~ **de** außer; ~ **de que** abgesehen davon, daß
apegado a verwachsen mit, verbunden mit
apellido *m* Familienname
apenas kaum
aperitivo *m* Aperitif; kleine pikante Vorspeise
apetito *m* Appetit
aplauso *m* Beifall
aplazar aufschieben
aplicado, -a fleißig
aplique *m* Wandleuchte
apocalíptico, -a apokalyptisch
aposento *m* Gemach
apóstol *m* Apostel
apoteósico, -a glänzend, grandios
apoyar stützen
apoyo *m* Hilfe, Unterstützung
apreciar schätzen; beurteilen
aprender (er)lernen
aprensión *f* Besorgnis, Angstvorstellung; Einbildung
apretar drücken
apretón *m* Druck; ~ **de manos** Händedruck, Händeschütteln
aprobar bestehen; absolvieren
aprovechar benutzen; ausnutzen
apuntar aufzeichnen, notieren
apuñalar erdolchen; zerfurchen
apurado, -a gehemmt, verlegen
aquí hier; **por** ~ hierdurch; **de** ~ **allá** von hier bis dahin
árabe arabisch; ~ *m* Araber
aragonés, -esa aragonesisch
árbol *m* Baum
arbusto *m* Strauch

arca *f* Kasten; (Geld-)Truhe
arco *m* Bogen; ~ **ojival** Spitzbogen
arcón *m* große Truhe
arena *f* Sand
Argentina *f* Argentinien
argumento *m* Argument
aristocracia *f* Aristokratie
aristocrático, -a aristokratisch
armar veranstalten; ~**se de** sich wappnen mit
armario *m* Schrank
armónico, -a harmonisch
armonizar harmonieren
arqueología *f* Archäologie
arqueológico, -a archäologisch
arquitecto *m* Architekt
arquitectura *f* Architektur; Bauart
arrancar ausreißen
arrastrar mit sich fortreißen
arrebatar entreißen; mit sich reißen; entzücken
arredrar erschrecken
arreglar regeln; begleichen, bezahlen; ~**se** sich zu helfen wissen, zurechtkommen mit; **arreglárselas** etw. einzurichten wissen; mit etw. fertig werden; sich zu helfen wissen
arrellanarse sich bequem zurücksetzen
arrepentirse de *etw.* bereuen
arriba oben; hinauf
arriero *m* Fuhrmann
arrimar nähern, heranrücken; ~**se** sich anlehnen
arroba *f* Arroba (*11,5 kg*)
arrocero *m* Reisbauer
arrojar werfen
arrollador, -a fesselnd; berauschend
arrostrar Trotz bieten, trotzen; sich widersetzen
arroyo *m* Bach
arroz *m* Reis
arte *m* Kunst; ~ **pictórico** Malkunst
artículo *m* Aufsatz, Artikel; ~ **de regalo** Geschenkartikel
artificial künstlich, Kunst...
artillería *f* Artillerie
artista *m* Künstler
artístico, -a künstlerisch, Kunst...
asado *m* Braten

239

asar braten
ascensor *m* Fahrstuhl
ascua *f* Glut
asegurar versichern
aseo *m* Sauberkeit; Morgentoilette
asesoramiento *m* Beratung
asfalto *m* Asphalt
así so; ~ que so daß; daher, also
asiento *m* Sitz; Sitzplatz; ~ trasero Rücksitz
asignatura *f* (Lehr-)Fach
asimismo auch, ebenfalls, zugleich
asistente *m* Anwesende(r)
asistir a besuchen, teilnehmen an
asociación *f* Vereinigung; Verein
asomar zeigen, hinausstecken; ~se sich hinauslehnen; sich zeigen
asombro *m* (Er-)Staunen
aspecto *m* Gesichtspunkt, Aspekt; Anblick
asueto *m* Ruhetag; día *m* de ~ schulfreier Tag
asunto *m* Angelegenheit, Sache
asustar erschrecken; ängstigen
atajo *m* Abkürzung; Abkürzungsweg
ataque *m* Angriff
atar anbinden, zubinden
atasco *m* Hindernis; Verstopfung; Verkehrsstauung
atención *f* Aufmerksamkeit; Gefälligkeit; en ~ a mit Rücksichtnahme auf
atender sich kümmern um, betreuen
ateneo *m* Gelehrtenverein
atentamente: muy ~ hochachtungsvoll
atento, -a aufmerksam, ergeben
atestiguar bezeugen
atiborrar vollstopfen
atlas *m* Atlas
atmósfera *f* Atmosphäre; Stimmung
atmosférico, -a atmosphärisch
atónito, -a verblüfft
atraer anziehen, anlocken
atrás (nach) hinten, rückwärts
atravesado, -a schräg *od.* quer stehend

atravesar überqueren
atreverse (es) wagen; sich erdreisten
atrevido, -a kühn; dreist
atribulado, -a angstvoll, betrübt
audiencia *f* Audienz, Empfang
auditorio *m* Zuhörer (-schaft)
aula *f* Klassenzimmer
aullar heulen
aumentar vermehren, vergrößern
aumento *m* Vermehrung; Vergrößerung; Erhöhung; ~ de sueldo Gehaltserhöhung
aún, aun noch; auch; ~ así auch so noch
aunque obwohl, wenn auch
ausencia *f* Fehlen
ausentarse sich entfernen, verreisen
auspicio *m* Vorzeichen
austero, -a streng
austríaco, -a österreichisch
auténtico, -a echt
autobús *m* Autobus
autopista *f* Autobahn
autor *m* Schriftsteller, Autor
autora *f* Verfasserin
autoridad *f* Autorität; Macht(befugnis)
avanzado, -a fortschrittlich
aventura *f* Abenteuer, Erlebnis
aventurar wagen
aviación *f* Luftfahrt; Flugwesen
avión *m* Flugzeug; ~ de capacidad Großflugzeug, Airbus
avisado, -a schlau; behutsam
avisar anmelden; Bescheid geben
ayer gestern
ayuda *f* Hilfe
ayudar helfen
ayunar fasten
ayuntamiento *m* Versammlung
azotea *f* Terrasse
azteca *m* Azteke
azúcar *m* Zucker
azul blau

B

bacalao *m* Kabeljau
Baco *m* Bacchus

bachillerato *m* Reifeprüfung, Abitur
bailar tanzen
baile *m* Tanzen, Tanz; Ball
bajar aussteigen; hinunterbringen
bajo, -a niedrig; tief; Nieder...; en ~ leise
bajo unter
balcón *m* Balkon
balneario *m* Bad, Kurort
balón *m* Ball
baloncesto *m* Korbball
bananero *m* Bananenpflanzer
banasta *f* großer Korb; Tragkorb
bancario, -a Bank...
banco *m* Bank
bañarse baden
baño *m* Bad
bar *m* Imbißstube
barato, -a billig, preiswert
barbaridad *f* Ungeheuerlichkeit, Unsinn
bárbaro, -a enorm, toll, großartig
barbas *f/pl.* Bart
barbo *m* Barbe
barco *m* Schiff
barra *f* Theke
barranco *m* Schlucht
barrer kehren, fegen
barrio *m* Stadtviertel; Vorstadt
barroco, -a überspannt, verschroben; barock
bártulos *m/pl.* Siebensachen
base *f* Grundlage; a ~ de hergestellt mit, bestehend aus
bastante ziemlich
bastar genügen
basura *f* Müll
batalla *f* Schlacht; Kampf; ~ de flores Blumenkorso
batir schlagen
bautizo *m* Taufe
bebé *m* Baby
bebedor *m* Trinker
beber trinken
bebida *f* Getränk; Trinken; Trunksucht
beca *f* Freistelle; Stipendium
bejuco *m* Liane
belga belgisch
Bélgica *f* Belgien
bellaquería *f* Schurkerei, Gemeinheit
belleza *f* Schönheit
bello, -a schön

benjamín *m* Nesthäkchen
besar küssen
beso *m* Kuß
bestia *f* Tier
besugo *m* Brassen
bicicleta *f* Fahrrad
bien gut, wohl; richtig; **con lo** ~ ~ wie gern; **o** ~ oder auch, oder vielleicht; **o** ~ ... **o** ~ entweder ... oder; **si** ~ obgleich, wenn auch
bienestar *m* Wohlstand
bigote *m* Schnurrbart
billete *m* Fahrschein
bisabuelo *m* Urgroßvater
bisiesto: año *m* ~ Schaltjahr
bizco, -a schielend
blanca *f* Geld
blanco, -a weiß
blasfemia *f* Gotteslästerung
bledo nichts
bloque *m* Block; ~ **de viviendas** Wohnblock
blusa *f* Bluse
boca *f* Mund
bocadillo *m* Imbiß, zweites Frühstück
boda *f* Hochzeit
bodega *f* Weinhandlung; Weinstube
bola *f* Kugel
bolígrafo *m* Kugelschreiber
bolsa *f* (Geld-)Beutel
bolsillo *m* Geldbeutel, Börse
bolso *m* Handtasche
bollo *m* Milchbrötchen
bomba *f* Bombe
bonito, -a hübsch, nett
boqueada *f* Öffnen des Mundes
boquiabierto,-a mit offenem Mund; sprachlos
bordeado, -a por umgeben, umsäumt von
borracho, -a betrunken
bosque *m* Wald, Busch
bostezar gähnen
bota *f* Lederflasche
bota *f* Stiefel
bote *m* Boot; ~ **para remar** Ruderboot
botella *f* Flasche
botón *m* Knospe; Knopf
botones *m* Page, Boy
brandy *m* Brandy
brasileño, -a brasilianisch
bravío, -a wild
bravo, -a wild; ¡~! bravo!

brazo *m* Arm; **del** ~ Arm in Arm; **tomar del** ~ unterfassen
bregar kämpfen; sich abrackern
brevedad *f* Kürze
brillar leuchten, glänzen
brillante strahlend, glänzend
brindar anstoßen; einen Trinkspruch ausbringen
brisa *f* Nordostwind; Brise
broche *m* Haken; Brosche
broma *f* Scherz, Spaß; **en** ~ im Spaß
bronca *f* Krach
broncearse braun werden
brotar (hervor)keimen; sprießen
brotón, -ona ausschlagend
bruma *f* Nebel
brutal brutal, roh; grob
bruto, -a dumm, blöde
bueno, -a gut
buñolería *f* Stand eines Krapfenbäckers
burgués *m* Bürger
burro *m* Esel
busca *f* Suche; **en** ~ **de** auf der Suche nach
buscar suchen

C

ca i wo!
cabalgata *f* Reiterzug; Umritt
caballero *m* Reiter; Ritter; (vornehmer) Herr
caballo *m* Pferd
cabello *m* Haar
caber möglich sein
cabeza *f* Kopf
cabezada *f* Einnicken
cabo *m* Ende
cacareado, -a vielgepriesen
cacharro *m* alter Karren, Klapperkasten
cachivaches *m/pl.* Kram, Gerümpel; Klamotten
cada jede(r, -s); ~ **cual** ein jeder; ~ **uno** ein jeder, jeder einzelne
caer (herunter)fallen, herabstürzen; passen, sitzen (*Kleidung*); ~**se** fallen
café *m* Kaffee; Café; ~ **solo** schwarzer Kaffee
cafetería *f* Kaffeestube; Imbißstube
caído, -a gefallen; eingeschlagen
caja *f* Kiste; Kasten
calabacín *m* Kürbis

calabaza *f* Kürbis
calamidad *f* Katastrophe
calavera *m* Leichtfuß, Windhund
calcetín *m* Socke
calcular (be-, aus-, er-) rechnen
caldearse sich erwärmen, heiß werden
caldos *m/pl.* Weine
calefacción *f* Heizung
calendario *m* Kalender
calentar (er)wärmen
calibre *m* Kaliber
calidad *f* Qualität, Güte
caliente warm, heiß
California *f* Kalifornien
calma *f* Ruhe, Stille
calor *m* Wärme, Hitze
caluroso, -a heiß
calzada *f* Fahrbahn
calzar Schuhe anziehen, anhaben, tragen
calzoncillos *m/pl.* Unterhose
callar schweigen
calle *f* Straße
callo *m* Schwiele; **dar el** ~ schuften
cama *f* Bett
cámara *f* Kammer, Saal
camarero *m* Kellner
cambiar sich (ver)ändern
cambio *m* Tausch; Wechsel; **en** ~ dagegen
camello *m* Kamel
caminar gehen; wandern
camino *m* Weg; ~ **de** auf dem Wege zu, nach; **a medio** ~ auf halbem Wege
camión *m* Last(kraft)wagen, Lkw
camisa *f* Hemd
camiseta *f* Unterhemd
campana *f* Glocke; **vuelta** *f* **de** ~ Luftsprung, Salto; Überschlag
campechano, -a leutselig; gemütlich
campesino *m* Bauer
camping *m* Zelten; Zeltlager
campiña *f* flaches Land
campo *m* Land; Feld; ~ **de deportes** Sportplatz
can *m* Hund
cana *f* weißes Haar
canción *f* Gesang; Lied
canícula *f* Hundstage
canicular hundstagsmäßig, hochsommerlich

canino, -a Hunde...; hambre f -a Heißhunger
cansado, -a müde
cansarse de es satt haben
cantábrico, -a kantabrisch, nordspanisch
cantante singend; ~ m, f Sänger(in)
cantar singen; krähen; gestehen
cantidad f Quantität; Anzahl, Menge
canto m Gesang
cañón m (Geschütz-)Lauf
capa f Umhang; Vorwand
capacidad f Fassungsvermögen; Tragfähigkeit
capaz fähig, imstande
capital f Hauptstadt
capricho m Einfall, Laune
caqui m Khaki(stoff)
cara f Gesicht, Miene
carácter m Charakter
característico, -a charakteristisch, bezeichnend
caramelo m Bonbon
caravana f Karawane
¡caray! zum Teufel!
carcajada f Gelächter
cárcel f Gefängnis
cardenal m Kardinal
carecer de nicht haben
carga f Ladung; Last; Menge
cargado, -a (voll)belastet, überladen
cargar (be)lasten; beladen
cargo m Posten, Amt
cariño m Liebling
Carlos m Karl
carne f Fleisch
carnet m de conducir Führerschein
carnicero m Fleischer
caro, -a teuer
carrera f Laufbahn
carrete m Filmrolle; Rollfilm
carretera f Landstraße; ~ general Nationalstraße
carro m Karren; Wagen
carta f Brief; Speisekarte; ~s f/pl. Spielkarten
cartelera f Tagesprogramm
cartera f Aktentasche
cartuja f Kartäuserkloster
casa f Haus; Wohnung; a ~ nach Hause; estar en ~ zu Hause sein
casado, -a verheiratet; ~ m Ehemann
casar, ~se heiraten

cascada f Wasserfall
casi fast, beinahe; hasta ~ fast sogar
caso m Fall, Umstand
Castilla f Kastilien
castillo m Schloß, Burg
castizo, -a echt, typisch
catalán, -ana katalanisch; ~ m Katalane
catalizar katalysieren; aufhalten
catálogo m Katalog
Cataluña f Katalonien
cataplasma f (Brei-)Umschlag
catedral f Kathedrale
categoría f Kategorie, Art, Klasse
causa f Ursache; a ~ de wegen
causar verursachen
cavilación f Grübelei
cebolla f Zwiebel
ceder abtreten, abgeben, überlassen; nachlassen
ceja f (Augen-)Braue
celebrar feiern; feierlich begehen; loben; ~se stattfinden; gefeiert werden; (ab)gehalten werden
célebre berühmt
celos m/pl. Eifersucht
cena f Abendessen
cenar zu Abend essen
cenicero m Aschenbecher
centenar m das Hundert
centenario m Hundertjährige(r)
centímetro m Zentimeter
central zentral, Mittel...; ~ f Zentrale
centro m Zentrum, (Stadt-) Mitte
centroamericano, -a mittelamerikanisch
ceñido, -a enganliegend, knapp
ceñudo, -a finster(blickend), düster
cepillo m Bürste
cerca nahe; in der Nähe; ~ de bei, nahe an
cercanías f/pl. Umgebung
cercano, -a nahe, in der Nähe liegend
cerdo m Schwein
cerilla f (Wachs-)Streichholz
cerrado, -a (ab)geschlossen
cerrar (ab)sperren; schließen; ~se schließen, geschlossen werden

certificado, -a eingeschrieben; ~ m Einschreiben
certificar einschreiben
cerveza f Bier
césped m Rasen
cesta f Korb; ~ de compras Einkaufskorb
cestita f Körbchen
ciclo m Zyklus, Reihe
ciego, -a blind; ~ m Blinde(r)
cielo m Himmel
cierto, -a gewiß; por ~ gewiß, bestimmt
cigarrillo m Zigarette
cigüeña f Storch
cima f Gipfel
cimientos m/pl. Grundmauer; Fundament
cine m Kino
cine-club m Filmklub
cinematográfico, -a Film...
cinta f Band, Streifen
circulación f Verkehr
círculo m Kreis
circunstancia f Umstand
cita f Verabredung; darse ~ sich verabreden
citar erwähnen, anführen; ~se sich verabreden
ciudad f Stadt; ~ natal Heimatstadt
civil bürgerlich, Zivil...
civilización f Kultur; Bildung
clarete m Rosé (Wein)
claridad f Klarheit, Deutlichkeit
claro, -a klar; deutlich; verständlich; ~ adv. klar, natürlich
clase f Unterricht(sstunde); Klasse, soziale Schicht; ~ media Mittelstand
clásico, -a klassisch
clavo m Nagel
cliente m Kunde
clientela f Kundschaft; ~ fija Stammkundschaft
clima m Klima
club m Klub
cobertera f (Topf-)Deckel
cobijar bedecken; aufnehmen
cobijo m Unterschlupf
cobrar kassieren; erlangen, bekommen
cocer kochen
cocido m Eintopf
cocina f Küche
cocinera f Köchin
coche m Wagen; Auto;

~ **deportivo** Sportwagen;
~ **oficial** Dienstwagen;
~-**cama** Schlafwagen
codazo *m* Stoß mit dem
Ellenbogen
codo *m* Ellenbogen
coger (er)greifen, (an)fassen
coincidir zusammentreffen;
übereinstimmen
cojear hinken
cojo, -a hinkend, lahm;
andar ~ hinken
cola *f* Schwanz; Schlange
(*beim Anstehen*); **hacer** ~
Schlange stehen, sich an-
stellen
colarse sich einschleichen
colegio *m* Schule
coleto *m* Wams
colgar (an-, auf-)hängen;
(herab)hängen
colilla *f* Stummel
colina *f* Hügel
colmar (an)füllen; erfüllen
colmera *f* Bienenstock
colmo *m* Übermaß; Gipfel;
para ~ zu alledem
colocar setzen, stellen, legen; ~ **en orden** geordnet
hinstellen
colofón *m* Schlußvermerk;
Briefschluß
colonia *f* Kolonie; Siedlung
colonial Kolonial..., kolonial
color *m* Farbe; ~ **rojo** rot
colorado, -a farbig; rot
combinación *f* (Zug-)An-
schluß; Unterrock;
Schutzanzug
comedia *f* Komödie
comedor *m* Eßzimmer
comentar erklären
comenzar anfangen, beginnen
comer essen; ~**se** verschlucken
comercio *m* Handel
cometa *f* (Papier-) Drachen
cómico, -a komisch; Lustspiel...
comida *f* Essen; Mahlzeit;
Mittagessen
comienzo *m* Beginn; **dar** ~
beginnen
como wie; als; sobald;
wenn; da, weil; ~ **que,**
~ **si** als ob; **¿cómo?** wie?
cómodo, -a bequem, leicht;
gemütlich
compacto, -a dicht, kompakt

compadre *m* Gevatter
compañero *m* Gefährte;
Kamerad; ~ **de colegio**
Schulfreund; ~ **de oficio**
Berufskollege; ~ **de trabajo** Arbeitskollege
compañía *f* Gesellschaft;
Begleitung
comparación *f* Vergleich
comparar vergleichen
compartir teilen
compensación *f* Ausgleich
complacerse en sich freuen
über
complacido, -a zufrieden
complejo *m* Komplex
complejo, -a vielschichtig,
verwickelt
complementarse sich ergänzen
completamente vollständig
completar vervollständigen, ergänzen
completo, -a vollständig,
ganz
complicación *f* Verwicklung; Komplikation
complicar komplizieren,
erschweren
complicidad *f* Mitwisserschaft
componerse de bestehen aus
comportamiento *m* Betragen
compra *f* (Ein-)Kauf
comprar kaufen
comprender verstehen, begreifen
comprobar feststellen;
nachweisen
comprometer bloßstellen,
kompromittieren
común gemeinsam
comunicación *f* Verbindung
comunicar mitteilen, bekanntgeben; weitergeben;
in Verbindung stehen
comunión *f*: **primera** ~
Erstkommunion
con mit; ~ **eso** damit; hiermit; ~ **eso de que** weil
conceder zugeben; ge-
währen, verleihen
concentrarse sich sammeln;
sich konzentrieren
concepción *f* Auffassung;
Plan
concepto *m* Begriff; Vorstellung
conciencia *f* Gewissen, Bewußtsein
concierto *m* Konzert

conciliar in Einklang bringen
conciso, -a kurz, knapp
concluir beenden; schließen; zu Ende gehen;
~**se** enden
conclusión *f* Beschluß; Abschluß
concreto, -a konkret, greifbar
concurrido, -a stark besucht; überlaufen
condesa *f* Gräfin
condición *f* Zustand, Verfassung; Veranlagung,
Natur, Art
conducir leiten, führen;
fahren
conductor *m* Fahrer
conejo *m* Kaninchen
conferencia *f* Telephongespräch, Ferngespräch
confesarse die Beichte ablegen, beichten
confianza *f* Vertrauen
configurar gestalten
confirmar bestätigen
conformarse sich zufriedengeben
conforme übereinstim-
mend; entsprechend
confort *m* Komfort
confortable bequem, gemütlich; behaglich
confundir (ver)mischen;
verwirren
congreso *m* Kongreß, Tagung
conmemorar (feierlich) gedenken, feierlich begehen
conmigo mit mir
conmoción *f* Erschütterung; Ergriffenheit
conmover erschüttern; ergreifen
connatural naturgemäß
conocer kennen(lernen)
conocido, -a bekannt
conque also, folglich
conquista *f* Eroberung
consagrar widmen; weihen,
opfern
consecuencia *f* Folge, Konsequenz
conseguir bekommen; erlangen; erreichen; durch-
setzen
consejo *m* Rat(schlag)
consentir einwilligen
conserva *f* Konserve
conservar erhalten; beibehalten

considerable beachtlich; beträchtlich

considerar: ∼ **como** betrachten als, halten für; ∼**se** sich für etw. halten

consigna f Parole, Losung; Gepäckaufbewahrung

consistente en bestehend aus

consistir en bestehen aus

consolar trösten

consorte m Ehegatte

constante beständig; stetig

constar feststehen

constipado m Schnupfen

constituir bilden, darstellen, sein

construcción f Bau; Gebäude

construir (er)bauen

consuelo m Trost

consulado m Konsulat

consulta f Beratung; (Arzt-)Praxis

consumado, -a vollkommen, meisterhaft

consumir verzehren

consumo m Verbrauch, Konsum

consustancial angeboren

contacto m Berührung, Fühlung(nahme), Kontakt

contado, -a selten, vereinzelt

contaminación f Verunreinigung

contar erzählen; zählen; rechnen

contemplación f (sinnende) Betrachtung; Meditation

contemplar ansehen; betrachten

contener enthalten

contener aufhalten, eindämmen

contento, -a zufrieden

contestar (be)antworten

contigo mit dir

continente m Kontinent, Erdteil

continuación f Fortsetzung; **a** ∼ dann, darauf; anschließend

continuar fortsetzen, fortfahren

continuidad f Stetigkeit; Zusammenhang

continuo, -a ständig, fortwährend; **de** ∼ unablässig, fortwährend

contra, en ∼ **de** gegen

contrabandista m Schmuggler

contrabando m Schmuggel

contraer schließen (Vertrag, Ehe)

contrario: lo ∼ das Gegenteil; **de lo** ∼ andernfalls; **al** ∼ vielmehr, im Gegenteil

contrastar con im Widerspruch stehen zu

contraste m Gegensatz, Kontrast

contraventana f Fensterladen

control m Kontrolle

controlar kontrollieren, überprüfen

convencer überzeugen; überreden

convencido, -a überzeugt

convencional herkömmlich; üblich; konventionell

convenido -a vereinbart

conveniente angemessen; zweckmäßig

convenir sich gehören

convento m Kloster

conversación f Gespräch, Unterhaltung

convertir umwandeln; verwandeln; ∼**se en** sich verwandeln in, werden zu

convivencia f Zusammenleben

conyugal ehelich

coñac m Kognak

cooperativa f Genossenschaft

copa f Glas

corazón m Herz

corbata f Krawatte

cordero m Lamm

cordial herzlich

cordialidad f Herzlichkeit

cordillera f Gebirgszug

coronado, -a gekrönt

coronel m Oberst

Corpus m Fronleichnam

correccional strafend, Straf...

corredor m Gang; Korridor

Correos m/pl. Postamt, Post

correr laufen, rennen

correspondencia f (Brief-)Post; Korrespondenz, Briefwechsel; Entsprechung

corresponder entsprechen; zukommen; erwidern

correspondiente entsprechend; (da)zugehörig; jeweilig

corrida f Lauf; ∼ **de toros** Stierkampf

corriendo laufend, schnell

corriente üblich; ∼ f Strom; Strömung

corrupción f Bestechung

cortar (zer)schneiden; (ab-, durch-)schneiden; unterbrechen; ∼**se** stocken, wegbleiben

cortejo m Gefolge

cortesía f Höflichkeit

cortina f Vorhang

corto, -a kurz; scheu, schüchtern

cosa f Ding, Sache; Angelegenheit

cosecha f Ernte

cosechar ernten

cosquilleo m Kitzel, Jucken

costa f Küste

costado m Seite; ∼**s** m/pl. Ahnenlinie

costar kosten

costumbre f Gewohnheit; Sitte, Brauch; **de** ∼ gewöhnlich

coto m Revier

crear (er)schaffen

crecer wachsen

crédito m Glauben, Vertrauen; Kredit; ∼ **bancario** Bankkredit

creer glauben, annehmen; ∼**se** sich einbilden; sich halten für

crema f Creme

crepúsculo m (Abend-)Dämmerung

criada f Hausgehilfin

criatura f Kind

criminal verbrecherisch, kriminell; strafbar

cristal m Glas; Fensterscheibe

cristalino, -a kristallklar

cristiano m Christ

Cristóbal m Christoph

criterio m Gesichtspunkt; Meinung

criticar kritisieren

crítico, -a kritisch; ∼ m Kritiker

crónica f Chronik; Bericht

cronológico, -a chronologisch

cruce m Kreuzung

crudo, -a roh, ungekocht

cruel grausam

244

cruento, -a blutig
crujiente knackend, knisternd
crujir rascheln
cruz f Kreuz
cruzar überqueren
cuadrado, -a quadratisch; Quadrat...
cuadro m Bild
cuajar Erfolg haben; behagen, gefallen
cualquiera irgendein; jede(r, -s); irgend jemand; irgendwer
cuando wenn; als; ¿cuándo? wann?
cuanto: en ~ a was ... betrifft; ¿cuánto? wieviel?
cuaresma f Fastenzeit
cuarto m Viertel; Zimmer
cubano, -a kubanisch
cubierto, -a bedeckt
cubrir bedecken, zudecken
cuco, -a schlau, gerissen
cuchara f Löffel
cuchillo m Messer
cuenca f tiefes Tal; Becken
cuenta f Rechnen; Rechenschaft; Rechnung; darse ~ bemerken; tener en ~ berücksichtigen, in Betracht ziehen
cuento m Erzählung
cuerda f Seil, Leine; Schnur
cuerpo m Körper
cuesta f Berg; Steigung
cuestión f Frage; en ~ fraglich
cueva f Höhle
cuidado m Sorgfalt
cuidar achtgeben auf
culinario, -a kulinarisch, Koch...
culminar gipfeln, den Höhepunkt erreichen
culpa f Schuld
cultura f Kultur
cumbre f Gipfel
cumpleaños m Geburtstag
cumplir vollenden
cuneta f Straßengraben
cuña f Keil
cuñada f Schwägerin
cuñado m Schwager
cúpula f Kuppel
cura m Geistliche(r)
cura f Kur; Heilung
curioso, -a neugierig; merkwürdig
currículum m vitae Lebenslauf

cursar (ver)schicken; kursieren
curso m Lehrgang, Kurs (-us); en ~ laufend; en el ~ de während, im Verlauf
curtido, -a gebräunt; gegerbt
curva f Kurve
cutis m (Gesichts-)Haut

Ch

chabacano, -a geschmacklos, platt
chalet m kleines Landhaus
chapuzón m Untertauchen
chaqueta f (Kostüm-)Jacke
charlar plaudern, schwatzen
chascarrillo m Schnurre, Anekdote
chato m Weinglas; Gläschen Wein
chaval m Junge
cheque m Scheck
chica f Mädchen
chicle m Kaugummi
chico m Junge
chillar kreischen, schreien
chimenea f Kamin; Schornstein
chiquillería f Haufen Kinder
chispeante geistsprühend
chiste m Witz
chocar (j-n) wundern
chocolate m Schokolade
chopo m Schwarzpappel
choque m Schock
chorizo m Paprikawurst
chorro m Strahl
chuchería f Näschereien
chupar aussaugen, ablecken
churro m Ölkringel (Gebäck)
chusma f Gesindel, Pöbel

D

dado, -a gegeben; ergeben
dama f Dame
daño m Schaden
dar geben; ~ a hinausgehen auf; ~ con stoßen auf, finden
de von; ~ ... a ... von ... bis ...; ~ ... en ... von ... zu ...
debajo de unter
deber sollen, müssen; (zu) verdanken (haben); ~ de

(eigentlich) müssen, sollen; ~se sich gehören; ~ m (Schul-)Aufgabe; Pflicht
debido, -a gebührend
debido a wegen, infolge
débil schwach
debilidad f Schwäche
debilitarse schwach werden, ermatten
decepcionado, -a enttäuscht
decidir beschließen; sich entschließen zu
décima f Dezime (Gedichtform)
decir sagen; es ~ das heißt; ~se sagen, reden
decisión f Entscheidung; Entschluß
decisivo, -a entscheidend
declarar erklären; angeben, deklarieren; verzollen
decoración f Dekoration; Ausschmückung, Ausstattung
decorativo, -a dekorativ; Schmuck...
dedicar widmen; verwenden; ~se a sich widmen; (be)treiben
dedo m Finger
defecto m Fehler; Mangel
defender verteidigen; (be-) schützen
defensa f Verteidigung
deficiencia f Mangel; Unzulänglichkeit
definición f Erklärung
definitivo, -a endgültig
degustar kosten, probieren
dejar (zu)lassen, erlauben; (los)lassen; no ~ de nicht versäumen zu; ~se de unterlassen; ~se caer (plötzlich) auftauchen
deje m Anflug, Spur
delante vorn, voran; voraus; ~ de vor
delantero m Stürmer (Fußball); ~ centro Mittelstürmer
delgado, -a dünn; schlank
delicado, -a zart, fein
delicioso, -a lieblich; köstlich; herrlich
delirante rasend, tobend
demás: lo ~ das übrige; los, las ~ die anderen, die übrigen
demasiado adv. (all)zu, zu sehr

democratización f Demokratisierung
demográfico, -a Bevölkerungs...
demolido, -a völlig erschöpft
demostrar beweisen; darlegen
dentista m Zahnarzt
dentro: de ~ innen; ~ de innerhalb, in
denuncia f Anzeige
denunciante m Denunziant
deparar bereiten, bescheren
depender abhängen
deporte m Sport
deportivo, -a sportlich; Sport...
derecha f: **a la ~** rechts
derecho, -a recht; **~ m** Recht
derrapar schleudern
derroche m Überfluß
desahogo m Wohlhabenheit; Erleichterung
desangrarse ausbluten
desapacible unbehaglich
desaparecer verschwinden
desarmado, -a entwaffnet
desarrollarse sich abspielen
desarrollo m Entwicklung
desayunar frühstücken
desayuno m Frühstück
desbordante überquellend
descalzo,-a barfüßig, barfuß
descansado, -a bequem, behaglich; geruhsam
descansar ausruhen; schlafen
descanso m Pause; Erholung; Ruhe
descendencia f Nachkommenschaft
desconcertado, -a verblüfft
desconocida f Unbekannte
desconocido, -a unbekannt
descontento, -a unzufrieden
descubrir entdecken, finden
descuidarse nicht achtgeben; unvorsichtig sein
desde seit, von ... an; von (... aus); **~ entonces** seitdem; von da an; **~ hace tiempo** seit langem; **~ que** seit; **~ luego** selbstverständlich, natürlich
desear wünschen
desempeñar ausüben
desempolvar abstauben

desencadenamiento m Entfesselung
desencadenarse losbrechen
deseo m Wunsch
desesperado, -a hoffnungslos; verzweifelt
desfallecer nachlassen; ermatten
desfigurar entstellen; verzerren
desfile m (Um-)Zug
desgracia f Unglück; **por ~** leider
desgraciado,-a unglücklich
desierto, -a leer; unbewohnt
desilusionado, -a enttäuscht
desmedido, -a ungeheuer groß
desnudo, -a nackt
desollar abdecken, abbalgen
despacio adv. langsam
despachar abfertigen; verkaufen
despacho m Büro, Arbeitszimmer
despecho m Groll, Zorn; **a ~ de** trotz, ungeachtet
despedida f Abschied, Verabschiedung
despedir entlassen; **~se** sich verabschieden
despeñarse hinabstürzen
despertador m Wecker
despertar erwachen; wekken; **~se** aufwachen
despliegue m Entfaltung
desprenderse de sich entledigen, loswerden
después nachher, dann, darauf; **~ de** nach; **~ de que** nachdem, als
destacado, -a führend; hervorragend
destacar sich abheben; sich auszeichnen
destajo m Akkordarbeit; **a ~** im Akkord
desterrado m Verbannte(r)
destiempo: a ~ zur Unzeit; ungelegen
destinado a bestimmt für
destinar schicken
destronar entthronen
destrozar zerreißen
destructivo, -a zerstörend; destruktiv
destruir zerstören, vernichten
desván m (Dach-)Boden

desventurado, -a unglücklich
detallado, -a ausführlich
detalle m Einzelheit
detenerse sich aufhalten
detergente m Reinigungsmittel
determinado, -a entschlossen
detrás hinten, dahinter; hinterher; **~ de** hinter
devastador, -a verheerend
devocionario m Gebetsbuch
devolver zurückgeben; erwidern
día m Tag; **~ festivo** Festtag, Feiertag; **cualquier ~** irgendwann (einmal)
diagnóstico m Diagnose, Befund
diametralmente diametral
diario, -a täglich; **~ m** Tageszeitung; **a ~** täglich
diccionario m Wörterbuch
diciembre m Dezember
dicha f Glück; Glückseligkeit
dicho, -a gesagt; besagt, genannt; **~ m** Ausspruch, Sinnspruch
dichoso,-a glücklich; leidig, verflixt
diente m Zahn
diestro, -a rechte(r, -s)
dieta f Diät, Krankenkost
diferencia f Unterschied
difícil schwierig
dificultad f Schwierigkeit
digno, -a würdig; **~ de confianza** vertrauenswürdig
dinerete m Zaster (Geld)
dinero m Geld
Dios m Gott
dios m (heidnischer) Gott
diploma m Diplom; Zeugnis; Urkunde
dirección f Adresse; Leitung
directo, -a gerade
director m Direktor
dirigir richten; adressieren; **~se a** sich begeben nach; sich wenden an
disco m Schallplatte
discreción f Verschwiegenheit, Diskretion; **tratar con ~** vertraulich behandeln
disculparse sich entschuldigen

discurso *m* Rede
discusión *f* Diskussion; Streit
discutir streiten, diskutieren; in Abrede stellen
disfrutar de a/c. etw. genießen
disimular verbergen; verhehlen
disociar trennen, absondern
disparar (ab)schießen
disparatado, -a unsinnig, ungeheuer, irrsinnig
disparo *m* Schuß
dispensar gewähren, zuteil werden lassen
disponer de verfügen über
disposición *f* Bestimmung, Verfügung
dispuesto, -a bereit
distancia *f* Entfernung
distinción *f* Auszeichnung
distinguido, -a vornehm, distinguiert, verehrt
distinguirse sich auszeichnen
distinto, -a verschieden
distracción *f* Zerstreuung, Vergnügen
distraerse sich unterhalten, sich zerstreuen
distraído, -a zerstreut
distribuir einteilen
diván *m* Diwan
diverso, -a verschieden
divertir ablenken, unterhalten, zerstreuen; ~se sich amüsieren
divino, -a göttlich
divorcio *m* (Ehe-)Scheidung
divulgar verbreiten, bekanntmachen
doblar verdoppeln; falten
doble doppelt
docena *f* Dutzend
dócil gefügig, willig
doctor *m* Doktor
documentación *f* (Ausweis-)Papiere
documento *m* Urkunde, Dokument; ~ nacional de identidad Personalausweis, Kennkarte
doler schmerzen, weh tun
dolor *m* Schmerz; ~ de cabeza Kopfschmerzen
domingo *m* Sonntag
dominguero, -a sonntäglich
dominio *m* Herrschaft
donde wo; a ~ wohin;

de ~ woher; ¿dónde? wo?
doquier: por ~ überall
dorado, -a golden; goldgelb; vergoldet
dormido, -a schläfrig; schlafend
dormir schlafen; ~se einschlafen
dormitorio *m* Schlafzimmer
dote *f* Begabung
drama *m* Drama
dramático, -a dramatisch; erschütternd
ducha *f* Dusche; darse una ~ sich duschen, sich abbrausen
duchar duschen
duda *f* Zweifel; sin ~ zweifellos
dudar (be)zweifeln
duelo *m* Duell, Zweikampf
dueño *m* Eigentümer, (Haus-)Wirt; ~ de la casa Hausherr
dulce süß; sanft
durante während
durar dauern
duro, -a hart
duro *m* Duro (*Münze, 5 Peseten*)

E

e (*vor* i *und* hi) und
eclesiástico, -a kirchlich, Kirchen...
eco *m* Echo, Widerhall
económico, -a wirtschaftlich, finanziell
Ecuador *m* Ekuador
echar werfen; zu sich nehmen, (*e-n Schluck*) tun; ~se a beginnen zu
edad *f* Alter
edificar (er)bauen
edificio *m* Bau, Gebäude
educar erziehen
efectivamente wirklich, tatsächlich
efecto *m* Wirkung; en ~ in der Tat, wirklich
egregio, -a edel; hervorragend
ejemplo *m* Beispiel; por ~ zum Beispiel
ejercer tätig sein, praktizieren
ejercicio *m* Übung
ejército *m* Heer
elástico, -a elastisch; geschmeidig
elección *f* Wahl; de ~ Wahl...

eléctrico, -a elektrisch
elegancia *f* Eleganz
elegante elegant, geschmackvoll
elegido, -a auserwählt
elegir aussuchen, (aus-)wählen
elemento *m* Element; Bestandteil
Elena *f* Helene
elevación *f* Erhebung, Anhöhe
elevado, -a hoch
elevarse sich erheben
emancipación *f* Emanzipation
embarazoso, -a lästig, peinlich
embargo *m*: sin ~ jedoch, indessen; trotzdem
embelesado, -a entzückt
embellecer verschönern
embotellamiento *m* Verkehrsstauung
embravecido, -a wütend; tobend
embriagador, -a berauschend
embrutecer abstumpfen; verdummen
embuste *m* Schwindel
eminencia *f*: Su ~ Euer Eminenz
eminente hervorragend
emisión *f* Sendung; serie *f* de emisiones Sendereihe
emoción *f* (Gemüts-)Bewegung; Ergriffenheit; Erregung
emocionado, -a bewegt, gerührt
empapelar tapezieren
empedernido, -a unverbesserlich
empedrar pflastern
empeñarse en darauf bestehen, zu
empeorar sich verschlechtern
emperador *m* Kaiser
empezar beginnen, anfangen; al ~ beim Beginnen
empinado, -a steil
empinar hochheben
emplazamiento *m* Platz, Lage
empleado *m* Angestellte(r)
emplear anstellen, beschäftigen
empollón *m* Büffler, Streber

emprender unternehmen; beginnen

empresa *f* Vorhaben; Unternehmen

empujar stoßen; drücken

empuñar ergreifen, packen

en in, an, auf

enamorado, -a verliebt; ~ *m* Freund, Bewunderer

encaje *m* Einlegearbeit

encajonado, -a eng

encantado, -a entzückt, begeistert; **es freut mich sehr, sehr angenehm**

encantador, -a bezaubernd

encantar entzücken

encanto *m* Zauber, Reiz

encargarse de etw. übernehmen

encendedor *m* Feuerzeug

encender anmachen, einschalten

encendido, -a brennend

encierro *m* Einschließung

encima oben; obendrein; **estar por ~ de** überlegen sein

encomendar beauftragen; übertragen; anvertrauen

encontrar finden; ~se sich treffen; sein, sich befinden

encuentro *m* Begegnung; Treffen

enchufe *m* Steckdose; Stecker

enemigo *m* Feind

enero *m* Januar

enfadar ärgern

enfermedad *f* Krankheit

enfermo, -a krank; ~ *m* Kranke(r)

enfrente gegenüber

engañar betrügen, täuschen

enhorabuena *f* Glückwunsch

enorgullecerse de stolz werden auf

enorme enorm, sehr groß

enredarse sich verfangen

ensalada *f* Salat

ensañarse contra seine Wut auslassen an

ensayar versuchen

ensayo *m* Versuch; Essay

enseñar lehren; zeigen

ensillar satteln

ensueño *m* Traum; **de ~** traumhaft

entender verstehen

enterarse de a/c. etw. erfahren, merken

entero, -a ganz, voll(ständig)

entierro *m* Begräbnis

entonces dann; damals; **desde ~** seitdem; von da an; **hasta ~, para ~** bis dahin

entorno *m* Umwelt

entrada *f* Eintritt, Eintreten

entrante kommend

entraña(s) *f* (*pl.*) Eingeweide; Innerste(s)

entrar hereinkommen; eingehen (*Geld*); ~ **en** (ein-)treten in, betreten

entre zwischen; unter; **por ~** durch; ~ **semana** die Woche über

entregar aushändigen, übergeben

entremeses *m/pl.* Vorspeise(n)

entrenado, -a trainiert, geübt

entrenamiento *m* Training, Übung

entresuelo *m* Zwischenstock; Hochparterre

entretanto unterdessen

entretelas *f/pl.* Innerste(s) (*des Herzens*)

entretenerse sich die Zeit vertreiben

entrevista *f* Interview

entusiasmo *m* Begeisterung; ~ **adquisitivo** Kauflust

entusiasta *m* begeisterter Anhänger; **ser ~ de** schwärmen für, begeistert sein von

enviar schicken, senden

envidiar beneiden

envolver einhüllen, umgeben

epístola *f* Brief

época *f* Zeit; Zeitpunkt; **que hace(n) ~** aufsehenerregend; **epochemachend**

equilibrio *m* Gleichgewicht

equipaje *m* (Reise-)Gepäck

equipo *m* Mannschaft

equivocado: estar ~ sich irren

equivocarse sich irren

erguir sich erheben

errante umherirrend, schweifend

error *m* Irrtum; Versehen; **con ~** irrtümlich

erudito, -a gebildet; gelehrt

erupción *f* Ausbruch, Eruption

escalar erklettern, besteigen

escalera *f* Treppe

escalofrío *m* Schauder

escándalo *m* Aufruhr

escaparate *m* Schaufenster

escape *m* Entweichen

escarcha *f* (Rauh-)Reif

escarmentado, -a klug geworden

escarpado, -a abschüssig, steil, schroff

escaso, -a knapp

escoger (aus)wählen

esconderse sich verstecken

escondite *m* Versteck, Schlupfwinkel

escribir schreiben

escrito, -a geschrieben

escritor *m* Schriftsteller

escritora *f* Schriftstellerin

escritorio *m* Büro

escuchar (an)hören

escuela *f* Schule

escueto, -a schlicht, schmucklos

escultura *f* Skulptur, Plastik

escurrirse entkommen

esencial wesentlich

esforzarse sich anstrengen; sich bemühen

esfuerzo *m* Anstrengung

espalda *f* Rücken

espantar vertreiben

España *f* Spanien

español, -a spanisch; ~ *m* Spanier

española *f* Spanierin

espárrago *m* Spargel; *fig.* Bohnenstange

especial besonder, speziell; **Sonder...; en ~** insbesondere, besonders, vor allem

especialidad *f* Spezialität; Fach(gebiet)

especializado, -a spezialisiert

especializarse sich spezialisieren

especie *f* Art

espectáculo *m* Schauspiel; ~ **natural** Naturschauspiel

espejismo *m* Luftspiegelung

espejo *m* Spiegel

espeluznante haarsträubend, grauenhaft

espera *f* Warten, Erwartung; **en ~ de** in Erwartung

esperanza *f* Hoffnung

esperar (er)warten, (er-)hoffen

esperpento *m* Vogelscheuche

espeso, -a dicht, dick

espetar an den Kopf werfen

espina *f* Gräte

espíritu *m* Geist; **~ gregario** Herdentrieb

espiritual geistig

espléndido, -a prächtig, herrlich

esposa *f* (Ehe-)Frau; **~s** *f/pl.* Handschellen

esposo *m* Gatte, (Ehe-)Mann

espuelas *f/pl.* Sporen

espuerta *f* Korb; **a ~s** haufenweise

espuma *f* Schaum

esquí *m* Schi(sport); **~ acuático** Wasserschi(laufen)

esquina *f* Ecke

esquizofrénico, -a schizophren

establecer (be)gründen; einführen

establecimiento *m* Unternehmen, Geschäft

estación *f* (Jahres-)Zeit, Saison; **~ invernal** Winterkurort; **~ de servicio** Tankstelle

estadio *m* Stadium

Estado *m* Staat

estado *m* Rang, Stand

estafeta *f* Kurier

estampa *f* Bild; Stich

estantería *f* Regal

estar sein; stehen, passen (*von Kleidung*); **~se** sein; sich aufhalten

este *m* Osten

estepa *f* Steppe

estera *f* Matte; Fußabstreifer

estético, -a ästhetisch

estilo *m* Stil; Art; **al ~ de** im Stil von, wie; **por el ~** ähnlich, dergleichen

estío *m* Sommer

estival sommerlich; Sommer...

estómago *m* Magen

estraperlo *m* Schwarzhandel; **de ~** hintenherum, schwarz

estrechar drücken

estrecho, -a schmal, eng; knapp, beschränkt

estrella *f* Stern

estrellado,-a gestirnt; sternklar

estrenar zum erstenmal gebrauchen; einweihen

estreno *m* Erstaufführung, Premiere

estribo *m* Steigbügel

estropeado, -a kaputt

estropear beschädigen; verletzen; verderben

estructura *f* Struktur

estudiante *m* Student; Schüler

estudiar lernen; studieren

estudio *m* Studium

estupendo, -a erstaunlich; großartig

Europa *f* Europa

europeo, -a europäisch

Everest *m* Mount Everest

evidente offenbar

evitar vermeiden

exacto, -a genau; richtig

exageración *f* Übertreibung

exagerar übertreiben

examen *m* Prüfung

examinar prüfen, untersuchen

excelencia *f*: **por ~** schlechthin, im wahrsten Sinne des Wortes, eigentlich; **Su ~** Euer Exzellenz

excelente ausgezeichnet, großartig, herrlich

excelentísimo, -a hochgestellt

excentricidad *f* Überspanntheit

excepción *f* Ausnahme

excepto ausgenommen, außer

excesivo, -a übermäßig

excesos *m/pl.* Ausschweifungen; Überschreitungen

exclamar (aus)rufen

exclusivamente ausschließlich

exclusivo, -a ausschließlich

excrementos *m/pl.* Ausscheidungen, Exkremente

excursión *f* Ausflug

excursionista *m* Ausflügler

exigencia *f* Forderung

exigir fordern, verlangen

existencia *f* Dasein, Leben

existente bestehend, vorhanden

existir dasein, bestehen, vorhanden sein

éxito *m* Ausgang; Erfolg

exótico, -a exotisch; fremd (-artig)

expansivo, -a mitteilsam, offen

expectación *f* Erwartung

expectativa *f* sichere Erwartung

experiencia *f* Erfahrung

experto *m* Fachmann, Experte

explicación *f* Erklärung

explicar erklären, darlegen, erläutern; **~se** sich äußern, sich ausdrücken

explosión *f* Explosion; **en ~** explosiv

explosivo, -a explosiv, Spreng...

explotación *f* Ausnutzung; Ausbeutung

explotar (aus)nutzen; bewirtschaften

exponer vortragen, darlegen; **~se** sich aussetzen

exportar ausführen, exportieren

exposición *f* Ausstellung; Darstellung

expresamente ausdrücklich; eigens

expresar äußern, aussprechen

expresidente *m* ehemaliger Präsident

expresión *f* Ausdruck, Redensart, Redewendung

exquisito, -a vortrefflich, köstlich, erlesen

éxtasis *m* Verzückung, Ekstase

extenderse sich ausbreiten, sich erstrecken

extensión *f* Ausdehnung; Umfang

extenuante aufreibend

exterior äußerlich

extramundano, -a außerweltlich, überirdisch

extranjero, -a ausländisch; **~ m** Ausland; Ausländer

extrañado, -a erstaunt

extrañar erstaunt sein über

extraño, -a fremd

extraordinario, -a außerordentlich; außergewöhnlich

extraviarse sich verirren

extremo *m* Ende

exuberante üppig

F

fábrica *f* Fabrik
fabricar herstellen
faceta *f* Aspekt, Seite
fácil leicht
facilidad *f* Erleichterung
facilitar erleichtern
factor *m* Faktor; Umstand
facultad *f* Fähigkeit
facha *f* Aussehen
fachada *f* Fassade
faena *f* Arbeit
falda *f* Frauenrock
falsear verfälschen, verdrehen
falso, -a falsch
falta *f* Fehlen, Mangel; hacer ~ fehlen; nötig sein
faltar fehlen
fallecer sterben
fama *f* Ruf, Ruhm
familia *f* Familie
familiar Familien...; vertraut, bekannt; familiär; ~ *m* Familienangehörige(r)
familiaridad *f* Vertrautheit
famoso, -a berühmt
fanfarronería *f* Aufschneiderei, Großtuerei
fantasía *f* Phantasie
fantástico, -a phantastisch
farmacia *f* Apotheke; Pharmazie
faro *m* Leuchtturm
fastidiarse sich damit abfinden
fastuoso, -a prunkvoll
fatal verhängnisvoll; fürchterlich
fatiga *f* Mühe
fatigoso, -a mühsam, beschwerlich; ermüdend
favor *m* Gunst, Gefallen, Gefälligkeit; por ~ bitte
favorecer vorteilhaft kleiden; gut stehen
febrero *m* Februar
fecundo, -a fruchtbar, ergiebig
fecha *f* Datum; Termin, Tag
felicitación *f* Glückwunsch
felicitar beglückwünschen
Felipe *m* Philipp
feliz glücklich
feminista frauenrechtlerisch; ~ *m*, *f* Frauenrechtler(in)
fénix *m* Phönix
fenómeno großartig, prima; ~ *m* Phänomen; Erscheinung

feo, -a häßlich
feria *f* Jahrmarkt; Volksfest; Messe
fervor *m* Hingabe; Eifer
festejo *m* Fest
festín *m* Festessen
festival *m* Festspiele
festividad *f* Festtag; Fest
festivo, -a festlich, Fest...
feudalismo *m* Feudalismus
fiambre *m* Aufschnitt
ficción *f* Vorspiegelung; Fiktion
fiebre *f* Fieber; ~ de viajes Reisefieber
fiel treu; ehrlich; zuverlässig
fiero, -a wild
fiesta *f* Fest, Feier; Feiertag; ~ de familia Familienfest
fígaro *m* Barbier, Figaro
figura *f* Figur
figurarse sich vorstellen
fijarse en achtgeben auf; sich heften auf, bemerken
fijo, -a fest
filigrana *f* Filigran(arbeit)
filosofía *f* Philosophie
filósofo *m* Philosoph
filtrar filtrieren, filtern
fin *m* Ende; en ~ endlich, schließlich; kurz und gut; al ~ endlich, schließlich; a ~ de um zu; sin ~ endlos, unendlich
final abschließend, Schluß...; zum Schluß
finalmente endlich, schließlich
fino, -a fein
firmamento *m* Firmament
firmar unterschreiben
firme fest
flamenco, -a forsch
flexible geschmeidig
flor *f* Blume; Floskel, Kompliment
florecer blühen
florido, -a blühend
folklore *m* Volkskunde; Folklore, Brauchtum
folklórico, -a volkskundlich, folkloristisch
fondo *m* Grund; Tiefe; Hintergrund; en el ~ im Grunde (genommen), eigentlich
forma *f* Form; de todas ~s jedenfalls
formar bilden
fórmula *f* Formel

fortaleza *f* Festung
fortuna *f* Glück; por ~ glücklicherweise
foto *f* Photo
frac *m* Frack
francés, -esa französisch
Francia *f* Frankreich
Francisco *m* Franz
franja *f* (Küsten-)Streifen
franqueza *f* Offenheit
frase *f* Satz
fraseología *f* Phraseologie
fray *m* (Kloster-)Bruder
frecuencia *f* Häufigkeit
frecuentado, -a (gut) besucht, aufgesucht
frecuente häufig
fregado *m* Scheuern; Abwaschen
freír braten, backen
frenar bremsen; zurückhalten
frenesí *m* Raserei
freno *m* Bremse
frente *m* Vorderseite; en ~ gegenüber
fresco -a frisch
frescor *m* Kühle, Frische
frescura *f* Frische
frío, -a kalt; ~ *m* Kälte
frito, -a gebacken
frívolo, -a frivol; gehaltlos
frontera *f* Grenze
fruta *f* Frucht; Obst
fruto *m* Frucht; Gewinn
fucilazo *m* Wetterleuchten
fuego *m* Feuer; ~s *m/pl.* artificiales Feuerwerk
fuente *f* Quelle; (Spring-)Brunnen
fuera außen; draußen; ~ de außer; außerhalb
fuera-bordo *m* Außenbordmotor
fuerte stark; *adv.* laut; ~ *m* starke Seite, Stärke
fuerza *f* Stärke, Kraft; a ~ de durch (viel), mit viel
fumar rauchen
función *f* Vorstellung; Amt, Tätigkeit
funcional rationell, wirtschaftlich; funktionell
funcionar funktionieren; in Betrieb sein
funcionario *m* Beamte(r)
fundación *f* Gründung
fundamental grundlegend
funeral *m* Begräbnis; ~es *m/pl.* Trauergottesdienst
funerario, -a Grab..., Begräbnis...

fútbol *m* Fußball; **partido** *m* **de** ~ Fußballspiel
futbolista *m* Fußballspieler
futuro, -a künftig; ~ *m* Zukunft

G

gafas *f/pl.* Brille
gaitero *m* Dudelsackpfeifer
galería *f* Galerie
galgo *m* Windhund
Galicia *f* Galicien
gallego, -a galicisch
galleta *f* Keks; Kleingebäck
gallo *m* Hahn
gama *f* Skala; Bereich
gana *f* Wunsch; Lust; **de mala** ~ ungern, widerwillig
ganar verdienen; gewinnen
garaje *m* Garage
garfio *m* Haken
garganta *f* Kehle; Hals
gas *m* Gas
gasolina *f* Benzin
gastar ausgeben; verschwenden
gastos *m/pl.* (Un-)Kosten
gato *m* Katze; Kater
gemelo, -a Zwillings...
generación *f* Generation
general allgemein; Haupt-...; **en** ~, **por lo** ~ im allgemeinen
generalmente im allgemeinen, meistens
generoso, -a großzügig
genio *m* Genie
gente *f* Leute
gentileza *f* Liebenswürdigkeit
gentilhombre *m* Edelmann
geografía *f* Geographie
geográfico, -a geographisch
gesto *m* Gebärde, Geste
Gil *m* Ägidius
gimnasia *f* Gymnastik
girar sich drehen, kreisen
giro *m* Wendung; ~ **postal** Postanweisung
globo *m* Kugel, Ball; Globus
gobernador *m* Gouverneur
goce *m* Genuß
goleador *m* Torschütze
golf *m* Golf(spiel)
golpe *m* Schlag
gordo, -a dick; ~ *m* großes Los
gota *f* Tropfen
gótico, -a gotisch

gozar genießen; sich erfreuen
grabado, -a eingeschnitten, eingeritzt
gracia *f* Gnade; **hacer** ~ gefallen; ~**s** *f/pl.* Dank; danke; **dar las** ~**s** danken
grácil zierlich, grazil
gracioso, -a anmutig; witzig
grado *m* Grad; **de buen** ~ gutwillig; gern
graduado, -a graduiert
granadino, -a aus, von Granada
grande groß
grandilocuente hochtrabend
granero *m* Kornspeicher
granja *f* Bauernhof
granjear entgegenbringen
grano *m* Korn
gratis unentgeltlich
grato, -a angenehm; erwünscht; willkommen
gratuito, -a unentgeltlich
grave schwer; ernst
greco, -a griechisch
gregario, -a gewöhnlich; Massen...
gremial Innungs..., Zunft...
grifo *m* (Wasser-)Hahn
gripe *f* Grippe
gris grau
gritar schreien; rufen; kreischen
grito *m* Schrei
grueso, -a dick
grupo *m* Gruppe
guapo, -a hübsch
guardar bewachen; schützen; ~ **cama** das Bett hüten
guerra *f* Krieg
guía *m* Fremdenführer
guía *f* Leitfaden; Reiseführer (*Buch*)
guiñar (zu)blinzeln
gustar gefallen, behagen
gusto *m* Geschmack; Vergnügen; **a** ~ gern; nach Belieben; **con** ~ gern; **mucho** ~ sehr erfreut, freut mich

H

haber haben; **no** ~ **de** nicht dürfen; ~ **de** (ganz sicher) werden; **hay es** gibt; **hay que** man muß; **hay quien** manch einer, einige

habitación *f* Wohnung; Zimmer; ~ **matrimonial** Doppelzimmer
habitante *m* Einwohner
habitual gewöhnlich, üblich; gewohnt
habitualmente gewohnheitsmäßig
hablar sprechen, reden; **no** ~**se** nicht mehr miteinander sprechen
hacer machen, tun; (veran)lassen; **her sein** (*Zeit*); sein (*Wetter*); ~**se** werden
hacia nach, zu ... hin; gegen
hacienda *f* Landgut, Farm; Hazienda
hallar finden; ~**se** sich befinden, sein
hamaca *f* Hängematte
hambre *f* Hunger
hartarse de etw. satt haben
harto, -a satt; überdrüssig
hasta bis; sogar; ~ **entonces** bis dahin ~ **casi** fast sogar; ~ **que** bis (daß)
hazaña *f* Heldentat
hechicero *m* Zauberer
hecho, -a gemacht, getan; geworden; **estar** ~ aussehen wie; ~ *m* Tat, *das* Geschehene
helada *f* Frost
helado, -a eiskalt, eisig
heraldo *m* Herold
heredar erben
heredero *m* Erbe *m*
herida *f* Wunde
herir verwunden; verletzen
hermana *f* Schwester
hermano *m* Bruder; ~**s** *m/pl.* Geschwister
hermoso, -a schön
heroicamente heldenhaft, heroisch
herrero *m* Schmied
hervir aufkochen, wallen
hiel *f* Galle
hierro *m* Eisen
hígado *m* Leber
hija *f* Tochter
hijo *m* Sohn; ~**s** *m/pl.* Kinder
hincha *m* (Fußball-)Fan
hinchar anschwellen, überquellen lassen
historia *f* Geschichte
historiador *m* Historiker
histórico, -a geschichtlich, historisch

historieta f kurze Geschichte
hito m Markstein
hogar m Herd; Heim
hoguera f Scheiterhaufen; Freudenfeuer
hoja f Blatt
holgado, -a weit
holgura f Behaglichkeit
hombre m Mensch, Mann
hombro m Schulter; Rükken
homenaje m Huldigung, Ehrung
hondo, -a tief
honor m Ehre; **en ~ de** zu Ehren
honrado, -a anständig, ehrlich
honrar (be)ehren, auszeichnen
hora f Stunde, (Uhr-)Zeit, Zeitpunkt; **~s** f/pl. **de trabajo** Arbeitszeit
horario m Stundenplan; (Essens-)Zeit
horcajadas: a ~ rittlings
horno m (Back-)Ofen
horrible schrecklich, scheußlich
horror m Schrecken
hospedarse Unterkunft finden; wohnen, logieren
hospital m Krankenhaus
hotel m Hotel
hotelero m Hotelier, Hotelbesitzer
hoy heute; **~ por ~** im Augenblick
hoyo m Grab
hoz f Sichel
hueso m Knochen
huésped m Gast; **casa** f **de ~es** (Familien-)Pension
huevo m Ei
huida f Flucht
huir fliehen
humanamente menschlich; menschenmöglich
humano, -a menschlich
humedad f Feuchtigkeit
húmedo, -a feucht
humor m Stimmung, Laune
humorista m Humorist
huracanado, -a orkanartig

I

ida f Hinweg, Hinfahrt; **~ y vuelta** Hin- `und Rückreise
idea f Idee, Gedanke
ideal ideal, vollkommen

idealismo m Idealismus
idéntico, -a identisch, völlig gleich
identidad f Identität, Übereinstimmung; Personalien
identificación f Identifizierung
ideológico, -a ideologisch
idílico, -a idyllisch
idioma m Sprache
iglesia f Kirche
Ignacio m Ignaz
ignorar nicht wissen
igual gleich; ebenso; **sin ~** unvergleichlich, unerreicht; **al ~ que** ebenso wie
igualdad f Gleichheit
igualmente ebenfalls, gleichfalls
ileso, -a unverletzt
iluminar beleuchten, erleuchten
ilusión f (Vor-)Freude
ilusionado, -a hoffnungsvoll
ilustración f Aufklärung
ilustre berühmt
imaginación f Einbildungskraft, Phantasie
imaginar ausdenken; sich vorstellen
impar ungleich; unvergleichlich
impedir (ver)hindern
impertérrito, -a unerschrocken, furchtlos
implacable unerbittlich
imponente gewaltig, eindrucksvoll
imponer aufdrängen; **~se** sich durchsetzen
importancia f Wichtigkeit, Bedeutung
importante wichtig
importar wichtig sein
imposible unmöglich
impresión f Druck; Eindruck
impronta f Abdruck; Gepräge
inaguantable unerträglich
inaplazable unaufschiebbar
inaugurar eröffnen
incapaz unfähig
inclinado, -a geneigt; schief
incluir einschließen; beilegen; beifügen
incluso sogar
incomparable unvergleichlich

incomprensión f Verständnislosigkeit
incontenible unbezähmbar
inconveniente unschicklich; **~** m Hindernis; Mißstand
incrédulo, -a ungläubig
increíble unglaublich
incriminación f Beschuldigung
incubación f Inkubationszeit
indagar (er)forschen
indecible unsagbar
indefinible unbestimmbar, undefinierbar
independencia f Unabhängigkeit
independiente unabhängig
independizarse sich befreien
indescriptible unbeschreiblich
indicar angeben, nennen
indígena einheimisch
indignación f Entrüstung
individualista m Individualist
individuo m Individuum; Person
indolencia f Trägheit
indudablemente zweifellos
indulgencia f Nachsicht
indulgente nachsichtig, milde
industria f Industrie; Gewerbe
inepto m Trottel, Depp
infalible todsicher, unvermeidlich
inferior niedriger; geringer
infierno m Hölle
infinito adv. unendlich, äußerst
influencia f Einfluß
información f Erkundigung; Auskunft
informar unterrichten
infundir einflößen
ingeniero m Ingenieur
ingenio m Geist
ingenioso, -a geistreich
Inglaterra f England
inglés, -esa englisch
ingrediente m Zutat
iniciar, ~se beginnen
injusto, -a ungerecht
inmediato, -a unmittelbar; unverzüglich
inmenso, -a unermeßlich; überaus groß
inmigrar einwandern

innecesario, -a unnötig
innumerable unzählig, zahllos
inocuo, -a harmlos
inquietud *f* Unruhe; Besorgnis, Sorge
insignificante geringfügig; unbedeutend
insinuar nahelegen, andeuten
insípido, -a geschmacklos
insistir *etw.* betonen; bestehen auf
insólito, -a ungewöhnlich
insoportable unerträglich
inspirar anregen, inspirieren
instalación *f* Einrichtung; Anlage
instintivo, -a instinktiv; unwillkürlich
instrumento *m* Instrument
insuficiente unzulänglich
insufrible unerträglich
insulso, -a abgeschmackt; fade
insustituible unersetzlich
integrante wesentlich
inteligente intelligent, klug
intención *f* Absicht
intensivo, -a heftig
intenso, -a stark, tief; intensiv
intentar versuchen
intercambio *m* Austausch
interés *m* Interesse; Nutzen; Bedeutung; Wert
interesado, -a interessiert
interesante interessant
interesar interessieren; ~se por sich interessieren für
interior innere(r, -s); ~ *m das* Innere
interlocutor *m* Gesprächspartner
intermediario *m* Zwischenhändler
intermedio *m*: por ~ de durch Vermittlung
interminable endlos
internacional international
interrogante fragend
interrogar fragen
interrumpir unterbrechen
interrupción *f* Unterbrechung; Störung
intimidad *f* Vertraulichkeit; Gemütlichkeit
íntimo, -a vertraut
intromisión *f* Einmischung
inútilmente umsonst, vergeblich

invadir befallen; überfallen
inventar erfinden
invernal winterlich
inveterado, -a eingewurzelt; eingefleischt
invierno *m* Winter
invitación *f* Einladung, Aufforderung
invitar einladen; auffordern
ir gehen; ~se (weg)gehen
ira *f* Zorn
irritado, -a gereizt; entzündet
Isabel *f* Isabella; Elisabeth
isla *f* Insel
islote *m* (Felsen-)Insel
itinerario *m* (Weg-)Strecke; Weg
izquierda *f* linke Hand, linke Seite; a la ~ links

J

jabón *m* Seife
Jaime *m* Jakob
jaleo *m* Krach, Lärm, Radau
jamás nie(mals)
jamón *m* Schinken
jarabe *m* Sirup
jardín *m* Garten
jarro *m* Krug; Kanne
Javier *m* Xaver
jefe *m* Chef, Leiter; ~ de taller Werkmeister
jerarca *m* hoher Würdenträger
Joaquín *m* Joachim
jofaina *f* Waschbecken
Jorge *m* Georg
jornada *f* (Arbeits-)Tag
José *m* Joseph
joven jung
joya *f* Juwel; Perle, Kostbarkeit
Juan *m* Johannes
júbilo *m* Jubel
judía *f* (Stangen-)Bohne
juego *m* Spiel
jueves *m* Donnerstag
jugar spielen
jugo *m* Saft; Brühe
juicio *m* Urteil; Meinung
julio *m* Juli
Julio *m* Julius
junio *m* Juni
juntarse sich verbinden, sich vereinigen; sich treffen
junto, -a verbunden; vereint; junto a bei
juntos, -as zusammen

jurar schwören
jurídico, -a juristisch, rechtlich
justicia *f* Gerechtigkeit; *fig.* Hinrichtung
justificar rechtfertigen
justo, -a gerecht; richtig
juventud *f* Jugend
juzgar urteilen; meinen

K

kilo *m* Kilo
kilómetro *m* Kilometer; ~ cuadrado Quadratkilometer

L

labor *f* Arbeit; Werk
labranza *f* Ackerbau; Feldarbeit
laca *f* Lack
lado *m* Seite
ladrador bellend
ladrón *m* Dieb, Räuber
lago *m* See
lamentar beklagen; bedauern; jammern
lámina *f* Tafel
lámpara *f* Lampe
lana *f* Wolle
lanzar in Umlauf setzen; lancieren
lápiz *m* Bleistift
largo, -a lang; a lo ~ der Länge nach; längs, entlang; während
lástima *f* Bedauern; ~ schade
lata *f* Konservendose
latino, -a lateinisch
latinoamericano, -a lateinamerikanisch
lavabo *m* Waschraum; Waschtisch
lavadora *f* Waschmaschine
lavar waschen
lección *f* (Unterrichts-)Stunde
lectura *f* Lesen; Lektüre
leche *f* Milch
lecho *m* Bett
lechuga *f* Lattich; Kopfsalat
leer lesen
legal gesetzlich; legal
lejanía *f* Entfernung; Ferne
lejano, -a entfernt, fern
lejos weit (entfernt)
lengua *f* Zunge; Sprache
lenguaje *m* Sprechweise
lente *f* Linse (*Optik*)
lentes *m/pl.* Brille

lento, -a langsam
león *m* Löwe
letrero *m* Aufschrift; Tafel, Schild
levantamiento *m* Erhebung
levantar errichten; ~se aufstehen; sich erheben
levantino, -a aus der spanischen Levante; levantinisch
leve leicht
ley *f* Gesetz
leyenda *f* Legende; Sage
liar binden; einwickeln
liberal liberal
libertad *f* Freiheit
librar befreien; (*Schlacht*) schlagen; ~se sich befreien
libre frei
librería *f* Buchhandlung
libro *m* Buch
licencia *f* Erlaubnis; Genehmigung; Lizenz
licenciado *m* Akademiker (*nach dem Staatsexamen*)
licor *m* Likör
liebre *f* Hase
lienzo *m* Leinwand; (Öl-) Gemälde
liga *f* Bund; Liga
ligero, -a leicht
limitarse sich beschränken
limón *m* Zitrone
limpiaparabrisas *m* Scheibenwischer
limpiar reinigen, putzen
limpieza *f* Sauberkeit, Putzen
limpio, -a sauber
lindo, -a hübsch
línea *f* Linie
lío *m*: un ~ eine ganze Menge; ~ de faldas Weibergeschichte
lírico, -a lyrisch
lista *f* Verzeichnis, Liste; ~ de precios Preisliste
listo, -a fertig, bereit
literario, -a literarisch
literatura *f* Literatur, Schrifttum
litoral *m* Küstengebiet
litro *m* Liter
litúrgico, -a liturgisch
lobo *m* Wolf
local örtlich
localidad *f* Eintrittskarte; Örtlichkeit
loco, -a verrückt; a lo ~ toll; verrückt
lodo *m* Schlamm; Schmutz

lograr erreichen; logro es gelingt mir
lomo *m* Rücken
loncha *f* Streifen, Scheibe
lotería *f* Lotterie
lucero *m* Stern
Lucía *f* Luzie
lucir leuchten; scheinen; glänzen
lucha *f* Kampf
luchar kämpfen
luego nachher, dann; desde ~ selbstverständlich, natürlich
lugar *m* Ort; Platz, Stelle; tener ~ stattfinden
Luis *m* Ludwig
Luisa *f* Luise
lujo *m* Luxus
luminoso, -a leuchtend; Leucht...
luna *f* Mond; ~ de miel Flitterwochen
lunes *m* Montag
luz *f* Licht

Ll

llamada *f* (Telephon-)Anruf
llamado, -a genannt; mit Namen
llamar rufen, nennen; anrufen; ~se heißen
llanura *f* Ebene
llave *f* Schlüssel
llegada *f* Ankunft
llegar (an)kommen, eintreffen; ~ a reichen bis; erreichen
llenar (er)füllen
lleno, -a voll
llevar führen; bei sich haben; tragen; ~ a cabo vollbringen, durchführen, ausführen; ~se mitnehmen; mitreißen; mitbekommen
llorar (be)klagen; (be)weinen
llorón, -ona weinerlich
llover regnen
lluvia *f* Regen
lluvioso, -a regnerisch

M

madera *f* Begabung
madre *f* Mutter
madrileño *m* Madrider; ~, -a aus Madrid, Madrider
madrina *f* Taufpatin
madrugada *f* früher Mor-

gen; de ~ sehr früh am Morgen
madrugar früh aufstehen
madurez *f* Reife
maduro, -a reif
maestra *f* Lehrerin
maestría *f* Meisterschaft
maestro *m* Lehrer
mágico, -a magisch
magnetofón *m* Tonbandgerät
magnífico, -a großartig
mago *m* Zauberer; los Reyes Magos die Heiligen Drei Könige
magosto *m* geröstete Kastanie
majestuoso, -a majestätisch; herrlich
mal schlecht; ~ *m* Schaden; ~es *m/pl.* Leiden (*pl.*), Ungemach
malecón *m* Kai, Pier
maleta *f* Koffer
maliciosamente boshaft
malicioso, -a boshaft; verschmitzt
malo, -a schlecht
mamá *f* Mama
manantial *m* Quelle
mancha *f* Fleck
manchego, -a aus der Mancha
mandar befehlen, (etw. tun) lassen; (zu)schicken
mandatario *m* Beauftragte(r); Bevollmächtigte(r)
manera *f* (Art und) Weise
manga *f* Ärmel
manicomio *m* Irrenanstalt
manifestarse sich äußern
manifiesto, -a offenkundig; augenfällig; deutlich
mano *f* Hand; ~ de obra Arbeitskräfte
manotazo *m* Schlag mit der Hand, Zuschlag
mansión *f* Aufenthalt; Wohnsitz
manso, -a sanft; still, ruhig
manta *f* Decke
mantenerse sich halten
mantequilla *f* Butter
mantilla *f* Mantille
manzana *f* Apfel
manzanilla *f* Kamille(ntee); Manzanillawein
mañana *f* Morgen; de la ~, por la ~ morgens; ~ *adv.* morgen; ~ por la ~ morgen früh; el ~ die Zukunft

mapa *m* Landkarte
máquina *f* Maschine
mar *m, f* Meer
maravilla *f* Wunder; de ~ wunderbar
maravillar in Bewunderung versetzen; verwundern
maravilloso, -a wunderbar
marca *f* Marke
marcado, -a ausgeprägt
marcar wählen
marco *m* Rahmen
marcha *f* Gang, (Ver-)Lauf
marcharse (weg)gehen
marear auf die Nerven gehen; krank machen
margen *m* (Spiel-)Raum
marido *m* (Ehe-)Mann
marinero *m* Matrose
marisco *m* Schalentier, Muschel
marisquería *f* Fischrestaurant
marítimo, -a Meer..., See...
mármol *m* Marmor
marqués *m* Marquis
marras: el, la ... de ~ der, die bewußte ...
marrón braun
marroquí marokkanisch
martes *m* Dienstag
marzo *m* März
más mehr; am meisten; a cuál ~ um die Wette; no ... ~ que nur; a lo ~ höchstens; por ~ que wie sehr auch; ~ bien eher, vielmehr; de ~ noch dazu, mehr; zuviel
masa *f* Masse
masculino, -a männlich
matanza *f* Schlachten
matar töten
materia *f* Stoff, Thema
material materiell
materialmente buchstäblich
maternidad *f* Mutterschaft; casa *f* de ~ Entbindungsanstalt
materno, -a mütterlicherseits
matiz *m* Färbung; Schattierung
matrícula *f* polizeiliches Kennzeichen
matrimonial ehelich
matrimonio *m* Ehe
máximo, -a größte(r, -s)
maya *m* Maya
mayo *m* Mai
mayor größer; älter

mayoría *f* Mehrheit; Mehrzahl
mazo *m* Schlägel; Klopfer
mecánico *m* Mechaniker
mecedor *m* Schaukel
media *f* Strumpf
mediado, -a halb
medianoche *f* Mitternacht
medicina *f* Medizin; Arznei
médico *m* Arzt
medida *f* Maß
medio, -a halb; ~ *m* Mitte; Milieu; (Hilfs-)Mittel; por ~ de mittels; en ~ de todo trotz alledem; ~s *m/pl.* (Geld-)Mittel
mediodía *m* Mittag, zwölf Uhr
medir messen
mediterráneo, -a Mittelmeer...; Mediterráneo *m* Mittelmeer
mejicano, -a mexikanisch; ~ *m* Mexikaner
Méjico *m* Mexiko
mejilla *f* Wange
mejor besser; a lo ~ womöglich, vielleicht
mejorar bessern
melancolía *f* Schwermut, Melancholie
melaza *f* Melasse
melocotón *m* Pfirsich
melódico, -a melodisch
melodramático, -a melodramatisch
melón *m* Melone
memoria *f* Gedächtnis; Andenken
mencionar erwähnen
mendigar betteln
menear schwenken; wedeln
menester *m* Notwendigkeit
menos weniger; am wenigsten; außer; a ~ que falls nicht; ~ mal que zum Glück; al ~, por lo ~ wenigstens; lo ~ mindestens
mensual monatlich, Monats...
mentalidad *f* Denkweise; Mentalität
mentira *f* Lüge
menú *m* Menü
menudencia *f* Kleinigkeit
menudo, -a klein
mercado *m* Markt
mercancía *f* Ware; ~ *m* Güterzug
merecer verdienen; lohnen
merendar vespern

merendero *m* Ausflugslokal
meridional südlich
merienda *f* Vesper(brot)
mérito *m* Verdienst *n*
merluza *f* Seehecht
mermar schmälern
mermelada *f* Marmelade
mes *m* Monat
mesa *f* Tisch
meseta *f* Hochebene
mesón *m* Gaststätte
meta *f* Ziel
metáfora *f* Metapher, bildliche Wendung
metal *m* Metall; Erz
meter (hinein)stecken, hineinziehen; ~se werden; ~se en sich stürzen in; sich einmischen in
método *m* Methode
metro *m* Meter
metro *m* Untergrundbahn
mezclar vermischen
miedo *m* Furcht
miel *f* Honig
miembro *m* Mitglied
mientras während; ~ tanto unterdessen, inzwischen
miércoles *m* Mittwoch
Miguel *m* Michael
milagro *m* Wunder
milagroso, -a wunderbar; wundertätig
Milán *m* Mailand
militar militärisch, Militär...; ~ *m* Soldat
mimar verwöhnen; verhätscheln
mimbre *m* Korbweide; Weidengeflecht
mineral *m* Mineral; Erz
minero *m* Bergmann, Kumpel
miniatura *f* Miniaturbild
minifalda *f* Minirock
mínimo *m* Minimum
ministro *m* Minister
minuciosamente sehr genau
minuto *m* Minute
mirada *f* Blick
mirador *m* Erker; Aussichtspunkt
mirar (hin)sehen; ansehen
misa *f* Messe
mismísimo, -a selbst; gleich; eigen
mismo, -a gleich; selbst; el ~ derselbe; lo ~ dasselbe
misterio *m* Mysterium; Geheimnis
misterioso, -a geheimnisvoll

mitad f Hälfte
mochila f Rucksack
mochuelo m harte (od. schwierige) Arbeit
moda f Mode; **de** ~ modern
modelo m Modell, Muster; Vorbild
moderno, -a modern
modesto, -a bescheiden
modismo m Redewendung
modista f Modistin; Damenschneiderin
modo m Art, Weise
mojar anfeuchten, naß machen
molestar belästigen
moliente mahlend; alltäglich
molino m Mühle
momento m Augenblick; Zeitpunkt, Moment; **de** ~ momentan
mona f Äffin
monarca m Monarch
monarquía f Monarchie
mondo, -a sauber, rein
moneda f Münze; Währung
mono, -a hübsch, nett
monopolio m Monopol
monótono, -a eintönig, monoton
montado, -a en sitzend auf
montaña f Gebirge; Berg
montañismo m Bergsteigen, Bergsport
montañoso, -a bergig; gebirgig
montar montieren; aufstellen; bauen; steigen
montaraz wild
monte m Berg
montón m Haufen, Menge
monumento m (Bau-)Denkmal; ~s m/pl. Sehenswürdigkeiten
morado, -a dunkelviolett
mordedor beißend
morir sterben
moro m Maure
mosaico m Mosaik
mosca f Fliege
mostrar zeigen; ~se sich zeigen; sein
motivo m Motiv; (Beweg-) Grund; Anlaß; **con** ~ **de** anläßlich; wegen
motor m Motor
mover bewegen, antreiben; ~se sich bewegen; sich rühren

movimiento m Bewegung
mozo m Diener
muchacha f Mädchen
muchacho m junger Mann
muchedumbre f Menge
mucho, -a viel; ~ adv. sehr, viel
mueble m Möbel
muela f (Backen-)Zahn
muerte f Tod
muerto, -a tot; ~ m Tote(r), Verstorbene(r); ~ **de hambre** Hungerleider
mujer f Frau
multa f Geldstrafe
multicolor vielfarbig; bunt
múltiple vielfältig
multiplicar vervielfältigen, vervielfachen
mundano, -a weltlich; mondän
mundo m Welt
Munich f München
muñeca f Handgelenk
muralla f Stadtmauer
murmullo m Rauschen
murmurar murmeln
museo m Museum; ~ **al aire libre** Freiluftmuseum
música f Musik
musical Musik..., musikalisch
muy sehr

N

nacer geboren werden; entstehen
nacido, -a geboren; gebürtig
nacimiento m Geburt
nación f Nation; Volk
nacional inländisch, einheimisch; national
nada nichts; **para** ~ überhaupt nicht
nadar schwimmen
nadie niemand
naranja f Apfelsine
naranjal m Orangenhain
nariz f Nase
narrador m Erzähler
narrar erzählen
natal Geburts..., Heimat...
natural natürlich
naturaleza f Natur
naturalmente natürlich
navaja f Taschenmesser
Navidad f Weihnachten
necesario, -a notwendig, nötig
necesidad f Notwendigkeit, Bedürfnis

necesitar brauchen, müssen; ~se nötig sein
negar verneinen; (ab)leugnen
negocio m Geschäft
negro, -a schwarz
nena f kleines Mädchen
nervio m Nerv
nervioso, -a nervös; unruhig
neumático m Reifen
nevado, -a beschneit, verschneit
nevar schneien
nevera f Kühlschrank
ni auch nicht; oder (auch nur), oder (gar); ~ ... ~ ... weder ... noch ...
nicaragüense nicaraguanisch
nido m Nest; ~ **de águilas** Adlerhorst
niebla f Nebel
nieta f Enkelin
nieto m Enkel; ~s m/pl. Enkelkinder
nieve f Schnee
ninguno, -a kein; niemand
niña f Mädchen
niño m Kind; ~s m/pl. gemelos Zwillinge
nivel m Niveau; Höhe; Spiegel
no nicht; nein
nobiliario, -a adlig; Adels...
noble vornehm
noctámbulo, -a nachtwandelnd
noche f Nacht
Nochebuena f Weihnacht, Weihnachtsabend
nombrar (be)nennen; ernennen
nombre m Name; ~ **de pila** Vorname
normal regelrecht
norte m Norden
nostalgia f Heimweh; Sehnsucht
nota f Zensur; Aufzeichnung
notar bemerken
notario m Notar
noticia f Nachricht
novedad f Neuheit
novela f Roman; ~ **policíaca** Kriminalroman; ~ **rosa** Kitschroman
novelista m, f Romanschriftsteller(in)
novia f Braut
noviazgo m Brautzeit

noviembre *m* November
novio *m* Bräutigam; ~s
m/pl. Brautpaar, junges
Paar
nube *f* Wolke
núcleo *m* Kern
nuera *f* Schwiegertochter
nuevo, -a neu; de ~ von
neuem, nochmals
número *m* Nummer
numeroso, -a zahlreich;
kinderreich
nunca nie(mals)

O

o oder; o bien oder auch,
oder vielleicht; o (bien)...
o (bien) ... entweder ...
oder ...; o sea das heißt
obedecer gehorchen; sich
fügen
obispo *m* Bischof
objeto *m* Objekt; Gegen-
stand; ~s *m/pl.* de
escritorio Büroartikel
obligar zwingen
obligatorio, -a verbindlich,
bindend
obra *f* Werk; Arbeit; en ~s
im Bau
obrero *m* Arbeiter
observar beobachten, be-
merken
obstinarse en hartnäckig
darauf bestehen, zu
obstruir versperren, blokkieren
obtener bekommen
ocasión *f* Gelegenheit, Umstand; con ~ de anläß-
lich; ~ funeraria Bestat-
tung, Beisetzung
océano *m* Ozean, Welt-
meer; Océano Atlántico
Atlantischer Ozean
ocio *m* Muße
octubre *m* Oktober
ocultar verbergen
ocupar besetzen; einneh-
men; innehaben, beklei-
den; ~se de sich be-
schäftigen mit
ocurrir geschehen; ~se
einfallen
odiar hassen
oeste *m* Westen
ofender beleidigen, krän-
ken
oferta *f* Angebot
oficial amtlich, offiziell
oficina *f* Büro; ~ de
publicidad Werbeagentur

oficio *m* Handwerk; Ge-
werbe
ofrecer (an)bieten
oír hören; verstehen
ojival spitzbogig; gotisch
ojo *m* Auge
oler riechen
olor *m* Geruch
oloroso, -a wohlriechend
olvidar vergessen
olvido *m* Vergessen(heit);
echar en ~ vergessen
olla *f* (Koch-)Topf
ópera *f* Oper; de ~ Opern...
operación *f* Operation;
Vorgang
opinión *f* Meinung
oportunidad *f* Gelegenheit
oportuno, -a gelegen; günstig
oposición *f* Opposition;
Widerstand; oposiciones
f/pl. Auswahlprüfung (*für
Staatsstellen*)
optar por wählen, sich entscheiden für
optimista optimistisch; ~
m Optimist
opuesto, -a entgegengesetzt
órdago *m*: de ~ enorm;
gewaltig
orden *m* Ordnung; ~ *f*
Befehl, Anordnung
ordenanza *m* Amtsbote
ordenar anordnen; befeh-
len
ordinario, -a üblich, alltäglich; de ~ gewöhnlich,
üblicherweise
orégano *m* Majoran
orfebrería *f* Goldschmiedekunst
organización *f* Organisation; ~ conyugal Ehe-
bund
organizador *m* Organisa-
tor, Veranstalter
organizar organisieren;
planen; veranstalten
órgano *m* Organ
orgia *f* Orgie
orgulloso, -a stolz
origen *m* Ursprung; Her-
kunft
original originell, typisch
orilla *f* Ufer, Strand
orlar (ein)fassen, säumen
ornamentación *f* Verzie-
rung
oro *m* Gold
orquesta *f* Orchester
orquídea *f* Orchidee

oscurecer verdunkeln; verschleiern
oscuridad *f* Dunkelheit
oscuro, -a dunkel
otoñal herbstlich, Herbst...
otoño *m* Herbst
otro, -a ein anderer, eine
andere; noch eine(r); ~
tanto ebensoviel, noch
einmal soviel, dasselbe
oveja *f* Schaf

P

Pablo *m* Paul
pacer weiden, grasen
paciencia *f* Geduld
paciente *m* Patient
pacíficamente in friedlicher
Weise
Pacífico *m* Pazifik
padre *m* Vater; Pater; ~s
m/pl. Eltern
padrino *m* Taufpate
paella *f* Paella (*Reisgericht*)
pagar bezahlen; vergelten
país *m* Land; del ~ einheimisch
paisaje *m* Landschaft
paisajístico, -a Land-
schafts...
paja *f* Stroh; Strohhalm
pájaro *m* Vogel
palabra *f* Wort
palacio *m* Palast; Palacio
Nacional Parlamentsge-
bäude
pálido, -a bleich, blaß
palmada *f* Schlag
palo *m* Stock; Holz
paloma *f* Taube
palpitante pulsierend
palpitar sich kräftig regen
pan *m* Brot
pantalón *m* Hose
pantalla *f* (Film-) Leinwand; (pequeña) ~ Bild-
schirm
paño *m* Tuch, Stoff
pañuelo *m* Taschentuch;
Halstuch
Papa *m* Papst
papá *m* Papa; ~s *m/pl.*
Eltern
papel *m* Papier; ~es *m/pl.*
(Ausweis-)Papiere
papeleo *m* Papierkram
paquete *m* Paket, Päckchen
par *m*: un ~ de einige
para für; um zu; nach;
~ que damit; ~ con zu,
gegenüber

parabrisas *m* Windschutzscheibe
parada *f* Aufenthalt; Haltestelle
parado, -a stillstehend
paraguas *m* Regenschirm
paraguayo *m* Paraguayer
paragüero *m* Schirmständer
paraíso *m* Paradies
paralizarse erlahmen
parar aufhören; anhalten; abstellen; **sin** ~ unaufhörlich
parasol *m* Sonnenschirm
parco, -a mäßig; karg
parecer scheinen, aussehen; **me parece que** ich meine, daß; ~ *m* Meinung, Ansicht; **al** ~ anscheinend
parecido, -a ähnlich
pared *f* Wand
pareja *f* Paar; ~ **enamorada** Liebespaar
paréntesis *m* (runde) Klammer, Parenthese
parienta *f* Verwandte
pariente *m* Verwandte(r)
París *f* Paris
parpadear blinzeln; funkeln, leuchten
párpado *m* (Augen-)Lid
parque *m* Park
parrillada *f* gegrilltes Gericht
párroco *m* Pfarrer
parte *f* Teil; Seite
particular *m* Angelegenheit, Thema, Frage
partida *f* Partie, Spiel
partidario *m* Parteigänger; Anhänger
partido *m* Spiel
partir teilen
pasaje *m* Schiffskarte, Passage
pasajero *m* Reisende(r); Passagier; Fluggast
pasaporte *m* (Reise-)Paß
pasar vergehen; sich ereignen, passieren; überschreiten; (*Zeit*) verbringen; ~ **hambre** Hunger leiden; ~ **de** hinausgehen über; überschreiten; ~ **por** reisen über, fahren durch; vorbeikommen an
Pascua *f* **de Resurrección** Ostern
pasearse spazierengehen

paseo *m* Spaziergang; ~ **marítimo** Strandpromenade
pasillo *m* Korridor, Flur
pasión *f* Leiden; Leidenschaft; **la Pasión** die Passion (Christi)
paso *m* Schritt
pasta *f* Teig; Pappe
pastel *m* Kuchen; Pastete
pastor *m* Hirt
patata *f* Kartoffel
patear ausbuhen
paterno, -a väterlicherseits
patio *m* Hof
patrón *m* Schiffsführer; Chef; Arbeitgeber
patrono *m* Arbeitgeber; Chef
pava *f* Truthenne, Pute
pavo *m* Truthahn, Puter
paz *f* Friede
pazo *m* Stammhaus
peatón *m* Fußgänger
peca *f* Sommersprosse
pecado *m* Sünde
peculiar eigen(tümlich), besonder; charakteristisch
pecho *m* Mut; Brust
pedazo *m* Stück
pedir verlangen; bitten
Pedro *m* Peter
pegarse festkleben
peinar kämmen
peine *m* Kamm
pelambrera *f* dichter Haarwuchs, Haar
pelar rupfen
pelearse sich (herum)schlagen
peliagudo, -a schwierig
película *f* Film
peligro *m* Gefahr
peligroso, -a gefährlich
pelirrojo, -a rothaarig
pelo *m* Haar; **a** ~ ohne Kopfbedeckung
pelota *f* Ball
peluquero *m* Friseur
pena *f* Mühe; Kummer; Gram
península *f* Halbinsel; **la Península** Pyrenäenhalbinsel
pensador *m* Denker
pensar denken; vorhaben; ~ *m* Denken; Gedanke
pensión *f* Pension
peña *f* Freundeskreis; Stammtischrunde
peón *m* Arbeiter; Knecht
Pepe *m* Joseph

pequeño, -a klein
pera *f* Birne
percha *f* Kleiderbügel; Garderobenhalter
perder verlieren; ~**se** sich verlieren, verschwinden
pérdida *f* Verlust
perdón *m* Verzeihung
perdonar verzeihen
peregrinación *f* Wallfahrt, Pilgerfahrt
perenne ewig; zeitlos
perezoso, -a faul, träge; schwerfällig
perfecto, -a vollkommen
perfil *m* Profil; Umriß
perfume *m* Parfüm; Duft
periferia *f* Peripherie; Stadtrand
perilla *f*: **de** ~ höchst gelegen; gerade recht
periódico *m* Zeitung
periodista *m* Journalist
permanecer (da)bleiben, (ver)weilen
permiso *m* Erlaubnis; Genehmigung; ~ **de conducir** Führerschein
permitir erlauben, gestatten; ~**se ciertos lujos** sich etw. leisten
pero aber, jedoch
perpetuo, -a fortdauernd, unaufhörlich; ewig
perplejo, -a verwirrt, bestürzt; **dejar** ~ verwirren
perra *f* Hündin; Fünfcéntimomünze
perro *m* Hund
persiana *f* Jalousie, Rolladen
persona *f* Person
personaje *m* Persönlichkeit; Person
personal persönlich; ~ *m* Personal
personalidad *f* Persönlichkeit
pertenecer gehören
pesadilla *f* Alpdruck
pesado, -a schwerfällig, plump; langweilig
pesar wiegen; lasten; **a** ~ **de** trotz; **a** ~ **de que** obwohl, obgleich
pesca *f* Fischfang, Fischerei
pescadería *f* Fischgeschäft
pescadero *m* Fischhändler
pescado *m* Fisch
pescador *m* Fischer; **pueblo** *m* **de** ~**es** Fischerdorf

pescar fischen; erwischen, holen
pese: ~ a todo trotz allem
peseta f Pesete
peso m Gewicht
pesquero, -a Fischer...
pestañear blinzeln
petrificar versteinern
pez m Fisch; fig. ~ gordo hohes Tier
piadoso, -a fromm, andächtig
picajoso, -a reizbar; empfindlich
pícaro, -a schlau; spitzbübisch
picarón, -ona spitzbübisch
pico m Spitze, Berggipfel
pictórico, -a malerisch
pie m Fuß; estar de ~ stehen
piedra f Stein
piel f Haut; de ~es Pelz...
pierna f Bein
pieza f Raum, Zimmer; Stück
pila f (Tauf-)Becken
píldora f Pille
pimiento m spanischer Pfeffer, Paprika
pintar malen; anstreichen; schildern
pintor m Maler
pintoresco, -a malerisch
pintura f Malerei; ~ rupestre Höhlenmalerei
pirámide f Pyramide
pisar treten
piscina f Schwimmbecken; Badeanstalt
piscolabis m Imbiß, Happen
piso m Wohnung; Stockwerk, Etage
pista f Spur, Fährte
placer m Vergnügen, Freude
plácido, -a sanft; ruhig
plancha f Platte
planchar bügeln, plätten
planear planen
planta f Grundriß; Pflanze; Stockwerk
plástico, -a plastisch; ~ m Kunststoff
plata m Silber; papel m de ~ Silberpapier
plátano m Platane; Banane
platería f Silberschmiedekunst
plato m Teller; Gericht, Gang; ~ fuerte Hauptgericht

playa f Strand
plaza f Platz; Markt (-platz); ~ mayor Marktplatz
plazo m Rate
pleno, -a voll; völlig; ~ m: en ~ vollzählig
plomizo, -a bleifarbig; bleiern
plomo m Blei; a ~ lotrecht, senkrecht
plumero m Federwisch
población f Bevölkerung; Stadt
pobre arm; ~ m Arme(r); Unglückliche(r)
poco, -a wenig; un ~ ein wenig, etwas; ~ a ~ allmählich, nach und nach; por ~ beinahe, fast
poder können; ~ m Macht; Gewalt; ~ público Staatsgewalt; Behörde(n)
poderoso, -a mächtig
poesía f Dichtung; Poesie
poeta m Dichter
poético, -a poetisch
polémico, -a polemisch
policía f Polizei; ~ m Polizist
policíaco, -a Polizei...
política f Politik
político, -a politisch
polución f Verschmutzung
polvo m Staub
pólvora f (Schieß-)Pulver
pollo m Hühnchen
pomposo, -a hochtrabend, geschwollen
poner setzen, stellen, legen; ~se sich setzen; anziehen; werden
pontífice m (Erz-)Bischof; Pontifex (= Papst); Sumo Pontífice Papst
pop Pop...
popular volkstümlich, populär
por durch, über; wegen, um zu; ¿~ qué? warum?; ~ entre durch; ~ ahí dort(herum); ~ eso deshalb
porcelana f Porzellan
pormenor m Einzelheit
porque weil, da
porte m Haltung
portero m Torwart
portezuela f Tür
portugués, -esa portugiesisch
porvenir m Zukunft

poseer besitzen
posesión f Besitz
posibilidad f Möglichkeit
posible möglich; lo antes ~ baldmöglichst; lo más ~ soviel wie möglich
posición f Stellung
poso m Bodensatz
postal postalisch; Post...
postre m Nachtisch
postrero, -a letzte(r, -s)
postura f (Ein-)Stellung; Haltung
potencia f Macht
práctica f Übung; Praxis
practicante m Praktikant
practicar ausüben, betreiben
práctico, -a praktisch
pradera f Wiese
preceder vorhergehen
precio m Preis
precioso, -a prächtig, reizend
precipitación f Hast
precipitarse sich (hinab-)stürzen
precisamente gerade; eigentlich
precisarse nötig sein
precolombino, -a vorkolumbisch
predecir voraussagen
predicamento m Ruf; Ansehen
predicar predigen
preferencia f culinaria Lieblingsgericht
preferir lieber haben, lieber wollen; vorziehen; bevorzugen
preformar vorformen, vorbilden
pregonero m öffentlicher Ausrufer
pregunta f Frage
preguntar fragen
prehistórico, -a vorgeschichtlich
prejuicio m Vorurteil
premiar belohnen
premio m Belohnung
prensa f Presse; ~ diaria Tagespresse
preocupación f Besorgnis
preocuparse besorgt sein
preparación f Vorbereitung; Zubereitung
preparar vorbereiten; zubereiten; ~se sich vorbereiten, sich anbahnen
presagiador m Vorbote

presencia _f_ Gegenwart; Anwesenheit
presenciar beiwohnen, dabeisein, mit erleben
presentación _f_ Vorstellung
presentar (an)bieten; vorstellen; aufweisen; ~se sich vorstellen; erscheinen
presente anwesend; ~ _m_ Gegenwart; ~ _f_ vorliegendes Schreiben
presidencial Präsidenten...
presidente _m_ Präsident
preso _m_ Gefangene(r)
prestar leihen; gewähren; leisten
presupuesto _m_ Haushalt, Budget
prever voraus-, vorhersehen
prima _f_ Kusine; Prämie
primavera _f_ Frühling
primaveral Frühlings...
primitivo, -a ursprünglich
primo _m_ Vetter
principal hauptsächlich; Haupt...
príncipe _m_ Fürst, Prinz
principio _m_ Anfang
pringar schuften
prisa _f_ Eile
privado, -a privat; vertraulich
privilegio _m_ Vorrecht
probable wahrscheinlich
probar erproben, prüfen; kosten
problema _m_ Problem
prócer _m_ Führer, Vorkämpfer
procesión _f_ Prozession; feierlicher Umzug
procurar versuchen, zu
pródigo, -a verschwenderisch; **el hijo** ~ der verlorene Sohn
producción _f_ Produktion
producir hervorbringen, (_Früchte_) tragen; ~se auftreten; sich äußern
producto _m_ Produkt; Erzeugnis
profanar entweihen
profesión _f_ Beruf
profesional berufsmäßig
profesor _m_ Lehrer
profeta _m_ Prophet
profundo, -a tief
profusión _f_ Verschwendung; Überfluß
programa _m_ Programm, Plan; Spielplan

progresista fortschrittlich
progreso _m_ Fortschritt
prohibición _f_ Verbot
prohibir verbieten
prolífico, -a fruchtbar
promesa _f_ Versprechen; Gelübde
prometer versprechen; ~se geloben
promontorio _m_ Vorgebirge
pronto, -a schnell; **de** ~ plötzlich; **por lo** ~ einstweilen, vorläufig; ~ _adv._ früh (am Morgen); bald
pronunciar (aus)sprechen
propenso, -a geneigt, bereit
propicio, -a günstig
propiedad _f_ Eigentum; Besitz
propina _f_ Trinkgeld
propio, -a eigen
proponer vorschlagen
propósito _m_ Vorhaben, Zweck; **a** ~ **de** übrigens, zum Thema
propuesta _f_ Vorschlag; Antrag
prosaico, -a prosaisch
proseguir fortsetzen
prostituta _f_ Prostituierte
protagonista _m, f_ Held(in); Hauptperson
provecho _m_ Vorteil; Nutzen; ¡**buen** ~! guten Appetit!
provincia _f_ Provinz
próximo, -a nächste(r,-s)
proyectar planen
proyecto _m_ Entwurf; Plan
publicación _f_ Veröffentlichung
publicar veröffentlichen; ~se erscheinen, herauskommen
publicidad _f_ Werbung
publicista _m, f_ Publizist(in)
publicitario, -a Werbe..., Werbungs...
público, -a öffentlich; ~ _m_ Publikum, Leute
pueblo _m_ Dorf, Ortschaft; Volk
puente _m_ Brücke
puerta _f_ Tür; Tor
puerto _m_ Hafen
pues denn; also; ~ **sí** freilich; ~ **claro** aber natürlich
puesta _f_ **del sol** Sonnenuntergang

puesto _m_ (Verkaufs-)Stand; Platz, Stelle; ~ **de carne** Fleischstand; ~ **de socorro** Unfallstation
pulso _m_ Puls; Kraft in der Faust; **a** ~ durch eigene Kraft
punta _f_ Spitze
puntilla _f_ Genickstoß
puntilloso, -a überempfindlich
punto _m_ Punkt; ~ **álgido** Höhepunkt; **a** ~ bereit; **al** ~ sofort
puntualidad _f_ Pünktlichkeit
puntualmente pünktlich
punzante stechend; äußerst schmerzend
puramente nur, bloß
puro, -a rein; ~ _m_ Zigarre
puya _f_ Stichelei; **lanzar** ~s sticheln

Q

que welche(r, -s); daß; als, wie; ~ **si** ob ... auch
qué (_Frage_) was?; (_Ausruf_) was für ein!
quedar (übrig)bleiben; werden, sein; ~se bleiben
queja _f_ Klage
quejarse sich beklagen
quema _f_ Verbrennung
quemar verbrennen, versengen
querer (gern) wollen, wünschen; lieben; ~ **bien** wohlwollen, gern haben
querida _f_ Liebling
querido, -a lieb; ~ _m_ Liebling
querubín _m_ Cherubim (_Engel_)
queso _m_ Käse
quicio _m_ Tür-, Fensterangel
quid _m_ wesentlicher Punkt
quieto, -a ruhig
quincena _f_ vierzehn Tage
quiosco _m_ Kiosk
quisquilloso, -a empfindlich; kleinlich
quitar (weg)nehmen; entfernen; ~se (_Kleidung_) ausziehen; (_Hut_) abnehmen
quizá(s) vielleicht

R

rabia _f_ Wut
radicar wurzeln
radio _f_ Radio

raigambre f Verwurzelung
raíz f Wurzel
rallar reiben
rama f Ast; Zweig
ramo m Zweig; ~ de **flores** Blumenstrauß
Ramón m Raimund
rapidez f Schnelligkeit
rápido, -a schnell
raro, -a selten, knapp
rata f Ratte
rato m Weile; Augenblick
ratón m Maus
rayo m Strahl; Blitz
razón f Vernunft; Grund; Ursache; **tener** ~ recht haben
razonamiento m Gedankengang; Überlegung
reacción f Reaktion
real wirklich, tatsächlich
real königlich; ~ m Festwiese
realidad f Wirklichkeit
realista m Realist
realizar verwirklichen; durchführen
reanimar (wieder)beleben
reanudar wiederaufnehmen
rebaja f Rabatt
rebeldía f Aufsässigkeit
recado m Nachricht
recepción f Empfang
receta f Rezept
recetar verschreiben
recibimiento m Empfang
recibir bekommen, empfangen
recibo m Empfang, Erhalt; ~ **de la luz** Lichtrechnung
recién frisch..., neu...
reciente frisch; jüngst geschehen; neu
recientemente kürzlich, neulich
recinto m Raum
recitar vortragen, rezitieren
reclamación f Einspruch; Beschwerde
reclamar sich beschweren
recobrar wiedererlangen
recoger ernten; (ein)sammeln
recomendar empfehlen
reconciliar versöhnen
reconfortante belebend, erquickend
reconocer anerkennen
reconocido, -a dankbar
reconocimiento m Untersuchung

recordar sich erinnern an
recorrer (Weg) zurücklegen; durchwandern
recorrido m (Weg-)Strecke
recostar anlehnen
recreo m Erholung; (Schul-)Pause
rector m Rektor
recuadro m Rahmen; Kasten
recuerdo m Erinnerung
recuperar wiedergewinnen
rechazar ab-, zurückweisen
red f Netz
redonda f Umkreis
redondo, -a rund
reducir vermindern, verringern; ~se sich beschränken
referente a bezüglich; über
referirse a sich beziehen auf; meinen
refinado, -a raffiniert; hochfein
reflejar (wider)spiegeln
reflejo, -a Reflex...; ~ m Abglanz; Spiegel
refrán m Sprichwort
refrescar kühl werden
refresco m Erfrischung
refrigerio m Erfrischung, Imbiß
refugio m Zuflucht; Schutzhütte, Berggasthof
regadera f Gießkanne; Sprengwagen
regalado, -a geschenkt
regalo m Geschenk; Vergnügen
regañadientes: a ~ zähneknirschend
regar (be)wässern; sprengen
regatear feilschen
regateo m Feilschen
régimen m Regime; Lebensweise; Diät
región f Gegend, Landschaft; Gebiet
regir gelten
registrar verzeichnen; registrieren
regla f Regel; Ordnung
regresar zurückkehren
regreso m Rückkehr; Rückfahrt
regular regelmäßig; gewöhnlich; regelrecht; **por lo** ~ gewöhnlich, üblicherweise
reinante herrschend
reinar regieren; herrschen

reino m Königreich
reír lachen
relación f Beziehung; relaciones f/pl. **públicas** Public Relations
relacionado, -a con in Zusammenhang mit
relámpago m Blitz
religioso, -a religiös
reloj m Uhr
remanso m ruhige Stelle (im Fluß)
remar rudern
rematar abschließen; vollenden
remediar abhelfen; abstellen
remedio m (Heil-)Mittel, Abhilfe
remendar ausbessern, reparieren
remojar einweichen
remontarse a zurückgehen auf
remoto, -a entlegen; (weit) entfernt
Renacimiento m Renaissance
rencoroso, -a grollend; nachtragend
renegar de fluchen über, schimpfen auf
renta f Rente; Zins; Ertrag; ~ **per cápita** Pro-Kopf-Rente
rentable rentabel, wirtschaftlich; lohnend
renunciar verzichten
reñir sich zanken
reparar ausbessern, reparieren
repartir verteilen
repente: de ~ plötzlich
repercusión f Rückwirkung
repertorio m Spielplan; Repertoire
repetir wiederholen
réplica f Widerrede
replicar erwidern; schlagfertig antworten
reponer erwidern; ~se sich (wieder) erholen
reposado, -a ruhig, gelassen
reposición f Neuinszenierung
representación f Vorstellung; Aufführung
representante m Vertreter
representar vertreten
república f Republik
requisito m Erfordernis
resbaladizo, -a rutschig, glitschig

reserva _f_ Reserve; Vorbehalt
reservar reservieren; vorausbestellen; festlegen
resfriado _m_ Erkältung; Schnupfen
residencial Wohn...; Residenz...
residir wohnen; residieren
resignación _f_ Ergebung, Resignation
resignarse sich abfinden
resistir aushalten, ertragen
resolver lösen
resonancia _f_ Resonanz; Widerhall
respecto _m_ Hinsicht, Beziehung; ~ **a, con** ~ **a** bezüglich, hinsichtlich; **al** ~ diesbezüglich
respetar (ver)ehren
respeto _m_ Achtung, Respekt; **de** ~ achtunggebietend
respiración _f_ Atmen, Atmung
respirar (ein)atmen
resplandor _m_ Glanz; heller Schein
responder antworten
responsabilidad _f_ Verantwortlichkeit; Verantwortung
responsable verantwortlich
respuesta _f_ Antwort; ~ **afirmativa** Zusage
restablecerse sich erholen
restaurante _m_ Restaurant
resto _m_ Rest
resuelto, -a entschlossen; resolut
resultado _m_ Ergebnis
resultar sich erweisen als; sein
resumir (kurz) zusammenfassen
resurrección _f_ Auferstehung
retiro _m_ Abschied; Ruhestand
retozar spielen; umhertollen
retraso _m_ Verzögerung; Verspätung
retumbar dröhnen
reunirse sich versammeln; zusammenkommen
reválida _f_ Abiturschlußprüfung
revés _m_ Rück-, Kehrseite; **al** ~ umgekehrt
revisión _f_ Überprüfung; Revision

revista _f_ Zeitschrift
revivir wieder aufleben
revolución _f_ Revolution
revolucionar revolutionieren
revolucionario, -a revolutionär
revólver _m_ Revolver
rey _m_ König
ría _f_ (fjordähnliche) Trichtermündung der Flüsse in Galicien
rico, -a reich; herrlich, prächtig; reichlich; schmackhaft; köstlich
ridículo, -a lächerlich
rígido, -a starr; umfangreich
rigor _m_ Strenge, Härte; **en** ~ strenggenommen; **ser de** ~ unerläßlich (_od._ vorgeschrieben) sein
riguroso, -a streng
rincón _m_ Winkel, Ecke
riñón _m_ Niere
río _m_ Fluß
riojano, -a aus La Rioja
ritual rituell
robar rauben; stehlen
robo _m_ Raub; Diebstahl
roca _f_ Fels
rociarse sich beschwipsen
rocío _m_ Tau _m_
rodante rollend
rodar rollen; sich drehen
roer (be-, ab-)nagen
rogar bitten; beten
rojizo, -a rötlich
rojo, -a rot
Roma _f_ Rom
románico, -a romanisch
romano, -a römisch
romanticismo _m_ Romantik
romántico, -a romantisch; ~ _m_ Romantiker
romería _f_ Wallfahrt; ~ **del rocío** Flurbegehung mit der Bitte um Regen
romper zerbrechen; ~**se** sich brechen
ronco, -a heiser, rauh
ronda _f_ Runde
ropa _f_ Kleidung
roqueda _f_ Felsgruppe
rosa rosa(farben); ~ _f_ (Kompaß-)Rose
roto, -a zerbrochen; zerrissen
rotundamente rundheraus
rozado, -a abgetragen, abgewetzt
rubio, -a hell

rueda _f_ Rad
ruido _m_ Lärm; Geräusch
ruidosamente geräuschvoll
ruidoso, -a laut, lärmend; geräuschvoll
ruina _f_ Ruine
rumorear munkeln
rumoroso, -a rauschend
runrún _m_ Gemurmel; Stimmengewirr
rupestre Felsen...
rural ländlich
ruta _f_ (Reise-)Weg, Route

S

sábado _m_ Sonnabend, Samstag
sábana _f_ Bettuch
saber wissen; können
sabroso, -a schmackhaft
sacapuntas _m_ Bleistiftspitzer
sacar herausstrecken; herausholen; (ab)nehmen; (_Photo_) aufnehmen
saco _m_ Sack
sacro, -a heilig; religiös
sacudir erschüttern
sagrado, -a heilig
sal _f_ Salz
sala _f_ Saal; Raum; ~ **de estar** Wohnzimmer; ~ **de cine** Kinoraum
salario _m_ Lohn
salida _f_ Ausgang; Einfall, Argument
salir (hin)ausgehen; ausfallen, geraten; herauskommen; fortgehen
salmanticense _m_ Salmantiner
salón _m_ Salon; ~ **de juegos** Spielzimmer; ~ **de té** Teesalon
salsa _f_ Tunke, Soße; Brühe
saltar springen
salud _f_ Gesundheit; ¡~! prosit!
saludar (be)grüßen
saludo _m_ Gruß; Begrüßung
salva _f_ Salve
salvar retten; ~**se** sich retten; gerettet werden
sanar heilen
sanatorio _m_ Sanatorium
sanchopancesco, -a nach Art Sancho Panzas; Sancho Panza ähnlich; einfältig
sandalia _f_ Sandale

sangre *f* Blut; de buena ~ wohlwollend; liebenswert
sano, -a gesund
Santiago *m* Jakobus (*Schutzpatron Spaniens*)
santidad *f* Heiligkeit
santo, -a heilig
sardina *f* Sardine
sartén *f* (Stiel-)Pfanne
satisfacción *f* Zufriedenheit, Freude
satisfacer zufriedenstellen, befriedigen
satisfecho, -a zufrieden; satt
sayo *m* Kittel
se man
secar trocknen; ~se sich abtrocknen
sección *f* Abteilung
seco, -a trocken
secretaria *f* Sekretärin
sector *m* Sektor; Gebiet; Bereich
sed *f* Durst
seda *f* Seide
sedante beruhigend
seguida *f*: en ~ sofort
seguir folgen; fortfahren; weitergehen
según nach, gemäß
seguramente sicherlich
seguridad *f* Sicherheit; con ~ gewiß
seguro, -a sicher; gewiß; zuverlässig; de ~ sicher(-lich)
selva *f* Wald; ~ virgen Urwald
sello *m* Siegel; Briefmarke
semáforo *m* Verkehrsampel
semana *f* Woche; fin *m* de ~ Wochenende; Semana Santa Karwoche
semanario *m* Wochenschrift
sembrar säen
semejante ähnlich
semicírculo *m* Halbkreis
sencillo, -a einfach
sendero *m* Pfad
sensación *f* (Sinnes-)Eindruck; Gefühl; Empfindung
sensibilidad *f* Empfindlichkeit, Empfindsamkeit
sentado, -a sitzend
sentar (hin)setzen; ~se sich setzen
sentido *m* Sinn

sentimiento *m* Bedauern
sentir fühlen; empfinden; (ver)spüren; bedauern; ~se sich fühlen (als)
señal *f* Signal; Zeichen
señalar zeigen
señas *f/pl.* Anschrift, Adresse
señor *m* Herr
señora *f* Dame, Frau
señorial herrschaftlich
señorío *m* (vornehme) Würde
señorita *f* Fräulein
separación *f* Trennung
separar trennen; zurückziehen
se(p)tiembre *m* September
sepultura *f* Bestattung, Grab
ser sein; ~ de betragen, ausmachen; a no ~ que falls nicht
serenidad *f* Heiterkeit; Gelassenheit; Ruhe
sereno, -a heiter; gelassen
sereno *m* Nachtwächter
serie *f* Reihe; Folge; Serie
serio, -a ernst; en ~ im Ernst
sermón *m* (Straf-)Predigt
servicio *m* Dienst; Dienstleistung; Service *m*; fuera de ~ außer Betrieb
servidor *m* Diener
servir (be)dienen; servieren
sesión *f* Vorstellung (*Kino*)
sesudo, -a vernünftig, gescheit
seudónimo *m* Pseudonym
sevillano *m* Sevillaner
sexo *m* Geschlecht
si wenn; ob; ~ no sonst; ~ bien obgleich, wenn auch
sí ja
sibarítico, -a genüßlich
Siberia *f* Sibirien
siempre immer; de ~ ständig
sierra *f* Säge; Bergkette; Gebirge
siesta *f* Mittagsruhe, Siesta
siestecita *f* Schläfchen
sigiloso, -a verschwiegen; geheim
siglo *m* Jahrhundert
significar bedeuten; bezeichnen
siguiente folgend
silbar (aus)zischen, (aus-)pfeifen

silencio *m* Schweigen; Stille; en ~ stillschweigend
silencioso, -a still, schweigend
silueta *f* Silhouette
silla *f* Stuhl
sillón *m* Sessel
simpático, -a sympathisch, freundlich
simple einfach, schlicht
simplemente einfach, bloß
sin ohne
sinapismo *m* Senfpflaster
sincero, -a aufrichtig
siniestro, -a linke(r, -s)
sino, ~ que sondern
síntesis *f* Synthese; Aufbau
siquiera wenigstens
sirvienta *f* Dienstmädchen
sistema *m* System
sitio *m* Lage; Platz; Ort
situación *f* Lage
situado, -a gelegen, liegend
slip *m* Slip; kurze Unterhose
soberana *f* Herrscherin
soberano *m* Herrscher
soberbio, -a stolz; herrlich, prächtig
sobra *f* Übermaß, Überfluß
sobrado, -a überreichlich
sobrar übrigbleiben; überflüssig sein
sobre über; auf; ~ todo vor allem, besonders
sobre *m* Briefumschlag; Aufschrift
sobrenatural übernatürlich
sobrentenderse sich von selbst verstehen
sobresaliente hervorragend; sehr gut
sobrevenir plötzlich geschehen
sobrevivir überleben
sobrino *m* Neffe; ~s *m/pl.* Geschwisterkinder, Neffen und Nichten
sociable gesellig
social gesellschaftlich, Gesellschafts...
sociedad *f* Gesellschaft; ~ anónima Aktiengesellschaft; ~ de comercio Handelsgesellschaft; ~ de consumo Konsumgesellschaft
sociólogo *m* Soziologe
socorro *m* Hilfe
sol *m* Sonne

solariego, -a altadlig; Stamm...
soldado *m* Soldat
soledad *f* Einsamkeit
solemne feierlich; festlich
solemnidad *f* Feierlichkeit
soler pflegen (zu)
solicitud *f* Gesuch; Bewerbung
sólido, -a dicht; fest
solitario, -a einsam
solo, -a allein; einzig
sólo nur
soltar loslassen; abgeben
soltero *m* Junggeselle
solución *f* Lösung
sombra *f* Schatten
sombreado, -a schattig
sombrero *m* Hut
someterse sich fügen
sonar (er)klingen, (er)tönen
sonido *m* Ton, Laut; Klang
sonreír lächeln
sonriente lächelnd
sonrisa *f* Lächeln
soñar con träumen von
soñoliento, -a einschläfernd
sopa *f* Suppe
sopor *m* Benommenheit
Sorbonne *f* die Sorbonne
sordo, -a taub
sorprendente überraschend
sorprender überraschen
sorpresa *f* Überraschung
sosegadamente ruhig, still
sospecha *f* Verdacht; Argwohn
sospirar seufzen
sótano *m* Keller
spot *m* publicitario Werbespot
suave sanft; mild
subir hinaufgehen; (an-) steigen; hinaufheben
súbitamente unversehens, auf einmal
sublevación *f* Aufstand
subsistir durchkommen, sein Leben fristen
subvención *f* Subvention; Zuschuß
subyugar bezwingen
sucederse aufeinanderfolgen
sucio, -a schmutzig
sudar schwitzen
sudor *m* Schweiß
suegra *f* Schwiegermutter
suegro *m* Schwiegervater; ~s *m/pl.* Schwiegereltern

sueldo *m* Gehalt *n*
suelo *m* (Fuß-)Boden
suelto, -a losgelassen
sueño *m* Traum
suerte *f* Schicksal; Glück
suficiente genügend
sufrir erleiden
sugeridor, -a suggestiv
suicidarse Selbstmord begehen
Suiza *f* die Schweiz
suizo, -a schweizerisch
sumido, -a versunken
sumo, -a höchste(r, -s); a lo ~ höchstens
suntuosidad *f* Pracht
superficie *f* Oberfläche, Fläche
superfluo, -a überflüssig
superior höher; überlegen
supermercado *m* Supermarkt
suplemento *m* Zuschlag
suponer voraussetzen, bedeuten
sur *m* Süden
surtidor *m* Springbrunnen
suspirar seufzen
suspiro *m* Seufzer
sustancia *f* Geschmack; Nährwert; Substanz, Wesen
sustento *m* Nahrung
susto *m* Schreck(en)

T

tabaco *m* Tabak
taberna *f* Schenke
tablas *f/pl.* Bühne, Bretter
tablero *m* Platte
tableta *f* Tafel
taburete *m* Hocker, Schemel
tacón *m* (Schuh-)Absatz
tajada *f* Schnitte; Scheibe
tal derartig; solche(r, -s); ~ vez etwa, vielleicht
talle *m* Taille
taller *m* Werkstatt; Betrieb
tamaño *m* Größe
también auch, ebenfalls
tampoco auch nicht
tan so
tango *m* Tango
tanto so viel; so sehr, ebenso; ~ ... como ... sowohl ... als auch ...; en ~ que solange
tapas *f/pl.* Vorspeisen

tapia *f* Lehmwand
taquilla *f* (Karten-)Schalter
tardar zögern
tarde *f* Nachmittag; ~ *adv.* spät; de ~ en ~ von Zeit zu Zeit; selten
tarifa *f* Tarif; Fahrpreis
tarjeta *f* Karte; ~ postal Postkarte
taurino, -a Stierkampf...
taxi *m* Taxi
taxista *m* Taxifahrer
taza *f* Tasse
té *m* Tee
teatral Theater...
teatro *m* Theater
tebeo *m* Comics
técnico, -a technisch
techo *m* Zimmerdecke
tejemaneje *m* Intrigenspiel
tele *f* Fernsehen
teleanuncio *m* Werbefernsehsendung
teledeporte *m* Sportschau
telediario *m* Tagesschau
telefamiliar Familienfernseh...
telefonear telephonieren, anrufen
telefonista *f* Telephonistin
teléfono *m* Telephon; los Teléfonos Fernsprechamt
telenovela *f* Fernsehspiel
televisión *f* Fernsehen
televisor *m* Fernsehgerät
temer fürchten
temible furchtbar
temperatura *f* Temperatur
tempestad *f* Sturm
tempestuoso, -a stürmisch
templo *m* Tempel, Kirche
temporada *f* Jahreszeit; Saison; Spielzeit; Zeitraum
temporal *m* Sturm; Unwetter
temprano, -a früh(zeitig)
tendencia *f* Neigung
tender (aus)spannen; ausbreiten; auslegen; ~ a neigen zu; streben nach
tendido, -a: estar ~ liegen
tenedor *m* Gabel
tener haben; ~ que müssen
tenis *m* Tennis(spiel)
tenor *m* Wortlaut, Inhalt
tensión *f* Blutdruck
tentador, -a verführerisch, verlockend
terapéutico, -a therapeutisch, Heil...

terciopelo *m* Samt
terminar beenden, fertigstellen; **a medio** ~ halbfertig
término *m* (Fach-)Ausdruck
ternera *f* Kalbfleisch
terraza *f* Gartenbeet; Terrasse
terreno *m* Boden
terrible schrecklich, furchtbar
terruño *m* Erdreich, Boden, Scholle
tétrico, -a trübselig, finster, düster
texto *m* Text; Wortlaut
tez *f* Hautfarbe, Teint
tía *f* Tante
tibio, -a lau
tiempo *m* Zeit; Wetter; **a** ~ rechtzeitig
tienda *f* Laden, Geschäft
tierno, -a zart
tierra *f* Erde; Land; Heimat; ~ **firme** Festland; **de este** ~ einheimisch, hiesig
tijeras *f/pl.* Schere
tímido, -a furchtsam; schüchtern
tiniebla *f* Dunkelheit
tinta *f* (Farb-)Ton
tinto, -a gefärbt; ~ *m* Rotwein
tintorro *m* (gewöhnlicher) starker Rotwein
tío *m* Onkel; Kerl
típico, -a typisch
tipo *m* Typ; Art
tiquismiquis *m/pl.* Getue
tirado, -a spottbillig
tirar (hinaus)werfen; wegwerfen; ziehen
tiro *m* Wurf, Schuß
titánico, -a riesenhaft
título *m* Titel, Überschrift; **a** ~ **de** als
toalla *f* Handtuch
tocadiscos *m* Plattenspieler
tocar läuten; berühren, anrühren
todavía noch
todo, -a ganze(r, -s); jede (-r; -s) alles; **del** ~ durchaus, in jeder Hinsicht; ganz, völlig
toldo *m* Sonnendach, Zelt
toma *f* Einnahme
tomar nehmen
tomate *m* Tomate
tonto, -a dumm; ~ *m* Dummkopf

torcer drehen; verrenken; abbiegen
tormenta *f* Unwetter, Gewitter
tormento *m* Marter; Qual; Pein
torno: en ~ **a** um ... herum; über, von
toro *m* Stier; ~**s** *m/pl.* Stierkampf
torre *f* Turm
torrente *m* Strom, Schwall; Sturzbach; Wildwasser
torrentera *f* Klamm; Wildwasser
tortilla *f* Omelett
tosco, -a unbearbeitet, roh
toser husten
tostonazo *m* Schmöker, (langweiliger) Schinken
total völlig, ganz; alles in allem
trabajador, -a arbeitsam, fleißig
trabajar arbeiten
trabajo *m* Arbeit
traca *f* aneinandergereihte Feuerwerkskörper
tractor *m* Traktor
tradición *f* Tradition, Überlieferung
tradicional überliefert; herkömmlich, traditionell
traducción *f* Übersetzung
traducir übersetzen
traer (mit)bringen
tráfico *m* Verkehr
tragar schlucken; ~**se** verschlucken
trago *m* Schluck
traje *m* Anzug; ~ **de chaqueta y pantalón** Hosenanzug; ~ **de fiesta** Sonntagsanzug
trajín *m* Betrieb, Hetze
trampa *f* Falle
trancazo *m* Grippe
tranquilidad *f* Ruhe
tranquilizar beruhigen; beschwichtigen
tranquilo, -a ruhig
transcendental bedeutend, wichtig; folgenschwer
transición *f* Übergang
transitar durchreisen
transmitir weitergeben, übermitteln
transparente durchsichtig
transustanciación *f* Transsubstantiation (*Wesensverwandlung*)

tranvía *m* Straßenbahn
trapito *m* Fetzen
trapo *m* Lumpen; Lappen
tras nach
trascoro *m* Raum hinter dem Chor
trasero, -a Hinter...
trasladarse sich anderswohin begeben
traslado *m* Überführung
traspasar überschreiten
trasto *m* (Trödel-)Kram; ~**s** *m/pl.* Gerümpel
tratamiento *m* Behandlung
tratar behandeln; besprechen; ~ **de** nennen, anreden mit; versuchen zu; über etw. sprechen; ~**se de** sich handeln um
travesura *f* Mutwille; Streich
trecho *m* Strecke
tremendo, -a fürchterlich
tren *m* Zug; ~ **de cercanías** Nahverkehrszug
trinchero *m* Serviertisch; Anrichte
triste traurig
tristeza *f* Traurigkeit; Trauer
triunfar triumphieren; siegen
triunfo *m* Triumph; Sieg
tronco *m* (Baum-)Stamm
tropezar stolpern
tropical tropisch, Tropen...
trozo *m* Stück
trucha *f* Forelle
trueno *m* Donner
tudesco *m* Germane
tuerto *m* Einäugige(r)
tul *m* Tüll
tumbarse sich hinlegen
turbulencia *f* Aufregung; Ausgelassenheit
turismo *m* Fremdenverkehr; ~ **gregario** Massentourismus
turista *m, f* Tourist(in)
turnarse sich ablösen

U

últimamente letztlich; kürzlich
último, -a letzte(r, -s)
umbral *m* Schwelle
umbroso, -a schattig
únicamente einzig, allein

único, -a einzig
unidad *f* Einheit; de ~ einheitlich, Einheits...
unido, -a vereinigt
uniforme gleichförmig
unir (ver)einigen; verbinden
universal allgemein; Uni-
versal...
universidad *f* Universität
universitario, -a Universitäts...
unos, -as etwa, ungefähr
uña *f* (Finger-, Zehen-)
Nagel
urbanística *f* Stadtbauwe-
sen
urbano, -a städtisch,
Stadt...
urgente dringend
usado, -a üblich
usar gebrauchen, benutzen;
~se gebraucht werden
uso *m* (Ge-)Brauch; al ~
der Sitte gemäß
usted Sie (*Anrede*)
útil *m* Werkzeug, Gerät
utópico, -a utopisch
uva *f* Traube

V

vacaciones *f/pl.* Ferien,
Urlaub
vacío, -a leer
vago, -a unbestimmt
vaivén *m* Hin und Her
valer wert sein; gelten;
vale la pena es lohnt sich
valor *m* Mut
válvula *f* Klappe; Ventil;
~ de escape Auslaßven-
til; Ausweg
valle *m* Tal
variado, -a verschieden
(-artig)
variante *f* Variante
variar sich ändern, sich
wandeln; verschieden
sein
variedad *f* Mannigfaltig-
keit
varios, -as mehrere
vasco, -a baskisch, Bas-
ken...; ~ *m* Baske
vaso *m* Gefäß; Trinkglas
vástago *m* Sprößling
vecina *f* Nachbarin
vecindario *m* Einwohner-
schaft

vecino, -a benachbart; nahe; ~ *m* Nachbar
vegetación *f* Vegetation
vegetar vegetieren; dahinleben
vejete *m* altes Männchen
vejez *f* (Greisen-)Alter
vela *f* Kerze
velada *f* (gemütlicher)
Abend
velar wachen
velo *m* Schleier
velocidad *f* Geschwindigkeit
venado *m* Hirsch
vencer (be)siegen
venda *f* Binde
vendaval *m* Sturm
vendedor *m* Verkäufer; ~
ambulante Hausierer,
Straßenhändler
vendedora *f* Verkäuferin
vender verkaufen
vendimia *f* Weinlese
Venecia *f* Venedig
venenoso, -a giftig
venezolano, -a venezola-
nisch
venir kommen; ~ de hacer
soeben getan haben; ~ a
dahin gelangen, zu; ~se
kommen
venta *f* Wirtshaus, Gasthof
ventaja *f* Vorteil, Vorzug
ventana *f* Fenster
ventanal *m* großes Fenster
ventanilla *f* Fenster; Schalter
ventera *f* Wirtin
ventilado, -a gelüftet
ventosa *f* Schröpfkopf
ventoso, -a windig
ver sehen
veraneo *m* Sommerfrische
veranillo *m* Nachsommer;
~ de San Martín Altwei-
bersommer
verano *m* Sommer
veras *f/pl.* Wahrheit; de ~
im Ernst, wirklich; en ~
im Ernst
verbena *f* Volksfest
verdad *f* Wahrheit; ~ a
medias Halbwahrheit; en
~ wahrhaftig; tatsächlich
verdadero, -a wahr(haftig),
wirklich
verde grün
verdulera *f* Gemüsefrau
verdulería *f* Obst- und Gemüsehandlung
verdura *f* Gemüse

vergel *m* (Obst-)Garten
vergüenza *f* Scham
verídico, -a wahr(heits-
getreu)
vermut *m* Wermut(wein)
vestíbulo *m* Vorhalle
vestido *m* Kleid
vestir sich kleiden; anhaben, tragen; ~se sich an-
ziehen
vez *f* Mal; a (las) veces zuweilen
vía *f* Weg
viajar reisen
viaje *m* Reise; ~ de novios
Hochzeitsreise
viajero *m* Reisende(r)
Vicente *m* Vinzenz
víctima *f* Opfer
vida *f* Leben; Lebensun-
terhalt
vieja *f* Alte
viejo, -a alt; ~ *m* Alte(r)
viento *m* Wind
vientre *m* Bauch; Leib
viernes *m* Freitag
vigente gültig
vigilia *f* Nachtwache
vinícola Weinbau...
vino *m* Wein; ~ tinto Rotwein
violento, -a gewaltig; heftig
virgen jungfräulich; unerforscht; unberührt
virtud *f* Fähigkeit, Tugend
viruela *f* Pocken
visado *m* Visum
visionario, -a visionär, se-
herisch
visita *f* Besuch, Besucher
visitante besuchend, Gast-
...; ~ *m*, *f* Besucher(in)
visitar besuchen, besichtigen
vislumbrar mutmaßen, ah-
nen
visón *m* Nerz
víspera *f* Vorabend
vista *f* (An-)Blick; Aussicht; en ~ de in Anbe-
tracht
visto, -a gesehen; por lo ~
augenscheinlich, offen-
sichtlich
viuda *f* Witwe
viudo *m* Witwer
vivencia *f* Erlebnis
vividor *m* Genußmensch;
Lebemann
vivienda *f* Wohnung
vivir leben

vivo, -a lebendig; lebhaft;
~ *m* Lebende(r)
vocación *f* Berufung; Bestimmung
volante *m* Lenkrad; Steuer
volar fliegen
volcán *m* Vulkan
voluntad *f* Wille
volver umkehren; zurückkommen; wiederkom-
men; ~ **a ver** wiedersehen; ~**se** werden; sich
umdrehen
voz *f* Stimme
vuelta *f* Wendung, Kehre;
Rückkehr; Rückfahrt; **a
la ~ de** an der Rückseite,

hinter; **dar la** ~ wenden;
(um)drehen
vulgar gemein, alltäglich

W

wagneriano, -a Wagner...

Y

y und
ya schon; ~ **no** nicht mehr;
~ **que** da, weil

yerno *m* Schwiegersohn
yugo *m* Joch

Z

zaga *f* Hinterteil (*z. B.
eines Wagens*)
zambullirse untertauchen
zapato *m* Schuh
Zaragoza *f* Saragossa
zarandajas *f/pl.* Lappalien
zarzuela *f* Singspiel
zócalo *m* Sockel
zona *f* Zone; Landstrich;
Gebiet

Sachregister

(Die Zahlen beziehen sich auf die Seiten)

a 224, 225
- bildet den Dativ 55
- Akkusativ mit a 55, 56
- Verschmelzung mit el 55
- nach superior und inferior 117
- Infinitiv mit a 210
absoluter Superlativ 116, 117
Adjektiv:
- Bildung der weiblichen Form 49, 50
- Mehrzahlbildung 50
- Übereinstimmung mit dem Substantiv 50
- Stellung 171, 172
- verkürzte Formen 50, 51
- Steigerung 116, 117
- Gebrauch in adverbialem Sinn 123
Adverb:
- Bildung 121, 122
- Steigerung 122
- Gebrauch 122
- Adjektiv statt Adverb, Ersatz durch andere Wendungen 123
adverbialer Infinitiv 211
Akkusativ:
- Deklination 55
- mit a 55, 56
- nach Verben 223, 224
Akzent 19
- auf hinweisenden Fürwörtern 112
algo 177
alguien 177
alguno, -a 177
- Verkürzung zu algún 50, 51
„als" beim Komparativ 117
- vor Zahlwörtern 117
alto (Steigerung) 117
amerikanisches Spanisch 234
- Aussprache 235

- Rechtschreibung 235, 236
- Syntax 236
- Wortschatz 236
andar 215
ante 225
antes de 225
aquel, aquella, aquello 112
Artikel:
- bestimmter 25, 26; Gebrauch 166, 167
- unbestimmter 26
Aussprache:
- Vokale 15
- Diphthonge 15
- Konsonanten 15–17; 26, 27, 32, 38, 44
- Satzphonetik 51
- amerikanisches Spanisch 235

bajo:
- Adjektiv (Steigerung) 117
- Präposition 225
besitzanzeigende Fürwörter:
- verbundene Formen 92, 93
- unverbundene Formen 93, 94
bestimmter Artikel:
- männlich 25, 26
- weiblich 25, 26
- sächlich 26
- Gebrauch 166, 167
- bei der Bildung des Superlativs 116
Betonung 19
bezügliche Fürwörter 87–89
bien (Steigerung) 122
Briefmuster 232–234
bueno:
- Verkürzung zu buen 50, 51
- Steigerung 117

caber 215, 216
cada 176
cada uno, -a 177
caer 216
cien(to) 65
cierto, -a 176
con 225
- Infinitiv mit con 210
conducir 216
conmigo 78
consigo 78
contigo 78
contra 226
cualquiera 177
cual:
- bezügliches Fürwort 88
- Fragefürwort (cuál) 103
cuanto 89
cuánto, -a 104
cuyo, -a 88

dar 216
Dativ:
- Deklination 55
- nach Adjektiven und Verben 223
Datum 65, 66, 69
de 226, 227
- bildet den Genitiv 55
- Verschmelzung mit el 55
- verbindet Substantive 43
- bei millón 65
- beim Datum 66
- „als" vor Zahlwörtern 117
- beim Passiv 156
- Infinitiv mit de 209, 210
debajo de 227
decir 216
Deklination 55, 56
delante de 227
de la(s) que 117
de lo que 117
de los que 117
del que 117
demás: los (las) demás 177
dentro de 227

desde 227
detrás de 227
Diphthonge 15
durante 227

el 25, 26
– vor weiblichen Haupt-
  wörtern 31
– Verschmelzung mit de
  und a 55
el que 88
en 227, 228
– Infinitiv mit en 210
Endungen:
– der Substantive 31
– der Adjektive 49, 50
– des Infinitivs (Konjugationsklassen) 44
entre 228
ese, esa, eso 112
estar:
– Präsens 37
– historisches Perfekt 108
– Konjunktiv Präsens 182,
  Imperfekt 191, 192
– Konjugationsmuster
  216, 217
– Gebrauch (gegenüber
  ser) 38
– mit dem Gerundium 136
– mit dem Partizip Perfekt
  157
este, esta, esto 112

Fragefürwörter 103, 104
Fragesatz 20, 79
Fürwörter:
– persönliche unbetont 73,
  74; betont 78; zusam-
  mengesetzte Formen 161,
  162
– rückbezügliche 82, 83
– bezügliche 87–89
– besitzanzeigende 92–94
– Fragefürwörter 103, 104
– hinweisende 112
– unbestimmte 176, 177
Futur:
– 1. Futur 127, 128
– 2. Futur 150

Genitiv:
– Deklination 55
– nach Adjektiven und
  Verben 221–223
Gerundium:
– Formen 136
– Gebrauch 136, 137
– mit unbetontem persön-
  lichem Fürwort 74 (Fuß-
  note), 137, 162
Geschlecht der Substan-
  tive 30, 31

grande:
– Verkürzung zu gran 51
– Steigerung 117
Groß- und Kleinschrei-
  bung 19
Grundzahlen 65, 66

haber:
– Präsens 43
– historisches Perfekt 108
– Konjunktiv Präsens 182,
  Imperfekt 191, 192
– Konjugationsmuster 217
– bildet das Perfekt und
  das Plusquamperfekt
  145, 146; das 2. Futur
  und den 2. Konditional
  150
hacer 217
hacia 228, 229
Handelsbriefe 233, 234
hasta 229
hay 43
hinweisende Fürwörter 112
historisches Perfekt:
– regelmäßige Verben 107
– ser, estar, tener, haber
  108
– Gebrauch 108

Imperativ:
– Formen 187
– mit unbetontem persön-
  lichem Fürwort 74 (Fuß-
  note), 162, 187, 188
– mit angehängtem nos
  188
Imperfekt:
– regelmäßige Verben 103
– ser 103
– Konjunktiv (ser, estar,
  tener, haber) 191, (regelmäßige Verben) 192
– Gebrauch 103, 108
indirekte Rede 197
Infinitiv:
– Endungen 44
– reiner Infinitiv 205, 206
– mit de 209, 210
– mit a 210
– mit anderen Präpositio-
  nen 210
– adverbialer Infinitiv 211
– Stellung der unbetonten
  persönlichen Fürwörter
  74 (Fußnote), 162
Inversion 79
ir:
– Konjugationsmuster 217
– Umschreibung des Fu-
  turs 128
– mit dem Gerundium 136

Jahreszahl 66

Klassenverben 97–99
Komma 20
Komparativ 116
Konditional:
– 1. Konditional 132
– 2. Konditional 150, 151
Konjugation:
– Klassen 44
– Bildung der Zeiten 213,
  214
Konjugationsmuster:
– regelmäßige Verben 214,
  215
– unregelmäßige Verben
  215–221
Konjunktionen 231
– Konjunktiv nach Kon-
  junktionen 196, 197
Konjunktiv:
– Präsens 182
– Imperfekt 191, 192
– Gebrauch 196–198
Konsonanten:
– Aussprache 15–17; Be-
  merkungen 26, 27, 32,
  38, 44
– Lautschrift 18

la:
– bestimmter Artikel 25,
  26
– persönliches Fürwort 73
las:
– bestimmter Artikel 25,
  26
– persönliches Fürwort 73
Lautschrift 17, 18
le 73, 74
– se statt le(s) 161
lo:
– bestimmter Artikel 26
– persönliches Fürwort 73,
  74
lo que 88, 89
los:
– bestimmter Artikel 25,
  26
– persönliches Fürwort 72

mal:
– verkürztes malo 51
– Adverb (Steigerung) 122
malo:
– Verkürzung zu mal 50,
  51
– Steigerung 117
man 42, 82, 83
más 116, 117
Mehrzahlbildung:
– der Substantive 31, 32

– der Adjektive 50
– Besonderheiten 59–61
mil 65
millón 65
mismo, -a 177
mucho (Steigerung) 117, 122
– „sehr" 25, 123
muy 25, 123

Nachsilben:
– Verkleinerung 201
– Vergrößerung 201
– Geringschätzung, Verachtung 201, 202
– neue Begriffe durch Silbenanhängung 202
nada 177
nadie 177
ninguno, -a 177
– Verkürzung zu ningún 51
no 79
Nominativ 55

oír 217, 218
Ordnungszahlen 69
otro, -a 177

para 229
– Infinitiv mit para 210
Partizip Perfekt:
– regelmäßige Verben 43
– unregelmäßige Formen 220, 221
– bildet das Perfekt und das Plusquamperfekt 145, 146; das 2. Futur und den 2. Konditional 150
– bildet das Passiv 155, 156
– Veränderlichkeit 141
– bei estar 157
Partizip Präsens 141
Passiv:
– Bildung der Formen 155, 156
– por oder de beim Passiv 156
– Umschreibung durch andere Formen 83, 156
pequeño (Steigerung) 117
Perfekt:
– historisches 107, 108
– zusammengesetztes 145, 146
persönliche Fürwörter:
– Verwendung bei der Konjugation 37, 44, 182
– unbetonte Formen 73, 74

– Stellung der unbetonten Formen beim Verb 74; beim Imperativ 187, 188; beim Gerundium 137
– betonte Formen 78
– zusammengesetzte Formen der unbetonten persönlichen Fürwörter 161, 162
Plusquamperfekt 146
poco (Steigerung) 117, 122
poder 218
poner 218
por 229, 230
– beim Passiv 156
– Infinitiv mit por 210
Positiv 116
postrero (postrer) 51
präpositionaler Akkusativ 56
Präpositionen 224–231
– beim Infinitiv 209, 210
Präsens:
– ser und estar 37
– tener und haber 43
– regelmäßige Verben 43
– rückbezügliche Verben 83
– Klassenverben 97–99
– Konjunktiv (ser, estar, tener, haber, regelmäßige Verben) 182
primero (primer) 51, 69
Privatbriefe 232

que:
– bezügliches Fürwort 87, 88
– Fragefürwort (qué) 103
– nach dem Komparativ 117
– Konjunktion 231; mit dem Konjunktiv 196
querer 218
quien:
– bezügliches Fürwort 88
– Fragefürwort (quién) 103

Rechtschreibung 27, 32, 38, 45, 51
– amerikanisches Spanisch 235, 236
Regentennamen 69
reír 218, 219
Rektion 221–224
relativer Superlativ 116
Relativsätze im Konjunktiv 197
rückbezügliche Fürwörter 82, 83
rückbezügliche Verben 83

saber 219
salir 219
santo vor männlichen Eigennamen 51
Satzphonetik 51
se:
– „man" 42, 43, 82
– „sich" 73, 74, 82, 83
– Stellung vor Fürwörtern 161
– Umschreibung des Passivs 83
– wird durch uno ersetzt 42, 43, 83
se ersetzt le(s) 161
seguir mit dem Gerundium 136
según 230
„sehr" vor Adjektiven und Adverbien 123
ser:
– Präsens 37
– Imperfekt 103
– historisches Perfekt 108
– Konjunktiv Präsens 182, Imperfekt 191, 192
– Konjugationsmuster 219
– bildet das Passiv 155, 156
– Gebrauch (gegenüber estar) 37, 38
Silbentrennung 19, 20
sin 230
sobre 230
Sprachgeschichte 13, 14
Steigerung:
– der Adjektive 116, 117
– des Adverbs 122
Substantiv:
– Geschlecht 30, 31
– Mehrzahlbildung 31, 32; Besonderheiten 59–61
– Deklination 55, 56
Superlativ 116

tal 176
tan … como 117
tanto … como 117
tercero (tercer) 51, 69
tener:
– Präsens 43
– historisches Perfekt 108
– 1. Futur 128
– Konjunktiv Präsens 182, Imperfekt 191, 192
– Konjugationsmuster 219
todo (unveränderlich) 177
todo, -a 176
todo cuanto 89
todo lo que 89
todos, -as 177
traer 219, 220
tras 231

Uhrzeit 66
un 26
una 26
unbestimmte Fürwörter:
– adjektivisch gebraucht 176
– substantivisch gebraucht 176, 177
– adjektivisch und substantivisch gebraucht 177
unbestimmter Artikel 26
uno 65
– ersetzt se 42, 43, 83
unos, unas 26
usted 37, 74

valer 220
venir 220
ver 220
Verben:
– Konjugationsklassen 44
– regelmäßige 214, 215
– unregelmäßige 215–221

– rückbezügliche 83
Vergrößerungssilben 201
Verkleinerungssilben 201
Verneinung 79
Vokale:
– Aussprache 15
– Lautschrift 17, 18

Wortstellung:
– Aussagesatz 70
– Voranstellung des Objekts 74, des Prädikats 74
– Inversion 79
– Fragesatz 79
– Verneinung 79
– unbetonte persönliche Fürwörter beim Verb 74; zusammengesetzte Formen 161, 162
– rückbezügliche Fürwörter 83
– hinweisende Fürwörter 112

– Adjektiv 171, 172

y 65, 231

Zahladverbien 69
Zahlwörter:
– Grundzahlen 65, 66
– Ordnungszahlen 69
Zeichensetzung 20
Zeitangaben 66
Zeitenfolge 198
zusammengesetzte Substantive (Mehrzahlbildung) 59, 60
zusammengesetzte Zeiten:
– Bildung 43, 146
– Perfekt und Plusquamperfekt 145, 146
– 2. Futur und 2. Konditional 150, 151
– des Passivs 156
– der reflexiven Verben 83
– Wortstellung 70